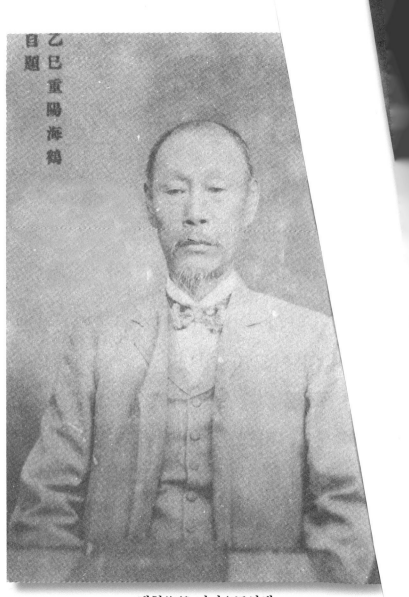

乙巳重陽海鶴自題

해학海鶴 이기李沂선생

앞열 해학海鶴 이기李沂(좌)   자은紫隱 홍필주洪弼周(우)
뒷열 홍암弘巖 나인영羅寅永(좌) 손암巽菴 오기호吳基鎬(우)
1907년(乙巳) 동경東京 나라사진관奈良寫眞館 촬영撮影

其眼細其眉疏也是
前日李沂
其髮薙其服洋前日
李沂也非

是與非姑勿論但看
現今天下
六十翁萬里行此豈
□所樂者

해학海鶴 이기李沂선생

국립묘지에 안장된 이기李沂선생의 묘와 묘지명

해학海鶴 이기李沂선생 구국운동救國運動 추념비追念碑
(전주 완산공원)

해학

이

기

海鶴 李沂의

사상과 문학

해학 이기의 사상과 문학

저 자 : 박종혁

발행일 : 2020년 4월 25일 초판 발행

발행인 : 안경전

발행처 : 상생출판

주소 : 대전시 중구 선화서로 29번길 36(선화동)

전화 : 070-8644-3156

팩스 : 0303-0799-1735

홈페이지 : www.sangsaengbooks.co.kr

출판등록 : 2005년 3월 11일(제175호)

Copyright ⓒ **2020 박종혁**

ISBN 979-11-90133-29-6

이 도서의 국립중앙도서관 출판예정도서목록(CIP)은 서지정보유통지원시스템 홈페이지
(http://seoji.nl.go.kr)와 국가자료종합목록 구축시스템(http://kolis-net.nl.go.kr)
에서 이용하실 수 있습니다. (CIP제어번호 : CIP2020010063)

해학 이 기

海鶴 李沂의

사상과 문학

박종혁 지음

상생출판

증보 중간본 서문

본서 『해학 이기의 사상과 문학』은 이미 절판된 『한말 격변기 해학 이기의 사상과 문학』을 수정 증보하여 다시 출간하는 것이다.

해학 이기(1848~1909)는 구한말 선각적 지식인이며 경세가이자 구국항일 운동의 실천가였다. 또한 후일 만주 독립투쟁의 정신적 지주였던 민족종교인 대종교 창립 주축의 일원이기도 하였다. 삶의 마지막을 서울의 한 여관에서 폐문 절식으로 나라의 운명과 함께 하였다.

해학이 세상을 떠난 지 헤아려보니 금년은 111년이 되는 해이다. 당시의 외우내환에 대한 그의 야심 찬 국가 개혁책이 실현되지 못했지만, 남겨진 문집과 족적으로 해학을 다시 만날 수 있으니 실로 무량한 감개가 앞선다.

해학이 살아간 생애는 줄곧 열강제국 세력 앞에 나라와 민족의 운명이 풍전등화의 위기였고, 끝내 일본에게 주권을 강탈당한 민족사의 비극기였다.

역사는 반추할 때 의의가 있는 것이다. 해학의 삶과 자세, 그리고 실현되지 못한 해학의 선각적인 방책이 왜 오늘날 다시금 돌이켜지는지? 이 책에 담긴 해학의 선견과 자세에서 우리는 여전히 이 시대에도 요청되는 그 울림을 듣고 있다.

『한말 격변기 해학 이기의 사상과 문학』이라는 이름으로 해학의 생애와 사상 및 문학을 다뤄 1995년에 초간본이 출간되었으니 벌써 25년이란 시간이 지났다. 새삼 세월의 빠름을 느끼면서 이제 발견된 오류를 약간 수정하고 미공개 자료를 증보해서 이 책을 다시 출간하게 되니 필자로서는 감회가 새롭다

증보 중간을 위해 초간본을 정독하면서 이 글을 처음 시작했던 80년대 중반을 떠올리지 않을 수 없다. 암울했던 그 시절 민족중흥과 구국독립에 헌신했던 해학의 치열한 삶을 더듬으며 한 줌 빛을 찾을 수 있었기 때문이다.

한문학을 전공했던 필자가 중문학과에 재직하면서 담당한 강좌가 유가·도가의 경전과 고전시였고, 필자 또한 이 방면에 흥취가 있었던 터라서 자연스럽게 관심과 노력도 여기에 이어지게 되었다. 그러다 보니 어느덧 필자 자신조차도 오랫동안 친정인 한

문학 분야의 이 책을 잊다시피 지냈다.

그러다가 2013년에 사법연수원 양경승 민법 담당 교수가 필자의 책을 보고 해학이 주창했던 토지 전제 세제 등의 주장에 관심을 갖고 역사적인 맥락에서 고찰할 필요성이 있다면서 방문했을 때 해학에 관한 필자의 관심을 되살린 적이 있었다.

그 뒤 또 몇 해가 지나서 작년에 상생문화연구소 전재우 자료실장으로부터 제안을 받았다. 필자가 지니고 있었지만 아직 공개되지 못한 해학의 『증주진교태백경』을 절판된 초간본에 증보하여 출간하고, 『해학유고』를 별도로 출간하자는 기획이었다.

『증주진교태백경』은 민족종교와 관련된 것이고, 『해학유고』는 1955년에 국사편찬위원회에서 출간했던 『해학유서』의 저본으로서 『해학유서』에 실리지 못한 상당수의 시문이 있다. 이 같은 자료들이 출간된다면 지금까지 알려진 해학의 유고가 모두 공개되어 이 방면의 연구자들에게 도움이 될 것이다.

초간본에서는 한자 한글을 혼용했다. 본 중간본에서는 다소 번거롭게 느껴질 수도 있을 것이지만 요즈음의 독자를 위해서

한자마다 한글을 병기하였다.

　본 중간본 출간의 과정에서 전재우 실장은 초간본을 세심하게 살펴 필자도 미처 파악하지 못한 오류와 오자를 지적해주어 많은 도움을 얻었다. 상생문화연구소와 상생출판은 해학의 가치를 다시금 학계에 펴 보일 수 있는 출판의 기회를 제공해 주었다. 필자로서는 두루 고마운 마음뿐이다.

　본서의 교정을 마치고 해학 생가를 찾았다. 100여 년 전 한말의 격변기를 예리한 선각적 시선으로 통찰하고 민족과 국가를 위해 일생을 마친 해학 이기의 사상과 문학을 다시금 반추케 하였다.

　책이 완성되면 국립묘지에 안장된 해학 이기 선생의 묘소를 참배해야겠다.

2020년 2월　박동현

서문序文

　이 책은 한말韓末 격랑기를 헤쳐 간 해학海鶴 이기李沂의 사상
과 문학에 관한 글이다. 그리고 마침 금년은 해학이 치열하게 전
개한 주체·혁신의 정신과 일맥을 이루며 근대사의 분수령을 장
식했던 갑오농민전쟁 100주년이 되는 해이기도 하다. 그러한 점
에서 해학의 사상과 문학을 상재上梓하는 금년은 나에게 있어서
유달리 뜻깊은 한 해가 될 것이다.

　해학은 갑오농민전쟁을 전후로 한 한말의 격변기를 살아 가면
서 풍전등화風前燈火의 민족적 위기 앞에 현실을 외면하지 않고
살신성인殺身成人의 자세로 일관했던 선각적 지성인이자 경세가
經世家였으며, 문인文人이었다.

　해학에 관해서는 박사과정 재학중 과제물을 준비하면서 그의
시문詩文을 접했던 것이 처음이었는데, 결국 그것이 계기가 되어
여기에 이르게 되었다. 그 때 현실을 외면하지 않았던 해학의 시
문은 때로는 매국노를 질타하는 호령으로, 때로는 한 인간의 고
뇌의 외침으로 다가와 시대의 현실과 함께 호흡하는 문학의 모

습이 어떤 것인지를 나에게 일깨워 주었다.

처음 문학 연구의 방편으로 시작하였으나 차츰 해학의 생애를 접하면서 민족의 위기 앞에 그토록 혼신의 정열을 다하여 살다 간 진지한 삶의 자세에 숙연해질 수밖에 없었다.

더욱이 80년대 중반이었던 당시는 우리의 앞길에 주체적이고 도 혁신 적인 혜안이 지금보다도 한층 절실하게 요구되던 상황이 었다. 바로 그러한 시기에 있어서 해학의 존재는 역사의 귀감으 로 반추되기에 충분한 대상이었다.

해학의 진정한 실체를 파악하려다 보니 그의 사상과 경세의식, 그리고 현실 때응의 자세 등에 이르기까지 범위가 확대되었다. 따라서 해학의 문학 이외에도 그의 삶과 사상, 그리고 종교에 이 르기까지 총체적으로 거론할 필요성을 절감하였다.

또한 해학에 관한 현존하는 자료 가운데 특히 시문이 상당수 산실되었기 때문에 문학적 자료의 한계를 다른 분야의 자료에서 보충하여 극복해야만 했다.

거기에다 문文 · 사史 · 철哲을 아우르는 한문학漢文學의 특성상 이 셋을 통합적으로 조명해야만이 비로소 문文의 실체에 보다 근접될 수 있다는 나의 생각도 함께 보태졌다.

결국 이 글은 해학의 사상과 문학을 전반적으로 평가하기 위한 것이다. 그러나 부족하기 짝이 없는 이 글을 막상 상재上梓하려고 보니 해학의 실상에 모자라거나 넘치는 잘못을 범하지 않았는지 두려움이 앞설 뿐이다.

한시론漢詩論을 통시적으로 공부하겠다는 계획을 뒤로 미루어 둔 채 그만 이렇게 만용을 무릅쓰고 말았다.

부록으로 실은 한말의 유학자 해학과 프랑스 신부 로베르간의 종교 논쟁 서신은 한말韓末 동·서 종교의 교섭사라는 측면에서 주목이 되는데, 그 원문이 아직 잘 알려져 있지 않았으므로 원문을 번역하고 방점을 표시하여 함께 수록하였다.

이 책이 완성될 때까지 참으로 많은 분들의 도움을 받았다. 자료 이용을 허락해 주신 이동환李東歡선생님, 학위논문을 지도해 주신 송재소宋載邵, 이호형李箎衡, 임영택林榮澤, 이만열李萬烈, 최원식崔元植 선생님께 두루 감사를 드린다. 그리고 학부, 석·박

사, 민추 등에서 가르침을 주신 은사들의 은혜를 잊을 수 없다.

끝으로 출간하기 힘든 전문서적을 흔쾌하게 맡아준 아세아문화사에 감사하며, 원고 교정을 위해 수고한 조교 안문월, 이정준 군에게도 고마움을 전한다.

1994. 11.

朴　鍾　赫

차례

증보 중간본 서문 9

서문序文 13

第1章 생애와 저작에 대한 서지적 검토 31

Ⅰ. 생애 33

Ⅱ. 서지적 고찰 45

　〈증주진교태백경〉에 대한 서지적 검토 51

　《해학유서》에 누락된《해학유고》소재 시문의 편명 목차 59

第2章 사상 변천의 양상 65

Ⅰ. 초기의 사상적 전이과정 67

　1. 전통유학에 대한 회의와 실학의 발견 67

　2. 현실 모순에 대한 자각과 변혁추구 72

Ⅱ. 천주교비판 93

　1. 천주의 명칭 문제 96

　2. 불경부조 문제 105

　3. 천당지옥설 문제 111

　4. 영혼불멸설 문제 121

　5. 천주교관과 대응자세 128

Ⅲ. 벽파론과 애국계몽사상 143

　1. 사대주의 타파 151

　　2. 한문 타파 ······································· 153

　　3. 신분·파벌의 타파 ······················· 159

　　4. 교육구국정신 ······························· 162

　　5. 묵자의 겸애설 수용 ···················· 167

Ⅳ. 민족종교사상 ···································· 175

　　1. 국권회복과 민족종교 제창의 배경 ···· 175

　　2. 〈진교 태백경〉의 사상 ················· 183

第3章 시변에 대응한 문학세계 ············· 223

Ⅰ. 문학에 대한 관점 및 경향 ················ 225

　　1. 시에 대하여 ······························· 225

　　2. 문에 대하여 ······························· 231

Ⅱ. 내적 갈등의 시적 표현 ····················· 239

　　1. 강명구현의 갈등 ························· 239

　　2. 경세가의 한계와 좌절 ················· 253

Ⅲ. 시대의식의 시적 표현 ····················· 275

　　1. 농촌현실의 고발 ························· 275

　　2. 민족위기의식의 표출 ·················· 285

　　3. 유배기의 맥수지탄 ···················· 307

Ⅳ. 전기의 산문정신과 현실인식 ············ 317

　　1. 모순과 대립의 통일 ···················· 318

　　2. 변화의 긍정과 인간중심적 현실주의 ······ 328

　　3. 표현기법 334

Ⅴ. 후기의 산문정신과 민족의식 347

　　1. 민족위기에 대응한 전 347

　　2. 경세적 산문형식의 '소설' 361

결론 375

　　해학海鶴 이기李沂 연보年譜 384

　　참고문헌 391

부록 Ⅰ : 〈귀독오서〉 395

　　〈천주육변 병인〉 395

　　〈천주명목〉 제일 398

　　불경부조 402

　　〈천당지옥〉 제삼 405

　　〈신혼불산〉 제사 408

　　〈이어혹인〉 제오 412

　　〈천주가금〉 제육 414

　　〈여법인김교사 보록 서 부〉 418

　　〈답법인김교사 보록 서 부〉 424

부록 Ⅱ 430

　　〈답영남유자이기서〉 430

　　〈천주명목〉 431

　　〈불경부조〉 438

〈천당지옥〉 444

〈신혼불산〉 454

부록 Ⅲ **461**

법인 근사〈이석사 여헌하〉 461

〈약사〉 463

원문 481

서론序論

해학海鶴 이기李沂(1848 ~ 1909)는 구한말舊韓末의 대표적인 선각적 지식인이다. 그리고 격동기의 현실을 외면하지 않고 적극적으로 대처한 실천적 경세가經世家요, 문인文人이었다. 그를 이렇게 평가할 수 있는 근거는 시대의 변천에 부단히 대응對應한 사상 및 문학에서 찾을 수 있다. 그럼에도 근대지성사近代知性史라 할 만한 해학의 삶과 사상적 변천, 그리고 문학적 대응을 총체적 관점에서 주목한 연구는 아직 그렇게 만족스럽지 못하다. 그것이 바로 이 연구의 출발점이 된다.

해학의 생애는 우리 근대사의 파란만장한 격동기 바로 그 자체였다. 장기간 지속된 조선 봉건체제가 붕괴되어 가던 이 시기는 대내·대외적으로 반봉건反封建·반제反帝의 효과적인 투쟁이 바로 민족의 생존과 직결되는 중대한 요소이자 시대적 요청이기도 하였다. 구한말은 시대적 격변만큼이나 사상과 문학에서도 변천을 거듭했기 때문에 그것을 체계화하는 데 상당한 난점이 있다. 당시의 시대현실에 대한 인식의 차이와 그 대처방법은 그리 단순한 문제가 아니기 때문이다. 지금까지의 대체적 구분방식인 위정척사파衛正斥邪派, 개화파開化派, 동학혁명파東學革命派

등으로는 다양한 사상과 인물의 성향을 체계화하는 데 한계가 따른다. 기초연구의 바탕위에 일반연구의 성과를 기대할 수 있기 때문에 세부적인 연구가 진척된 다음에라야 당시 인물의 사상에 대한 시대적 위치가 올바르게 규명될 것이다.

해학은 바로 그러한 필요에 의해서 논의될 수 있는 인물이다. 그는 흔한 사승계열도 없을 뿐만 아니라, 줄곧 펼쳐온 사상적 전이과정에서도 특이한 행로를 걸어간 인물이다. 당시의 수구파는 시대 조류에 역행하는 과오를 범했고, 개화파는 몰주체적인 자세를 드러냄으로써 내우외환의 난관을 타개하는 데 분명한 한계를 보였다. 이에 반해 해학은 대내적으로는 반봉건·근대화의 진보적인 개혁자세를, 대외적으로는 반제·자주독립의 민족적 주체라는 역사발전의 바람직한 태도를 견지하였다. 이 시기의 역사적 성격은 반제 자주·반봉건 근대화·민족적 역량의 인식과 동원이라는 세 가지 과제 해결이었다. 이것은 비단 역사적 과제일 뿐만 아니라 사상과 문학에서도 지속적인 관심의 대상이 되어왔다. 이러한 점에서 해학은 일단 우리의 관심을 갖게 한다.

지식인의 역할 가운데 역사의 올바른 방향을 제시하며, 그 방향에 적합하게 현실을 변화시키고자 하는 노력을 무시할 수 없다. 그러한 역할을 자임했던 해학의 사상과 문학을 규명하는 작업은 구한말의 사상과 문학이라는 숲을 보기 위해 나무를 찾는 작업의 일환이 될 것이다. 이를 위해 해학 사상 변천의 양상을 유기적으로 파악하고, 이에 대한 문학적 대응을 고찰할 필요가 생긴다. 사상 변천에 대응하는 문학의 양상이 정확하게 일치되는 것은 아니지만, 기본적으로는 그 궤를 같이하고 있다.

여기서 거론될 해학의 사상과 문학은 당시의 민족과 시대현실에 관련된 자료를 중심으로 전개될 것이다. 왜냐하면 사상과 문학이 역사적 현실과 유리될 수 없다는 관점이 필자의 논지 방향이며, 또 해학海鶴의 실상과 일치되기 때문이다.

서술의 편차는 생애와 사상, 그리고 문학을 각기 제1부·제2부·제3부로 나누어 서술하였다. 서지적 문제는 생애와 함께 다뤘다. 그리고 연보를 작성하여 끝에 부기하였다.

제1부는 생애生涯 및 서지적書誌的 고찰考察이다. 생애는 주요 행적과 주요 작품을 시기적으로 명기한 것이다. 사상과 문학을 이해하는 데 도움이 되고자 하는 방편에서 간략히 서술하기로 한다. 서지적 고찰은 해학의 저술이 산견되어 있기 때문에 지금까지의 연구가 자료의 제약을 벗어나지 못했다. 이를 정리하여 자료를 소개하고, 몇 가지 서지적 문제를 거론하고자 한다.

제2부의 사상思想에서는 사상의 변천과정이 서술된다. 해학도 다른 지식인과 마찬가지로 유학자의 입장에서 출발하였으나, 차츰 출세 수단인 과거에 회의를 느껴 실학에 몰두한다. 이어 천주교 비판논쟁, 급진적인 사고의식 표명, 내수외양책內修外攘策 주창 등을 거쳐 애국계몽가로 변신했다. 그리고 묵자사상의 수용을 표방하고, 민족종교화에 경도되는 특이한 변모를 보인다. 여기서는 이러한 일련의 과정을 서술한다. 그의 사상은 기본적으

로 선각적先覺的 계몽주의啓蒙主義 입장에서 전개되고 있음을 염두에 두면서 진행시켰다.

제3부는 문학文學에 관한 것이다. 앞 부분에서는 시詩를, 뒷부분에서는 문文을 다뤘다. 앞서 말한 사상적 기반과 연관된 문학 역시 단순한 정서의 표현일 수는 없으며, 현실의 실상을 드러내고 이를 타개하기 위한 경세의 수단으로 활용하고자 했다. 현실참여를 이론적으로 뒷받침해 주는 사상체계가 현실의 변화에 적응하기 위해 부단한 변천을 거듭했고, 이에 대한 문학적 대응이 수반되었다. 따라서 해학의 연구에 있어서 양자를 분리하여 생각할 수 없다. 해학의 문학 관점 역시 그의 사상적 경향과 일치한다. 근본적으로 현실에 바탕을 둔 경세의식經世意識의 소산으로서 시무時務를 중시하였다. 해학의 시문관을 이렇게 전제하면서 실제 작품 세계를 고찰할 것이다.

그러면 여기서 해학 연구사를 간단히 검토해보자.

그간 해학은 당시의 비슷한 활동가들에 비해서 그 전모가 소상히 밝혀지지 못했다. 그렇게 된 주된 원인으로서 단편적 연구 성향과 함께 일부 자료의 미공개를 들지 않을 수 없다. 해학연구의 성과는 경제·교육·정치·종교 등에 관한 부분별 사상연구와 최근의 문학에 관한 관심 등으로 압축될 수 있다.

해학에 관한 학계의 최초의 관심은 1950년대 후반 번역 작업으로부터 시작되었으나 결실을 맺지 못했다.[1] 1960년대에 최초

---

1 Ⅱ. 서지적書誌的 고찰考察, 주) 20을 참조 바람.

로 해학의 생애와 사상, 그리고 문집 소개에 관한 두 편의 글이 발표되었다. 임창순任昌淳·김상기金庠基의 논문은 간략하지만 해학에 관한 최초의 관심이라는 측면에서 의의가 있다.[2]

경제사상에 관한 연구에서는 주로 토지개혁에 관한 것이 주류를 이루고 있는데, 양전론量田論이 먼저 거론되고 후일 토지론土地論이 추가되었다. 김용섭金容燮의 논문은 이 방면에서 뚜렷한 연구성과를 보였다.[3] 교육사상은 부문별 연구에서 가장 활발한 관심을 보였다.[4] 이밖에 생애, 정치사상, 구국정신 등이 연구되기도 하였으며, 지적 변신에 관한 관심도 제기되었다.[5] 해학의 지적 변신에 관한 연구는 새로운 연구방향이 되었다. 정경현鄭景鉉은

---

2 金庠基,〈李海鶴의 生涯와 思想에 대하여〉, 아세아학보 1집(아세아학술연구회, 1965).

任昌淳, 韓末의 愛國者 李沂와 海鶴遺書,《국회도서관보》2·3(1965).

3 金容燮,〈광무연간의 量田·地契事業〉,《韓國近代農業史研究》下 (일조각, 1968).

_____,〈海鶴 李沂의 土地論과 量田論〉,《증보판 韓國近代農業史研究》下, (일조각, 1984).

4 李完宰,〈海鶴 李沂의 교육사상〉,《사학논집》1집, (한양대 사학과, 1973).

李重珏,〈韓末實學者 海鶴 李沂 研究—교육사상을 중심으로〉(고려대 교육대학원 석사논문, 1977).

田英培,〈海鶴 李沂의 敎育思想研究〉,《국제대논문집》6집(1978).

林仁子,〈李沂의 家庭敎育에 관한 考察〉, (중앙대교육대학원 석사논문, 1987).

5 李康五,〈海鶴 李沂 先生의 生涯〉,《海鶴 李沂 先生》(海鶴李沂先生救國運動追念碑 건립위원회).

李英俠,〈海鶴 李沂考〉,《건국대학술지》14, (건국대창립 20주년기념 학술지, 1972).

羅鍾宇,〈海鶴 李沂의 구국운동과 그 사상〉,《원광사학》2집, (원광대 사학회, 1982).

金度亨,〈海鶴 李沂의 정치사상연구〉,《東方學誌》(연세대국학연구원, 1982).

鄭景鉉,〈韓末 儒生의 知的 變身—海鶴 李沂의 경우〉(서울대 대학원 석사논문, 1982).

여기서 최초로 〈천주육변天主六辨〉의 자료를 다뤘지만 자료의 중요성에 비추어 깊이 다루지 않았다. 그리고 해학을 문화적文化的 배외주의자排外主義者로 단정하였는데, 이는 해학에 대한 성격규명의 오류라고 보아진다.

문학에 관한 관심은 뒤늦게 한연석韓延錫・기태완奇泰完・필자筆者에 의해 고조되었다. 모두가 시를 고찰하였는데 사상연구와 병행시켰다.[6] 이어 사상의 변천과정과 천주교天主敎 비판批判, 그리고 종교사상까지 연구가 확대되었다.[7]

필자는 최근에 이르러 해학에 관한 총체적 연구 대상에서 가장 미진 한 채로 남아 있었던 해학의 천주교 논쟁과 민족종교사상, 그리고 산문정신 등에 대해서 일련의 연구작업을 진행시켜 왔는데, 주로 미공개 자료를 연구의 주 대상으로 삼았다. 위와 같은 선행 연구의 축적에 힘입어 해학에 관한 연구가 상당히 진척되었음에도 불구하고 본고에서 다시 해학연구를 제기한 이

6 韓延錫, 〈海鶴 李沂의 思想과 文學〉(고려대 교육대학원 논문, 1987).
奇泰完, 〈海鶴 李沂의 思想과 詩文學〉(성대 대학원 석사논문, 1987).
필자는 〈海鶴 李沂의 思想的 變遷과 現實認識의 시세계〉(1987)를 구두발표한 이래 해학의 사상과 문학에 관심을 갖고 이에 관한 작업을 진행시켜 왔다. 문학에 관한 것으로는 다음과 같은 발표를 했다.
拙稿, 〈海鶴 李沂의 現實認識에 대한 文學的 對應〉, 《漢文敎育硏究》3집 (1989).
_____, 〈海鶴의 散文精神과 比喩的 技法〉, 《漢文學論集》 8집 (1990).
7 _____, 〈海鶴李沂의 思想的 轉移의 過程〉, 《韓國漢文學硏究》 12집 (1989).
_____, 〈海鶴 李沂의 天主敎批判— 프랑스신부 로베르의 논쟁을 중심으로〉, 《民族史의 展開와 그 文化》下, 〈碧史李佑成敎授停年退職紀念論叢, 창작과 비평사, 1990).
_____, 〈舊韓末 海鶴 李沂의 國權回復을 목표로 한 民族宗敎思想〉, 《한배달》(1990, 가을)
李裕笠, 《大倍達民族史》, (고려가 1987).

유는 무엇인가? 첫째, 해학 사상 변천의 총체적이고 유기적인 연결 모색이 부족하여 해학의 사상변천사 더 나아가 한국근대 지성사에서 해학의 위치가 분명하게 평가되지 못했기 때문이다. 그 원인은 우선 연구자들이 현존하는 해학의 모든 자료를 확보하지 못한 상태에서 연구를 진척시켜 왔다는 점과, 중요한 자료를 심도있게 분석하지 않고 간과했다는 점이다. 둘째, 문학에서는 시만을 연구의 대상으로 하였고 산문을 전혀 언급하지 않았다는 점이다. 그러나 해학의 산문은 그의 사유의식을 고찰하는데 요긴한 자료가 된다. 시에 있어서도 사상적 변천과정과 관련하여 작자의 내적 갈등 및 현실 인식에 대하여 좀더 깊이 다룰 필요가 있기 때문이다.

연구의 부족을 메꾸기 위해서는 시야와 자료의 확대가 함께 요구되는데 시야보다는 자료가 더 우선적일 수밖에 없었던 상황이었다. 본고는 지금까지 자료가 제대로 공개되지 못했거나 활용되지 못했던 부분에서, 오히려 해학의 사상과 문학에 관한 중요한 요소가 포함된 것을 파악하고 이를 중점적으로 다뤘다. 그리고 필자가 기존에 발표한 글에서도 수정의 필요가 생겼다.

따라서 기존 논문과 본고의 상치된 부분에 관해서는 본고의 논지를 원칙으로 삼는다. 본고는 무엇보다도 현실인식에 투철했던 한 개인의 사상과 문학을 연구하는 데 있어서 어떠한 방법이 총체적인 접근을 가능케 할 수 있는가 하는 방법적 모색을 염두에 두면서 진행시켰다.

第1章

생애生涯와 저작著作에 대한
서지적書誌的 검토檢討

해학
이
기 海鶴 李沂의
사상과 문학

해학海鶴 이기李沂선생 생가

Ⅰ. 생애生涯

해학의 생애는 구한말 격변기의 파란만장한 역사의 발자취 그 대로였다. 그리고 이것은 해학의 사상 변천 및 문학적 양상과도 매우 밀접한 관련성이 있다. 따라서 본고의 주된 관심사인 사상 변천과 이에 대응한 문학적 양상을 규명하기에 앞서 생애를 먼 저 거론하는 것이 전체를 개관하는 데 도움이 되리라고 본다. 여 기서는 생애의 시대구분과 주요 활동 및 저작을 중심으로 약술 하기로 한다.

먼저 생애의 시기時期 구분에 관해서이다. 해학은 적극적으로 시대현실에 참여했기 때문에 생애의 분기점 역시 당시의 격변했 던 역사적 사실과 밀접하게 관련되어 있다. 이를 크게 네 단계로 구분지을 수 있다.[8]

① 학문學問 성숙기成熟期(7세~28세 ; 1854~1875), ② 유력기遊 歷期(29세~47세 ; 1876~ 1894), ③ 개혁改革 주창기主唱期(48세~ 56세 : 1895~1903), ④ 애국계몽운동기愛國啓蒙運動期(57세 ~62세

---

8 참고로 鄭寅普는 海鶴의 생애를 다음과 같이 요약한 바 있다.
"故綜公一生, 始則爲文人, 中爲經綸之士, 文爲哀時救傾之材, 而終乃自致其存 亡之意, 見於著述者, 略可見按而知, 在公其跡, 可謂累變, 而其用心, 不在身名 之私, 則自少以已然, 其經綸志義, 皆本於此."〈海鶴遺書 序〉,《遺書》.

: 1904~ 1909)

　여기서 ①→②의 전환은 과거지학科擧之學을 완전히 포기하고, 각처를 유력하기 시작하던 시점이다. 분기점인 1876년은 대외문호개방과 전국적인 대흉년이 발생한 해이다. ②→③의 전환은 지방유력을 청산하고, 중앙으로 진출하여 재조・재야에서 내수외양책內修外攘策을 주창하기 시작한 시점이다. 분기점인 1894년은 갑오농민전쟁이 일어났던 시기이다. 해학은 동학군을 이용하여 정부타도를 주장했으나 뜻을 이루지 못하고, 점진적인 개혁으로 방향을 전환하기 시작했다. ③→④의 전환은 개혁주창을 일단 접어두고, 애국계몽운동을 전개하기 시작한 시점이다. 분기점인 1904년은 노・일전쟁이 일어나고, 국내에서 제국세력의 이해다툼이 첨예화되었으며, 조정은 국외중립을 선언하는 등 민족 위기가 가시화 된 해였다.

　그러면 이같은 생애의 시기구분은 사상 및 문학적 전환과 어떤 함수 관계가 있는가? 우선 사상적 전환과의 연관성을 본다. ①의 시기에는 전통유학에 대한 회의, 실학實學의 발견을 들 수 있다. ②의 시기에는 경세의 실천적 경험, 천주교 비판, 정부타도의 급진적 사고의 과정이 노정露呈된다. ③의 시기에는 내수외양內修外攘의 개혁사상이 주류를 이룬다. 내부적으로는 인순고식因循姑息을 국가피폐의 원인으로 파악하여 진보적인 개혁책을 주장했고, 외부적으로는 내수內修를 바탕으로 열강에 대해 자주적 외교를 관철해야 함을 역설하였다. ④의 시기에는 계몽사상의 핵심인 벽파론 주장, 교육구국정신 강조, 묵자의 겸애설 수용, 민족종교화 등을 들 수 있다.

문학文學에 있어서는 생애와 사상 같은 구분은 되지 않는다. 해학의 문학에 있어서는 ① ② ③의 시기를 전기로, ④의 시기를 후기로 구분하는 것이 가능하다. 전기에 있어서 시는 농촌현실의 고발성이 짙고, 산문은 해학 자신의 가치관·처세관의 변증적 사유의식을 드러내고 있다. 반면, 후기의 시와 산문은 다같이 민족위기의식의 반영과 이를 해결하기 위한 경세적 문학이 주류를 이룬다.

이제 생애의 각 단계마다 주요 행적과 저작을 중심으로 약술한다.

① 학문學問 성숙기成熟期 : 해학海鶴의 명명名은 기기沂이고 자字는 백증伯曾이며, 호號는 해학海鶴·재곡梓谷·질재質齋·효산자曉山子·남악거사南嶽居士 등이다. 본관本貫은 고성固城이며 26세손이다. 1848년(헌종憲宗 14년)에 만경萬頃(現 全北 金堤郡 聖德面 大石里)에서 가난한 사류士流 탁진鐸振의 장남으로 태어났다. 어려서부터 호방한 성격에 총명한 재질을 지니고 있었다. 7세에 사숙에 입학하여 9세까지 《천자문千字文》과 《동몽선습童蒙先習》, 그리고 《통감절요通鑑節要》를 완독했으나, 가세곤궁으로 사숙을 중단하였다. 이후 독학으로 13세까지 사서삼경四書三經을 대략 통달했다. 15세에 향시鄕試에 응시하여 재명才名을 떨치게 되었다. 그러나 이후부터 과거지학科擧之學보다도 천문天文

· 지리地理 · 음양陰陽 · 복서卜筮 · 병력지술兵歷之術 등에 더욱 관심을 기울이기 시작했고 노장학老莊學에 심취했다. 20세가 지나면서 과거지학科擧之學을 회의하고 물리物理 · 화학化學 · 정치학政治學 · 경세학經濟學 · 국조전고國朝典故 · 제자백가諸子百家 등에 대해 관심을 갖기 시작했으나 책을 구하기가 어려웠다. 이때의 저작으로 〈양기론養氣論〉 · 〈여박군재춘서與朴君載春書〉 · 〈죽우당기竹友堂記〉 · 〈조어자설釣魚者說〉 · 〈재곡자서梓谷自序〉등이 있다. 〈양기론養氣論〉 · 〈여박군재춘서與朴君載春書〉는 해학의 기중시氣重視의 사고를 피력한 글이다. 나머지는 해학의 가치관 · 처세관을 드러낸 산문이다. 이 시기 유교에 대한 해학의 태도는 송학을 배격하고 공맹학을 신봉하고 있었다. 공맹유교를 정신적 기반으로 삼는 자세는 애국계몽기 후반에 이르러 민족현실의 타개방편으로써 회의를 갖게 되는 시점까지 지속된다. 이 시절《반계수록磻溪隨錄》 ·《방례초본邦禮草本》을 읽고 실학을 발견했으며, 28세에 이르러 과거科擧를 완전히 포기하였다.

② 유력기遊歷期 : 개항이 시작되고 대흉년이 전국을 휩쓸었던 1876년(29세)에 해학은 생활고 때문에 진안鎭安으로 이사하였다. 그러나 생활고는 해결 되지 않았고, 오히려 다음해 상처의 불운까지 겹쳤다. 구직을 위해 노력을 기울였으나 실패했다. 32세에 부친상을 당했으며, 35세부터 약 10년 동안 김제 · 대구 · 순장 등지를 유력하였다. 44세인 1891년 대구에서 프랑스 선교사인 로베르A. Robert 신부를 찾아가 천주교 서적을 빌려 보고,

천주교 비판의 내용을 담은《천주육변天主六辨》을 통하여 프랑스 신부 로베르와 논쟁을 벌였다. 45세에 폐병이 발생하자 유력을 정리하면서 자신의 글을《귀독오서집歸讀吾書集》·《질재고質齋稿》라고 명명하였다. 이건창李建昌을 유배지인 패주貝州로 찾아가서〈질재기質齋記〉를 부탁하여 글을 받기도 하였다. 46세에 황현黃玹의 권유로 구례로 이사하고 그곳의 문사들과 교유하였는데, 그때의 일부 글이《신어新語》에 실려 있다.

해학은 유력을 통해 발견한 농촌현실의 모순과 자신의 생활고를 해결할 수 없는 현실 때문에 심각한 불만을 품고 있었다. 그러다가 47세인 1894년에 갑오농민전쟁이 시작되자, 전봉준을 찾아가 조정을 타도하고 국헌을 일신할 것을 건의하여 동의를 얻었다. 이어서 김개남[9]을 찾아갔으나 도리어 반감을 사고 체포위기를 간신히 모면하여 겨우 탈출했다. 이 때문에 도리어 동학군을 배척했고 마을로 돌아온 뒤 자위대를 조직해 동학군을 방어하기도 하였다. 이 시기의 주요 산문은〈자로변子路辨〉·〈제이형오십매후題李馨五十梅後〉·〈이조묵전李祖默傳〉·〈답황운경答黃雲卿〉·〈여이승지건창與李承旨建昌〉등을, 시는〈군진이수群賑二首〉·〈행로난行路難〉·〈관창觀漲〉등을 들 수 있다.

③ 개혁改革 주창기主唱期 : 해학은 급진적 기도가 좌절되자 이때부터 내수외양內修外攘의 개혁책을 주창한다. 48세에 탁지부

---

9 (1853~1894) 전북 정읍군 산외면 지금실 출생. 남접의 강경파. 태인에서 관군에게 붙잡혀 1894년 12월 13일 전주 초록바위(현 시립도서관 뒷산)에서 42살의 나이로 참수됨. 박경리『토지』에 실명으로 등장됨.

대신度支部大臣 어윤중魚允中의 초청을 받아 토지 정책 자문을 했고, 광범위한 토지개혁 정책인 〈전제망언田制妄言〉을 건의했으나 반영되지 못했다. 49세에 안동부주서판임관육등安東府主敍判任官六等에 임명되어 의병토벌차 안동에 파견된 이남규李南珪의 막료로서 모병과 군사훈련을 담당했다. 이때 의병들의 보수적 사고를 비판하기도 했다. 그러나 곧 임무가 끝났고 구례로 돌아와 황현黃玹·왕사찬王師瓚 등과 함께 창수하면서 지냈다. 그리고 개화開化와 수구守舊의 문제를 다룬 〈기우록인杞憂錄引〉을 짓기도 하였다. 여기서 해학은 내부적인 개혁이 급선무인데 부질없이 벌이는 개화와 완고의 논쟁은 낭비적인 것이라고 비판하였다. 52세에 양지아문양무위원量地衙門量務委員에 임명되어 다음해까지 아산牙山에서 양전사업量田事業에 참여하였으나 임명권자가 경질되자 자동해임되었다. 이때(1900년)부터 재야의 지식인으로서 난국을 타개하기 위한 각종 개혁책과 건의서·항의서 등을 계속적으로 제시하면서 내수외양內修外攘을 강조하였다. 1903년까지의 주요 건의서 및 개혁책의 제목은 다음과 같다. 〈여신의장기선與申議長箕善〉·〈여조참정병직與趙參政秉稷〉·〈여박외부제순與朴外部齊純〉·〈여황성신문사장남궁군억與皇城新聞社長南宮君檍〉·〈여김의장가진與金議長嘉鎭〉·〈여이군부도재與李軍部道宰〉·〈여이의장용태與李議長容泰〉·〈제대한강역고후題大韓疆域考後〉·〈급무팔제의急務八制議〉.

그 주요 내용은 일본·러시아 간의 한국분할통치론 배격, 일인

日人의 대한對韓 이민불용移民不容, 허약한 외교자세 탈피, 대신들의 직무유기 경고, 양병養兵의 필요성 및 군비자금의 동원 방법, 내정의 제도개혁에 관한 것이다. 특히 〈급무팔제의急務八制議〉는 당시의 전반적인 제도에 대한 해학의 개혁책의 결정結晶이었다. 시에서는 〈삼호사三虎詞〉가 당시의 민족위기의식을 잘 반영하고 있다.

④ 애국계몽운동기愛國啓蒙運動期 : 1904년의 노·일전쟁과 잇달은 외세의 간섭은 당시 민족위기의식을 느끼는 데 충분한 외압이 되었다. 더욱이 한일의정서가 체결되고, 일본이 토지강점책인 황무지개발권을 강요하자, 이같은 위기의식은 크게 증폭되었다. 해학은 황무지개발권의 양도를 망국亡國으로 간주하고 이를 극력 저지하였다. 보안회保安會를 조직하고 소청疏廳과 회의소會議所를 설치하였으며, 수만 명의 군중집회를 개최하여 배일운동排日運動을 주도했다.[10] 이러한 국민적 배격의 결과로 일본은 일단 개발권 요구를 철회하게 된다. 58세인 1905년에는 포오츠머드 조약 체결시 한국에 불리한 결정이 내려지는 것을 막기 위해 도미하려고 했으나 방해로 실패했다. 이어 차선책으로 도일하여 일본 왕과 대신들에게 침탈에 대한 항의와 설득을 시도했지만, 그 사이에 한국에서는 을사조약이 체결되고 말았다. 체일기간에

10 "京師民, 設保安會, 推尹始炳爲會長, 自鄭耆朝等通文以後, 宰臣李建夏, 朴箕陽等疏爭之, 前議官尹秉前主事李沂等, 設疏廳, 建會議所, 京鄕會者數萬人, …倭人執保安會委員朱秀萬朱寅變囚之." (방점 : 필자) 黃玹, 〈梅泉野錄〉 권4, 광무 8년, 甲辰,《黃玹全集》下, 〈아세아문화사, 1978〉.

주일 한국외교관들이 매국적 임무방기를 목도하고 비판의 시를 짓기도 하였다. 이때의 우국적 심사를 쓴 시가 있는데 〈공관탄公館歎〉·〈독황성보讀皇城報〉·〈제생탄諸生歎〉등에서 그러한 점을 잘 드러내고 있다.

해학은 침략국에서 자국의 국권상실 소식을 접하고 귀국한다. 애국 계몽기 초기인 1904~1905년에 해학은 애국계몽운동보다도 외교문제에 더 비중을 두었고, 귀국후에야 비로소 본격적인 계몽운동에 나선다. 이 두 해에 쓰여진 글들은 정세분석론과 항의·건의서가 주류를 이루고 있다. 그 주요 제목을 보면 〈일패론日覇論〉·〈삼만론三滿論〉·〈논일인소구진황지제일소~사소論日人所求陳荒地第一疏~四疏〉·〈여이군부도재與李軍部道宰〉·〈여이의장용태與李議長容泰〉·〈청육이소請六移疏〉·〈인근시상진봉서因近侍上奏奉書〉·〈여일본대사이등박문與日本大使伊藤博文〉·〈상일본황제소上日本皇帝疏〉등이다. 이 중에서 〈일패론日覇論〉은 일본이 동양패자가 될 수 없는 이유와 그 부당성을 지적한 글이며, 〈여이군부도재與李軍部道宰〉는 양병의 필요성과 군비조달 방법을 건의한 글이다. 〈청육이소請六移疏〉는 고종에게 보낸 상소다. 여기서 해학은 국가가 왕을 위해서 있는 것이 아니라고 전제하고, 고종高宗이 망국國亡에 책임을 느끼고 여섯 가지의 잘못된 마음을 회개하라고 했다. 즉 입권立權을 입지立志로, 희사喜私를 희공喜公으로, 구전求錢을 구현求賢으로, 외귀畏鬼를 외민畏民으로 애자愛子를 애친愛親으로, 호치好侈를 호검好儉으로 바꾸어 나라를 구하라고 했다. 특히 40여 년이나 재위하고 있으면서 고금의 치란사治亂史를 한 줄도 읽어 보지 못했느냐고 힐책하였다. 내치內治가 이루어지면 지금 겪고 있는 외환外患도 자연히 없어지는 것이라고 했다. 해학의 거리낌없는 이같은 직언은 그의 불기不羈의 성격 탓인데, 고종을 비판한 시 〈장가長歌〉때문에 수난을 당하기도 했다. 〈여일본대사이등박문與日本大使伊藤博文〉·〈상일본황제소上日本皇帝疏〉는 한국침략을 위약違約이라고 지적하고 즉시 철회할 것을 요구한 항의서였다. 특히 〈상일본황제소上日本皇帝疏〉는 그 전문이 《대한매일신보大韓每日申報》에 실리기도 하였다.[11]

해학은 일본에서 귀국한 뒤부터 본격적인 계몽활동에 진력한다. 귀국 직후 모친상을 당했을 때 국난의 화급함을 이유로 장례만 치르고 상경해 버렸다. 이때 향유鄕儒들로부터 훼탈최마毀脫衰麻라는 비난을 받았으나, 나라가 망하여 노예가 되면 인륜도 무의미하다고 반박하고 개의치 않았다.

서울로 올라온 해학은 59세인 1907년에 한성사범학교에서의 교육활동을 필두로 본격적인 애국계몽운동을 전개했다. 이어서 대한자강회 조직에 참여했고, 《대한자강회월보大韓自强會月報》의 창간호 〈서문〉에서부터 10호까지 24건의 논설을 게재하면서 언론활동에 참여한다. 특히 '소설'란에 고정 기고한 글은 해학의 경제적인 산문정신을 잘 드러내고 있다. 역시 언론활동의 일환으

---

11 《大韓每日申報》, 1905년 11월 10일 字.

로 대한자활협회大韓自活協會 기관지인《조양보朝陽報》를 발행하고 그 서문을 썼다. 이밖에도 순국열사의 전傳을 지어 분발을 고양시키고자 했는데, '소설'과 함께 해학 산문의 경세의식을 보인 대표적 산문이다.

1907년 3월에 해학은 을사오적을 암살하기 위해 나인영羅寅永·오기호吳基鎬 등과 함께 자신회自新會라는 비밀결사대를 조직하였다. 이때 해학은 〈취지서趣旨書〉와 〈자현장自現狀〉을, 나인영은 〈애국가〉와 〈참간장斬奸狀〉 등을 이광수는 재외공관 등에 보낼 편지를 작성하였다.[12] 결국 암살기도가 실패하자 자수하여 7년형을 언도 받고 진도로 유배를 갔다.[13] 그러나 7개월 만에 특사로 풀려났다. 이 시절에 옥중에서 지은 〈옥중문일아화의獄中聞日俄和議〉와 유배지에서 쓴 〈십오일저진도十五日抵珍島〉등의 시가 있다.

사면된 후 상경하여 호남학회湖南學會를 조직하여 교육부장이 되었고, 1908년부터 발행된 〈호남학보湖南學報〉의 고정 필자로서 활약했다. 〈일부벽파론一斧劈破論〉을 비롯하여 〈대학신민해大學新民解〉·〈학비학문學非學文〉·〈교육종지敎育宗旨〉등의 논설이 모두《호남학보湖南學報》에 연재되었다. 벽파사상과 교육구국정신이 이 글들에서 잘 나타나 있다. 그리고 이 시기를 전후로 저술된 〈답이군강제서答李君康濟書〉에서는 해학이 송학宋學이나

12《대한민국 독립운동 공훈사》, (광복출판사, 1984), pp. 917~919 및 鄭喬, 《大韓季年史》, 권8, 光武 11년(1907년) 3월조 참조.
13《高宗實錄》49권, 광무 11년, 7월 6일, 平理院 判決宣告 19호.

양자楊子의 폐단으로 인해 망국에 이른 현실을 바로잡고 단결하기 위해서는 현실적으로 부득이 공맹을 대신하여 묵자의 겸애설을 수용할 수밖에 없다고 하였다.

해학은 1909년 2월 나인영羅寅永이 중광重光한 단군교檀君敎(후일 대종교大倧敎로 개칭) 포명식布明式에 참여하였다. 또 1월에는 단군강령삼장檀君綱領三章을 발표하였고 이어 3월에 계연수桂延壽 등과 함께 단학회檀學會를 발기發起할 것을 선포했다.[14] 한편 단군을 숭배하는 민족종교 경전인《증주진교태백경增註眞敎太白經》을 편찬하여 본격적인 민족종교운동으로 전환하였다. 그러나 끝내 결실을 맺지 못한 채, 7월 13일(음력 5월 26일) 서울의 객사客舍에서 10여 일 간의 폐문절식閉門絶食 끝에 62세의 일기로 자진自盡했다.

14 李裕岦《大倍達民族史》권 1(고려가, 1987).

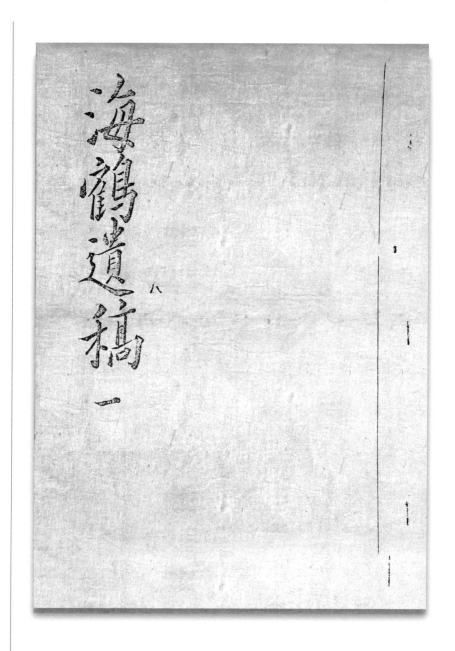

《해학유고海鶴遺稿》

II. 서지적書誌的 고찰考察

해학의 저술은 아직도 한 곳에 수합되지 못하고 산일된 채 방치되어 있다. 해학의 저술은 상당한 양에 달한 것으로 보이지만 많은 부분이 전해지지 않고 있다. 현전하는 저작조차도 여기 저기 산견되어 해학을 연구하는 데 불편이 따른다. 이에 해학 저술에 대한 서지적 고찰이 다소 필요하다고 생각되어 검토하고자 한다. 지금까지 해학 및 그의 저술에 관한 연구는 현전하는 저술을 모두 포괄하지 못하고 부분적으로 누락시킨 채, 연구자의 연구방향에 한정된 자료를 바탕으로 진행되어 왔다. 따라서 해학의 사상과 문학에 대한 시각을 좀더 확대하는 데 한계가 있었다. 자료가 산견된 이유는 우선《해학전서海鶴全書》와 같은 유형의 편찬작업이 한번도 이루어지지 않은 채, 후손의 사가나 도서관 등에 분산 보관되어 왔고, 그것의 공개가 미루어진 데 있다. 필자가 지금까지 조사한 바에 의하면 해학의 저술이나 혹은 그의 글이 수록된 서적, 그리고 이것들과 관련하여 거론해야 할 편명 등은 다음과 같다.

《해학유서海鶴遺書》·《귀독오서집歸讀吾書集》·《해학유고海鶴

遺稿》·《질재고질齋稿》·〈천주육변天主六辨〉·〈진교태백경眞敎太白經〉·〈의책擬策〉·《신어新語》·《대한자강회월보大韓自强會月報》·《호남학회월보湖南學會月報》·《조양보朝陽報》·《야뢰보夜雷報》·《답영남유자이기서答嶺南儒者李沂書》·《선여집殘餘集》.

《해학유서海鶴遺書》는 1955년 국사편찬위원회에서 활자본으로 간행한 것으로 해학 저술의 최초 출간본이다. 아직 증보속간이 되지 못한 채 유일한 단행본으로 남아 있다. 이것은 해학의 아들 이낙조李樂祖가 수합한 원고를 후학 강동희姜東曦와 정인보鄭寅普의 교정을 거쳐 김상기金庠基가 국사편찬위원회에 건의하여 편찬한 것이다.

그런데 이 책은《해학유고海鶴遺稿》를 저본으로 간행된 것으로《해학유고海鶴遺稿》의 상당부분이 빠져 있다. 탈락된 주요 내용은 〈진교태백경眞敎太白經〉과 시詩 59수 및 문文 25편이다. 그런데《해학유서海鶴遺書》의 발문을 쓴 강동희는 해학의 저작중에서 〈천주육변天主六辨〉·〈진교태백경眞敎太白經〉·〈의책擬策〉등은 일실되어 수록하지 못했기 때문에 후일 속간이 이루어지길 기대한다고 적었다. 역시 1942년에 이 책의 서문을 쓴 정인보鄭寅普는 책의 산정과 교정의 경위를 이렇게 밝히고 있다. "해학이 돌아간지 20여 년이 지나 아들 낙조樂祖가 저술을 수집 했지만 십중팔구가 산일된 상태였다. 동향인 강동희가 난옹蘭翁이라는 스승에게 수집된 원고의 산정을 부탁했지만 그가 죽게 되자,

다시 나에게 부탁하여 편차를 정하고 교정을 보아 12권으로 구성했다." 이 말에 의하면 해학의 방대한 저술이 대부분 산일되었고 현전하는 글은 일부에 지나지 않는다는 점을 알 수 있다. 그런데 해학의 아들 이낙조가 수집한 것을 강동희가 정인보에게 부탁한 원고는 《해학유고海鶴遺稿》의 일부분이다. 왜냐하면 《해학유서海鶴遺書》의 모든 글이 《해학유고海鶴遺稿》에 실려 있기 때문이다.

해학의 손자 이일현李日顯이 소장하고 있었던 《해학유고海鶴遺稿》와 국사편찬위원회가 간행한 《해학유서海鶴遺書》를 비교해 보면 《해학유서海鶴遺書》의 내용이 모두 《해학유고海鶴遺稿》에 실려 있음을 알 수 있다. 《해학유서海鶴遺書》에 없는 《해학유고海鶴遺稿》 소재의 시문은 제목만을 아래에 별도의 표에 기재하였다. 앞서 강동희가 일실되었다고 말한 세 편 가운데 〈진교태백경眞敎太白經〉이 바로 이 《해학유고海鶴遺稿》에 실려 있음이 확인되었다. 이에 관한 서지상의 문제는 뒤에서 재론하겠다.

그리고 《해학유고海鶴遺稿》는 《귀독오서집歸讀吾書集》의 일부로 되어 있다. 《귀독오서집歸讀吾書集》에 관해서는 해학이 〈귀독오서집자서歸讀吾書集自敍〉에서 언급하였다. 이에 따르면 그의 나이 45세인 1892년에 유력생활을 마치고 정착하기 위해 자기의 방을 귀독오서재歸讀吾書齋라고 이름짓고 그동안 자신의 글을 모아 《귀독오서집歸讀吾書集》이라고 명명했다는 것이다.[15]

---

15 〈歸讀吾書集自敍〉, 《海鶴遺書》(이하 《遺書》로 약칭) 권7.

《질재고質齋稿》에 대해서는 이건창이 해학의 요청에 의해서 써준 〈질재기質齋記〉가 참고가 된다. 해학은 1894년 2월 이건창이 사면되는 날 유배지인 패주貝州(지금의 보성寶城)로 찾아간다. 여기서 해학은 자신의 유력생활을 종결짓고 은둔생활을 하겠다는 의지를 밝히면서 거처할 집을 질재質齋라 이름지었는데, 이에 대한 글을 써 달라고 부탁하였다. 이때 이건창이 쓴 글이 〈질재기質齋記〉이다.[16] 《질재고質齋稿》도 바로 이와 관련하여 해학 자신이 붙인 문집의 이름이었다. 현전하는 《질재고質齋稿》에는 로베르에게 보낸 천주교리 비판서인 〈천주육변天主六辨〉과 편지 글만이 수록되어 있다. 《질재고質齋稿》는 《해학유고海鶴遺稿》에 있지 않고 별도의 필사본으로 전한다. 《질재고質齋稿》가 발견됨에 따라 이제 강동희가 일실되었다고 말한 세 편 가운데 〈의책擬策〉만이 아직 발견 되지 않은 셈이다.

그리고 《선여집燹餘集》이라는 명칭이 《해학유고海鶴遺稿》에 있는 《귀독오서歸讀吾書》 권 1의 서두에 실려 있는데 해학 자신이 이에 대한 내력을 말하고 있다. 이에 따르면 해학 스스로 평소 시문 짓는 것을 좋아하지 않았고 정리해 놓지도 않았다는 것이다. 그나마 써놓은 원고 중에서 45세 이하의 저작은 친구 이형오李馨五에게 빌려 주었다가 갑오년 봄 동학이 일어나 모두 소실되어 버렸다는 것이다. 그 뒤 자식 등이 보는 대로 베껴서 겨우 몇 권을 얻게 될 수 있었다고 했다. 그래서 그것의 이름을 별도

16 李建昌, 〈質齋記〉, 《遺書》.

로 《선여집燹餘集》이라고 한다고 했다. 해학 자신의 말을 빌리더라도 현전하는 유고는 그의 원래 저작 중 일부에 지나지 않음을 알 수 있다.[17] 결국 해학의 문집은 1892년에 《귀독오서집歸讀吾書集》이, 1894년쯤에 《질재고質齋稿》가 이루어졌으며, 이것들이 갑오농민전쟁 시절에 소실되었다. 겨우 남게 된 것이 《선여집燹餘集》이며 현전하는 《해학유고海鶴遺稿》는 《선여집燹餘集》과 그 이후 수집된 원고를 합친 것이다. 그리고 《해학유서海鶴遺書》는 《해학유고海鶴遺稿》를 산정한 것이라고 할 수 있다.

또 해학이 구례로 거처를 옮긴 뒤에 화엄사 기슭에서 당시의 황현·이정직 등의 문인과 창수하면서 쓴 시가 《신어新語》에 일부 전한다.[18]

이밖에 애국계몽기에 《대한자강회월보大韓自强會月報》·《호남학보湖南學報》·《조양보朝陽報》·《야뢰보夜雷報》등의 잡지에 기고한 글도 상당 수에 달한다.

해학 원래의 저술이 십중팔구 산일되었고, 현전하는 저술조차도 앞서 실핀 대로 여러 곳에 분산된 데다, 그나마 제대로 공개되거나 편찬 되지 못해서 해학의 글을 보는 데 많은 번거로움이 따른다. 따라서 현전하는 글이나마 종합 편집해서 속간함으로써 연구작업의 편의를 도모 할 수 있을 것이다.

---

17 〈燹餘集〉, 《海鶴遺稿》(이하 《遺稿》로 약칭.) 권1.
18 《新語》는 崔信浩(《誠心語文論集》 10집, 1979)에서 자료를 소개하였다. 당시 해학은 매천 황현, 석정 이정직과 더불어 호남의 삼재三才로 불렸다.

한편 《답영남유자이기서答嶺南儒者李沂書》가 있다.[19] 이것은 《질재고質齋稿》에 소재한 것으로서 해학이 보낸 천주교리 비판 서인 〈천주육변天主六辨〉에 대해서 프랑스 선교사 로베르가 보낸 반박 서한이다. 이것은 해학만의 글이 아니지만 왕복서신 중의 한쪽의 서신이기 때문에 해학연구에 필요한 자료이다.

《해학유서海鶴遺書》에 대한 번역작업이 진행되었음도 확인할 수 있었다. 국사편찬위원회에서 이 책을 1955년에 간행한 직후 당시 대통령이던 이승만이 이 책을 읽고 난 뒤에 훌륭한 애국지사의 글이라고 하여 번역할 것을 지시하였다고 한다. 번역이 완료되고 교열까지 마쳤으나 4·19로 실각된 이후 중단되었는데, 이제 그 번역의 원고 행방도 알 수 없게 되었다는 사실이 확인되었다. 이에 관해서 임창순은 당시 국편으로부터 교열을 부탁받았지만 번역이 마음에 안 들어 거의 다시 번역을 하다시피 한 뒤 국편에 넘겨주었으나 끝내 출간되지 못했다고 했다. 이미 30년도 더 지난 일이기에 당시 최초 번역자의 이름을 기억할 수 없다고 했다. 필자가 국편에 원고보존 여부와 역자명 등을 확인했으나 알 수 없었다.[20]

---

19 이 서신은 〈한국교회사 연구소〉에 필사본으로 소장되어 있다.

20 任昌淳, 〈韓末의 愛國者 李沂와 海鶴遺書〉, 《國會圖書館報》 2·3집(국회도서관, 1965)과 필자가 임창순과의 면담에서 이같은 사실이 있었음을 확인할 수 있었다.

〈증주진교태백경增註眞敎太白經〉에 대한
서지적書誌的 검토檢討

《해학유고海鶴遺稿》에 소재한 〈증주진교태백경增註眞敎太白經〉은 저자를 태소씨太素氏로, 증주자를 해학의 호인 효산자曉山子라고 표기하였다. 그런데 1934년에 선사繕寫되고, 1955년에 국사편찬위원회에서 간행한 《해학유서海鶴遺書》에서는 〈증주진교태백경增註眞敎太白經〉이 빠져있다. 《해학유서海鶴遺書》의 발문을 쓴 후학 강동희는 "해학의 저서 가운데 〈태백진경太白眞經〉이 있었는데 일실되어 수록할 수 없음이 유감이다"고 했다. 최근에야 자료를 접할 수 있게 된 해학 후손 소장의 《해학유고海鶴遺稿》에는 강동희가 언급했던 〈태백진경太白眞經〉이라는 편명이 실제는 〈증주진교태백경增註眞敎太白經〉으로 되어 있다.

또 이와 연관된 자료 중에 이유립李裕岦이 1943년에 편찬 간행한 《정교증주태백속경訂校增註太白續經》이 있는데, 1987년에 간행한 《대배달민족사大倍達民族史》 3권에 그 내용을 전재하면서 이에 대한 서지적 설명을 곁들이고 있다.[21] 《정교증주태백속경訂校增註太白續經》은 저자著者 : 해학海鶴, 선사자繕寫者 : 계연수桂延壽, 정교자訂校者 : 이유립李裕岦으로 되어 있다. 〈증주진교태백

---

21 李裕岦, 《大倍達民族史》3권 (고려가, 1987).
강동희와 이유립은 〈增註眞敎太白經〉을 각기 〈太白眞經〉, 〈增註太白眞經〉이라고 표기해 놓았다. 이것은 〈增註眞敎太白經〉을 직접 보지 못하고 쓴 데서 온 오류라고 보아진다.

경增註眞敎太白經〉과 《정교증주태백속경訂校增註太白續經》은 내용이 대동소이하다. 이유립의 주장에 따르면 〈증주태백진경增註太白眞經〉은 운초雲樵 계연수桂延壽에게 전수되었고 계연수가 이것을 다시 개정하여 《증주태백속경增註太白續經》이라고 했다는 것이다. 그리고 강동희가 일실되었다고 말한 〈태백진경太白眞經〉에 대해서 이유립은 계연수의 문하에 두 가지 이본이 유포되고 있었다고 하였다. 즉 계연수가 죽은 뒤에 그의 문인 가운데 백형규白亨奎가 소장한 전고본前稿本인 《태백진경太白眞經》과 전봉천全鳳天이 소장한 후고본後稿本인 《태백속경太白續經》이 바로 그것이라고 했다. 이유립은 이 두 원고에 원문의 착간과 증주의 오류가 있음을 발견하고 이를 면밀히 대조하고 교정하여 《정교증주태백속경訂校增註太白續經》을 편찬했다고 했다. 그리고 전·후 두 이본의 상이한 부분을 몇 군데 예를 들고 구체적으로 명시해 놓기도 하였다. 사실상 두 원고의 내용이 일부를 제외하고는 거의 차이가 없다는 것이라고 하였다.

이유립은 이 책의 후서後序에서 두 이본異本 중 당연히 만년에 쓰여진 후고본을 정본으로 삼아야 하겠으나, 상이점이 있으므로 후고본을 바탕으로 하되 전고본도 참작하였다고 하였다. 전고본에 없던 해학왈海鶴曰 부분을 새로이 설정해 놓은 점이 후고본의 특징인데, 후고본 체제를 따른 것은 해학의 존재를 부각시키기 위한 의도로 보인다. 전·후 원고본이 내용상으로 대동소이하지만 차이점이라면 전고본은 제 1장만 행촌왈杏村曰로 되었으나 후고본은 각장마다 행촌왈과 해학왈이 구분되어 있다고 했다. 이 두 원고를 볼 수 없는 필자로서는 후고본을 기준으로 했다는 이유립의《정교증주태백속경訂校增註太白續經》을 살핀 결과 행촌왈杏村曰로 표기된 부분이 소위 현행본《태백진훈太白眞訓》의 내용과 중복된 부분이라는 점을 발견했다. 즉 행촌杏村 이암李嵒이 지었다는 소위《태백진훈太白眞訓》에 있는 부분은 행촌왈로, 그 외의 부분은 해학왈로 구분한 것이다.

《해학유고海鶴遺稿》에 실린〈증주진교태백경增註眞敎太白經〉과 이유립의《정교증주태백속경訂校增註太白續經》을 대조해 본 결과 이들 두 내용이 대동소이했다. 그런데 이유립은 전·후고본에서 서로 빠진 부분이 있음을 지적하고 해당 부분을 적시했는데, 〈증주진교태백경增註眞敎太白經〉에는 이들 내용이 모두 실려 있음을 확인했다.

그러면 왜 이렇게《해학유고海鶴遺稿》에 실려 있는〈증주진교태백경增註眞敎太白經〉이 후일에 서지적 문제를 야기시키고 있는가? 그 이유는〈증주진교태백경增註眞敎太白經〉을 언급하고 있는 강동희와 이유립이 모두 이 책을 보지 못했기 때문에 서명書名에서부터 혼란을 가져오게 된 것이다. 이것은〈증주진교태백경增註眞敎太白經〉을 후손이 소장하고 있었으나 공개되지 못했다가 최근에야 자료를 접할 수 있게 된 탓이었다.

그리고 이를 전수받았다는 계연수가 일찍이 만주에서 독립운동 중 피살되어 전수과정에서 이본이 유포된 것으로 보인다.[22] 또 〈증주진교태백경增註眞敎太白經〉에 큰 영향을 주었고 일부의 내용도 그대로 전개한 《태백진훈太白眞訓》 등의 비서류秘書類들이 그 속성상 노출을 꺼려온 전통 또한 무시할 수 없는 요인의 하나라고 본다. 해학이 참고한 《태백진훈太白眞訓》이 진본인지, 아니면 현재 위서 여부의 논란이 일고 있는 현전 유포본인지는 확인할 수 없으나, 해학은 일단 이를 사실로 받아들이고 참고했던 것으로 보인다.

이제 이유립의 서지적 설명에 대해서 해소되지 않는 의문점 몇 가지를 제기한다.

첫째, 〈증주진교태백경增註眞敎太白經〉 중편 제 5장 1행에 있는 해학의 주註가 《정교증주태백속경訂校增註太白續經》에서는 이유립 자신의 주로 바뀌어 있다는 점이다.

둘째, 이유립은 《태백속경太白續經》을 해학이 편수했다고 하였다가 (1943년에 쓴 《정교증주태백속경訂校增註太白續經》) 나중에는 계연수가 선사한 것이라고 (1987년에 간행된 《정교증주태백속경訂校增註太白續經》)했는데 이같은 불일치에 설명이 없다.

셋째, 전·후고본 중 후고본은 계연수가 선사한 것이라 하고, 또 계연수의 문하의 전봉천이 소장했던 것을 후고본이라고 하였

---

22 桂延壽의 행적이 그간 잘 밝혀지지 못했다. 그런데 이유립에 의하면 그는 만주로 건너가 海鶴의 유지를 받들어 檀學會를 조직했다. 그 본부를 南滿洲 寬甸縣 紅石拉子區(혹은 小雅河)에 두고 있었는데 1920년 그곳에서 일본 순사 甘演永極이 보낸 밀정에 의해 피살되었다고 한다. 〈上同〉.

다. 그렇다면 전고본은 계연수의 선사를 거치지 않고 문하에 유포된 것인지 여부가 분명치 않다.

이러한 서지적 문제에 대해 필자가 검토하여 고찰한 결론은 다음과 같다.

ⅰ : 해학의 가문에 전수된 고려말 행촌 이암의 《태백진훈太白眞訓》은 이암의 선조로서 1340년에 찬수관으로 발탁된 이맥李陌이 편찬한 《태백일사太白逸史》에 수록되었다. 이것을 해학이 소장했고 이것의 영향을 받아 〈증주진교태백경增註眞敎太白經〉을 지었다.

ⅱ : 해학의 제자인 계연수(1864~1920)와 사숙자인 이유립 등에 의해 전수되는 과정에서 그 내용이 다소 가감되어 별도의 원고본이 유포되 었으며 《정교증주태백속경訂校增註太白續經》은 유포본의 결정結晶이다.

ⅲ : 〈증주진교태백경增註眞敎太白經〉에 해학은 저자를 태소씨太素氏라는 이름으로, 주석자를 효산자曉山子라고 하여 저자를 드러내려고 하지 않았다. 그런데 태소라는 명칭을 이 방면의 글에서 언급한 부분이 있다. 즉, 이암이 천보산天寶山의 태소암太素庵에 머무르면서 기서奇書· 비서秘書를 알게 된 계기가 되었다는 기록이 보인다.[23] 태소라는 말 자체가 신비스러운 의미를 내포하고 있지만, 이러한 언급과 관련된 것이 아닌가 한다.

ⅳ : 경문과 전문의 형식으로 구성된 이 책에서 경문의 일부가

---

23 現行 유포되고 있는 〈桓檀古記〉참조.

현재 유포되고 있는《태백진훈太白眞訓》의 내용과 일치되는 부분이 있다. 그 이외의 경문과 주는 독자적인 것이다. 그런데 현재 유포되고 있는《태백진훈太白眞訓》은 위서 여부에 대한 논란이 있으며, 해학이 참고한 책도 별도의 진본인지 현재의 유통본인지가 불명확하다.

ⅴ : 문인인 계연수와 재전 제자인 이유립 등에 의해 선사되고 전수되는 과정에서 다소의 첨삭이 있는 것 같다. 경문 가운데《태백진훈太白眞訓》에 있는 부분은 행촌왈이라고 해놓고(주로 상편) 없는 부분은 해학왈이라고 구분해 놓았다. 문인이 스승을 기리기 위한 의도로 보인다. 이 책이 지금 볼 수 있는《정교증주태백속경訂校增註太白續經》으로서 이유립이 교정한 것이다. 해학의 원래 글에다 부분적으로 자신의 의도, 특히 역사관을 바탕으로 첨삭을 한 흔적이 발견된다.

ⅵ : 〈증주진교태백경增註眞敎太白經〉의 저작 시기에 관해서이다. 〈증주진교태백경增註眞敎太白經〉은《해학유고海鶴遺稿》의《귀독오서歸讀吾書》권4 문文에 실려 있다. 그런데 이 책은 해학이 1892년 유력생활을 마치고 집에 돌아가면서 그동안 써 놓은 글을 정리하면서《귀독오서집歸讀吾書集》이라고 이름붙인 것이다. 그렇다면 이미 그 이전에 작성되었을 가능성도 추론할 수 있겠으나 다음과 같은 이유에서 부정된다. 하나는 1894년에 기록한 것이 분명한 〈천주육변天主六辨〉도《귀독오서집歸讀吾書集》이라고 표기되어 있는 것으로 보아 이는 해학의 문집명으로 통

칭된 것임을 알 수 있다. 또 하나는 〈천주육변天主六辨〉에서 보인 천주교 비판 논리가 〈증주진교태백경增註眞敎太白經〉에서 다시 강조되고 있음을 볼 때 선후의 시기적 연관성이 뚜렷하다. 그리고 애국계몽기간의 교육운동 이후에 종교운동에 관심을 갖게 된 것이 전후활동과 저작을 통해 입증되고 있다. 1909년 1월 1일 단학강령 3장을 만들고 3월 16일 강화도 마니산에서 단학회를 발기했으며, 1월 15일 서울의 취운정에서 단군교 포명식에 참여하는 등 1909년대에 들어와서 종교운동이 본격화되고 있다. 이렇게 본다면 〈증주진교태백경增註眞敎太白經〉은 바로 이 시기를 전후하여 작성된 것으로 보인다.

이제 〈증주진교태백경增註眞敎太白經〉과 《정교증주태백속경訂校增註太白續經》의 차이점을 비교해보면 다음과 같다.

	증 주 진 교 태 백 경 〈增註眞敎太白經〉	정 교 증 주 태 백 속 경 《訂校增註太白續經》
고대 역사	단군의 정통계열을 서술하고 고구려 정통론에 입각함	고대사의 상당 부분을 이유립 자신의 역사관에 의해서 수정 첨삭함
왈 日	전혀 없음	태소씨왈, 해학왈을 구분 표기 함

지칭	지인 군자 태소씨 오 至人·君子·太素氏·吾	철인 해학선생 짐 哲人·海鶴先生·朕· 행촌선생 杏村先生
교명	진교 眞敎	태백교 太白敎
저자	태소씨 저 효산자 주 太素氏 著. 曉山子 註	해학 저 계연수 선사 이 海鶴 著. 桂延壽 繕寫. 李 유립 정교 裕岦 訂校
문체	한문	한글 현토가 있음
서문	없음	후서 이유립의 後序가 있음
편장	상중하 세 편. 각 편마다 9장씩 분리	상중하 세 편. 편당 9개 장으로 분리. 1~27장까지 일련번호로 이 어짐

〔《해학유서海鶴遺書》에 누락된 《해학유고海鶴遺稿》소재 시문詩文의 편명 목차〕

〈시詩〉

1. 춘일서회春日書懷

2. 차임군월택次任君月澤

3. 규동閨洞

4. 유인향리촌재遊仁香里村齋

5. 망해사념귀자望海寺拈歸字

6. 이군남애교거李君南涯郊居

7. 저성차박군관재楮城次朴君寬齋

8. 여유旅游

9. 송오도어행지모산送吳道漁行至茅山

10. 반숙어개암사反宿於開岩寺

11. 전가田家

12. 협강夾江

13. 조춘사調春詞

14. 지일객중낙인견과至日客中洛人見過

15. 양진사난환견과우반송우사梁進士蘭換見過于盤松寓舍

16. 장이홍대익가백수張李鴻大翼家栢樹

17. 풍림楓林

18. 원야경중서감元夜京中書感

19. 정조옥수뭍趙玉垂

20. 차홍학관次洪學官

21. 차학사루운次學士樓韻

22. 차정야헌次鄭野軒

23. 재명장자사귀再明將自寺歸

24. 김낙안연하석金樂安演夏席

25. 유정가정游丁家亭

26. 연치도중유감燕峙道中有感

27. 송이주봉지진주送李竹峰之晉州

28. 유월초지六月初志

29. 술회정조주팔준교述懷呈趙周八駿敎

30. 문권진사재승능시청치聞權進士在升能詩請致

31. 수권진사재승壽權進士在升

32. 이순사석동신령산관조신청도즐이대구희익야작李巡使席同
申靈山觀朝申請道櫛李大邱喜翼夜酌

33. 영귀정취후구호詠歸亭醉後口號

34. 송이사령겸제送李司令謙濟

35. 객달성작客達城作

36. 동윤금산북루소작同尹金山北樓少酌

37. 동류하양유영귀정同柳河陽游詠歸亭

38. 강창江漲

39. 유동화사游桐華寺

40. 증조소아贈造小雅

41. 동박명부항래同朴明府恒來

42. 차박명부항래次朴明府恒來

43. 상사익일동이석호재완上巳翼日同李石湖載完

44. 월삼일재집우연소정越三日再集于燕巢亭

45. 유보광사游普光寺

46. 황태자비만皇太子妃輓

47. 동문참판찬호유노인정同聞參判贊鎬游老人亭

48. 보광사증서만천재우普光寺贈徐沔川載雨

49. 자노량고주지용산포自鷺梁雇舟至龍山浦

50. 후십여일재집後十餘日再集

51. 객사제앵도客舍題櫻桃

52. 차운답교본방차랑次韻答橋本房次郎

53. 동경東京

54. 송곡통역주마지봉천送曲通譯主馬之奉天

55. 증송촌웅지진贈松村雄之進

56. 증관상길贈關常吉

57. 차윤위관충하운次尹韋觀忠夏韻

58. 증곽교원진권贈郭敎員震權

59. 시월이십일일문사서적정승지만조상초설작十月二十一日聞赦
　　書適鄭承旨萬朝相招設酌

　　　∟〈귀독오서歸讀吾書 권일卷一 소재所載〉

〈문文〉

1. 송승지규헌진찬宋承旨奎憲眞賛

└ 〈귀독오서집歸讀吾書集 권이卷二 소재所載〉

2. 고제주한신론高帝誅韓信論

3. 오송정명吾松亭銘

4. 증임학용서贈任學鏞序

5. 진공세자론晉恭世子論

6. 상김영돈병학서上金領敦炳學書

7. 상허판서전서上許判書傳書

8. 상김판서상현서上金判書尙鉉書

9. 여이형오정직서與李馨五定稷書

10. 답김토포연하서答金討捕演夏書

11. 화엄사구층암모연문華嚴寺九層菴募緣文

12. 동비시대수유백성문東匪時代守諭百姓文

13. 답박극유준필서答朴克柔準弼書

14. 답황진사현서答黃進士玹書

15. 천관옹설天冠翁說

16. 뇌연정중건기雷淵亭重建記

17. 월계정기月溪亭記

18. 상김판서윤식서上金判書允植書

19. 상이외대도재서上李外大道宰書

20. 상이내대도재서上李內大道宰書

21. 모현재신건기慕賢齋新建記

22. 철령집서鐵櫺集序

23. 대아설기보관서大俄說寄報館書

24. 상일본황제소上日本皇帝疏

　　↳〈귀독오서집歸讀吾書集 권삼卷三 소재所載〉

25. 증주진교태백경增註眞敎太白經

　　↳〈귀독오서집歸讀吾書集 권사卷四 소재所載〉

第2章

사상思想 변천變遷의 양상樣相

해학
이
기 海鶴
李沂의
사상과 문학

●海鶴李沂의 思想과 文學 ──⋯

I. 초기初期의
사상적思想的 전이과정轉移過程

1. 전통유학傳統儒學에 대한
회의懷疑와 실학實學의 발견發見

해학은 몰락한 사류士類의 신분으로 태어나 경제적으로 매우 곤궁한 처지에서 성장하였다. 몰락사류沒落士類로서 신분을 유지할 수 있는 유일한 방법은 전통적인 과거 합격을 통한 출세의 길뿐이었다. 그는 타고난 재주를 바탕으로 일찍이 과거를 준비하기 시작하였다.[24]

그러나 결국 중도에서 과거를 포기해야 했고 현실에 대한 회의가 심화되어 갔다. 그리고 실학에 관심을 기울이게 되는 커다란 변화를 겪게 된다. 그러면 그는 왜 현실에 회의를 품게 되었는가? 그리고 실학의 발견 형태는 어떠한 것이었는가? 이러한 질문에 대한 대답은 해학의 현실인식의 정도와 사상적 전이의 첫 과정으로 의미있는 일이 될 것이다.

---

[24] 金庠基가 쓴 〈行狀〉과 〈習慣生愛戀 愛戀生頑固〉, 《大韓自強會月報》(이하 《月報》로 약칭) 8호, (1907. 3).

해학이 현실에 대해서 회의를 갖게 된 첫번째 현상은 과거의 포기에서 나타난다. 과거의 포기란 곧 출세의 포기를 의미한다. 일찍부터 착실히 준비해오던 과거를 포기한 것은 커다란 변화가 아닐 수 없다.

우선 그의 과거 준비를 위한 수학과정을 살펴볼 때 매우 큰 결심에서 우러나온 것임을 알 수 있다. 7세에《천자문千字文》·《동몽선습童蒙先習》, 9세에《통감절요通鑑節要》, 12~13세에 칠서七書 등을 섭렵했으며, 15세에는 향시鄕試에 응시하여 시재詩才를 드러냈지만 끝내 합격할 수는 없었다.[25]

20세쯤에 이르러서는 과거에 대한 회의가 대두되어 이에 전념하는 길이 바른길이 아님을 깨달았고, 28세에는 완전히 과거를 단념해버렸다.[26] 그러면 해학이 과거지학科擧之學을 포기하게 된 원인은 무엇인가?

첫째, 대기만성大器晩成을 위해서 조기등용을 원치 않겠다는 표면적 이유.

둘째, 가문의 불리한 여건과 과거제도 문란으로 인한 합격 불가능 예견이라는 이면적 이유.

셋째, 실학의 발견을 들 수 있다.

---

25 "七歲從鄕先生受千字文, 旣已受童蒙先習, 其父子有親, 君臣有義等句, 誰能讀, 實不解親義之意, 果安在也. 數月後, 又受通鑑節要, 九歲而畢, 只知有中國, 不知有我韓, 其治亂興亡, 皆與吾無涉, 而十二三略通七書, 十五入場屋, 以詩有才名."〈一斧劈破論〉,《遺書》권3.
26 "自二十以後, 稍覺其非, 至二十八歲ᄒᆞ야 遂棄擧業不復作."〈習慣生愛戀 愛戀生頑固〉.

첫째, 해학은 과거 포기의 표면적 이유로 일찍 등용될 경우에 오히려 크게 성장할 수 없다는 이유 때문에 대기만성大器晚成을 위하여 조기등용됨을 원치 않는다고 밝히고 있다. 그리고 이에 대한 비유로 깊은 골짜기에 숨겨져 있어 잘 드러나지 않는 가래 나무[재梓]를 들고, 자신의 호를 재곡梓谷이라 짓고 이에 자처하였다. 자신의 이러한 자세는 인지상정人之常情과는 반대가 되기 때문에 자신만의 독특한 개성임을 분명히 하고 있다. 그러나 이 것은 회재불우懷才不遇의 심사에서 나온 것으로 보인다.[27]

둘째, 이면적 이유를 따질 필요가 있다. 해학이 스스로 표방하지 못하는 저간의 속사정을 헤아려보는 측면도 원인 규명에 접근할 수 있는 방편이 될 것이다. 앞서 말한 바대로 상당한 재질과 현실참여의욕, 그리고 과거 준비에 매진했던 해학이 이를 중단한 것은 표면적 이유뿐만 아니라 그만한 속사정이 있었을 것이기 때문이다.

이면적 이유란 바로 가문의 불리한 여건 때문이다. 해학의 본관인 고성固城 이씨李氏는 애당초 과거에 합격할 수 없는 한계가 도사리고 있었다. 고성固城 이씨李氏의 선조 가운데 이괄李适 (1587~1624)이 1624년에 거행했던 정권타도 거사가 실패로 끝난 뒤부터 당시 조선정부로부터 반역이라는 탄압을 받게 되었다. 그

---

[27] "故爲木計者, 求顯而不求幽, 固人之常淸, 然吾意竊有以爲顯者非幸, 幽者非不幸, 余嘗自號梓谷, 夫梓者可用之材也谷者幽而難見之地也, 以可用之材, 居幽而難見之地, 固非人之常情, 而吾獨有取者, 仰有微意存焉……吾雖愚而不敏, 疎而不學, 自度終不得以用於世, 然若又用之蚤, 則懼其材之愈不能成, 此吾所以有取於梓谷 也."〈梓谷自序〉,《遺書》 권7.

결과 원래의 본관명本貫名인 철성鐵城조차 고성固城으로 바꿔야 할 만큼 권력의 핍박과 소외를 감수해야 했으며, 그 이후로부터 고성이씨固城李氏 가문에서는 단 한 사람의 문과 급제자도 배출되지 못했다는 것이다.[28] 이같은 사정을 모를 리 없는 해학이 과거를 계속 응시한다는 것은 무모한 짓이었다.

이같은 불리한 가문의 여건 이외에도 정실과 부정에 의해 그 문란이 극에 달했던 조선말 과거제도의 부패 상황을 감안한다면 결국 스스로 그 능력의 한계를 인정할 수 밖에 없었을 것이다. 이러한 내외적인 원인때문에 재곡이란 호를 지어 과거포기의 변을 말했을 것으로 추정된다.

이 점은 실제 그가 임학용任學鏞에게 보낸 글에서도 뒷받침되고 있다. 이 글에서 해학은 임학용任學鏞이 아무리 천리마千里馬 같은 재주가 있다고 해도 백락伯樂 같은 등용자를 만나지 못하면 소용없는 일이라고 하였다. 따라서 백락伯樂을 부지런히 구해야 한다고 충고하고 있음을 볼 때 해학 역시 백락을 못 만나 좌절 끝에 은둔한 것이지, 결코 현실을 외면하고자 한 것이 아님을 알 수 있다.[29]

셋째, 실학의 발견으로 말미암아 과거지학科擧之學에 대한 무의미함을 깨닫게 된 것이다. 실학에 대한 해학의 학문적 관심은 그의 사상전환의 계기가 되기에 충분한 것이었다. 그의 실학에

28 李元義 編,《固城李氏銘鑑》(문원정판사, 1978) 참조.
29〈贈任學鏞序〉,《遺稿》권3.

대한 학문적 천착은 천성적으로 지닌 학문에 관한 다양한 관심에서 우러나온 것이었다. 특별한 사승관계가 없이 독학으로 이루어진 그의 학문체계는 우선 백과전서적인 관심에서 고조된 것이다. 이것은 중세적인 성리학 중심의 학문체계를 탈피하고자 하는 실학적 양상의 여파이기도 하다. 그는 천문天文·지리地理·음양陰陽·복서卜筮·병력兵歷·국조전고國朝典故에 이르기까지 깊이 고찰했으나, 국조전고國朝典故 에 대해서 만큼은 능력이 미치지 못했고, 또 책 구하기의 어려움도 실토하였다.[30] 이어서 정치·경제·이학理學·화학化學 등에까지 관심을 갖고 추구했으나, 역시 서적을 구할 수 없었던 점이 곤란하다고 하였다.[31]

이러한 학문의 다양한 관심 가운데도 해학의 실학적 사고는 물론 그 이후의 경제사상에 크게 영향을 끼친 것은 유형원柳馨遠의 《반계수록磻溪隨錄》과 정약용丁若鏞의 《방례초본邦禮草本》이다.[32] 해학은 이 두 책을 입수해서 읽고 그의 경제사상의 기초를 세웠으며 후일 해학의 경제사상이 담긴 저술인 〈전제망언田制妄言〉·〈전제田制〉등의 중요한 밑거름이 되기도 하였다.

---

30 "自是以來泛及於天文地理陰陽卜筮兵歷之術, 頗以博學自居, 而但於國朝典故, 非獨智力有所不暇, 書籍亦深難得."〈一斧劈破論〉,《遺書》권3.

31 "然方是詩에 通國에 無理學化學政治學經濟學諸家文字 故로 只得柳磻溪隨錄과 及丁茶山邦禮草本等書讀之〈習慣生愛戀 愛戀生頑固〉,《月報》8호 (1907. 3). 해학은 서적을 빌리기가 어려움을 실토하고 있다. 한 번은 어떤 집에 磻溪隨錄이 있다는 것을 알고서 빌리자고 했으나 거절당했다. 그때 이렇게 말하고 있다. "古人云, 借書者一痴, 還書而一痴, 余謂不借書者, 尤更痴也."《新語》.

32 "僕自兒幼時, 雖學爲科業, 而甚不自喜, 間取古人經濟文字, 如磻溪隨錄茶山邦禮草本及國朝典古等書, 深加硏究."〈答鄭君嗳圭書〉,《遺書》권6.

해학이 실학을 발견한 것은 그의 실천적 학문 추구의 결과 때문인데 이것은 최종적으로 경세經世를 목표로 하는 것이었다. 경세에 뜻을 둔 해학으로서는 《산해경山海經》·《여지輿地》등을 보고서 천지만물이 각기 독특한 개성이 있음을 알고 그것을 직접 체험해 보고 싶은 욕구가 생겨났다. 마침 그러한 일을 실천하고 있던 젊은 선비 유병만柳炳萬을 두고서 유위지사有爲之士라고 선망하기도 하였다.[33] 해학도 결국 세상만사를 직접 체험하기 위해 각처를 유력하면서 농촌사회의 쇠락된 실상을 겪고 시대와 현실의 모순을 체험한다. 이 유력은 해학에게 있어서 귀중한 경험을 갖게 했는데, 그의 시무중시時務重視와 경세의식經世意識의 심화는 이를 계기로 가능한 것이었다.

2. 현실現實 모순矛盾에 대한 자각自覺과 변혁추구變革追求

실학에 눈을 뜨고 경세에 뜻을 둔 해학은 개항이라는 대외적인 변화와 함께 대내적으로는 대흉년이 전국을 휩쓸었던 1876년부터 각처를 유력하기 시작하였다. 이 기간 동안 농민의 비참한 현실을 몸소 체험 하면서 현실의 모순을 깊이 인식하고 의식의 변화가 일어나게 된다. 그 뒤 1894년 갑오농민전쟁이 발발하자 그의 진취적 사고는 마침내 농민봉기를 활용하고자 했다. 당시 농민전쟁의 지도부가 전주에 머무르고 있을 때 전봉준全琫準

---

33 〈送李士盈炳萬序〉,《遺書》권7.

을 직접 찾아가 부패한 조정을 타도하고 민씨 일파를 비롯한 썩은 대신들을 주살하여 국헌을 일신시키고자 농민군을 서울로 진격시키자고 요구했다. 이에 전봉준全琫準이 승락하면서 남원에서 기병을 한 김개남金[開]南[男]에게 동의를 구할 것을 제안했다. 해학이 김개남金介南을 찾아가자 오히려 김개남은 해학을 사살하려고 하여 간신히 탈출 하였다.[34]

결국 모순된 사회를 일거에 바로잡을 수 있다고 판단했던 해학의 혁명적 기도는 실패로 끝나버리고 만다. 농민의 역량을 동원하여 변혁을 시도하려 했던 해학의 주장은 타유자와는 비교가 되지 않는 실로 혁명적인 것이었다. 이것은 체제내의 점진적인 개혁을 시도하려 했던 실학파의 사상과는 분명히 구별되고 있다. 해학은 농민의 힘에 의한 변혁의 시도가 좌절되자 그 불가능함을 현실에서 깨닫게 된다. 그리고 이 후에는 각종 내수외양책內修外攘策을 밝히게 된다.

농민군의 동원이 실패로 돌아가자 해학은 깊은 좌절에서 헤어나지 못하고 동학도의 존재에 의미를 두지 않았다. 조정을 일거에 타도하고 일대변혁을 하지 않는 한, 농민군의 존재는 아무 의미가 없는 것으로 생각한 것이다. 그 뒤 다시 구례로 내려가 오히려 동학도를 백안시한 점이 이를 말해 준다.[35]

그러나 이후에도 여전히 사회의 모순을 해결하기 위해서는 혁

---

34 鄭寅普, 〈海鶴李公墓誌銘〉.
35 國史編纂委員會, 《東學亂記錄》下, (탐구당, 1972), pp. 225—226.

명적인 방법이 필요함을 깨닫고 있었다. 마을에 홍수가 나서 산으로 피신한 뒤 온통 물에 떠내려간 마을을 내려다 보며 국가의 병폐 역시 이처럼 찌꺼기조차 남김없이 제거해야 한다고 말한 데서도 그 지속성이 보인다.[36]

열강의 각축으로 민족의 위기가 현실적으로 가시화되자 한국의 실정이 인순고식에 빠진 고질병 환자와 같다고 진단하고 치유책으로 근본적인 혁신을 제기한다.

> 한국의 병은 고질병이다. 단지 인순고식만을 최고로 삼았다. 편안하고 한가로움을 성덕으로 삼아서 지금까지 오백 년 동안 그것만을 편안히 여기다가 마침내 고질병이 되었다. 사람으로 치면 50~60세쯤 되어 이미 오래도록 편히만 지낸 사람같다. 음식은 소화되지 않고 축축한 가래만 누적 되어 탄산을 삼키고 헛배가 불러 구역질이 나는 고질병이 되어 버렸다. 이것이 고질병의 일반적인 증세다. 비록 탱자로 소통을 해보아도 잠시 해소되다가 다시 막히게 된다. 반복해도 마찬가지여서 한두 번 내려가게 해보다가 몸만 축내고 만다. 이렇게 된 이상 거꾸로 뒤집어 남은 찌꺼기를 모두 토하게 해서 한 점도 남겨두지 말아야 한다.[37]

한국의 병폐는 조선 오백 년간 너무도 오랫동안 누적되었기 때

---

36 "國家今遇更張時, 洗盪汚穢欲無遺, 天意有攸存好事, 將報黎首元知時." 〈觀漲〉,《遺書》권 12.

37 "若韓之病, 病痼者也, ……只以因循爲至道, 優遊爲盛德, 迄今五百有餘年, 視之恬然, 遂至膠固, 如五六十安逸之人, 享受旣久, 食飮不化, 濕痰雍積, 吞酸倒飽, 狃成痼疾, 此痼之常症也, 雖以枳橘試其疎導, 而作解旋結, 乃復如故, 一下再下, 徒傷其元, 則當用倒倉法, 使其嘔盡滓穢, 不留一點."〈東醫說〉,《遺書》권9.

문에 일시적인 미봉책으로는 오히려 악화될 뿐이므로 뿌리 채 뒤집어버리는 도창법倒倉法이라는 혁신적 방법밖에 없음을 말하고 있다. 급진적인 변혁사고를 여전히 유지하고 있음을 알 수 있다.

그러면 그의 사상이 어떻게 이러한 급진적인 사상에 도달하게 되었는가? 이를 입증할 만한 자료가 미흡하여 분명한 것은 제시되고 있지 않지만 그동안의 유력기遊歷期를 전후로 하여 고찰할 때 다음과 같은 결론에 도달할 수 있다.

첫째, 시대적인 심각성을 인식했다는 점이다. 해학의 유력기는 이미 봉건체제의 말기적 모순이 도처에서 노정되어 임술민란 이후 지속된 농민저항이 빈발하던 시기였다. 거기에다 대재해가 겹치고 가렴주구의 횡포가 극에 달해 농민의 생존이 한계점에 이르게 되었다.

해학은 당시의 피폐화된 농촌의 참담함을 목도하고 불만이 팽배되었으며 제도적 모순을 심각히 체험하였다. 이것은 후술될 시에서 언급될 것이지만 〈진안현鎭安縣〉〈군진郡賑〉등의 시에서 잘 나타내고 있다. 경세에 뜻을 둔 해학으로서는 도탄에 빠진 농민을 구제해야 한다는 책임의식을 절실히 느끼고 있었다. 그러나 해결할 수 없는 자신의 무능과 사회제도에 대해서 불만과 자탄이 심각하게 고조되고 있었다. 이같은 시기에 터진 갑오농민전쟁은 이를 일소시키기 위한 절호의 기회가 된 것이다.

둘째, 생활의 불안정에 대한 불만이다. 해학은 어릴 때부터 경제적인 어려움 때문에 사숙을 중도에 포기해야만 했었다. 각처 유력을 시작한 전후로 하여 부친상父親喪과 상처喪妻를 당했고, 그 뒤에 닥친 생활고를 해결하기 위해서 구직을 하러 다니기도 하였으나 모두 실패를 하고 말았다.[38] 끝내 해결하지 못한 생활고 때문에 노모와 처자식을 부양해야 하는 압박감에 시달렸고 폐병까지 겹치게 되자 그는 심각한 불만을 토로했는데 그것이 〈행로난行路難〉이라는 시에서 여실히 표출된다. 시에서 다시 거론 될 터이지만 팽배한 불만과 자신의 처지를 정상적인 방법으로 해결할 수 없는 당시 사회현실에서 농민전쟁은 절호의 기회가 된 것이다.

셋째, 정신적인 다양한 관심과 진보화를 들 수 있다. 해학은 이미 10대 후반부터 송학宋學을 비판하고 실학實學에 관심을 갖기 시작했었다. 특히 소년시절부터 《장자莊子》를 읽게 되어 자신의 성격에 소방불기疏放不羈함이 있음을 스스로 반성했던 글에서도 해학의 학문적 관심방향을 짐작할 수 있다.[39]

이외에도 앞서 밝힌 동양 제학문의 섭렵을 바탕으로 다시 서양지식에 관한 관심까지 확대시켜 나갔다. 해학은 서양서적과 천주교 서적을 빌리고 동서학문의 교류를 위해 서양선교사를 방문하기도 한다. 서양의 수학·화학 등의 과학기술의 우수성을 인정

---

38 〈上許相公傳書〉·〈上金判書尙鉉書〉·〈上金領敎炳學書〉·《遺書》권3 등에서 구직을 부탁하고 있다.
39 〈雜錄八則〉,《遺書》권9.

하면서 동서학문의 교류를 요구하기도 하였다.[40] 이렇게 서양의 신학문에 대한 적극적 관심과 섭취를 통해 진보적인 사고의식을 형성해가고 있었다.

여기에다 해학이 각처를 유력하면서 정사政事의 득실得失과 민생民生의 이해를 소상히 파악하는 귀중한 체험을 얻게 되었고, 이에 따라 세상사를 염두에 두지 않을 수 없다고 하였다.[41] 그의 경세의식經世意識은 이 때에 확립되어 누적된 사회의 모순의 개혁을 자신의 역할로 자임했다. 그러나 해학은 종전의 실학적 경세론이 시대현실에 적응하는 데 한계를 지니고 있다고 보고 미흡하게 여기고 있었다. 이에 시의에 적절한 방향을 찾다가 마침내 농민전쟁이 일어나자 이를 현실의 모순타파로 활용하고자 한 것이다.

넷째, 주기론적主氣論的 사고와 시변時變에 대한 적극적 대응인식이다.

해학은 현실에 깊은 관심을 갖고 현실의 변화에 적극적으로 대응하는 것을 하나의 신조로 삼고 있었다. 우선 시변의 적극적인 대응자세를 살피기에 앞서 그의 젊은 시절에 지닌 현실과 사물의 변화에 대한 관점을 거론하기로 한다. 해학은 이미 10대 후반부터 사물의 변화를 주기론적 관점에서 파악하고자 했다. 먼저 해학의 이기론理氣論과 인성론人性論을 고찰한다.

---

40 〈與法人金教師保錄書附〉, 《質齋稿》.
41 "又嘗遊歷州郡, 政事之得實, 民生之利病, 無不詳悉, 遂以爲天下事不可不念" 〈答鄭君曬圭書〉, 《遺書》 권6.

이理는 행위의 본체는 있으나 행위의 작용은 없다. 반드시 기氣를 탄 후에야 발동해 나온다. 그러므로 천하의 만물은 이理에서 생기고 기氣에서 완성되지 않음이 없다. 이理는 항상 기氣의 본체가 되고 기氣는 항상 이理의 작용이 된다. 이理는 진실로 성性이라고 말할 수 있고 기氣는 진실로 정情이라고 말할 수 있다. 이름은 비록 다르나 실제는 하나로 이르게 된다. 성性은 사람과 같고 기氣는 말과 같다. 만약 사람이 말을 타고 문을 지나서 나갈 때 동서의 두 길이 있다고 가정하자. 동쪽은 의리의 올바른 길이요, 서쪽은 식색食色의 나쁜 길이다. 두 길을 따라 출발하는 것은 정情이다.[42]

해학은 우선 이기理氣를 시원적始原的 입장에서 파악할 때 이론상으로는 체용體用으로 구분하여 이기이원론理氣二元論의 입장을 취하고 있으나, 실제상으로는 이기가 하나라고 하여 이기불상리理氣不相離의 입장도 보이고 있다. 기氣에 관해서는 능동적인 작용을 인정하고 있다. 기氣에 관한 이러한 인식은 사물의 법칙성을 객관적으로 파악하고 실제경험을 통하여 터득하려는 자세와도 상통된다. 동적인 기를 중시함으로써 결정론에 얽매이지 않고 가동적인 현실의 변화를 인정하고 변혁적 활동에 참여할 수 있는 사고의식을 지니고 있음을 알 수 있다.

다음 인성론人性論에 있어서는 삼단계의 순서를 설정하였는데

---

42 "理有爲作之體, 而無爲作之用, 必須乘氣然後, 發動出焉, 是故凡通天下之物, 無不生於理, 而成於氣, 理常爲氣之體, 氣常爲理之用, 理固可謂之性, 氣固可謂之情, 其名雖不同, 而其實則一也, 沂嘗以爲性猶人也氣爲馬也, 如人乘馬而行, 才過出門, 則有東西二路, 東則義理之正路也, 西則食色之邪路也, 從二路而發動者, 情是矣〈與朴君載春書〉,《遺書》권6.

여기서도 인간의 선악 분기점에서 그 방향을 결정하는 요소는 기氣의 발동으로 보고 있다. 이같은 기중시氣重視와 가변성을 전제로 양기養氣를 주장하였다.

> 성性은 담겨진 내용이요, 기氣는 그릇이다. 성性이 기氣에 담겨지는 것은, 물이 그릇에 담겨지는 이치와 같은 것이다. 바다·시내·연못·도랑은 모두 그릇이다. 바다·시내·연못·도랑의 크고 작음, 넓고 좁음이 일정하지 않듯이 기氣 역시 맑음·흐림·순수·잡박이 같지 않다. 인품의 높낮이도 이 네 종류인 성인·군자·선비·서민이 있으니 그 성性은 물이고 그 기氣는 모두 그릇이다. 아! 하늘이 인간에게 어찌 이 네 가지를 고정시켜 놓아 끝까지 바뀔 수 없게 했겠는가? 병·사발·항아리·기왓장 같은 고정된 그릇과는 같을 수 없을 것이다. 사람이라는 그릇은 길러서 바다와 같은 그릇에 도달 될 수 있다는 것을 알 수 있다.[43]

명료하면서도 평이한 비유를 들어서 담겨진 일정한 성性(물)과는 달리 그것을 담는 기氣(그릇)는 키우는 데 따라서 달라질 수 있다고 보았다. 그리고 그 가변성이 인간에게 있다고 설명하였다. 해학은 인간의 선천적 고정불변을 부정하고 후천적 노력여하에 따라 유동적임을 중시하여 현실의 고수가 아닌 현실의 변화

---

43 "性者盛也, 氣者器也, 性之盛於氣, 猶水之盛於器, 江海淵澤溪澗溝渠, 皆器也. 夫江海之與淵澤, 溪澗之與溝渠, 其所盛之水, 未嘗有異也者, 卽性善一也. 江海淵澤溪澗溝渠之大之小之割之窄之參差不等也者, 則氣有淸濁粹駁之不齊也, 故余嘗謂人品之低昻, 亦有是四者, 聖人也, 君子也, 士也, 衆庶也, 其性皆水也, 其氣皆器也, 嗟呼天之於人, 豈此四者爲靠定, 而終不可移易者耶. …… 不猶愈於瓶盂瓮甓之爲氣乎, 吾人之器, 有可養而至之者, 以此可見矣" 〈養氣論〉, 《遺書》 권3.

를 추구하려는 경향을 보이고 있다. 해학은 양기養氣를 위해 기氣를 강조하고 있다. 또 이러한 주기론主氣論에 입각하여 시변時變에 대한 대응논리를 펴고 있으며 이를 행동으로 표출하였다.

해학은 시기時期를 하늘이 나에게 성공하도록 도와주기 위한 적극적인 개념으로 파악하고, 그 기회를 상실해서는 안된다고 하였다. 아무리 훌륭한 농부라도 겨울에 농사를 지을 수 없으며, 아무리 장사를 잘하는 상인이라도 여름에 갖옷을 팔 수 없는 이치처럼 무엇보다도 적절한 그 시기가 중요하다고 하였다. 적절한 그 시기가 도래했는데도 일어서지 않거나, 그 시기가 아닌데도 나서는 것은 하늘에게 짓는 인간의 죄라고까지 하였다.[44]

변화의 당위성에 대해서 궁하면 통하고 통하면 변한다는 주역의 원리를 인용하고 있다. 항구적인 발전의 원동력은 바로 변화하는 데 있으며, 지나간 것은 날로 썩어가고 오는 것은 날로 새로워지기 때문에 날로 새로워져야만이 유구할 수 있다고 하였다. 왕부래신往腐來新을 말한 성인의 말이야말로 천지음양의 진묘眞妙를 설파한 것이라 하였고 그것이 바로 여세추이與世推移라고 하였다.[45] 해학은 이처럼 시변에 대한 당위성을 매우 적극적으로 수용하고자 하였다.

다음으로 하늘의 때를 활용하기 위한 인간의 자세를 밝히고 있다. 주어진 기회를 기다리기만 하는 소극적인 삶의 자세가 아

44 〈增註眞敎太白經〉(이하 〈太白經〉으로 약칭) 上篇, 第四章(이하 篇, 章 上一4와같이 약칭함).
45 〈上同〉 상 8.

니라, 이를 완수하기 위해 실천적인 적극적 삶의 자세를 강조하고 있다. 기회를 부여하는 것은 하늘의 섭리[신리神理]이지만, 주어진 기회를 성공시키는 것은 사람의 도리[인리人理]이기 때문에 이를 극진히 해야 한다고 했다. 신리神理와 인리人理는 선후의 순서를 달리할 뿐이며 일관된 목적을 지향한다고 했다.

이것은 진인사대천명盡人事待天命의 자세를 강조하는 것이다. 진인사盡人事 즉 인리人理를 다하는 것은 그 인리人理가 바로 일용사물지류日用事物之類 속에 포함된 것인데 그것을 시의에 맞게 제도制度하는 것이라고 하였다. 대천명待天命에 앞서 진인사盡人事를 강조하면서 그 예로 농부가 농사짓기 위해서 먼저 밭을 준비하는 것이나, 혹은 상인이 내다 팔 갖옷을 준비해야 하는 이치와 같은 것이라고 비유하였다.[46]

해학은 현실참여의 이유를 진인사대천명盡人事待天命의 자세에서 찾고 있다. 후일 민족의 위기 앞에 민족의 현실을 외면한 지식 인들을 향하여 진인사盡人事를 하지 않는 점을 들어 비판하였고, 자신이 민족의 현실을 외면할 수 없는 이유도 바로 이같은 점 때문이라고 하였다.[47] 인간의 도리에 대해 최선을 다할 것을 강조하고 운명론에 의탁하지 말라는 것이다.

결국 해학의 시변時變에 대한 적응태도는 진인사盡人事의 의지와 연결되어 있다. 이러한 사고의식은 해학의 모든 사상에 뿌리

---

46 〈上同〉상 4
47 "不盡人事而言天命, 吾知後世君子之譏, 必多於今日朋友之責."〈又〉,《遺書》권6.

가 되어 그의 경세의식經世意識, 시무중시時務重視의 학문관學問觀, 종교사상宗敎思想 등의 모태가 되고 있다. 그의 이념적 기반이었던 유학儒學이 타학문에 비하여 우월성을 지니는 이유를 시변時變과 유사한 개념인 시중時中에 있다고 한 사실로 보아도 그의 시변중시사상時變重視思想을 엿볼 수 있다.[48]

이밖에 의리조차도 시대의 변화에 따라 다를 수밖에 없다고 했으며, 풍속과 문화도 시대에 따라 달라지기 때문에 시대의 변화를 수용해야 한다는 것이다.[49] 갑오농민전쟁 때에 보여준 혁명적인 사고의식도 이같은 사고의 바탕에서 가능한 것이었다.

다음으로 이러한 인식을 실천에 옮길 수 있는 추진력이 필요한 것인 데 이를 용勇이라고 하였다. 해학은 자신의 도를 용勇일 뿐이라고 하여 용勇을 행동철학의 핵심으로 간직하였다. 그래서 지知보다는 용勇이 중요한 것이라고 하여 관념적인 지식보다는 실천적인 행동을 더 중시하였다.[50] 해학은 모순된 사회를 바로잡기 위해 고심하던 중 농민봉기라는 절호의 기회를 저버리지 않고자 용勇을 발휘했으나 현실적으로 좌절되고 만 것이다.

그러면 해학이 국헌을 일신하여 개혁하고자 했던 가장 큰 관심사는 무엇이었을까?

이 점은 해학의 사상변천사에서 중요시 되어야 하기 때문에 언

---

48 "夫吾儒之道, 長於諸學, 非他也. 以其能時中也."〈答李君康濟書〉,《遺書》권6.

49 〈與李馨五定稷書〉·〈上金判書允植書〉·〈好古病〉등 참조.

50 〈太白經〉하 8.

급할 필요가 있다. 해학이 농민전쟁 직후에 상경하여 정부에 제출한 개혁안이 바로 〈전제망언田制妄言〉이었다는 사실에서 그의 주된 목표는 무엇보다도 토지제도 개혁이라고 보아진다. 물론 급진적 변혁의 기회가 무산되고 난 뒤의 점진적인 개혁이라는 점에서 개혁 강도의 차이는 있겠지만, 진취적인 관점에서는 일관된 것으로 보인다.

해학이 토지제도 문제를 최대의 관심사로 여기게 된 것은 아마도 유력기에 경험했던 농촌의 피폐된 모습 때문이었을 것이다. 그는 〈전제망언田制妄言〉을 기초하게 된 이유를 경제가 정치의 근간이며, 갑오경장의 각종개혁에 필요한 국가재정의 조달을 하지 못하면 국가가 위태롭기 때문이라고 했다. 그 재원을 농민에게 부과시킨다면 핍박으로 거두어 들이게 될 것이며, 외채에 의존한다면 결국 국민과 국토가 멸망하게 될 것 이라고 하였다.[51] 실제로 그 해 3월 5일 한일간에 체결된 차관조약은 정부조세수입을 담보로 한 지극히 위태로운 것으로 외세개입과 자본예속을 가능케 하는 잘못된 개혁사업이었다. 해학은 이를 극렬하게 비난하였다.

〈전제망언田制妄言〉도 결국 토지제도개혁과 세제개혁을 통해 부농의 부당수입과 관리의 부정을 없애고, 빈농의 보호와 국가

---

51 "國家更張之議固善矣, 然吾恐其不成何也, 夫財穀者, 所以收入材成事務之資也 而今以地土之所入, 計經用之所出, 不足已十有六七矣, 愚未知其將加賦於吾民耶, 則不免剝入而取之, 抑或借債隣邦耶, 則不免割地而償之, 其勢必至於人亡地盡而後已, 故竊以爲吾說不行, 則國家亦不成矣〈田制妄言〉,《遺書》권1.

조세 수입을 확충시켜 내자조달에 의한 자주개혁을 시도하기 위해서였다.[52] 즉 안으로는 고갈된 국가재정의 충당과 파탄에 빠진 농민생활의 구제를, 밖으로는 외세의 재정간섭 불허라는 양대 원칙에서 출발한 개혁안이었다. 여기서 해학의 농민위주와 외세 불간섭의 정신을 읽을 수 있다. 해학은 이 개혁안이 시행되지 않는다면 국가존속이 어려울 것이라고 까지 하였다. 당시의 피폐된 토지제도를 국가존립의 문제와 연관시켜 심각하게 고민한 것이다.

그러면 해학사상의 중요한 부분인 〈전제망언田制妄言〉의 요지는 무엇인가? 〈전제망언〉에는 반계와 다산의 실학정신을 계승하면서도 그것을 현실에 맞게 발전시키고자 했던 해학의 정신이 잘 나타나 있다. 그는 우선 이미 실학파들이 주장한 정전론井田論이나 한전론限田論을 폐단의 근원을 살피지 못한 것으로 단정하였다.[53] 정전론井田論은 이미 인구의 팽창과 농지의 개간으로 획방성전畫方成井이 불가능한 것이고, 한전론限田論은 법자체의 모순을 들고 있다. 즉, 사점사유를 허락하고서 다시 토지겸병을

<hr />

52 "竊念閣下救時之意, 出自血誠 而意不免爲國家萬世之罪人何也. 夫財賦者, 所 以應經濟成事物之資也. 閣下蓋職於是矣, 而不思興利之道, 徒以借款爲事, 則今年 明歲逋負積多, 其勢必至於割地而償之, 苟以五百年社稷, 三千里封疆 交手付人, 後世君子執筆而求罪人, 則吾恐閣下其爲首矣." 〈答魚度支允中書〉, 《遺書》 권5.

53 "我朝柳磻溪隨錄, 丁茶山邦禮草本, 尤爲詳備, 然磻溪頃畝之論, 茶山開方 之說, 皆未必視其弊之所源." 〈田制妄言〉, 〈上同〉.
해학은 이밖에도 자신의 토지 파악방법이 실학파의 그것 보다 더 낫다고 했다. "愚嘗著妄言書, 首論田制, 自謂得故人未發之意.", "愚嘗試諸牙山, 其功用易 就, 似勝於兪貞軒築墩, 丁茶山經線等法." 〈田制〉, 《遺書》 권2.

막는다는 것은 이율배반이며 기술적으로도 불가능하다는 것이다. 현실적으로도 이미 대토지를 소유한 기득권층의 안주와 반발로 불가능하다고 보았다.

따라서 근본적이고 장기적인 목표를 설정하는 동시에 시급히 처리해야 될 단기적인 방법부터 마련해야 된다고 하였다. 근본적인 목표를 달성해야 하지만, 우선 현실적으로 시급한 사정을 감안하여 응급 처방부터 실시할 것을 주장했다. 해학은 근본해결을 치본지술治本之術, 응급처방을 치표지술治標之術이라고 표현했다. 치본지술은 국가에서 토지를 공매公買하고 사전賜田을 금지하여 최종적으로는 공전제公田制를 시행하자는 것이었다. 치표지술은 토지파악의 방법으로서 두락제斗落制[즉, 두승제斗升制]와, 공사세율公私稅率의 개선을 들고 있다.

우선 치표지술治標之術부터 알아보자. 해학은 먼저 세금부과를 위한 토지파악 방법으로서 두락제斗落制를 보강할 것을 주장하였다. 두락제斗落制를 주장한 이유는 당시 세금부과를 위한 토지파악 방법인 결부제結負制가 관리들의 자의적인 농간의 소지가 많아 폐단이 극심한 것을 시정하고자 한 것이었다.

원래 토지파악의 방법으로서 경무법頃畝法과 결부제가 있었다. 그 중에서 경무법頃畝法이 객관적이고 이상적이지만 토지개간이 전제되어야 가능하기 때문에 당장 시행할 수 없다고 하였다. 그 때문에 현행 결부제를 사용하되, 그것의 폐단을 없애는 간단한 방법으로 당시 농촌에서 관습적으로 모두들 익히고 있는 두락제斗落制를 병용하여 관리들의 핍박과 농간을 없애자는 것이다.[54] 결부제는 수확량을 예상하여 토지등급을 매겨 세금을 부과하는 방법인데, 여기에는 파악자의 농간이 극심했다. 반면에 두락제斗落制는 실제 경작자가 자신들의 경작지에서 소출되는 수확량을 마을 안에서 상호 알고 지내면서 관습적으로 파종하고 있다는 것이다. 따라서 이 파종량을 기준으로 토지등급을 매겨 세금을 부과하는 것이 합리적이라는 주장이다.

해학은 또 모든 토지를 정확하게 파악하는 것이 선결문제라고 보고 양전量田을 효율적으로 하기 위해서 이미 황해도에서 실험하여 성공을 거둔 바 있는 망척법網尺法을 사용할 것을 주장하였다. 이것은 우리나라처럼 토지개간이 안되어 경지가 방전方田 이외에 곡전曲田도 많은 현실에서는 이 방법 뿐이라고 하였다. 또 토지 소유의 파악과 증서를 위한 지적도地籍圖 작성의 필요와 요령까지도 상술하고 있다.

다음 세제의 개선으로 공세公稅를 늘이고 사세私稅(소작료)를 줄일 것을 주장했다. 이를 통해 국가재정의 확충과 소작농의 보호를 동시에 도모하고자 했다. 전국의 토지가 소수의 부유층에 집중되었으면서도 그들이 국가에 내는 세금인 공세公稅는 소액

---

54 "夫良醫之視病, 必審其緩急, 急則治其標, 緩則治其本, 故井田旣不得復, 而限田亦不得行, 然至於斗坪之規, 定公私之稅, 則不得已爾. …… 國朝田制用結負而不用頃畝, 其尺寸乘除之數, 州縣官, 亦未必解, 故量尺才過, 欺弊輒生, 吏蠹民奸, 莫可呵詰而今欲行頃畝之法, 則又須人功開鑿, 有非一二年可就矣. 余嘗見鄕民論田之大小, 必以下種斗升之數, 隨見打定, 而幷無違誤, 則不如順成其俗." 〈田制妄言〉, 《遺書》 권 1. 이 시기의 농업 및 토지제도에 관한 상세한 사항은 金容燮, 《韓國近代農業史硏究》下(일조각, 1984)를 참조할 것.

이었다. 반면에 영세한 소작농민이 지주에게 내는 사세私稅는 총 수확량의 1/3~1/2이나 되는 무거운 것이었다. 따라서 동일한 경작지에서 소작농이 지주에게 바치는 세금액이 지주가 국가에 내는 세금액보다도 무려 6배나 되어 공・사 세액의 차이가 극심했다. 이에 따라 소수의 지주만이 윤택할 뿐 대다수의 소작농민은 곤궁 속에서 헤어날 수 없었고 국가의 재정도 파탄에 이르게 되었다고 해학은 파악했다.

이를 해결하고자 해학은 사세를 내리고 공세를 올려서 그 차액을 2배로 조정하자고 하였다. 즉 소작농이 지주에게 내는 사세私稅는 총 수확량의 1/9만을 내도록 하고, 지주는 국가에게 1/18을 내도록 한다는 것이다. 결국 소작농의 입장에서 보면 실제로는 수확량의 1/18을 지주에게 사세로 지출하고, 1/18을 국가에게 공세로 지출하는 셈이 된다. 지주는 소작농으로부터 받은 소작료 가운데 절반을 자기의 수입으로, 절반을 세금의 지출로 하는 셈이며, 국가의 실질적 조세수입은 총 수확량의 1/18이 되는 것이다.

이렇게 개정되면 국가와 소작농의 수입은 증대되지만 지주층은 크게 불리해지게 된다. 이 제도는 실지로 지주계급의 억제와 영세소작농의 농노적 존재로부터의 해방을 의미하는 것이다. 해학도 이 제도가 시행되면 부자들이 싫어할 것이지만 국민된 자의 도리로 순응해야 할 당연한 의무라고 하였다.[55] 해학은 이를

---

55 "況擧國之田, 莫非富家所私有, 其土租多者, 則十而取五, 小者亦三而取一,

어기는 자는 엄벌에 처하여 잘 시행만 한다면 우리나라 오백년 중흥의 기틀을 마련할 수 있을 것이라고 자부하였다.

그리고 사세私稅는 현물로 해도 되지만, 공세公稅는 현금으로 납부하면 민무창비民無倉費, 국무조폐國無漕幣가 될 것이라고 하였다. 현물수납으로 인한 조창제도가 엄청난 부패를 가져온 사실을 숙지하고 있었기 때문이다.

다음은 치본지술治本之術에 관해서 알아보자, 해학은 치본지술治本之術의 방향을 공전제公田制 즉, 토지공개념에 두고 두가지 방안을 제시하였다.

첫째, 농지의 공매公買만을 허용하고 사매私買를 금지하는 내용을 골자로 입법立法하여 이를 제도화하자고 하였다. 구입자금은 지방기관의 세수稅收에서 1~2할을 비축하고, 부족분을 중앙의 탁지부度支部에서 지원해 주는 방안을 제시하였다. 해학은 지주에게 절대로 불리하게 만들어 놓은 치본지술治本之術때문에 농지를 팔기를 원하는 사람이 늘어날 것이라고 기대한 것 같다. 만약에 사사로이 매매하거나, 매입한 농지를 관리가 대리경작하는 등의 위법자가 발생하면 대역죄로 중벌할 것을 주장하였다. 아울러 농지매입 실적이 좋은 지방관리에게는 포상을 할 것도 첨가시켰다.

嗚呼, 民之窮且盜, 果非其罪也, 携妻挈子, 終年力作, 而不得一飽, 則此豈仁人君子之所可忍者耶. …… 但此法之行, 富者必不悅, 然是田也尺寸皆國家之土, 而非富者之所敢私焉, 而其收, 又六倍於公稅, 此其人臣之義耶, 見今國家帑藏竭, 民力困萃, 實有朝夕之憂, …… 故愚謂今日之患, 不在乎不稅之富者, 而在乎不行之宰時者爾."〈田制妄言〉, 〈上同〉.

둘째, 사전賜田을 엄금할 것을 주장하였다. 해학의 토지에 관한 기본적 생각은 개인소유의 개념을 인정치 않은 것이었기 때문에 사전賜田을 용납 할 수 없었다. 더욱이 해학은 사전賜田을 봉건제도 하에서 파생된 악폐로 단정하였다. 천자가 봉건체제를 강화하기 위한 수법으로 사전賜田을 실시했고, 제후는 한번 사전賜田을 받으면 그것을 대물림하다 보니 토지경계가 훼손되어 갔다고 했다. 그래서 마침내 정전井田과 행정구역이 서로 일치되지 않는 현상이 일어나 토지제도가 무너졌다고 하였다. 지금 조선의 사전賜田도 이와 같은 봉건제도와 마찬가지여서 후세에 토지겸병의 폐단이 반드시 이 때문에 발생될 것이라고 하였다. 그렇기 때문에 입법으로 금지하여 미연에 예방하자고 하였다.[56]

해학은 이 두 가지 방책을 10~20년만 실시하면 사전私田이 없어지고 모두 공전화될 것이며, 사실상 정전제井田制의 이상理想과 같은 수준이 될 것이라고 하였다. 또 해학은 시대와 지형의 변화에 따라서 토지의 경계와 전적이 상실되었기 때문에 방전方田만을 얻을 수는 없다고 하였다. 그 외의 땅인 각전角田・호전弧

---

[56] "一日開公買之路, 田案旣成, 稅法旣行, 則國家之病, 盖去太半, 過此已往, 其治雖易, 而其效甚遲, 故爲君人者, 苟非力行不倦, 則亦未免中塗沮止耳, 今於諸州縣量留稅錢十之一二, 命曰公買, 而凡民田願賣者, 皆令狀告于官, 官給時直買之, 以爲公田, 錢不足則報度支, 移下有餘, 則至歲終, 計上其買滿十結(稅增二十斛)者加爵秩, 不滿者亦賜服馬而獎勸之. …… 今玆公買, 則我國家大有爲之計, 而非尋常間一政一事比矣, 爲臣民者, 亦必奉行律令, 助成德義可也, 如有田主之敢圖私賣及州縣官之籍作已有者, 倂以大逆不道, 論誅其身, 而收其田産, 亦無不可也. …… 詩云雨我公田, 遂及我私, 其所謂私, 乃對公而言, 非實有私田也, 其耕也, 因天下公共之力, 其稅也爲天下公共之用, 故名曰公田, …… 今國家賜田, 亦封建意也. 後世賣買兼幷之端, 必由是出, 故不得不立法禁之, 防於未流, 息於未燃, 此區區之見也, 此兩條卽吾治本之術也."〈上同〉.

田・원전圓田 등이 유휴지가 되고 있는데 이것을 파악하여 개간하는 것이 시급하다고 하였다.

실제의 사정이 이러한데도 맹자 이후로 많은 사람들이 토지문제를 거론하면서 너무 실정을 도외시한 채 이상론에 치우쳤다고 지적했다. 우리나라에서도 반계磻溪의 경무법頃畝法과 다산茶山의 개방설開放說이 모두 폐단의 근원을 직시하지 못한 채 제시된 이론이기 때문에 이상론에 불과하다고 하였다. 해학은 다산과 반계의 실학을 계승했으면서도 그들의 현실을 도외시한 토지개혁책을 비판하고, 대안을 제시하여 그들의 한계를 극복하였다.

그러면 이렇게 공전화된 토지를 농민에게 분배하는 방법은 무엇인가? 해학은 먼저 모든 주州・현縣의 호구수와 전답의 넓이를 계산한 다음 토지에 맞게 인구를 재분배할 것을 주장했다. 이때 상전常田을 받는 사람은 1년의 면세조치를, 진전陳田을 받는 사람은 3년의 면세조치를 취하는 차등적인 조치를 취할 수밖에 없다고 하였다.[57]

이밖에도 해학은 가뭄이나 홍수에 의한 처참한 농촌의 경험을 바탕으로 수리시설의 기계화와 제방의 구축을 농민에게 부담시키지 말고 관청의 힘으로 해결해야 한다고 하였다.

해학은 토지개혁을 통한 국가조세 수입의 안정과 효율적인 집행이야 말로 자주독립을 이룩할 수 있는 근본이라고 하였다. 양

---

57 "今宜於諸州縣, 通戶口之多少, 土壤之廣狹, 徙其民而實其地, 皆給耕牛餉糧, 凡受常田者, 免税一年, 受陳田者, 免税三年, 此又不得已之政也."〈上同〉.

인계출入計出이라는 국가재정의 운용원칙을 바탕으로 경상비에서 관리의 봉급, 군대 유지비, 상무商務 개척비開拓費 등을 지출하고, 예비비를 따로 축적하여 불의의 비상시 즉, 수재水災, 한재旱災나 전쟁에 대비하여야 한다고 했다. 그것을 적절히 산출하는 근거로 반계의 토지파악 통계수치를 제시하고 거기서 얻어지는 조세수입으로 위와 같은 계획이 가능하다고 하였다. 이에 따르면 우리나라의 전체면적에서 불모지 8할을 제외하면 2할이 농경지인데, 그 면적은 사방 일리一里가 되는 농경지가 32만 개이며, 그것으로써 앞서 말한 국가재정을 충당할 수 있다고 하였다. 이렇게 한 뒤에야 4대주·5대양의 세계 사람들에게 우리가 자주독립할 수 있다고 큰소리 쳐도 부끄럽지 않다고 했다.[58]

이와 같은 해학의 〈전제망언〉에서 우리는 해학의 토지개혁 목적이 자주독립과 국가중흥에 있다는 사실을 알 수 있다. 또 외채의 도입을 망국의 요소로 파악하고 철저히 반대했으며, 대다수 소작농민의 해방과 소수의 지주를 억제한 데서 그의 반제·반봉건 의식의 맹아를 찾을 수 있었다. 또 실학을 계승했으면서도 그들의 비현실적인 주장을 비판하고 그 한계를 뛰어넘는 방안을 제시하기도 하였다. 이같은 해학의 현실중시의 사고의식은 근본

---

58 "吾聞先王之制, 國用也量入而計出, 亦必稍留贏羨, 以爲水旱兵革不虞之備, 記所謂三年耕餘一年食, 九年耕餘三年食者, 是也. 今以國家之地長短折補, 如柳磻溪之說, 南北約二千里, 東西約八百里, 相乘爲方一里者, 一百六十萬, 山林·川澤·城郭·道路及諸不毛之土, 十分去八, 實方三十二萬, 田一萬一千五百二十萬四千結, 此其大略也, 於是乎可以祿百官矣, 可以資兵賦矣, 可以開商務矣, 而其餘又可以備不虞矣. 夫然而後, 大呼於五洲四大土諸國之人曰吾能自主獨立也, 則庶無愧焉." 〈上同〉(방점 : 필자)

대책과 함께 응급대책을 함께 마련한 치본治本·치표治標의 구분에서도 볼 수 있었다.

해학은 갑오농민전쟁시에 시도하려 했던 변혁이 무산되자, 당시 조정에서 발표한 개량적인 성격의 갑오개혁에 일말의 기대를 걸고 이러한 개혁안을 제출한 것으로 보인다. 해학은 이후로 약 5년간 각종 내수외양內修外攘을 위한 개혁을 주창하면서 참여하의 개혁이라는 방향으로 노선을 수정한다.

II. 천주교비판天主教批判

본 단원은 구한말 유학자 해학 이기와 프랑스 신부 로베르(A. Robert, 한국명 : 김보록金保祿, 1853~1922) 간의 천주교리天主教理 논쟁에 관한 고찰이다. 유교를 통치 이념으로 하여 지배해 왔던 조선에 서세동점西勢東漸의 영향으로 인해 천주교라는 이질적 종교가 유입됨에 따라 조선은 새로운 역사의 장을 맞이하게 된다. 이에 조선 집권층은 천주교를 기존체제에 대한 중대한 도전세력으로 간주하고 강력한 금압정책禁壓政策을 펴기 시작하였다. 한편으로는 이보다 앞서 전통사회의 지식인들로부터 이론적인 비판이 제기되어 논쟁이 심화되기도 하였다. 이러한 양상은 19세기 후반에 이르러서 조선이 대외적으로 문호를 일부 개방했으나 척사파斥邪派로부터는 강력한 저항을 받는 양상으로 발전하게 된다.

이 시기에 유학자와 신부간에 벌어진 동서교리西學教理 논쟁은 당시의 서학전래西學傳來와 이에 따른 전통사회의 반응양상을 살피는 데 요긴한 단서가 될 것이다. 우리는 양자의 논쟁 사이에서 조선후기 치열하게 전개된 서학논쟁사西學論爭史의 맥락을 엿볼 수 있는 동시에, 19세기 말기의 동서교섭東西交涉과 갈등의 실상을 역사의 전환기적 측면에서 고찰할 수 있을 것이다. 그러한 논쟁의 주인공들이 바로 해학 이기와 로베르다.

해학은 당시로서는 매우 선각적인 지식인이었음에도 불구하고 천주교 교리에 대해서만은 강력한 비판론자였다. 그러나 천주교리天主教理 이외에는 매우 개방적인 자세를 취함으로써 척사론자斥邪論者들과는 뚜렷한 차이를 드러내고 있다. 천주교리를 비판하면서도 천주교天主教 포교에 대한 물리적인 탄압을 반대했고, 서양과학 기술의 우수성을 인정하고 이를 수용하고자 했으며, 동서학문의 교섭에 커다란 기대를 거는 등 일련의 개방적이고 합리적인 자세를 취하기도 했다.

여기서 잠시 논쟁의 경위에 대해서 살펴보기로 하자. 로베르는 1890년 영남전역과 호남지역의 일부에 대한 선교의 책임자로서 대구에 부임한다. 로베르는 프랑스 교회로부터 유능한 선교사로 인정받았고, 포교활동도 매우 적극적인 인물이었다. 그 해 9월부터 로베르가 거주했던 사실이 주민들에게 알려지기 시작했고, 이어 주민들로부터 경원시당했다. 다음 해인 1891년 1월 주민들이 로베르의 거처에 들어가 폭력과 방화를 하면서 로베르를 추방시키고자 한 사건이 발생했다. 이에 프랑스 정부가 강력히 항의를 하면서 조선 정부의 사과와 해당지역의 관리 책임자를 파면시키고 폭력 가담자를 처벌할 것을 요구했다. 마침내 조선은 완전히 굴복하여 이들의 요구를 그대로 수용하였다. 이 결과 로

베르는 공식적으로 포교활동을 인정받고 선교활동을 계속하게 되었다.[59]

해학은 이때 유력을 하면서 대구에 머물러 있었기 때문에 이러한 사건의 전말을 알고 있었던 것 같다. 그리고 천주교에 대한 관심 때문에 로베르를 찾아가서 《성교이증聖敎理證》이라는 천주교 서적을 빌려보게 된다. 이때 천주교리에 큰 충격을 받고 이를 비판하는 〈천주육변天主六辨〉을 지어 로베르에게 보냈고, 로베르가 이에 대한 반박내용인 〈답영남유자이기서答嶺南儒者李沂書〉와 〈이석사여헌하李碩士旅軒下〉를 보냈다. 해학이 이에 다시 〈여김보록서與金保祿書〉를 보낸 것으로 논쟁은 종결되었다.[60] 양자간의 논쟁기간은 한달정도에 불과했다. 여기서는 이러한 왕복서신을 자료로 하여 양자간의 논쟁의 양상과 촛점을 항목별로 살피기로 한다. 이 두 사람간의 논쟁의 자료인 왕복서신은 최근에서야

---

59 崔奭祐 신부가 쓴 〈대구 로베르 신부의 추방사건〉, 《경향잡지》 9월호(한국천주교 중앙협의회, 1976)에 이 사건에 관련된 사실이 상세하게 언급되었다. 그리고 로베르 신부의 활동상은 崔奭祐, 〈빠리外邦傳敎會年報〉, 《교회사연구》 4 집(한국교회사연구소, 1983)을 참고하기 바람.

60 海鶴이 쓴 편지는 해학의 문집에 수록되지 않았다. 단지 《質齋稿》라는 필사본에 〈天主六辨〉·〈與法人金敎士保祿書附〉·〈答法人金敎士保祿書附〉의 소제목으로 구성되어 전한다. 〈天主六辨〉은 다시 〈天主六辨竝引〉·〈天主名目第一〉·〈不敬父祖第二〉·〈天堂地獄第三〉·〈神魂不散第四〉·〈易於惑人第五〉·〈天主可禁第六〉의 항목으로 구성되어 있다. 그리고 〈答嶺南儒者李沂書〉는 〈天主名目〉·〈不敬父祖〉·〈天堂地獄〉·〈神魂不散〉의 네 항목으로 되어 있다. 각 항목마다 해학의 비판요지를 먼저 쓴 뒤에 자신의 견해를 밝힌 형식으로 구성되어 있다. 문체는 한문으로 되어 있는데 불어로 된 것이 남아 있는지의 여부는 알 수 없다. 이 답신은 해학이 보낸 편지글의 6항목 가운데 교리부분에 해당되는 4항목에만 반박을 한 것이다. 이밖에 로베르가 쓴 〈李碩士旅軒下〉가 있으나 위의 내용과 크게 다른 것은 없다. 본서의 부록에 원문·역문을 수록해 두었다. 해학의 편지는 그의 후손이 보관하고 있으며, 로베르의 편지는 한국교회사연구소에 소장되어 있다.

양측의 자료를 동시에 확보한 상태에서 거론된 바 있다.[61]

그리고 유자측인 해학海鶴의 경우에 있어서는 후일 그의 사상이 민족종교로 경도 되는 과정에서 천주교에 대한 종교적 대응의 필요성 때문에 단군 신앙의 공고화에 일정부분 영향을 끼쳤다는 점에서 함께 검토할 필요가 대두된다. 이에 대해서는 뒷장에서 재론한다.

1. 천주天主의 명칭名稱 문제問題

(1) 해학海鶴의 비판批判

조선후기 유교의 입장에서 천주교를 비판했던 유자들의 논지 가운데 가장 먼저 대두된 이슈가 바로 천주天主의 명칭에 관한 것이다.[62] 해학도 천주天主의 명칭부터 문제시하고 있다. 해학은

---

61 로베르의 서신에 대해서는 琴章太, 〈조선후기 유학·서학간의 교리논쟁과 사상적 성격〉,《교회사연구소》2집(1979)에서 간략한 언급이 있을 뿐이다. 여기서 금장태 교수는 로베르가 쓴 편지의 제목에 해학을 嶺南儒者라고 표기한 것을 그대로 인용했고, 로베르에 대해서는 '이름이 밝혀지지 않은 한 서양 신부'라고 소개했다. 당시 로베르는 아마 해학이 대구에 머물러 있었기 때문에 그렇게 부른 것으로 보인다. 해학의 서신에 대해서는 鄭景鉉, 〈한말유생의 知的變身〉(서울대 석사논문, 1982)에서 인용했으나 자세히 다루지 않았다. 더욱이 해학을 文化的 排外主義者로 단정하였는데, 이는 해학이 유가의 입장에서 천주교 교리에 대해 비판한 부분만을 특정해서 판단한 것으로서, 해학의 여타 대외적 문화 수용에 대한 개방적인 자세를 간과한 평가라고 여겨진다.
위 두 선행연구는 최초로 자료를 인용하긴 했으나 각기 한 쪽의 자료만을 다뤘고, 또 너무 소략하게 취급했기 때문에 이를 재검토할 필요가 있었다. 이에 필자는 〈해학 이기의 天主敎 批判─불란서 신부 로베르와의 논쟁을 중심으로〉,《民族史의 展開와 그 文化·下》(碧史李佑成敎授停年退職紀念論叢, 창작과 비평사, 1990)에서 검토했고, 본 단원은 이를 약간 수정보완한 것이다.
62 天主敎를 批判하는 儒者들의 첫 번째 비판대상은 天主의 名稱, 存在에 관한

근본적으로 천주天主의 명칭을 부정하고 있다. 고서古書에 그 명
칭의 근거가 없다는 것이다. 그런데 그 근거가 없는 탓에 오히려
사람들로 하여금 경외심과 호기심을 갖게 만든다고 했다. 천주
교에서는 천주天主가 천지天地·도리理道도 아니고 인물人物·귀
신鬼神도 아니며, 오직 천지만물의 창조주創造主이며, 형상도 없
고 볼 수도 없다고 주장한다는 것이다.

또 만약에 형상이 있어서 볼 수 있는 것이라면 이미 형상에 국
한되기 때문에 한량없는 천주 [무한무량지천주無限無量之天主]
의 자격이 없다는 것이다. 해학은 천주교에서 주장하는 이 두가
지 주장이 바로 유교경전儒教經典을 잡다하게 인용한 것으로서
유교에서 말하는 천제天帝의 의미를 견강부회牽强附會하여 천주
天主라고 명명했다는 것이다.[63]

천주天主는 인간도 아니고 귀신도 아니며 형상도 없다면 그 명
칭을 말할 수도 없으며, 또한 스스로 그 가르침을 깨우칠 수도
없어서 한 인간의 지위에 불과하게 되기 때문에 억지로 명명한
것이라고 했다.[64]

유교에서 천제天帝를 일컫게 된 것은 일일이 구체적으로 거론

것인데, 이것은 愼後聃 등의 천주교 비판에서도 확인되고 있다.

[63] "天主者, 非天非地, 非理非道, 非氣非生, 非人物非鬼神, 乃造天地神人萬物
之大主. 又曰, 天主乃無形無像之神體, 非形目所得見, 如有形象而可見 則已
限于形象, 不得爲無限無量之天主. 於是, 雜引經傳, 以自附於吾儒, 言天帝之
義." 〈天主名目〉, 《賈齋稿》.

[64] "夫天主旣非人神, 且無形象, 則必不能自道其名, 亦不能自喩其教而不免有
一人, 於斯立其字目而命之耳." 〈上同〉.

할 수 있어서가 아니고, 다만 일반인이 이해하기 어려워 이설이
생길 우려가 있기 때문에, 정자程子가 그것을 형체形體・주재主
宰로 예를 들어 비교한 것에 지나지 않는다고 했다. 유교에서 말
하는 천제의 의미는 형체로서 말할 때는 천天이며, 주재主宰의
역할로서 말할 때는 제帝라고 설명하고 있다. 그것을 사람에게
비유하면 몸은 형체이고 마음은 주재主宰이며, 몸과 마음이 합
쳐서 사람이 되는 이치와 같다고 했다.[65]

해학은 천제天帝를 본체와 작용의 두 측면에서 분석은 가능하
지만 분리 할 수는 없는 개념으로 파악하고 있다. 인간에게서 몸
과 마음이 분리 될 수 없듯이 천지天地와 천주天主 역시 그와 같
은 이유로 천지라는 실체 밖에서 천지를 창조한 천주天主를 찾는
것이 잘못된 것임을 밝히고 있다. 이렇게 근본부터 어긋난 이치
를 찾으면 찾을수록 얻기는 더욱 어려울 것이며 그것을 차이호
리差以毫釐, 류이천리謬以千里라고 표현하고 있다.[66]

천주교가 유교경전을 인용하면서 도道의 근원이 천天에서 비
롯되었다는 해석은 아전인수라고 비판했다. 해학의 천주교에 대
한 원천적인 부정의식은 천주天主에 대한 실존을 부정하는 데서
출발하고 있다. 더욱이 천주교에서 선교의 방편으로 유교의 궁

---

65 "凡吾儒之言天言帝者, 固非一二可擧. 然程子慮夫人之不曉而轉生異說, 故
釋之, 以其形體謂之天, 主宰謂之帝, 帝即天也, 天即帝也, 譬如人身是形體, 心
性是主宰, 而人身心性, 幷而成一人耳."〈上同〉.
66 "今於天地之外, 別求一造天地之帝, 則是猶於人身之外, 別求一造人身之心
性也. 吾恐求之愈勤而得之愈難, 古人所謂, 差以毫釐, 謬以千里者, 未始不在
於此耳."〈上同〉.

극자에 대한 호칭과 천주교의 절대자의 호칭의 상호 유사성을 내세워 포교하려는 의도를 차단하고자 했다. 천주교에서 천주天主를 수數의 개념을 통하여 무한한 것으로 비유하려고 하지만, 실제는 유한한 개념에 불과하다는 것이다. 반면에 유교에서 말하는 수數의 개념은 《대전大傳》에서 말한 태극太極이 양의兩儀를 낳는다는 말에서 태극이 일一과 같은 것이며, 양의兩儀는 아직 분화되기 이전의 근원적인 실체라고 하였다.

그렇기 때문에 천주교의 절대자의 실체는 인정할 수 없지만 유교의 주재자主宰者에 대한 실체는 인정할 수 있다고 하여 상이성을 부각시키려고 하였다.[67]

천주교리天主教理 가운데 강생降生의 모순을 들어 천주天主가 유일신이라는 자격을 부정하고자 했다. 천주교에서 예수의 탄생을 두고서 천주가 인간으로 태어난 존재 즉 강생자降生者라고 하면서, 한편으로는 천주天主를 천지天地가 생기기 이전의 무시자無始者라고 하는 것은 결국 천주天主를 둘로 인정한 셈이라고 했다. 따라서 신자들에게 어떤 천주天主를 섬기게 할 것인지가 의심스럽다고 묻고 있다.[68]

이것 조차도 불교의 종무지설宗無之說로 인식하고 있는 해학의

---

67 "以天主譬諸數目之一十百千萬, 皆起於是, 然試以一算, 置之于地, 雖病目之人, 亦知其有也而謂天主無形象可見, 何哉, 大傳曰, 易有太極, 是生兩儀, 解之者云, 太極猶一也, 方是時而天地雖未分, 其一圓之體, 勢固已具矣."〈上同〉,
68 "其卷首載天主降生之年, 旣而, 又述天主無始之語, 然則降生者, 非無始之天主也. 無始者, 亦非降生之天主也. 于是乎有兩天主矣. 敢問, 使奉教者, 其將從何天主邪."〈上同〉.

천주교리에 대한 이해 부족이 드러나 보이기도 한다.[69] 그러나 한편으로는 그의 천주교에 대한 강한 배타성을 드러낸 것이라고 할 수 있다. 해학은 심지어 교명도 천주교가 아닌 모세교로 불려야 마땅하다고 하였다.[70]

(2) 로베르의 반박反駁

로베르는 해학海鶴의 비판을 몇 개의 조목으로 분류하여 비판하고 있다.

첫째, 천주天主의 명칭이 고서에 근거가 없는데도 억지로 이름을 붙이고 포교한다는 주장에 대한 반박이다.

로베르는 천주天主가 유교의 주재主宰, 상제上帝 등과 글자만 다르지 뜻은 같다고 하였다. 천주天主는 이름을 붙이기가 어려운 것이 사실이지만, 그렇다고 명칭이 없을 수도 없기 때문에 만물 가운데 가장 위대한 천天이라는 글자와, 모든 이름 가운데 가장 존귀한 주主라는 글자를 취해서 명칭한 것일 뿐이라는 것이다.[71]

또한 천주天主라는 명칭의 근거는 없다고 해도 누구나 하늘을

---

69 "來諭又言, 天主無始自有, 有即始耳, 自開闢以來, 幾千萬年, 謂不知其始則可, 謂無其始則不可, 此與佛氏宗無之說, 未免同趣."〈答法人金敎士保祿書附〉,《質齋稿》.

70 "嘗聞, 西國有人, 而天主者, 以其道德神明, 與天主無異, 而來諭亦謂, 梅瑟聖人, 虔誠齋沐, 受天主十戒, 布曉萬民, 然則此乃梅瑟之敎, 而非天主之敎也."〈上同〉.

71 "天主之稱, 與儒家所稱主宰上帝, 字異而義同, 盖天主固難爲名, 亦不可無稱, 而萬物之中, 惟天爲大, 萬名之中, 惟主爲尊, 故取其至大至尊之義, 稱之以天主也."〈天主名目〉,《答嶺南儒者李沂書》(이하《答李沂書》라 약칭).

우러러 호소할 때는 천주天主(하나님)를 찾지 않는 사람이 없기 때문에 그러한 일상적인 말을 취해서 쉽게 깨우치게 하고자 천주天主를 일컫게 되었다고 하였다. 그렇기 때문에 이러한 호칭의 근원이 유교에 있는 것처럼 주장하는 유자의 생각은 터무니없는 것이라고 하였다.

둘째, 천天을 형체로, 주主를 주재主宰로 간주하고, 또 그것을 인체에 비유하여 형체를 몸에, 주재主宰를 마음에 관련시킨 주장에 대한 반박이다.

로베르는 해학海鶴처럼 형체인 천지天地와 주재자主宰者인 천주天主가 분리될 수 없다는 생각에 반대하고 있다. 천지가 아직 생기기 이전에 성령스런 신神이 있어서 천지만물을 창조했다고 하여 천지는 주재자主宰者의 피조물에 지나지 않음을 강조하였다.[72] 결국 천주와 천지의 존재를 창조주創造主와 피조물被造物이라는 별개의 관계關係로 파악한 것이다.

따라서 사람의 몸과 마음에 비유한 해학의 주장을 어불성설語不成說이라고 치부해 버렸다. 오히려 해학海鶴의 이 비유를 역공하여 마치 해학이 천天을 대궐에 제帝를 왕에 비유한 것처럼 간주하고서, 사람들이 대궐을 왕처럼 받든다면 미친 자라고 했다. 결국 이 두 사람간의 입장차이는 창조주創造主에 대한 인정여부

---

[72] "此乃不識天主造物原委及人魂來歷, 故有此混淪之說也, 未有天地之前, 惟有一至靈至神者, 始造天地萬物而天地始有矣. 今日, 豈可以天地未生前, 一天主爲宗云者, 何其沒覺也, 且天自天, 帝自帝也, 天不過主宰所造之一物. 帝乃爲造化萬物之大主. 今日, 主宰與形天, 合以爲帝, 譬猶人身與心性, 幷以爲人云者, 語不成說, 又何愚也."〈上同〉.

認定與否 및 영혼과 육체의 분리가능여부分離可能與否에 그 촛점이 집중되어 있다.

셋째, 천주天主의 강생降生과 관련하여 두 천주天主가 있다는 주장에 대한 반박이다.

천지의 주인이 하나밖에 없다는 이치는 국가에 왕이 하나밖에 없고, 가정에 가장이 하나밖에 없는 이치와 같은 것이라고 하였다. 마찬가지로 일천지一天地에 어찌 이천주二天主가 있겠느냐고 했다.

아울러 로베르는 천주天主와 강생주降生主와의 관계를 마치 물을 관찰하는 방법으로 그 근원을 관찰하고, 도를 논하는 이치로 그 근본을 따져야 되는 것처럼 강생주降生主를 알기 위해서는 천주성리天主性理를 먼저 논하면 자연히 알 수 있게 되는 것이라고 했다. 해학의 천주교 비판은 천주성리天主性理의 대강도 모르는 것이라고 하면서 무시무종無始無終, 전지전능全知全能, 유일무이唯一無二라는 천주天主의 절대성을 강조하고 있다. 성부聖父 · 성자聖子 · 성신聖神의 삼위三位조차도 모두가 지극한 신神으로서 털끝 만큼도 다르지 않는 개념이며 천주天主의 성체性體안에 포함되는 것이라고 하였다. 신의 본체는 하나이지만 그 지위는 셋일 수도 있다는 삼위일체론三位一體論을 설명하여 해학의 주장을 반박하고 있다.[73]

---

73 "天地之有一主, 猶國之有一王, 家之有一長, 一天地, 豈有二天主乎. 觀水有法, 必觀其源, 論道有理, 必論其本, 欲識降生之主, 必先論天主性理然後, 庶可約得, ……天主無始無終, 全能全知, 惟一無二, 然有聖父聖子聖神三位之分,

로베르는 인간의 능력이 미천하기 때문에 미물의 성리性理조차 파악할 능력이 없는데, 하물며 한량없고 지극하며 영오靈奧한 천주天主의 성리를 알 수 있겠느냐고 반문하고 있다. 이렇게 삼위일체의 교리적教理的 차원에서 해명하는 한편 삼위三位의 하나인 성자聖子 예수가 왜 이 세상에 천주天主로 강생降生케 되었는가를 다음과 같이 소상하게 설명하였다.

> 애석하구나! 원조原祖가 불행히도 명령을 어겨 천주의 총애를 잃어버리고, 끝내 마귀 짓을 하였음이여! 이미 지존의 천주를 범했으니 마땅히 무한한 벌을 받아야 한다. 그러나 원조 혼자서 이 벌을 감당할 수 없으니 만세자손이 그 죄를 전해 받음을 피할 수 없게 되었다. … 아! 천주가 인간을 탄생시킨 근본 뜻은 선과 복을 통용시키고자 한 것인데 도리어 죄짓는 일이 무수하다. 그러나 이것이 어찌 천주의 지극한 뜻이겠는가? … 공의公義로 한다면 모두 벌주고 용서하지 않아도 괜찮은 것이지만, 인仁을 손상시키는 것이다. 애정愛情으로 한다면 모두 용서하여 벌주지 않아도 괜찮은 것이지만, 의義를 손상시키는 것이다. 진퇴양난 속에 오직 하나의 좋은 방법이 있으니, 지위가 천주와 같은 사람이 그 벌을 대신 감당하는 것이다. 그렇게 되면 공벌功罰이 상응되어 비로소 세상을 속죄해 줄 수 있는 것이다. 그러나 어떻게 천주의 지위와 같은 사람이 있을 수 있겠는가? 아! 원조가 명을 거슬린 이후에 온 세상 만민이 모두 다 지옥에 빠져 마치 갓난아기가 우물속으로 빠지려는 것과 같다. 천주는 인자하여

三位皆至神活潑, 毫無異同, 包含於天主一性一體之內, 非先有一而後有二, 亦非先有父而後有子, 與神俱自無始, 同有同立之一天主也, 體雖一而位三, 位雖三而體一."〈上同〉.

차마 좌시할 수 없기 때문에 건져주지 않는 것을 용납할 수 없었다. 그래서 성자 한 분이 인성과 결합하여 세상에 강림하여 사람이 되었다. 중력中曆으로 고찰해 보니 곧 서한西漢 애제哀帝 원수元壽 2년에 해당된다. 이가 곧 구약·신약에서 일컫는 구세주 예수인 것이다. 주성主性으로 보면 참으로 천주이며, 인성人性으로 보면 참으로 인간이다. 바로 인간이면서 천주이고, 천주이면서 인간인 것이다. 주성主性이 인성人性과 함치되는 것을 비유하자면 태양·인간과 같다. 태양 빛이 인간에게 비출 때 태양이 스스로 내려와 사람을 비추는 것이 아니다. 비추는 것은 태양의 빛이며, 태양의 본체는 스스로 그 장소에 있게 된다. 그렇다면 태양과 빛은 하나이면서 둘이요, 둘이면서 하나인 셈이다. 예수는 천주성이 없는 곳에도 스스로 내려와서 인간과 결합하지 않음이 없고 인성을 취하고 스스로 결합하여 인간이 되지 않음이 없다. 이렇게 미루어 보건대 이미 태양이 둘이 아님을 안다면, 천주도 둘이 아님을 알게 될 것이다.[74]

여기서 로베르는 삼위일체론三位一體論의 성자聖子인 예수가 왜 이 세상에 강생했는가 하는 과정을 장황하게 설명하고 있다.

---

[74] "惜乎原祖不幸方命, 仍失主寵, 終爲魔役, 旣犯至尊之主, 宜受無限之罰, 一人原祖, 不能了當此罰, 萬世子孫, 未免傳襲厥罪, ……嗟乎, 天主生人本意, 乃欲通善通福, 而反爲罪孽之藪, 是豈天主之至意哉…… 以公義則傳罰無赦可也, 而傷於仁, 以愛情則傳赦無罰可也, 而傷於義, 兩難之中, 惟有一件好道理, 蓋位等天主之人, 替當其罰, 則功罰相稱, 始可贖也. 然安有等天主之位者乎. 嗟乎, 原祖方命之後, 普世萬民, 皆陷地獄, 殆若赤子入井, 天主之仁慈, 不忍坐視, 不容不拯, 于是乎聖子一位, 締合人性, 降世爲人, 以中曆考之, 乃西漢哀帝元壽二年庚申, 即古經新經所稱救世主耶蘇也, 以主性則眞是主也, 以人性則眞是人也, 正是人而主, 主而人也. 主性之合于人性, 譬如太陽光射于人, 非太陽自下射人, 所射者, 太陽之光也, 太陽之元體, 自在其處, 則太陽與光一而二, 二而一也. 耶蘇之天主性無所在, 不非自降而合人, 取人性而自合爲人, 以此推之, 旣知非二太陽, 則亦知非二天主也."〈上同〉.

그래서 천주天主와 강생성자降生聖子와의 관계를 규명하고자 했다. 원조의 타락으로 예수가 인간을 구원하기 위하여 강생했음을 밝힌 것이다.

2. 불경부조不敬父祖 문제問題

(1) 해학海鶴의 비판批判

유교의 경조사상敬祖思想에 깊이 뿌리박고 있는 해학은 천주교리 가운데서 불경부조不敬父祖에 대하여 가장 격렬한 비판을 가하고 있다. 천주의 인간창조설은 결국 조상을 천주가 만들었다는 결론에 도달되는 것으로 보았다. 이 때문에 천주를 공경하는 것이 곧 부모·조상을 공경하는 일이 되며, 천주를 공경하지 않으면 부모·조상을 공경하지 않는 일이 된다는 것에 경악하였다. 해학은 천주교의 인간창조설에 입각한 이러한 논리에 대하여 이는 인륜을 저버리고 금수가 되는 짓이라고 단정하였다. 양묵楊墨과 같은 무부무군無父無君을 주장하는 사람조차도 이러한 미치광이의 말을 얼른 꺼낼 수는 없을 것이라고 했다.

다음으로 천주天主의 입장에서 보면 모든 사람이 자녀라고 하는데, 그 말대로라면 이 사회에 친소親疎의 구별조차 없어져 심지어 근친상간近親相姦에 까지 이르게 될 것이라고 하였다. 서양은 남녀분별이 없어서 남녀간의 문란을 죄로 여기지 않는데, 이

것은 바로 이러한 불경부조의 교리가 조장해 준 결과라는 것이다.[75]

이에 반해 유교가 제교諸敎보다 우수한 것 중에 이 세상을 통틀어 만고토록 바꿀 수 없는 점은 친소구별親疏區別이라고 하였다. 아버지가 돌아가시면 참최복斬衰服을 입고, 조부가 돌아가시면 자최복齊衰服을 입어 차등을 두며, 점점 감소하여 상복을 입지 않는 경우에까지 이르게 되는 문내門內의 친소親疏를 예로 들었다.

해학은 이러한 내외의 친소구별의 당연함을 마음과 육체로 비유하였다. 무릇 한 개인이 세상 만사에 대처할 때 마음의 생각으로 알게 되고, 근육의 힘으로 실행하게 되는 것과 같은 것이라고 했다. 따라서 내외의 친소관계의 삭감과 차등은 이같은 자연의 이치이며, 인위적인 안배를 기다릴 것도 없다고 하였다. 그래서 반드시 천天을 일컫고 찬미하게 된다고 했다. 그것이 바로《시경詩經》의 천생증민天生蒸民, 유물유칙惟物有則과《서경書經》의 천서유전天敍有典, 칙아오전勅我五典 등과 같다고 하였다.

그러나 이 말도 인간을 위주로 해서 천天을 바라본 것이기 때문에 언제나 부조父祖를 공경하는 것이 천天을 공경하는 것이며,

---

75 "天主敎之不敬父祖, 其亦有說歟. 曰生我者父母也, 生父母者祖宗也. 生祖宗者天也. 故其敬天主, 即是敬父祖, 不敬天主, 即是不敬父祖, 嗚呼, 此將使天下, 去人 倫而就禽獸耳. 何忍以爲是邪. 雖楊墨氏無父無君之人, 亦未敢遽出此狂妄之言也, 苟自天主而視衆人, 俱繫子女, 無復親疏無別, 而不免於昏娶生息, 則不幾近乎父子 聚麀而兄妹相奸者乎. 嘗聞, 西人男女無別, 帷薄無罪, 竊恐此說, 有以啓之耳."〈不敬父祖〉,《質齋稿》.

부조父祖를 공경하지 않는 것이 천天을 공경하지 않는 뜻일 뿐이라는 것이다.[76] 서양인처럼 말을 거꾸로 바꿔서 하는 것은 있을 수 없다고 했다. 이 하나의 실언은 인간을 내몰아 짐승의 영역으로 집어넣는 행위라고 했다.

여기서 바로 유교와 천주교 사이의 상이한 관점이 드러나고 있음을 알 수 있다. 유교는 경부조敬父祖를 통해 경천敬天할 수 있다는 인본주의적 입장을, 천주교는 경천주敬天主를 통해 경부조敬父祖할 수 있다는 신본주의적神本主義的 입장을 취하고 있다. 유교와 천주교간의 좁힐 수 없는 간격이 양자의 논쟁에서 확연히 드러난다.

다음 유교와 천주교간의 심각한 논쟁중의 하나로 오늘날 우리 사회에서까지 기독교와 비기독교인 사이에 갈등이 존재하는 제사문제에 대해서 알아보자. 해학은 조상에 대한 제사에서 반드시 음식을 차리는 이유에 대해서 이렇게 말했다.

> 무릇 사람이 조상을 제사지낼 때 반드시 주육을 쓰는 것은 조상이 음식을 드실 수 있어서가 아니다. 조상이 비록 음식을 드실 수 없다고 해도, 후손된 내 마음 속으로는 오히려 그 음식을 드시길 바라는 뜻에서이다. 이것은 진실로 돌아가

---

76 "夫吾儒之能長於諸教, 通天下亘萬古而不可易者, 以其有親疏之辨也. 故父死則斬衰之, 祖死則齊衰之, 殺而至於無服, 此門內之親疏也. 朋友死則一哭之, 路人死則不哭之, 等而至於無情, 此門外之親疏也, 凡人以一身而處萬事, 心思以知之, 筋力以行之, 其內外殺等, 莫不有自然之道 而無待乎安排, 故必稱天而美之, 若詩所謂, 天生蒸民, 有物有則, 書所謂, 天敍有典, 勅我五典, 是也. 然猶自人而視天, 常日其敬父祖, 即是敬天, 不敬父祖, 即是不敬天而已."〈上同〉.

신 이를 섬기면서도 살아 계신 듯이 대하며, 계시지 않는 이를 섬기기를 계신듯이 해야 한다는 뜻일 뿐이다.[77]

해학은 조상에 대한 제사를 지내야 될 이유가 자손된 도리로서 신종추원愼終追遠의 정성에서 나오기 때문이라고 했다. 단순한 미신에서 우러 나온 것이 아님을 분명히 했다. 어디까지나 윤리적인 문제만을 지적하였으며, 이러한 윤리적인 문제가 천주교를 비판하는 가장 큰 이유가 되었다.

해학은 이어 제사에 있어서 조상신이 음식을 흠향歆享하느냐가 중요한 문제가 아니라, 흠향할 수 없음에도 불구하고 흠향하기를 바라는 제주祭主의 재계齋戒하고 공경하는 마음의 자세가 중요한 것이라고 하였다. 제사를 거부하는 것은 마치 부모가 중병이 들었을 때 음식 생각이 없을 것이라고 여기고, 피곤함을 핑계대면서 진지를 드리지 않는 행위와 다름이 없다고 했다. 이렇게 되면 서양인도 자식된 입장에서 마음이 편안하지 못할 것이기 때문에 생각을 고쳐 유교를 따를 생각이 있다면 경천지도敬天之道에 관해서 알려 주겠다고 했다.

해학은 결국 유교의 엄격한 예학禮學에 바탕을 둔 친소親疎의 차등적용差等適用을 들어서 천주교天主敎의 창조설에 입각한 친소무별親疎無別을 배척하고 있다. 즉 천주교를 묵자墨子의 무차별無差別 평등정신平等精神과 동일시同一視하여 배척하고 있는

---

77 "且夫人之祭父祖, 必以酒肉者, 非謂其父祖能飮食之也, 父祖雖不能飮之, 而吾心則猶欲其飮食之, 此固事死如事生, 事亡如事存之義耳."〈上同〉.

것이다. 조상에 대해서는 생사존망을 떠나 자손된 입장에서 효성으로 대해야 된다는 유교의 윤리관을 갖고서 천주교를 비판했다. 제사문제 역시 이같은 맥락에서 설명하고 있다. 이러한 천주교의 불경부조에 대한 비판은 후일 해학의 민족종교 형성에 큰 영향을 끼치게 된다.

(2) 로베르의 반박反駁

로베르는 앞서 말했던 천제天帝의 개념과 천주天主의 개념이 같음을 재강조하고 그 근거로 《서경書經》의 천강하민天降下民과 《시경詩經》의 소사상제昭事上帝, 경천외천敬天畏天의 구절을 인용하였다. 그는 천天에 대한 공경이 조상에 대한 공경보다도 우선시 될 수 없다는 해학의 비판을 반박하고 있다. 친소親疏의 무분별無分別에 대해서는 자하子夏가 말한 사해지내四海之內, 개형제皆兄弟의 말을 인용하여 역시 반박하고 있다.

서로 개념이 다르게 사용된 용어의 동일함만을 내세워 상대를 공격하는 데서 유자儒者와 신부神父간의 현격한 인식차가 발견된다. 로베르는 유교의 경전에도 천주교리天主敎理와 똑같은 구절이 있다는 점을 강조하여 해학의 무지함을 지적하고 있다.

그는 해학이 천주교리에서 사해四海의 형제를 집안의 형제와 같이 취급 했다고 말한 것에 대해서 견강부회牽強附會라고 반박했다. 천주를 공경하는 것이 바로 부모를 공경하는 길이 된다는 천주교의 이치를 주장하기 위해 그는 임금을 공경하면 부모를 공경하는 것과 같다고 비유하고 있다. 로베르는 상대가 유자의 신분임을 감안하여 집요하게 유교의 교리를 인용히여 천주교리를 설명하는 데서, 당시 선교사가 포교활동에서 보인 적극성이 드러난다.

해학이 강조한 친소親疏의 구별에 대해서 그는 배우지 않고 힘쓰지 않아도 저절로 배우게 된다고 하여 대수롭지 않게 여기고 있다. 설혹 친소의 구별이 없다고 해도 그것이 남녀간의 무분별한 음란행위까지 이르를 것으로 단정하는 해학의 견해는 비약이라고 했다. 천주교의 십계명十誡命에서도 제사계第四戒의 부모를 공경하라는 것과 제육계第六戒의 음란한 짓을 하지말라는 계율을 상기시키며 반박하였다.[78]

조상에 대한 제사에 관련하여, 로베르는 제사란 허위虛僞요 참람僭濫이며, 혼잡混雜한 짓이라고 단정지어 반박하였다. 허위라고 한 것은, 모든 예절 가운데 제례祭禮가 가장 존귀한 것이고, 만물 가운데 천주天主만이 오직 존귀한 법이어서, 독존적인 존재가 아니면 독존적인 예절을 감당해서는 안되기 때문이라는 것이다. 제사를 혼잡混雜이라고 한 것은, 제사를 지낼 때 이미 천신의 자격을 박탈당하고 쫓겨난 마귀가 신神 대신 끼어들어 흠향하기 때문에, 제사가 비록 명분은 조상을 위한다고 하지만 실제

---

78 "書曰天降下民, 詩曰昭事上帝, 且敬天畏天之說, 多出於四書五經, 此非孔孟之敎歟. ……天主十誡第四曰, 孝敬父母, 第六曰, 無行邪淫."〈不敬父祖〉,《答李沂書》.

는 마귀를 섬기는 꼴이 되기 때문이라고 주장했다.[79]

로베르는 천주교가 산 자를 섬기는 점은 유교와 같지만, 죽은 자를 섬기는 것은 유교와 다르다고 했다. 부모상父母喪을 당했을 때에 천주교에서는 부모가 생전에 혹 작은 죄라도 지었을 경우, 그 죄과에 따라 고통을 받고 난 뒤 승천하기 때문에, 이 때 자식 된 도리로서는 천주에게 기도를 열심히 하여 영혼이 속히 승천을 할 수 있도록 노력을 다한다. 이렇게 볼 때 유교의 삼년상三年 喪과는 비교가 되지 않는다는 것이다. 그래서 그는 무익한 제사 보다는 유익한 기도가 낫다고 하여 천주교가 유교보다 우위에 있음을 주장하고자 했다.

3. 천당지옥설天堂地獄說 문제問題

(1) 해학海鶴의 비판批判

해학은 천주교의 천당지옥설을 불교의 영향으로 보았다. 불교에서는 지옥을 염라대왕이, 천주교에서는 오신傲神이 다스리는데 염라대왕이 오신傲神 보다도 더 나은 것이라고 했다. 천주교

---

79 "且以祭祀言之, 子孫之至誠爲先, 非日不嘉, 聖敎之不許者, 爲其虛僞僭濫 混雜之禮, 非爲酒食之費而廢此爲親之節也. ……何謂虛僞, 人之去世也, 肉身 歸于土, 善者之魂, 賞以天堂, 惡者之魂, 罰以地獄, 兩處大定, 永不還世, 子孫 之說虛僞而行虛拜, 父母之所不知, 故曰虛僞也. 何爲僭濫, 百禮之中, 惟祭獨 尊, 萬有之上, 惟主獨尊, 非獨尊之士, 不能當獨尊之禮, 故曰僭濫也. 何爲混 雜也? … 此魔極巧, 來人祭祀之時, 從傍代享, 如臨如在, 則名雖爲先, 實是事 魔……故曰混雜也."〈上同〉.

리의 상당부분을 불교의 영향관계에서 찾으려는 해학의 의도는 성호星湖등의 일부 실학파가 실용적이 측면에서 천주교를 불교보다 높이 평가한 점과는 매우 다르다. 오히려 신후담愼後聃의 천주비판 논리와 흡사함을 발견하게 된다.[80]

천당지옥天堂地獄의 실존여부를 따지는 이 항목도 앞에서 처럼 천주의 실체를 따지는 것 만큼이나 양측의 입장에서 본질적인 차이가 엄존하는 문제다. 그러나 이 항목에서는 추상적이고 원론적인 천주의 실체 여부의 공방보다는 양측의 교리에 입각한 구체적 논쟁이 심화되고 있다는 점에서 본질적 논의의 단초가 되고 있다. 해학은 여기서 천당지옥의 실존여부의 관심보다는 설혹 있다고 인정을 하더라도, 복선福善을 베푸는 데 아무런 도움도 되지 않는다는 점을 들어 공박함으로써 진일보한 논쟁의 실마리를 찾아내고 있다.

그에 의하면 인간은 선善을 행하여 명예를 얻기도 하고 악惡을 행하여 형벌을 받기도 한다. 그러나 간혹 그것과 반대의 현상이 주어지더라도, 다시 헤아리고 선택할 여지도 가질 수 없다는 사실은 인간의 마음이 사물에 부려지기 때문이라고 하였다. 이처럼 눈앞의 일조차도 어쩔 수 없는 법인데, 하물며 죽은 뒤의 형체없는 육신의 고락苦樂을 생각하여 권선징악을 기대하기는 더

---

80 李瀷은 '佛家는 寂滅할 뿐이나 西學은 자못 실용할만함이 있다'고 하였다. 愼後聃은 天主敎理를 두고서 '佛敎의 餘論을 주어 모아 도리어 佛敎를 물리 친다'고 하였다. 전자의 주장은 李元淳,《朝鮮西學史硏究》(一志社, 1986), p. 151을, 후자의 주장은 崔東熙,《서학에 대한 한국실학의 반응》(고대민족문화연구소, 1988), p. 69를 참조할 것.

욱 불가능하다는 것이다. 따라서 그러한 천당지옥설로써 현세現
世에서 권선징악勸善懲惡의 효능을 발휘할 수 있겠는가 하고 의
심하였다.[81] 말하자면 해학은 천당지옥설을 복선화악福善禍惡의
문제와 관련시키고 나섰던 것이다.

해학은 권선징악의 차원에서는 유교가 천주교에 비해서 도덕
적 우위에 있음을 보이고자 했다. 즉 유교의 군자들이 선행을 하
는 이유는 무엇을 바라고서 하는 이해타산적인 행위가 아니며,
악을 저지르지 않는 것도 벌을 두려워서가 아니라는 점에서, 천
당지옥설天堂地獄說의 이해에 얽힌 차원과는 다르다고 하였다.

유교적인 관점에서는 도리道理의 당연함 때문에 의리를 위한
죽음은 불사하지만, 불의에는 이록利祿이 주어져도 죽음을 거부
한다고 했다. 즉 의리의 유무에 따라서 삶의 가치평가가 정해지
기 때문에 봉간逢干의 죽음이 염래廉來보다도 요사夭死한 것이
아니며, 이제夷齊의 아사餓死가 척교蹠蹻보다도 가난하지 않다고
하였다.[82]

그러나 해학도 인간의 선악행위가 끝내 응보없이 끝나 버릴 수
있겠는가 하는 물음에 대해서는 쉽게 단정하지 않았다. 옛 성인
도 이 점에 관해서는 천기天機의 누설을 두려워하여 상세히 말하

---

81 "天堂地獄, 吾不知其果有邪, 其果無邪, 其有無固不足辨, 設使有之, 而無補
於世敎則亦已明矣. ……眼前事且顧不得, 而況能念百歲之後, 無形之身之其苦
其樂而爲之勤懲也哉."〈天堂地獄〉,《質齋稿》.
82 "夫君子之爲善, 非有所希也. 其不爲惡, 非有所畏也. 但視道理之當行而已.
故若其義也, 則雖遭戮辱而不辭. 其非義也, 則雖獲利祿而不居. 逢干之死, 未
必不壽於廉來, 夷齊之餓, 未必不富於蹠蹻."〈上同〉

지 않았다고 조심스럽게 전제하면서 자신의 견해를 밝히고 있다.

그는 천지만물天地萬物이 생성변화生成變化하는 원인을 오직 이理와 수數로 보고, 그 필연적인 것을 일컬어 이理라 하고 그 우연적인 것을 일컬어 수數라고 했다. 그리고 이수理數는 병행竝行하기도 하고 상호 제압制壓하기도 하는 것이라고 인식하였다. 그는 또 그 두가지의 사례를 들었는데, 이제수理制數의 경우는 공자가 액운을 당했을 때 말했던 천생덕어여天生德於予, 광인기여여하匡人其如予何를 들었고, 수제리數制理의 경우는 안연이 죽었을 때 말했던 천상여天喪予의 경우를 예시하였다.[83] 그러므로 그는 군자君子가 복福을 얻은 경우에는 상常이고, 얻지 못한 경우에는 비상非常이며, 이와 반대로 소인이 복을 얻는 경우는 비상이고 얻지 못하는 경우는 상常이라고 하였다. 그런데 현실은 상常만이 존재하는 것이 아니라 비상도 병행되기 때문에 그 이치를 아무리 의심해 보아도 하늘의 뜻을 헤아리기는 어렵다고 하였다. 인간은 이 때문에 종신토록 두려워하고 방자하지 못하며 화복禍福이 도래하는 것을 예측할 수 없다고도 했다.

그러면 하늘은 왜 이토록 무지할 만큼 인간의 선악을 방치해 두고 마는 것인가? 그는 이것이 평소 풀리지 않는 의문점이라고 하였다. 이 점에 대한 해학의 입장은 이렇게 정리된다.

---

83 "然則人之善惡, 其終無報而止耶?此古之聖人, 未嘗詳言之, 恐其太露天機, 而遂啓人爲耳. 夫天地之所以生化萬物者, 惟理與數, 而以其必然者, 謂之理, 以其或然者, 謂之數, 理數幷行, 亦能相制, 故孔子曰, 天生德於予, 匡人其如予何, 是指其理之必制數也. 顏淵死, 子哭之慟曰, 天喪予, 是指其數之或制理也." 〈上同〉.

하늘은 인간에게 존엄尊嚴으로 임하고 신명神明으로 비춘다. 항상 상벌을 수단으로 하여 이치에서 제멋대로 어긋나지 못하도록 하는 데 뜻을 두고 있다. 그러나 다만 구설수족口舌手足이 없어서 인간을 꾸짖고 벌을 내릴 수 없기 때문에 형편상 부득이 군자가 받들어 시행하기를 기다릴 수밖에 없다.[84]

그런데 군자가 받들어 시행하는 상벌의 기준은 천하공동지심天下公同之心 즉, 여론輿論에 의한 것이라고 그는 주장했다. 그 예로 맹자孟子가 말한 "국인이 모두 현명하다고 한 뒤에야 등용하고, 모두 죽여야 된다고 한 뒤에야 죽일 수 있다"는 말을 인용하면서, 하늘의 뜻을 잘 받들어 시행한 예로 탕무湯武를, 잘 받들지 못한 예로 걸주桀紂를 들었고, 전자는 흥했으나 후자는 망한 사실로 입증하고자 했다. 해학은 하늘의 뜻이 반영되는 것이 바로 이러한 증거들이며, 따라서 천당이나 지옥도 역시 사후死後에 존재하는 어떤 세계가 아니고 개개인의 마음에 존재하며, 개개인의 마음이 곧 인심이고 인심이 바로 천하공동지심天下公同之心이기 때문에 상벌도 여기서 결정되는 것이라고 주장하였다.[85]

우리는 여기서 해학이 복선화악에 대해서 큰 관심을 갖고 있음을 알 수 있다. 해학은 인간의 선악행위에 대한 응보 즉, 권선징악의 결정권이 인간세상에 있다고 하여 현세주의적現世主義的

---

84 "夫天之於人, 尊嚴以臨之, 神明以照之, 意所予奪, 理無從違, 然但未有口舌手足而能譴責誅討人也, 則其勢不得不待乎君人者之奉而行焉."〈上同〉.
85 "故余嘗以爲, 天堂地獄, 不在於他, 而在於吾心, 吾心即人心也, 人心即天下公同之心也, 其刑其賞, 必於此取決焉, 則庶幾近矣."〈上同〉.

입장에 있으며, 천주교의 천당지옥설의 존재와 권선징악의 기능을 부인했다. 그리고 주목할 만한 것은 이러한 해학의 사고가 변증법적인 입장에 접근하고 있다는 사실이다. 흔히 형이상학자形而上學者들은 사회현실에서 우연과 필연을 모두 부정否定하거 나아니면 그 어느 한 쪽 만의 현상을 고집하는데 반해서, 해학은 양자의 가능성을 모두 인정하는 바탕 위에서 논리를 전개하고 있다.

(2) 로베르의 반박反駁

먼저 로베르는 천당지옥의 존재를 부정하고 설사 있다고 하더라도 세교世敎에 도움이 되지 않는다는 해학의 비판에 대해서 이렇게 말하고 있다.

> 비록 요순같은 임금도 상벌을 시행하지 않았다면 임금이 될 수 없었을 것이다. 하물며 천지대군天地大君으로서 만물을 주재主宰하고 제어制御하는 권능을 갖고 있으면서도 상벌을 줄 곳이 없겠는가? 천하의 일이 떳떳한 이치 밖에서 나오지 않는 법이다. 이치가 없는 곳은 비록 보여도 믿을 수 없으며, 이치가 있는 곳은 비록 보이지 않아도 믿을 수 있다. 인간이 비록 천당지옥을 볼 수 없지만, 이치로써 상고해 보면 반드시 존재함을 알 수 있다.[86]

---

86 "雖堯舜之君, 不以賞罰, 不可以爲君, 況以天地大君, 有宰制萬類之權 而無賞罰之所乎, 天下事, 無出常理之外, 理之所無, 雖見而不可信, 理之所有, 雖不見而可信, 人雖不見天堂地獄, 以理考之, 可知其必有矣."〈天堂地獄〉,《答李沂書》.

이것은 해학의 주장 중에서 상常만을 인정하고 비상非常을 인정하지 않고 있는 것이다. 현세주의자現世主義者인 유학자와 내세주의자來世主義者인 신부神父간의 기본적인 세계관의 차이를 보이고 있다.

로베르는 이어서 복선화악福善禍惡이라는 용어 대신 복선화음福善禍淫이라고 표현하면서 이것은 천주가 인간을 만들기 이전부터 우선적으로 고려한 것이라고 하였다. 그 때문에 비록 복선화음福善禍淫의 징험徵驗이 죽은 뒤에나 드러난다고 하더라도 막연한 것으로 치부해 버릴 수는 없다고 하였다. 그 이유는 선악과 생사를 연관시키지 않는다면 결국 상벌을 부정하게 되는 것이며, 그것은 인간을 창조한 의미조차 없어지게 되기 때문이다. 상벌이 시행되지 않는다는 것은 우매한 군주가 이 세상을 다스리는 측면에서도 부당한 이치이거늘, 하물며 영명한 천주에게서는 더 이상 말할 필요가 없다는 것이다.

상벌이 금세今世에 시행되지 않는다면 내세來世에서라도 시행되어야 한다는 것이다. 그러면 금세에 그것이 왜 시행되지 않는가? 이에 대한 해명은 인간세상의 무한한 선악행위에 대한 상벌의 보답은 유한有限하고도 세속적世俗的이기 때문이라고 답하고 있다. 만약 전장戰場이나 시험장試驗場같다면 상벌과 우열을 쉽게 결론지을 수 있겠지만 인간 세상은 한 인간에게서도 선악의 행위가 시간과 사정에 따라 다르게 나타나게 된다는 것이다. 더우기 살신성인殺身成仁을 한 충신의사忠臣義士들을 현세現世에서 상상賞을 주기란 불가능한 것이라는 점을 들고 있다. 또 현세에서는 복선화악福善禍惡이 꼭 공정하게 실현되는 것만은 아니기 때문에 내세의 응보가 필요하다는 것이다.

로베르는 현세에서 복선화악福善禍惡이 실현되지 않는 점을 들어 천주의 절대적인 능력에 대한 회의와 관련시켜 비판했던 해학의 주장에 대해서, 세상에서 얻는 복화福禍는 헛된 명예이고 잠시의 고통일 뿐이며, 또한 세속적이요 한시적인 것이라고 치부하여 천주교의 강한 내세주의來世主義를 표방하였다. 그는 해학이 이 대목에서 가장 비판했던 세교世敎에 대한 보탬이 없다는 지적에 대해 이렇게 반론을 제기했다. 즉 현세現世에서의 선악善惡에 대한 엄중한 응보應報가 내세來世에 이루어진다는 확신의 바탕 위에서만이 인간이 선善을 행하게 되는 것이며, 이것이 바로 세교世敎에 보탬이 되는 증좌라고 하였다.[87]

다음으로 로베르는 천당지옥설이 불교의 교리를 모방했으면서도 불교를 비판하는 모순을 갖고 있다는 해학의 지적에 대해 근거없는 주장이라고 일축하였다.

첫째, 시기적으로 불교가 천주교 보다도 앞선다는 해학의 주장에 대해서 오히려 천지창조가 된 삼천 년 이후에 석가가 태어났다고 반박했다. 둘째는 상호 동류同類가 아님을 밝히고 있는데, 불교의 윤회육도설輪廻六道說은 천주교의 천당지옥설과 다르다고 했다. 그것은 마치 같은 법이라 하더라도 요순堯舜 시절에

---

87 〈上同〉.

통용되던 법이 걸주桀紂 시절에는 시행되지 않는 이치처럼 서로 다른 것이며, 또 같은 날짐승이라도 봉황과 박쥐가 서로 나는 것만 같을 뿐이지 같은 종류가 아닌 이치처럼 두 설도 서로 같을 수 없다고 하였다.[88]

해학은 앞서의 비판에서 천당지옥설의 보응적 성격을 비판하면서 군자는 무엇을 기대하면서 선행을 하는 것이 아니며, 무엇을 두려워 해서 악행을 못하는 것이 아니라 오직 의리에 입각한 행동일 뿐이라고 설명한 바 있다. 그래서 이같은 천당지옥설天堂地獄說은 사후死後의 화복禍福을 의식한 이해타산적이라고 비판했던 것이다.

그러나 로베르는 이러한 유자의 주장이 유명무실한 것이라고 일축하였다. 그는 맹자孟子의 "요절夭絶과 장수長壽는 그 이치理致가 둘이 아니므로 수신修身을 통해서 그것을 기다린다"는 귀절을 인용해서 이 말이 바로 후일을 바라고 한 것이라고 했다. 또 증자曾子가 "열개의 눈이 보고 있고 열개의 손이 가리키니 엄하기도 하다"고 말한 것은 바로 두려워했기 때문이라고 했다. 따라서 로베르는 군자가 바라지 않는 것은 분수에 맞지 않는 이록利祿일 뿐이며, 두려워 하지 않는 것은 허망虛妄하지 않는 죽음뿐이라고 지적 하였다.

그는 현세의 유한한 화복이 천당지옥의 무한한 화복에 비교할

---

88 "鳳凰亦飛, 蝙蝠亦飛, 等是飛也, 豈可以飛同而謂之類同乎, 此固不足嫌而不屑辨者也."〈上同〉.

바가 못된다고 하면서 이 때문에 내세에 받는 화복을 위해 현세에서 선악의 행위를 가리게 하는 천당지옥설이 이해타산에 얽매인 것으로 보는 것은 잘못이라고 했다.[89]

해학海鶴의 질문 요지는 천당지옥을 염두에 둔 이해타산적인 행동에서 마음에도 없는 선행을 하려 하거나 마지못해 악행을 하지 않는다는 점에서 세교世敎에 보탬이 되지 않는다는 것이었다. 이러한 관점은 강한 현세주의現世主義에 바탕을 둔 견해였다.

그러나 로베르는 내세來世의 구원을 목표로 하는 천주교리를 해명하고자 내세주의來世主義 입장에서 답변하고 있다. 그래서 그는 인간세계에서 군자가 받는 고통이나 소인이 누리는 명예가 일시적一時的인 것이며, 영혼세계靈魂世界에서 주어지는 업보에 의해 현세에서의 불공정함이 영원히 수정보상修正報償된다는 이유로 해학海鶴의 비판을 반박하고 있다. 현세주의자現世主義者와 내세주의자간來世主義者間의 기본적 관점이 현저히 다른 데서 오는 차이점이 부각되어 있다.

---

89 "君子之所不希, 有非分之利祿, 所不畏, 惟無妄之戮辱, 且世福雖貴, 不出百年, 世苦雖重, 無過一時, 得不足喜, 失不足悲, 至於天堂之福, 非世福可比, 地獄之苦, 非世苦可比."〈上同〉.

4. 영혼불멸설靈魂不滅說 문제問題

(1) 해학海鶴의 비판批判

영혼불멸설 역시 앞서의 논쟁주제인 천당지옥의 실존여부처럼 유교와 천주교 간의 내재성內在性과 초월성超越性의 대립이라는 근본적인 입장의 차이가 현저하게 드러나고 있다. 해학海鶴은 먼저 공자孔子가 말한 미지생언지사未知生焉知死를 인용하여 천주교의 내세관에 대한 부정否定을 전제로 비판을 개진하고 있다. 그는 이 말을 부연 해석하여 처음을 들어 끝을 보이고, 있음을 들어 없음을 보인 지극한 말이라고 하였다.

해학은 영혼과 육체의 불가분리不可分離 및 선후先後의 차서次序에서 육체가 먼저임을 밝혔다. 사람이 태어나서 형체가 갖추어지면 신혼神魂도 저절로 수반되어 존재하는 것이고, 죽어서 형체가 없어지면 신혼神魂도 저절로 소멸된다는 것을 등불에 비유했다. 즉 심지를 형체에, 불빛을 신혼에 각기 비유하면서 심지없는 불빛이 존재할 수 있느냐고 반문한다.[90]

그리고 해학은 기氣와 물物의 관계를 설명하여 신혼과 형체가 분리될 수 없다고 주장했다. 해학은 하늘이 만물에게 부여한 기氣는 똑같지 않다고 했다. 그리고 시간이 흐르면 기氣 역시 끊임없이 변화하기 때문에 어제의 기氣가 오늘의 기氣일 수 없으며,

---

[90] "夫人之生而形體具, 則神魂亦隨以存, 其死而形體散, 則神魂亦隨以沒, 譬之燈火, 油炷, 其形體也, 光明, 其神魂也, 寧有去其油炷, 而獨留其光明者乎." 〈神鬼不散〉,《質齋稿》.

오늘의 기氣가 내일의 기氣일 수 없다는 것이다. 그러한 기氣가 물物에 부여되어서도 마찬가지로 작용한다고 했다. 그 이치는 죽은 재를 태울 수 없고, 썩은 나무를 윤택하게 할 수 없는 것과 같다고 했다. 반드시 새로운 생명체를 기다린 이후에야 나타날 수 있듯이, 신혼神魂과 형체의 관계도 이와 마찬가지라고 했다. 형체가 죽은 뒤에 여기餘氣가 아직 흩어지지 않은 것도 물物에 붙지 않을 수 없다고 했다.[91]

그러한 현상으로 강건하고 용기 있는 인물이 제 명命대로 살지 못하고 죽었을 때 여기餘氣가 응결되어 흩어지지 않는 경우도 있게 된다고 했다. 그래서 전장터나 형장에서 들리는 통곡소리와 요괴스런 현상이 바로 이에 해당된다고 하였다. 형체가 없어졌을 때 신혼이 흩어지는 속도의 완급은 있지만, 반드시 완전히 없어지게 되며 계속 존재하여 영원불멸한 것은 없다고 했다.

해학의 이같은 주장은 천주교의 영혼불멸설을 부정한 것이며, 아울러 영혼과 육체의 분리도 있을 수 없다는 것을 뜻한다.

그러나, 천주교에서는 천주天主가 인간의 신혼神魂을 모태母胎 때부터 부여한 것으로 형체에 의존하지 않고서도 생겨나며, 형체를 따르지 않고서도 소멸된다고 알고 있으니, 이것이 바로 공자가 앞서 지적한 비판의 대상이라는 것이다. 해학은 천주교에서

---

91 "夫天地之所以稟施萬類者, 莫非一氣也, 往過來續, 相生不息, 今日之氣, 已非昨日之氣, 明日之氣, 又非今日之氣, 其賦於物也亦然. 固不能燃死灰而潤枯木, 必待生物而自見, 如神魂之形體也. 及其死而設有餘氣之未散者, 又不得不附於物."〈上同〉.

주장하는 영혼과 육체의 분리설에 대하여 그들의 답변을《성교
이증聖敎理證》의 내용으로 대체하면서 축조 질문하고 비판하였
다.

> 문 : 사람의 신혼神魂이 형체에 붙어 있지 않다고 생각하는
> 가?
> 답 : 붙어 있다.
> 문 : 형체가 여기에 존재하지 않으면 신혼神魂은 장차 어디
> 에 있겠는가?
> 답 : 근원을 하늘로 귀착시 켰으니 예를 들면 시경詩經의 문
> 왕재상文王在上, 삼후재천三后在天 과 같은 유형이다.
> 문 : 그렇다면 주나라 자손들이 하늘에서 문왕文王과 삼후
> 三后를 보았는가?
> 답 : 이치가 닿으면 보이지 않을 수 없으나 그것을 일컬을 때
> 는 무無라고 한다.
> 문 : 그렇다면 신혼神魂이 이理에 연계되어 있고 기氣에 연계
> 되어 있지 않은가?
> 답 : 기氣에 얽매여 있다.
> 문 : 그렇다면 기氣는 형체를 도외시하고서도 자립할 수 있
> 는가? 아마 그대는 여기에 이르러 할말이 없을 것이다.[92]

이렇게 전개된 자문자답에서 해학海鶴은 주기론적主氣論的 입
장에서 형체와 신혼神魂의 불가분리不可分離를 설명하여 천주교
의 영육분리설을 비판하고 있는 것이다.

해학은 천주교의 영혼불멸설이 불교의 윤회설을 답습한 것이

---

92 〈上同〉.《聖敎理證》은 海鶴이 로베르에게서 빌려 본 天主敎理書임.

라고 했다. 불교에서도 기가 형체에 붙어 있지 않으면 스스로 드러낼 수 없기 때문에 윤회탁생지설輪廻托生之說을 만들었다고 했다. 그러나 윤회설輪廻說은 인간이 동물로, 동물이 식물로 전이轉移될 수 없다는 사실을 알지 못한 채 만들어진 것이며, 천주교의 영혼불멸설은 윤회설을 답습한 것임에도 불구하고, 이를 비판하고 있는 것이 모순이라고 했다.[93]

해학은 형체가 신혼神魂보다 순서에서 우선이며, 처음을 들어 끝을 들어 보이고, 있음을 들어 없음을 보이고자 하는 의도에서 양생법을 거론하였다. 성인의 가르침이란 반드시 알 수 있도록 해야하고, 실행될 수 있는 범위의 것이라야 한다는 점을 전제할 때, 영혼불멸설은 미흡하기 짝이 없다는 것이 해학의 비판이다. 쉬우면서도 실행가능한 예로 양생법을 들고 있다.

> 색色을 남용하여 정精을 손상시키지 말아야 하고 음식飮食을 과용하여 백魄을 손상시키지 말아야 한다. 정精이 왕성하면 신神이 온전하고 백魄이 강성하면 혼魂이 안정된다. 이것이 수명을 보전하는 길이다. 이와 같이 할 따름이다. 일찌기 도리에 어긋나는 말로써 그 백성을 어리석게 한 적이 없다. 지금 어떤 사람이 허공을 가리키며 나는 귀신을 보았다고 말한다면, 그는 정신병자가 아니면 사기꾼일 것이다.[94]

---

93 "佛氏有見乎, 氣之不附於物, 則不能自見而遂造輪廻托生之說, 然不知人之不可轉而爲禽魚, 禽魚之不可轉而爲樹卉, 以其水陸異處, 而動植不同屬也. 天主教之譏之, 是矣. 至於神魂不散, 則猶襲而取之, 何也? 非此, 亦無以欺人而誣世耳."〈上同〉.

94 "無淫色而損精也, 無恣飮食而傷魄也, 精盛則神全, 魄強則魂安, 此其保有壽命之道也, 如是而已. 未嘗以不經之言, 愚用其民耳. 今有人指空而語曰, 我見

海鶴李沂의 思想과 文學

해학은 경험과 인식이 가능한 범주 안에서 사고하는 내재성에 기초를 두고 천주교의 초월적인 영혼불멸설을 비판하고자 했다.

(2) 로베르의 반박反駁

로베르는 해학이 사용한 신혼神魂이란 개념을 달리 보고 있었다. 해학은 영혼靈魂이란 용어대신 신혼神魂이라는 용어를 사용했으나 로베르는 신혼神魂도 영혼의 범주에서 설명하고자 했다. 해학海鶴이 공자의 "삶의 세계도 모르면서 어찌 죽음의 세계를 알 수 있겠는가?"하는 말을 인용하여 사후의 세계를 인정하지 않는 유교교리를 설명했으나 로베르는 이 말을 달리 해석하였다. 즉 이 말은 "아는 것을 안다고 하고 모르는 것을 모른다" 고 하는 말과 같은 뜻이라고 하였다.

해학海鶴이 "처음을 들어 끝을 볼 수 있고, 있는 것을 들어 없는 것을 볼 수 있게 된다"고 해석한 것은 그의 현세주의적 사고를 보인 것임에도 불구하고, 로베르는 이것도 역으로 해석하여 반박을 하고 있다. 즉 이 말을 좇아서 인간의 탄생이 천주로부터 비롯된 것을 안다면 반드시 사람이 죽어 마침내 천주에게로 돌아간다는 것을 알게 될 것이며, 유형의 만물을 보면 무형의 조물주도 안다는 이야기가 되는 것이 아니냐고 되물었다.

로베르는, 육신은 영혼에 의지해서 생겨 나지만 영혼은 육신

鬼, 其非病狂, 則必欺誣也."〈上同〉.

에 의지해서 생겨나는 것이 아니고, 천주天主가 부여한 것이므로 자주적인 권능이 있다고 주장하였다. 그러므로 영혼이 없어지면 육신도 죽게 된다는 것이다. 해학海鶴이 비유한 불빛과 심지에 관해서도 불이 없어지면 심지가 빛을 발휘할 수 없다고 하여 영혼이 없어지면 육신도 죽게 되는 법이라고 설명하였다. "불이라는 것은 본래부터가 영적靈的인 존재가 없는 물건이므로 심지에 의존하면 빛을 발하고 의존하지 못하면 빛이 흩어지지만, 이와는 달리 사람의 혼魂은 영적靈的이므로 자립할 수 있는 정신의 실체이기 때문에 소멸될 수 없다. 전장戰場 등에서의 이상한 형상은 마귀에 불과한 것이다"고 하였다.[95]

로베르는 이어 문왕文王의 후손은 유형有形의 눈을 가진 사람이므로 무형無形의 혼魂인 문왕文王을 어찌 볼 수 있겠는가 하고 해학의 추정을 반박했다. 그리고 만약에 그 자손이 승천하여 신의 눈을 소지한다면 그 때는 가능한 것이라고 하였다. 기氣에 관해서 로베르는 호흡할 때의 공기의 의미로 해석하였다. 기氣를 신혼神魂으로 본 해학과는 엄청난 시각의 차이를 보여주고 있다. 로베르는 성性과 혼魂을 유사한 개념으로 간주하고자 하였다. 모든 동물이 기氣를 받아 살아가지만 그렇다고 개·돼지·사람간의 성性이 같을 수 있겠는가를 반문했다. 그리고 모든 생물

---

95 "魂離則身死, 豈油炷光明, 可比哉, 若以此譬之人魂, 則不得不火爲魂, 油炷爲體, 火去則體無光, 似是, 魂去身死之理. 然火本無靈之物, 依炷則光發, 不依炷則光散. 人魂則有靈無昧, 自立之神體也. ……且刑市戰場之間, 啾啾喞喞者, 無非魔鬼, 借名惑人也."〈神魂不散〉,《答李沂書》.

이 기氣를 받아 살아 가지만 오직 인간만은 혼魂으로 명命을 삼으며 기氣로 명命을 삼지 않는다고 하였다. 그는 또 호흡하는 데 필요한 것은 기氣이지만 기氣를 호흡하게끔 하는 것은 혼魂이라고 하였다. 기절氣絶했다고 해도 혼魂이 달아난 것이 아닌 만큼 기氣의 통색여부通塞與否로 인간의 생사를 결정할 수 없고, 오직 혼魂의 존재유무存在有無로서 결정할 수 있는 것이라고 하였다. 이어서 로베르는 해학을 두고 성性과 기氣의 구분도 못하는 유자儒者라고 비판하였다.[96]

논쟁은 여기서 끝난다. 해학이 반박 서신을 답신했으나 이에 대한 로베르의 답신이 자료에 보이지 않는 관계로 양자의 입장을 함께 고찰 할 수는 없다. 해학은 다음 항목에서 천주교의 혹세무민惑世誣民의 요소와 포교布敎에 대한 금지여부禁止與否 및 앞서의 일부 항목에 대한 자신의 재반박再反駁을 일부 추가하고 있다.

---

96 "凡含生之類, 無不需氣而生, 然惟人以魂爲命, 不以氣爲命, 人之呼吸, 專用外氣而通內, 故必先吸後呼. 賴以呼吸者, 氣也, 使之呼吸者, 魂也. 人或有氣塞半而復通呼吸者, 氣雖絶而魂不離, 故絶而復生, 不以氣之通塞, 定人之死生, 惟以魂之去留, 謂人之存沒, 子旣不知性與氣之分, 何足與論於天下大道乎."〈上同〉.

5. 천주교관天主教觀과 대응자세對應姿勢

(1) 천주교관天主教觀

해학海鶴은 천주교가 사람을 미혹하게 하는 혹세무민惑世誣民의 교리 임을 지적하고 그 원인을 분석하여 이를 토대로 천주교 포교금지布敎禁止 문제를 거론하였다. 혹세무민의 요소는 부귀안락富貴安樂의 사상이며, 그 포교대상을 부녀자계층으로 삼는다는 것이었다. 부귀안락富貴安樂은 인간이라면 누구나가 원하는 바이지만 얻기가 어려워서 소외된 사람일수록 궁곤한 처지를 벗어나고자 쉽게 요행을 바라게 된다고 하였다. 이전에는 점쟁이·관상쟁이·지관·절 등에다가 온갖 짓을 다하며 재물을 갖다 바치면서 생전에 성취 못하면 죽어서라도, 또 자신이 성취 못하면 자손에게라도 성취될 수 있도록 비는 마음을 하루도 거를 수 없을 만큼 폐단이 되어 왔었는데, 이제는 천주교가 이들을 대신하게 되었다는 것이다.

즉 천주교의 세례를 받고 기도를 하게 되면 부귀안락의 복을 살아서 얻지 못한다 해도 죽어서라도 얻게 될 것이라고 유혹하여, 이 말을 듣는 사람들이 빠져들어 휩쓸린다는 것이다. 그래서 이러한 유혹을 좇는 사람들은 어리석고 힘없는 부인이나 어린이들로, 이들은 의리나 비행非行을 실천하지 못하고 유혹되기 쉬운 계층이라고 하였다. 그러나 해학은 현실적으로 부귀안락자는 적고 곤궁한자가 많은 상황이 개선되지 않는 점을 들어 천주교리

天主敎理의 허구성을 지적하였다. 아울러 인간욕심人間慾心이 무한하여 억제되지 못하는 현실도 탓하였다.[97]

해학은 천주교의 비현세성을 비판하기 위해서 유교의 경전을 인용하고 있다. 계손씨季孫氏가 석곽石槨을 삼년 동안에도 완성하지 못한 것을 두고서 공자孔子가 그를 비웃었던 예를 들었다. 해학은 이를 해석하기를 생전에도 보존되기를 구하지 못하면서 죽어서 보존되기를 도모하는 점 때문에 공자孔子가 비웃었다고 하였다. 여기서 우리는 해학이 천주교에 대한 비판의 관점을 기복신앙의 폐단에서 빚어지는 혹세무민과 비현실성에 두고 있음을 알 수 있다. 해학은 특히 천주교 조차도 미신의 일종으로 간주하고 그 폐단을 비판하였다. 해학은 천주교를 성리학에 기반을 둔 통치체계의 위협세력으로 보는데는 관심을 두지 않았다. 대신 천주교의 내세관에 입각한 구원의 기도를 비현실적인 것으로 단정했고, 이것을 혹세무민의 교리라고 비판한 것이다.

(2) 불금시금不禁是禁의 대응자세對應姿勢

해학海鶴은 앞서의 천주교관을 바탕으로 천주교에 대한 물리적인 탄압을 반대하고 있다. 천주교리에 대해서 강력한 비판을 가했고, 그 영향에 대한 문제를 제기했음에도 불구하고 이러한 생각을 지닌다는 것은 매우 주목할 만하다. 해학은 천주교에 대

---

97 〈易於惑人〉,《質齋稿》.

한 반대가 교리상의 문제이면 몰라도, 그것이 외국으로부터 유입된 이유 때문이라면 수긍할 수 없다고 하였다. 이는 당시의 배타적인 주리론적 척사파와는 다른 견해를 보인 것이다. 해학에게서 우리는 교리적 배척과 외국에 대한 폐쇄적 태도를 구분하는 개방성과 합리성을 엿볼 수 있다.

그는 순舜이나 문왕文王도 사이四夷 출신이지만 폄하되지 않는 이유는 도道가 존재하기 때문이라고 하였다. 더우기 서양은 전기 등의 과학기술이 정교하여 천하의 모범이 되고 있을 뿐만 아니라, 우리가 필요한 의식衣食과 물건物件도 서양으로부터 혜택을 받고 있다고 하였다. 그런데도 유독 천주교만이 배척되어야 하는 이유는 정도正道가 아닌 것으로써 정도正道를 어지럽히기 때문이라고 하여 서학과 천주교를 분명히 구분하고 있다. 해학은 천주교라는 이데올로기를 제외한 서양의 학문정신에 대해서는 적극 수용의 자세를 취하고 있었기 때문에 당시의 동도서기론東道西器論과도 차이가 난다.[98]

해학은 제자백가諸子百家의 사상이 유가儒家에 부합되지 않지만, 맹자孟子가 양묵楊墨의 무부무군無父無君만을 질책한 것은 그 말류末流의 폐단을 걱정해서이지, 그들이 무부무군을 실제로 실행해서가 아니라고 하였다. 그러나 천주교는 숭조정신을 훼손

---

98 해학은 서양의 과학기술은 물론이고, 천주교를 제외한 여타의 서학일체를 수용하는 자세를 보이고 있다. 따라서 당시 대두된 東道西器論과도 차이가 난다. 이때의 東道西器論은 천주교 뿐만 아니라 서양의 학문정신을 수용하려고 하지 않았기 때문이다. 특히 해학이 천주교리를 배격했다고 해서 文化的 排外主義者로 단정한 견해는 재고되어야 한다.

하면서 몸소 무부무군을 실천하고 있음을 지적하여 이를 배척해야 된다고 했다.

해학은 천주교에 대해서 성리학에 기반을 둔 통치체계의 위협세력으로 보는 데는 관심을 두지 않았고, 조상숭배에 입각한 전통적인 가족윤리의 훼손대상으로 파악하였다. 그가 천주교에 대한 물리적 탄압을 반대할 수 있었던 이유도 이같은 인식이 크게 작용했기 때문이다.

그런데 여기서 해학의 사상변천과 관련하여 생각해 볼 문제가 있다. 해학은 천주교를 비판하면서 천주교가 보인 무군無君의 태도보다 무부無父의 태도를 더 강도있게 비판하였다.

원래 무부무군이란 용어는 유학자들이 양자楊子·묵자墨子를 비판하거나 불교佛敎를 공격할 때 사용하던 용어였다.[99] 맹자가 양씨위아楊氏爲我, 시무군야是無君也, 묵씨겸애墨氏兼愛, 시무부야是無父也라고 한 이후로 유자들이 양·묵을 반대할 때 흔히 무군무부를 인용하였다. 해학도 이러한 의미에서 거론했다. 그렇다면 이 당시 양자보다 묵자를 더 배척했다고 할 수 있겠는가 하는 점이 궁금하다. 그런데 해학은 후일 민족의 위기에 직면하여 양자楊子를 노골적으로 배척했지만, 묵자墨子의 겸애사상 만큼은 수용할 것을 강조한 것과 대조가 된다.

따라서 이 문제는 꼭 단정하기는 어렵지만 이렇게 볼 수 있다. 즉, 해학이 천주교리 비판과정에서 묵자를 인용한 것은 꼭 묵자

---

[99] 趙珖,《朝鮮後期 天主敎史硏究》(高大 民族文化硏究所, 1988), p. 203.

를 배격하기 위한 의도 보다는, 천주교리에 있다고 생각한 무부정신無父精神을 무엇보다도 강조하여 비판하기 위한 것이었다.

물론 해학은 묵자가 천주교처럼 무부無父를 실행한 것은 아니라고 말했지만, 그렇다고 묵자를 긍정한 표현도 없다. 이러한 언급을 통해 볼 때, 이 당시 해학의 묵자관을 단정하기는 어렵지만, 그가 학문성숙 과정에서 제자백가를 탐독했다고 고백한 것이나, 후일의 묵자사상을 수용했던 사실과 관련시켜 볼 때, 미약한 비판정도에 머무른 것으로 볼 수 있다.

해학은 천주교를 엄금한 결과 우매한 백성만이 희생되고 있음에도 불구하고 근절되지 않는 이유를 이렇게 파악하고 있다. 즉, 신도들이 아직도 천주교를 믿음으로써 뭔가 있지 않을까, 뭔가 얻지 않을까 하여 미련을 버리지 못하기 때문이라고 했다.

해학은 천주교를 믿는 사람들의 심리를 금광을 캐는 사람들에 비유했다. 금광을 캐는 사람들은 엄청난 비용을 소비하고 무너질 위험이 도사리고 있음에도 불구하고 두려워하지 않으며 채광을 하는데, 그 이유는 금이 있을 것이라고 믿고, 또 금을 얻게 될 것이라는 기대감 때문이라고 하였다. 이러함에도 불구하고 엄법을 적용하여 금지시키면 무고한 희생만이 따를 것이기 때문에 금지하지 않는 것이 곧 금지하는 결과가 된다 [불금시금不禁是禁]고 주장했다.[100]

---

100 "自吾省事以來, 數十年之間, 天主敎之禁 未嘗不嚴犯之者, 則必置諸死, 然山澤愚魯之民, 往往身伏斧櫻, 而口誦經呪, 竟不可遏止者, 此其心猶疑於有而期於得耳. 今夫采金者之涉崖谷穴礦石椎鑿之功, ……方且攝身附足, 不知危

海鶴 李沂의 思想과 文學 — ┊ ┊

그 이유는 천주교가 자연소멸할 수밖에 없다고 기대했을 뿐만 아니라, 무고한 희생이 수반될 것으로 보았기 때문이다. 천주교天主教에 대한 호기심이 없어지면 자연소멸이 가능하다는 것이다. 그 사례로 얼마전 서양인이 처음 나타났을 때는 신기하여 사람들이 둘러싸고 모여들어 이를 강제로 해산시켜도 불가능했으나, 몇 해 후에는 보통으로 여기게 되었다는 것이다.

이와 마찬가지로 천주교리天主教理 역시 지금까지 처음 들어보고, 천주교 서적도 아주 먼 곳에서 온 번역문이며, 그들이 기술과 부강한 세력을 앞세웠기 때문에 신도들이 호기심을 가지고 어떤 이득을 얻을 수 있을것이라고 의심치 않았다는 것이다. 즉 단순한 호기심에 의해서 천주교 신앙에 젖게 되었다는 것이다.

해학은 천주교를 억지로 막을 수 없다면 최대한 국익에 보탬이 되도록 활용을 하면서 자연소멸될 수 있도록 하는 방법을 강구할 것을 제안하였다.

즉 천주교天主教 선교사의 포교를 자유스럽게 방임하되, 호적 대장에 올려 조선의 세법에 의해 세금을 부과하고 조선의 형법에 따라 다스리도록하여 그들에게 일체의 치외법권을 인정하지 말라는 것이다. 그렇게 하여 몇 년만 지나면 천주교도들이 상대적으로 뒤지게 되어 뭔가 기대했던 신앙심이 점차 소멸될 것이어서 마침내 사찰처럼 교당도 쇠잔할 것이며, 그때는 지금의 불교

懼, 何也. 亦以有金爲疑而得金爲期故也. 是以, 禁之愈嚴, 犯之愈多, 刑殺雖日尋, 而徒使不敎之民, 橫被無辜之誅, 故余嘗以爲, 不禁是禁云者, 亦未必無見焉耳."〈天主可禁〉,〈上同〉.

처럼 정치나 백성의 일에 피해를 줄 만한 영향력도 없어지게 되어 자연히 금지하게 되는 효과를 얻게 된다는 것이다.

더욱이 천주교리天主教理는 살아서 수양하여 죽은 뒤를 도모하라고 권하는 것인만큼 국가의 환난 때에 군역軍役에 충당케하면 목숨을 다하여 싸울 것이라고 하였다. 해학은 이것이 바로 조선정부에서 말하는 내수외양內修外攘을 갖추게 되는 방법이기도 하다고 하였다.[101]

해학은 신앙심을 결코 물리적으로 막을 수 없다는 사실을 동학도東學徒와 식양息壤의 예로써 설명하고 있다. 동학도를 아무리 엄금해도 모습만 변화시킨 채 발본되지 않듯이, 그리고 9년간의 홍수를 식양息壤으로 막아도 둑은 더욱 매몰되듯이 강압에 의한 억제는 불가능하다는 것이다.

결국 한편으로는 천주교의 교세를 이용하여 그것을 유리하게 활용될 수 있도록 하고, 또 한편으로는 자연소멸될 수 있도록 방치한다는 것이 해학의 주장인 불금시금不禁是禁이다.

조정에서 천주교도에 대해 형벌에 의한 금압정책禁壓政策을 펴서 기존 사회체계의 고수를 위한 물리적 강제 수단을 사용한 점은 이미 신앙적 차원을 넘어선 것이지만, 해학의 불금시금不禁是禁은 교리의 우월성에 입각한 자신감에서 오는 유연성이라고 할 수 있다. 이 점에서 바로 해학과 당시 조선 정부의 천주교에 대한 커다란 시각의 차이가 존재함을 알 수 있다.

---

101 〈上同〉.

해학은 당시 천주교도의 대다수가 무지하고 힘없는 계층이라고 파악하고 이들이 단순히 무지한 데서 쉽게 천주교에 뇌동하여 희생당하는 현실을 외면하지 않았다. 사실 해학海鶴은 이 시기에 농촌현실의 참담함을 직접 체험하고 농민들의 고난어린 삶의 현장을 농민의 입장에서 그려낸 여러 편의 시를 통하여 무지한 농민들과 동질의식을 심화시키고 있었다. 해학이 천주교의 금압과 엄한 형벌의 적용을 반대한 이유의 커다란 부분이 바로 이 같은 무지한 국민들의 희생을 방관할 수 없다는 그 자신의 애민의식愛民意識에 기인하고 있었던 것이다.

조선말朝鮮末 유자儒者와 신부간神父間의 최종적인 서학西學 논쟁으로 보이는 해학과 로베르간의 서신 내용으로 우리는 다음과 같은 결론에 도달할 수 있다. 우선 유자인 해학海鶴은 천주교 내용중 아래와 같은 문제를 비판의 표적으로 삼았다.

첫째, 천주天主의 명칭이 근거 없다고 했고, 그 초월자로서의 절대적 성격은 물론 실존도 부인하였다.

둘째, 천주天主의 천지창조설을 부인하였다. 아울러 천지天地와 천주天主의 분리불가分離不可를 주장하면서 강생논리降生論理의 모순을 들어 결국 2인의 천주天主가 존재한다고 하였다. 그리고 교명도 모세교라고 불러야 한다고 하였다. 특히 천주를 조상의 위에 올려 놓는 것을 반인륜적인 불경부조不敬父祖라고 하여 가장 강력하게 비판하였다.

셋째, 천당지옥의 세계를 부정하고, 권선징악에 대한 이해타산적 행위 때문에 세교世敎에도 무익하다고 주장하였다. 여기서 해학의 관심사인 복선화악福善禍惡이 제기되었다. 실제의 현실에서 복선화악의 이치대로만 되지 않는 우연사偶然事에 대해서 간과하고 있는 천주교리의 비현실적인 점을 변증법적辨證法的 차원에서 비판하고 있다. 제사의 문제에 관해서는 자식으로서의 정성을 표현한 것일 뿐이라고 설명하였다.

넷째, 영혼과 육신의 분리불가分離不可를 주장하고, 형체가 신혼神魂보다 우선적으로 존재한다는 주기론적主氣論的 입장에서 의견을 개진하였다.

다섯째, 천주교를 불교의 아류로 파악하고 있는데, 주로 천주의 초월성과 천주교의 내세관來世觀과 관련된 점에서 그러하다. 천주天主의 무시자유無始自有라는 것은 불교의 종무지설宗無之說에서 나온 것이며, 천당지옥설이 불교의 염라대왕설을, 영혼불멸설이 불교의 윤회설을 모방한 것이라고 하였다. 시기적으로도 천주교는 불교에 비하여 3천년이 뒤진다고 하였다. 이 밖에도 천주교는 불교의 허무공적虛無空寂, 봉교수계奉敎守戒, 생수사보生守死報의 교리를 모방한 것이라고 주장했다. 그래서 불교와 천주교와의 관계를 도리桃李나 군신君臣으로 비유하였다.

이에 대한 천주교 신부 로베르의 반박 요지는 다음과 같다.

첫째, 천주명칭天主名稱의 근거를 주로 유교경전에서 인용하여 제시하면서 상이한 해석을 하고 있는데, 명칭보다는 개념을 중시하고 있다. 그리고 천주天主와 천지天地의 관계는 조물주造物主

와 피조물被造物로 분리하여 천주를 절대시하고 있다.

둘째, 강생降生에 대해서는 삼위일체론三位一體論 및 성자聖子의 인간구원을 위한 강탄降誕으로 설명하였다. 그리고 반인륜적이라는 비판에 대해서는 우선 유교경전에도 친소구분親疏區分이 없다고 반박하면서, 천주교에 친소구분이 없다해도 그것은 난륜亂倫과는 무관한 것이라고 했다. 인륜에 관해서는 십계명十誡命에서도 효도와 남녀윤리를 명시했고, 유교에서 강조하는 친소구분은 자연적으로 조성되는 것이지, 억지로 이루어지는 것은 아니라고 하였다.

셋째, 천당지옥설이 세교世教에 무익無益하다는 비판에 대해서는, 현세에 이룰 수 없는 복선화악福善禍惡을 오히려 내세來世에서 수정보완할 수 있기 때문에 세교世教에 도움이 된다고 하였다. 원죄설原罪說을 인용하면서 천당지옥설을 설명하고, 현세와 내세, 영혼과 육신 사이에 개재되는 가치와 영속성, 그리고 권선징악의 권능면에서의 질적인 차이를 들어 현세보다 더 소중한 내세를 앞세웠다. 현세에서 불가능한 응보를 오히려 내세에서 가능하게 한다고 하였다. 또 정당한 것에 대해 복을 기대하는 것은 나무랄 것이 못되며, 이점은 유교도 마찬가지라고 하였다. 제사祭祀에 관해서는 그것이 조상에 대한 흠모가 아니라, 마귀에 대한 흠향이라고 하면서 참람僭濫·허위虛僞·혼잡混雜이라고 반박했다.

넷째, 영혼불멸설에 대해서는 영혼과 육신의 구분 및 영혼이 육신보다 우선하는 내세주의來世主義의 관점에서 유교의 신혼神魂 및 기氣에 대한 상이한 해석을 통해 반박하였다.

다섯째, 불교영향설에 관해서는 현상이 유사하다고 하여 본질까지 동일하게 보는 것은 잘못이라고 했고, 시기도 오히려 불교보다도 앞선다고 하였다.

양자의 차이는 결국 현세주의와 내세주의, 인본주의人本主義와 신본주의神本主義, 무신론無神論과 유신론有神論 등의 양극현상으로 대별되며, 이러한 근원적인 이질성은 도저히 공약수가 집약될 수 없음을 노정시켰다.

게다가 이러한 논쟁은 단순한 교리의 상충 뿐만 아니라, 유교적 이념 체제에 대한 도전과 반응이라는 배경과 연계되어 상호 배타적인 태도를 가중시키는 결과를 초래했다.[102] 독선적인 선입관이 지나쳐 자기논리의 절대적인 정당성을 입증하고자 상대방의 논리에 배타적인 감정을 앞세워 문제삼기도 하였다. 따라서 상대방 주장의 개념과 용어에 대한 정밀한 이해가 없이 각자 편의대로 해석하여 논쟁의 한계를 드러내기도 했다.

그러나 이러한 요소가 비교적 배제된 천당지옥설과 영혼불멸설에서는 심도있는 논쟁도 볼 수 있었다. 물론 이 두 설에 관해서는 이미 송대宋代 이래로 불교를 비판하면서 유교의 이론이 체

---

102 본고는 한말 천주교리를 배척했으면서 민족운동에 적극적이었던 한 유자가 선교사와 벌인 천주교리에 관한 비판논쟁에 국한시켰다. 그러나 이와는 반대로 1890년대 기독교를 수용한 기독교인들의 민족운동 및 사회체계와 연관된 운동도 함께 주목할 필요가 있다. 이에 대해서는 李萬烈,〈舊韓末 基督敎思潮의 兩面性 試考〉,《民族史의 展開와 그 文化》下 (창작과 비평사, 1990)를 참조 바람.

계화된 것도 무시할 수는 없다.

　기존의 전통적 주자학적 이념 풍토에 천주교를 포교하고자 했던 선교사의 입장은 초기 예수회에서 보인 보유론적補儒論的 적응주의適應主義를 간과하고 유교사회의 윤리적 전통을 부정하는 입장을 개진하여 윤리규범에 대한 설전을 심화시켰다.

　본 논쟁의 특이한 점은 천주교가 기존의 유교사회에 먼저 논쟁을 제기한 것이 아니고, 유학자가 먼저 천주교 교리서를 읽고 비판을 가한데 대해 천주교 신부가 대응을 한 것이고, 다시 유학자가 이를 반박하는 형식으로 진행된 것이다.

　그리고 우리의 입장에서는 신부神父의 논리도 중요하지만 유자의 논쟁배경과 논리의 촛점, 그리고 이의 영향을 분석하는 일이 더욱 의미있는 일이다. 해학海鶴 스스로가 밝힌 관련 분야를 보면 다음과 같다.

　그는 어려서부터 기이한 학문을 좋아하는 습성이 있었고 천주교도 그 대상 중의 하나로 호기심의 대상이 되었다고 한다. 마침 선교사가 대구에 주재駐在한다는 것을 알고 직접 방문하여 천주교 교리서인《성교이증聖教理證》을 보게 되었는데, 그 이전까지만 해도 보유론적補儒論的 입장에서 파악하고자 하였다고 한다. 그것은 이미 서양과학의 우수성에 감복하고 있었기 때문에 천주교 역시 그러한 방향에서 보고자 하였다고 한다.[103] 특히 당시

---

103 "吾觀西人化學之妙, 算術之精, 冠絶古今, 皆可取準則 又安知其教之不有補於吾道者耶."〈與法人金教士〉,《質齋稿》.

엄금에도 불구하고 신도가 늘어나는 것에 대한 궁금증, 그리고 동서양東西洋의 지식인이 접하기 어려운 학문교류를 실행할 수 있다는 기대감에 충만되었다고 했다. 또 그는 천주교 학문에 접하여 유자儒者로서 경세經世의 한계에 대한 자괴감을 탈피하기 위한 호기로 삼고자 하였다고도 했다.[104] 그러나 천주교 서적을 읽고 엄청난 충격을 받았다고 술회하고 있다.[105]

그러면 해학이 이렇게 천주교리에 분노한 기본입장은 어떠한 것인가?

첫째, 천주교의 불경부조不敬父祖라는 반인륜적인 교리를 배격하면서 보여준 조상숭배사상의 철저함이다.

둘째, 천당지옥설·영혼불멸설에서 보이는 비현실적이고 비현세적非現世的인 혹세무민의 요소를 배격하는 데서 드러난 현실을 중시하는 세계관이다.

앞에서도 이미 언급했지만, 해학이 위 두가지 사항에 대해 그동안 유교에서 이단으로 배척한 양묵楊墨 및 불교의 교리와 비교하여 비판한 사실은 매우 흥미롭다.

먼저 첫째 사항에 대해서는 양묵楊墨의 무군무부無君無父의 주장보다도 더 반인륜적이라고 비판하고 있는 점이다. 둘째 사항에 대해서는 불교의 설을 모방한 아류亞流라고 지적하고 있다.

첫째의 비판은 유교의 전통적 가족윤리에 충실한 유자로서는

---

104 〈與法人金敎士保祿書附〉,《質齋稿》.
105 "然書未終卷而又爲之, 駭懼戰慄, 不能自定, 如病熱者之通身汗出而後已, 何也." 〈上同〉.

조상의 뿌리를 근본적으로 부정했다고 인식한 데서 비롯된 것이다.

둘째의 비판은 자신의 현실주의적 세계관 뿐만 아니라 유교의 내세불언급來世不言及이라는 현세주의적現世主義的 입장에서 도출된 것이었다. 그러나 그의 비판 이론은 현세주의적, 인본주의적人本主義的 논리로서의 한계가 있었다. 그래서 이미 한대漢代부터 이론이 갖추어진 불교의 논리를 원용했으나 더 이상 이론적으로 심화 시킬 수는 없었다. 단지 천주에 준하는 유교의 상제上帝·천명天命의 의미를 자각하는 새로운 계기가 되었다. 그것이 후일 민족의 위기가 초래된 상황에서는 단군으로 대치되는 이른바 유교의 종교화에 일정하게나마 영향을 미치게 된다.

계산본당 초대 주임신부
김보록(Paul Robert Achille)신부상
1853.10.22──1922.1.2

III. 벽파론劈破論과
애국계몽사상愛國啓蒙思想

을사조약이 맺어짐으로써 국권은 사실상 상실되었다. 상실된 국권회복을 위해서는 민중의 각성과 국민적 단결이 절실히 요구되었다. 여기에는 다양한 노선과 방향이 설정될 수 있었지만 민족자주적이고 근대적인 의식각성과 이를 실천하는 문제가 핵심이 될 수밖에 없었다.

해학도 이 시기에 애국계몽운동에 전념하면서 운동논리를 뒷받침할 수 있는 사상적 체계를 확립하는데, 구사상을 혁파하고 신사상을 수용한다는 뜻에서 〈일부벽파론一斧劈破論〉이라는 제목을 내걸었다. 이것은 자주독립과 근대를 지향하는 획기적인 사상전환의 선언이다.

한편 같은 시기에 자신의 정신적 근간이었던 공맹유교의 현실대처능력에 회의를 갖게 되면서 묵자를 부분 수용하기도 하였다. 이제 그 실상을 알아보고 그것이 해학의 사상적 전환 과정에서 어떤 의미를 지니는지도 살펴 볼 필요가 있다.

먼저 이러한 전환의 계기를 약술한다. 해학은 이미 열강의 침략적 행위와 이에 따른 민족의 위기에 대해 심각한 우려를 지니고 있었다. 이에 대비하기 위해 내수외양內修外攘의 방책을 강구하고 이를 정부에 건의하기도 하였다. 각종 건의를 통해 드러난 해학의 주장은 제국주의 침략을 차단하기 위한 자주적 외교노선의 견지, 내부의 중세적 사회체제의 청산, 민족적 역량의 집결 문제의 시급함 등이었다. 을사조약 이전에는 주로 자주적 외교·양병·토지문제 해결·국가제도의 개혁 등에 주안점을 두었다. 이것은 농민전쟁 때의 혁명적 방법이 현실에서 불가능함을 깨달았기 때문에 참여하의 개혁으로 방향을 바꾼 것이었다.

이로부터 다시 을사조약까지의 5년간 즉 1900~1905년은 해학의 내수외양內修外攘의 방책제시와 민족위기를 건지기 위한 실천에 전력을 기울인 시절이었다. 이때 내수방책內修方策의 결산이었던 〈급무팔제의急務八制議〉가 주목된다. 이는 국제國制·관제官制·전선제銓選制·지방제地方制·전제田制·호역제戶役制·잡세제雜稅制·학제學制로 구성된 것인데, 국가체제에서 부터 정치·행정·군사·인사·재정·교육·지방제도에 이르기까지의 광범위한 구상이었다. 특히 지방제의 경우는 해학 자신이 평생토록 정력을 쏟은 분야로서 위정자가 꼭 수용해주길 희망하였으며, 스스로 대단한 자부를 하기도 했다. 해학은 이 개혁안에서 도道와 군郡의 경계를 새로 구획하고 도道의 명칭을 성省으로 바꾸는 등의 개혁안을 제시하였다.[106] 그러나 수용되지는 못했

---

106 이에 대한 개혁안을 보면 다음과 같다. "京畿道→洌州省, 忠淸北道→達州

다.

　외양책外攘策의 핵심은 노·일의 한국분할론과 러시아의 만주 점령론, 그리고 일인日人의 이민유입과 차관도입을 용납하지 말라는 것으로서 자주적 외교책을 강조한 것이다. 1904년에는 일본이 한국토지의 1/4에 해당되는 황무지 개척권을 요구하자 보안회保安會를 조직하여 연일 수만명의 대규모 반일집회를 주동한 데서 그의 실천적인 면이 드러나 보인다.[107]

　이듬해에는 포츠담 회담에 참가하여 한국에 관한 불리한 밀약을 봉쇄하고자 했으나 실패했고, 대신 도일하여 항일외교를 수행했다. 체일중에 을사조약이 체결되자 귀국했는데 이후로는 교육과 언론을 통한 계몽운동에 진력했다. 한편 자신회自新會를 조직하여 을사오적에 대한 척살을 기도했으나 실패하고 진도로 귀양간 뒤에 7개월만에 사면되었다. 여기서 논할 〈일부벽파론〉은 이러한 과정등을 겪은 끝에 발표된 것으로 그의 애국계몽사상의 결정結晶이라고 할 수 있다.

　해학은 이보다 앞서 〈호고병好古病〉이라는 글에서 당시 구습을 숭상하던 병폐를 지적한 바 있는데[108], 〈일부벽파론〉은 호고병好古病을 척결하고자 하는 구체적인 결론인 셈이다. 〈일부벽파

省, 忠淸南道→錦州省, 全羅北道→湖州省, 全羅南道→榮州省, 慶尙北道→洛州省, 慶尙南道→汾州省, 黃海道→泉州省, 平安南道→浿州省, 平安北道→谚州省, 江原道→昭州省, 咸鏡南道→眞州省, 咸鏡北道→蓋州省."
107 "京師民設保安會, ……前議官尹秉前主事李沂等, 設疏廳, 建會議所, 京鄕會者數萬人." 黃玹,《梅泉野錄》권4, 光武8년, 甲辰.
108《月報》9호.

론〉은 1908년《호남학보湖南學報》에 발표된 논설이다. 이 글은 당시에 커다란 반향을 불러일으켰다. 벽파사상이라고 불리우기도 한 이 내용에는 해학의 구국개혁사상의 핵심이 담겨 있다.

을사조약으로 말미암아 국권이 사실상 상실되자 민족의 장래를 염려한 일부 식자층에서는 이를 회복할 수 있는 방안이 다양하게 제시되고 있었다. 단시일에 회복할 수 있는 무력투쟁의 방법도 제기되었으나 현실적으로 불가능한 것으로 인식되었다. 이때 해학은 오로지 신학문新學問의 정신을, 신교육新敎育을 통해 국민의식 속에 각성시키는 방법 뿐이라고 하여 장기적인 대비를 하고자 했다.

그러면 해학이 신학문·신교육의 필요성을 강조한 이유는 무엇인가?

해학은 당시 학문과 교육에 대한 일반적인 인식의 경향에 대해서 이렇게 소개하였다. 즉, 상문주의尙文主義에 입각한 우리나라에서 학문과 교육은 당연한 전통으로 존재하는 것으로 여겨왔다. 단지 갑오개혁 이후로 인재를 등용시키지 못하고 뇌물에만 빠져 있으며, 궁경독서窮經讀書하는 선비는 대부분 은둔을 해버려서 마침내 오늘과 같은 도탄에 빠졌다. 더우기 신학문·신교육을 받은 자도 나라를 팔아 먹었고, 외국으로 유학을 간 자도 외세에 의존해서 관직이나 엿보는 작태를 보여 결국 망국에 빠지게 되었다.[109] 해학은, 당시 일반인들이 망국 원인에 대해서 구학

109 〈一斧劈破論〉,《遺書》권3.

문을 지적하지 않고 구학문·신학문을 똑같이 지적하고 있음을 비판하였다. 그리고 이러한 일반적인 평가에 대해서 하나만 알았지 둘은 모르는 소치라고 반박했다. 지금의 조정에 있는 자들은 대부분 구학문을 답습하여 공자가 말한 40·50이 되어도 명성이 나지 않는 사람들과 같은 부류들이기 때문에 논의할 것도 못되며, 신학문을 한 젊은 자들도 가정과 사회의 누습을 보고 자랐기 때문에 고질이 되어서 몇 년간의 학문이나 교육으로 척결될 수 없는 것이라고 하였다.

결국 잘못된 민족의 현실은 신학문의 정신을 바르게 신교육하지 못하고 구학문을 답습한 데서 비롯된 것이기 때문에 구학문과 신학문을 동일하게 취급해서는 안 된다는 것이었다. 따라서 해학은 자손들로 하여금 신학문·신교육을 하지 못하게 하고, 조상의 우매함을 답습하게 한다면 참으로 애석할 만한 일이라고 하였다. 남은 여생을 기꺼이 노예처럼 지내고 국권회복책을 찾지도 않으며, 재주와 힘이 부족하다고 변명한다면 그러한 재주와 힘은 바로 망국을 하기 위해 충분한 짓이며, 곧 매국노라는 죄명을 면치 못할 것이라고 하였다.

이것은 재주와 힘이 없다고 포기하지 말아야 한다는 말이다. 의지를 통일시키면 힘이 생기고, 힘을 전일專一시키면 재주가 생겨나는 것이 천연天然의 이치라고 하였다. 의지를 이렇게 강조한 것은 《태백경太白經》에서도 똑같이 강조되고 있다.[110]

110《太白經》하 7.

해학은 구악을 일소해야 한다는 비유를 신체와 집에 비유하고 있다. 몸에 병이 들어 약을 복용하다가 효과가 없으면 조제를 바꿔야 하고, 가옥에서 버팀목이 제 구실을 못하면 개조해야 하는 법이다. 그런데 나라가 병이 들었는데도 구태의연하게 헌원軒轅이나 기백岐伯의 처방, 선조들이 살던 거처의 방식으로 해결하고자 하면서 어렵다고 좌시한다면 오히려 국가를 위한 계책이 몸이나 집을 위한 계책만도 못하다는 것이다. 그러므로 모두들 의지가 없는 것을 근심해야지 재주와 힘이 없는 것을 근심해서는 안 된다는 것이다.[111]

그런데 이렇게 된 까닭은 어디에 있는 것인가? 해학은 이에 대해 이렇게 분석하고 있다. 즉, 단군·기자 이래로 혁명이 여러차례 있었지만 그래도 인민들이 새로운 정치질서에 참여하여 처자식의 즐거움을 누리고 선비 군자들이 후세에 이름을 얻을 수 있었다.

그러나 지금은 왕과 종묘사직은 바뀌지 않았지만 도리어 간신배만을 등용시킨 결과 이들이 왕명을 가탁하여 학정을 행하고, 타민족을 이주시키며, 동족을 멸절시킨 뒤에 서서히 식민지화 되고 있다고 했다. 이러한 사례는 이미 폴란드·인도·월남 등의 역사에서 입증 된 참혹한 상황인 만큼 그들의 역사서를 읽어 보

---

111 "夫人身有病, 而服藥不得效, 則必思易劑, 家有屋, 而支傾不得救, 則必思改造, 而今國之病已不得救矣, 其屋已不得救矣. 猶且以軒岐之舊方, 祖先之舊居, 爲難而岸然相視, 則此其謀國之志, 不如謀身謀家者耳, 故愚謂諸公患無志而不患務才力也."〈一斧劈破論〉,《遺書》권3.

라고 하였다.

이것이 바로 나라를 망치는 새로운 수법 즉, 멸국신법滅國新法이라고 하였다. 나라를 망치는 자들이 새로운 수법을 사용하면 당연히 나라를 회복시키는 자들도 새로운 방법을 사용해야 하는 것은 자명한 이치라고 하였다. 그런데도 수구적인 자세에 안주하여 새로운 방법을 시도하지 않는다면 이는 마치 우두법牛痘法을 배척했던 자세와 같은 것이라고 하였다. 우두牛痘를 처음 접종할 때 우두牛痘를 접종한 사람은 반드시 하늘의 재앙으로 죽게 될 것이라고 선동하여 이를 회피했지만, 결국 신의술로 각광받게 된 사례를 귀감으로 삼아야 된다고 했다.[112]

그러면 해학은 신학문의 성격이 어떤 것이어야 한다고 주장했는가?

학술의 요체는 그 자체의 좋고 나쁨보다도 응용하는 자들이 시무에 부합되게 사용하느냐의 여부가 더 중요한 것이라고 하였다. 황노학黃老學이 좋은 것은 아니지만 때에 맞게 사용한 한인漢人들은 문경文景의 융성함을 이루었고, 정주학程朱學처럼 좋은 것도 송인宋人이 잘못 사용하여 나라를 망친 사례를 예시하고 있다.

당시에 학문한다는 자들은 대개가 기정진奇正鎭·최익현崔益鉉·송병선宋秉璿의 문하생인데, 이들의 학문이 좋은 것이라고 해

---

112 "伏乞諸公, 試取波蘭埃及印度安南史而讀之, 其悲怛之情, 慘酷之狀, 果何如哉, 是謂滅國新法也. 滅國者旣用新法, 則復國者, 亦當用新法者, 其理甚明矣. ……故愚謂今之斥新學者, 無以異於斥牛痘矣."〈上同〉.

도 고차원적이고 실용적이지 못하며 시대에 맞게 사용할 수 없다는 것이다.[113]

해학이 시무에 부합되어야 하는 학문을 주장하자, 이에 대해서 당시 반대론자들이 도의道義를 외면하고 공리功利에 치중한 것이라고 비판했다. 이에 대해서 해학은 도의가 공익을, 공리功利가 사계私計를 뜻하는 말이긴 해도, 도의의 명분을 빌어 사계私計를 꾸미는 자도 있고 반대로 공리의 의지로 공익을 이루는 자도 있는 현실을 고찰해야 한다고 해명하였다.

즉 표방하는 형식적 명분이 문제가 아니라 실제적 내용이 무엇인가가 중요하다는 것이다. 국가와 생민生民에 도움도 되지 못하면서 도의를 시행하겠다는 것이 무슨 학문이냐고 반문했다. 신학문도 도의를 무시한 적이 없으며, 신학문을 주장하는 자신의 주장을 강요하고 싶지는 않지만, 민시우국悶時憂國의 뜻이 극도에 이르게 되면 따르지 않을 수 없게 될 것이라고 자신하기도 하였다. 그리고 이러한 주장의 목적은 교육을 통하여 단결심을 힘껏 배양하고자 하는 데 있다고 하였다.

신학문의 필요성을 제기하기 위해서는 구학문의 폐단이 먼저 거론되어야 한다. 구학문은 대부분 진한秦漢 이후의 전제주의專制主義 학술에서 나온 것이기 때문에 국민을 이산시키기에는 충분해도 국민을 취합시키기에는 부족하여 오늘날 시행하기 어렵

---

113 "夫學術之要, 必須看時勢之合用不合用, 故黃老之敎, 雖未善矣, 而漢人用之, 足以致文景之盛, 程朱之道, 雖盡美矣, 而宋人用之, 不足以救崖山之敗者, 時與不時故耳."〈上同〉.

다는 것이 해학의 견해였다.[114] 해학은 다음과 같이 구학문의 폐단 세 가지를 타파해야 한다고 역설하였다.

1. 사대주의事大主義 타파打破

해학은, 인간이 지극히 우매하고 용렬하지 않은 바에야 남의 아래에서 굴복하기를 좋아하는 사람은 없을 것이라고 하였다. 우리나라는 단군조선 이래로 독립국가였으며, 도중에 몽고의 지배와 대명의존大明依存과 같은 사대가 없는 것은 아니지만 대개 부득이해서 그러했을 뿐이라고 했다. 더우기 삼학사三學士의 척화斥和나 송시열宋時烈의 북벌론北伐論은 임란 때의 도움을 잊지 못해 대명大明을 거론하면서 민심격발과 국권회복을 위한 방편으로 삼고자 했을 뿐이지, 명·청을 구분하자는 것은 아니었다고 해석 했다.

그러나 후대에 대명의리설大明義理說을 만들어 당파를 구축하고 자기 세력을 확장하는 데 이용했으니 한심한 일이라고 했다. 명나라를 섬기는 것은 옳지만, 청나라를 섬기는 것을 옳지 못하다고 한다면 이는 마치 속담에 "이왕에 뺨을 맞을 바에는 은가락지 낀 손에 맞는게 낫다"는 말과 같다고 하였다. 즉 남에게 뺨을 맞지 않도록 노력해야지 은가락지 낀 손을 찾아서는 안된다

---

114 "但此舊學問, 多出於秦漢後專制之術, 故足以使民離散, 而不足以使民合聚, 決非今日之所可行也."〈上同〉.

는 것이다.[115] 즉 사대 그 자체를 배제해야지 청을 배제하고 명을 섬겨야 되는 것은 부당한 생각이라는 것이다.

그러나 이미 재조·재야를 막론하고 사대가 하나의 이념으로 굳어지고, 남의 밑에 굴복하는 것을 달갑게 여기는 용렬해진 민족정기가 비분스럽다고 하였다. 해학은 조선조에 위세를 떨친 대명의리관을 비판하면서 국권을 상실한 주요원인이 용렬한 사대정신에서 비롯되었다고 보았다.

이제 그 폐단을 타파하는 방법은 독립獨立 뿐이라고 하였다. 사람이 이목구비와 사지가 멀쩡하면서 홀로 서지 못하고 남에게 의지한다면 이는 완전한 인간이 못되는 것이라고 하였다. 국가도 마찬가지여서 토지와 인민이 있는데도 스스로 부강하지 못하고 주변에 기대어 견제를 받는다면 하늘도 분히 여기고 가엾게 여길 것이라고 하였다. 우리 한인韓人들은 독립이라는 두 글자를 표지로 삼고 매진해야 할 것이라고 하였다.

---

115 "我韓自檀箕已來, 蓋亦獨立國也. ……故三學士斥和之疏, 宋文正北伐之議, 每用大明二字, 把作蓋頭者, 必欲以此發民心, 恢復國權也, 非有擇干明淸之間爾, 若以事明爲可, 而事淸爲不可, 則亦近於俗語所云與其被打煩, 寧遭於銀指環手者矣. 人當求不被打煩, 不當求銀指環手也. 先賢之意, 固有所在矣, 而後生輩, 妄造大明義理之說, 以立黨議而助己勢, 則又寒心也, ……惜乎, 事大之論一發, 而無朝無野, 莫不以是爲主義, 馴成其甘屈於人下之志, 則其爲愚劣果何如哉."〈上同〉.

2. 한문漢文 타파打破

해학은 한문습관이 허문무실虛文無實과 조국정신상실祖國精神喪失의 폐단을 가져왔다고 지적하고 있는데, 그것을 다음과 같이 요약할 수 있다.

① 한문은 난해하여 문맹자가 많다.
② 한문과 국어의 어문불일치로 시간과 정력이 낭비된다.
③ 소수의 엘리트 양성수단인 과거제도의 폐단으로 전락했다.
④ 허문무실하여 공익에 보탬이 되지 않는다.
⑤ 소수를 위한 다수의 손실로 단결에 손상이 온다.
⑥ 조국정신의 상실을 초래한다.

우선 당시 학문은 허문무실하다는 점이다. 학문의 의의는 효도·우애의 행동거지를 수양하고, 사물의 실정을 구하는 실천적인 것이지, 단지 송독하는 데 있지 않다고 하였다. 그러나 한국은 불행히도 중국과 인접하여 예악제도가 수입되었는데, 어려운 한자로 인해 문맹자가 가장 많은 나라가 되었다고 하였다. 한문학습이 난해하다 보니 학업을 중도에 포기한 자가 많고 소수 엘리트만을 양성하기 위해 과거급제를 통한 입신영달의 도구로 전락해버렸다는 것이다.[116] 즉 소수 지배층의 출세를 보장하고 우민화의 수단으로 전락한 한문의 폐습을 비판하였다. 이것이 바

---

116 "其人之不識字者, 惟我韓最多, ……天下之難學者, 漢文是已, 人自童幼至白粉, 盡其死力, 而以成名者, 其亦尠矣. ……其能其姓名字樣者, 百無一二, 其能作簿帳書辭者, 又百無一二, 其能爲詩文擧業者, 又百無一二, 則是百萬人中勤得一二, 而藉使極其成就, 亦不過虛文無實之學也."〈上同〉.

로 허문무실虛文無實의 학문이라고 하였다. 이것은 그의 시무중
시사상時務重視思想과 일치된다고 하겠다.

다음은 한문 때문에 조국정신祖國精神이 상실되었고 그 결과
오늘날과 같은 비참한 국권상실을 초래했다고 했다. 즉 중국위
주의 역사교육으로 인해 중국을 우월시하고 오히려 자국을 비하
하며 자국의 역사를 몰랐던 결과가 바로 오늘의 조국정신 상실
이라고 했다. 지금의 망국이 곧 조국정신의 상실에서 온 것이라
고 하였다.[117]

결국 해학의 이러한 주장들은 자주독립 정신의 발로라고 할
수 있는데, 한문의 타파를 부르짖은 이유도 그것이 민족자주정
신에 위배되기 때문이었다.

해학은 다른 글에서도 한문의 난해성으로 인한 폐단을 이렇게
주장했다.

> 지나문자支那文字 우난어공습尤難於攻習하야 유사유학惟士
> 有學이오 이농상공而農商工은 불유학언不有學焉 고故로 민일
> 익우民日益愚하고 속일익매俗日益昧어든 이황아한지위한문개
> 여자호而況我韓之爲漢文丐餘者乎아… 연오배기가이차然吾背
> 其可以此로 망어금일정부야望於今日政府邪아 금년불행今年不
> 行하고 명년불행明年不行하야 종지어구허기국終至於邱墟其國
> 하고 노예기민이이奴隷其民而已리니….[118]

----

117 "且支那之人, 驕傲自大, 從古已然, 凡謂史籍, 必以東夷待我韓. 使讀其書
者, 自少習見, 以爲固當止知有支那, 不知有我韓, 遂失其祖國精神, 竟墮於今
日悲慘, 其由之來亦已久矣."〈上同〉.

118 〈湖南學報發刊序〉,《湖南學會月報》1호(1908. 6).

한문은 그 자체의 난해성으로 말미암아 사土를 위한 학문은 될지언정 농農·공工·상商을 위한 학문은 되지 못할 것이라고 하였다. 그 결과 민속이 날로 우매해질 수밖에 없는데, 우리 나라처럼 한문을 빌려 쓰는 처지에서는 재론할 필요가 없다는 것이다. 당시 조정이 한문폐지를 시행할 것을 기대했지만 끝내 시행하지 못하여 국가를 폐허로 만들고 국민을 노예로 전락시켰다고 하였다.

그렇다면 이러한 폐단을 타파하기 위한 방법은 무엇인가?

그것은 국문사용이라고 하였다. 세종의 탁견으로 창제된 훈민정음이 사대부들의 외면으로 그 이용자가 부녀자 정도에 국한된 것을 개탄했다.[119] 해학이 〈일부벽파론〉에서 밝힌 한문타파와 국문사용에 관해서는 더 이상의 상세한 언급은 없다. 다만 다른 글에서 이 시기를 전후로 국한문 혼용문제를 언급하고 있다.

한문을 폐지하고 난 뒤의 대안은 바로 국문사용이겠는데 그렇다고 국문을 당장 사용하기에는 무리일 수 밖에 없는 것이 현실이기도 하였다. 한문폐지와 국문사용이라는 원칙하에서도 과도기적으로 국한문 혼용의 필요성을 제시하였다.

구한말 문체에 대한 새로운 인식의 일환으로 한문폐지 및 국문사용 여부에 대한 논란이 식자들 사이에서 제기되었다. 이 문제는 단순히 장구하게 사용되어진 한문자 폐지에 국한되는 문제가 아니었다. 이제껏 한문에 바탕을 둔 학문적 기득권의 포기여

---

119 〈上同〉.

부와도 맞물리는 과제였다. 더욱이 민족자주정신의 상징과 연계되어 한층 주목받기 시작했다. 해학도 이러한 당시의 관심사에 대해서 의사를 표명하였다.

> 우리나라가 비록 국문은 있으나 생긴지가 얼마 안 된다. 한문이 우리나라에서 사용된 지 이미 삼천여년이 되었다. 그 명사로 호칭된 것 중에 한자로 사용하는 것이 십중 칠팔이다. 아직 완전 폐기를 급하게 거론한다는 것은 옳지 못하다. 그래서 갑오경장 때 비록 국한문혼용 제도를 만들었으나 사람들이 평소에 익히지 않아서 언어가 틀리고 자구가 전도되어 역시 그 폐단을 벗어나지 못하고 있다.[120]

한문을 당장 폐기할 수 없는 이유가 국어 단어의 70~80%가 한자로 구성되어 있다는 점 때문이다. 그 폐단을 줄이기 위해서 우선 국한문혼용을 시행할 것을 주장하였다. 한문폐지와 국문사용을 원칙으로 하되 국한문사용은 수단인 셈이다. 국한문혼용조차도 익숙치 못해 문법의 혼란이 야기되고 있다고 했다. 그리하여 그는 일찍부터 정부에서 실시하고자 했던 국한문혼용 방침을 적극 찬성하면서 큰 기대를 걸고 있었다.

> 대황제폐하大皇帝陛下씌옵셔 중흥中興의 운運을 응응應하옵시고— 국문國文으로 한문漢文을 호용互用하야 공거문자公車文

---

120 "我韓雖有國文, 旣出日淺, 而漢文之行於國中, 已三千餘年矣. 內則君臣父子夫婦兄弟, 外則山川郡邑鳥樹草木, 其稱呼名詞, 用漢文字, 十居七八, 未可遽議其廢其也, 故甲午更張, 雖設國漢文雜組之制, 而人又非其所習, 言語之舛錯, 字句之顚倒, 亦未免其弊矣."〈實地應用作文法序〉,《實之應用作文》(崔在學, 徽文館, 1909).

字를 행行하시니 국립國立이 어시호일於是乎一하였고 국문國
文이 어시호흥於是乎興하오며 국민國民의 학學이 어시호간이
於是乎簡易함을 기其하엿더라.[121]

국한문 사용으로 국립일치, 국문흥기, 국학이습을 달성할 수
있게 될 것이라고 기대했다. 해학의 입장은 이렇게 분명히 정리
될 수 있었기 때문에 당시에 벌어진 문자사용에 대한 논쟁 즉,
국한문논쟁에 관한 자기의 입장을 이렇게 표명하고 있다.

이 모든 것은 "학문이란 글자를 배우는 것이 아니다"라는
뜻을 모르기 때문이다. 그래서 국한양문의 상호논쟁이 계속
끊이지 않고 있으니 매우 개탄할 노릇이다― 지금 孝[효]라
는 글자의 뜻을 풀이하는데 있어서 한문으로는 선사부모왈
효善事父母曰孝라고 하고, 국문으로는 부모 잘 섬김을 왈 효
라고 한다. 국문·한문이 비록 글자는 같지 않으나 효를 해
석한 의미는 똑 같다. 그러므로 사람들은 마땅히 효도를 배
우면 그만이지 孝니 효니하면서 두 글자를 가지고 싸우는
것은 부당한 짓이다.[122]

해학은 당시의 국한문 논쟁이 문체사용의 근본 뜻을 파악하지
못하여 실질적인 문제에는 무관심하면서도 형식적인 글자 논쟁
에만 치우치는 풍조를 낭비적인 것이라고 비판하였다. 국한문혼

---

121 〈國文源流〉,《皇城新聞》(1889. 5. 2).
122 "烏呼, 此皆不知學非學文之議故爾, 於是而國漢文, 互相爭辨斷斷不已, 甚
可歎也, 今有釋孝義者, 漢文則曰善事父母者曰孝, 國文則부모잘섬김을왈효라,
國漢兩文, 雖有不同, 其釋孝義一也, 則人當學爲孝已, 不當爭孝효二字也," 〈學
非學文〉,《遺書》권 3.

용을 현실적으로 수용할 수 밖에 없음에도 불구하고 왈가왈부
하는 양측의 잘못을 모두 지적하여 양비론의 입장에서 파악하
였다. 그리고 이 문제는 교육과정으로 해결할 수 있다고 보고 다
음과 같이 대안을 제시하였다.

> 내가 학보 제2호에서 일찍이 소학교에서 국문을 먼저 배우
> 고, 중학교에서 한문을 나중에 배워야 한다고 말한 적이
> 있는데 참작할 만한 점으로 보인다. 그러나 여러분들 중에
> 는 나의 이 말을 자세히 고찰해 보지도 않고서 혹자는 나
> 를 비방하고 헐뜯는다. 심지어는 13살 된 자식을 학교에 보
> 내지 않고 집에서 한문을 익히게 하고 있다. 내가 생각하기
> 에 아마도 이런 자식이 이미 소학교 과정을 놓치고 일약 중
> 학교 과정에 뛰어 올랐다고 해도 제대로 기초를 세울 수 없
> 을 것이며, 수 년 뒤에는 비록 후회를 한들 소용이 없을 것이
> 다.[123]

앞서 해학은 국문사용으로 한문타파를 달성하는 것이 근본목
표이지만 시행과정의 혼란을 극소화하기 위해서 국한문을 혼용
하자고 주장했었다. 여기서는 구체적인 교육방법으로 소학교에
서 국문을, 중학교에서 한문을 배울 것을 제기했다. 그리고 실제
학보나 회보등에 게재한 정론적 성격의 글에서 상당수를 국한문
으로 표기하고 있다. 또 산문에서도 비록 현토에 불과했으나 국

---

123 "余於學報第二號, 亦嘗言小學用國文, 中學用漢文字, 未必無參酌之意,
而諸公自不加察, 或相謗毀, 甚至有子十三歲, 不入學校, 而在家習漢文, 吾恐
此子已失小學足跟, 從使一躍以登中學, 亦不能立脚, 數年之後, 雖悔無及矣."
〈上同〉.

한문혼용의 문체로 창작했는데 뒤에서 언급할 경세적인 산문인 소설의 형태가 바로 이 국한문혼용 정신의 소산인 것이다.

이 밖에도 해학은 국어에 관한 관심으로서《자강회월보自強會月報》에 〈본국방언本國方言〉을 연재하여 우리말의 사전적 풀이를 시도하기도 하였다. 그리고 시에서는 국한문 혼용의 시를 국한문잡조시國漢文雜組詩라는 명칭으로 소개한 2 수가 있고 그 해석방법을 곁들이고 있는데, 국한문잡조시의 조짐이라고 의미를 부여했다. 그리고 어릴 때 들었던 시라고 했는데 자작인지의 여부는 확실치 않다. 이것도 해학이 보인 국한문혼용에 관한 관심의 일단으로 보인다.[124]

결국 조국정신 상실, 불평등계급의 조장, 허문무실의 폐단을 가져온 한문을 타파하고 국문을 사용하자고 주장한 해학의 근본정신은 벽파사상의 핵심인 민족의식의 고취로 귀결되며 원칙과 현실의 문제를 시의에 맞게 조정하려고 하였다. 한자를 허문무실의 원인으로 규정해 버린 마당에 시무와 관련이 적은 글은 줄어들 수밖에 없었다.

3. 신분身分·파벌派閥의 타파打破

해학은 국권회복의 필수적인 요소가 단결이라는 인식을 갖고 있었다. 그 단결을 위해서는 평등이 선행되어야 한다고 했다. 그

---

124 〈小說〉,《月報》 7호.

리고 평등을 이룩하기 위한 실천적인 방도로서 차별 및 분파의 제거가 전제가 되어야 한다고 역설하였다. 그는 인간이 처음 태어날 때 현우賢愚의 차이가 있을 뿐이지 귀천의 차이는 없다고 하였다. 후대에 권리쟁탈이 있게 되자 문명국가인 서방에서도 민족계급이라는 것이 생겨났으나, 한국처럼 당파라는 것은 일찍이 없었다고 하였다. 반상班常, 문무적서文武嫡庶, 노소남북老少南北이 343개 군郡에 대소강약大小強弱의 형태로 퍼져 상호 적대시하고 심지어 혼인과 교제조차 하지 않으니 이것은 천리와 인륜기강을 멸절시키는 행위로 과연 어쩌자는 것인지 모르겠다고 하였다.

해학은 통계수치를 들어 분열된 당시의 상황을 이렇게 설명하고 있다. 당시 인구조사에서 남자가 대략 600만 명 인데 양반과 상민으로 나뉘어 실제 300만 명씩 분열되고, 이것이 다시 문무적서로 나뉘어 75만명으로 한 부류가 되고, 이것이 노소남북으로 갈리어 18만 7천5백 명이 되고, 다시 343개 군으로 갈리어 결국 한 부류가 5,466명이 되며, 이 가운데 노인·어린이·아기·약자·벙어리·귀머거리·소경·앉은뱅이·폐질자를 제외하고, 그 나머지에서도 군자·소인을 구분하고, 이 가운데서 또 당파를 만들었다고 하였다. 이렇게 분열된 양상으로 어떻게 수많은 열강들을 대항해낼 수 있겠느냐고 반문하였다. 이같은 폐해가 이미 오백년 동안이나 지속되어 이에 안주해버리니 이해시비가 어디에 있는 것인가를 알지 못하게 되었다고 했다.[125] 결국 민족단결이 시급한 시점에서 단결의 저해요인이 바로 이러한 문호차별이라는 인식을 하게 된 것이다.

이러한 차별을 타파할 수 있는 방법으로 평등주의를 제시하였다. 국권회복은 반드시 단결로부터 비롯되는 법인데, 그러기 위해서는 상호평등정신의 바탕 위에서만이 가능하다고 했다. 독립도 괜찮다 하고 국문도 괜찮다고 하는 사람들도 평등만은 안된다고 하는 것은 천하의 대세를 망각하는 것이라고 하였다. 지배층이 갑오개혁때 문벌타파를 시행한 이후에도 백성들과 평등해지는 것을 반대한다면 똑같은 이치로 우리보다 강한 세계각국도 우리를 평등국으로 대우하지 않을 것이라고 하였다.

옛 사람들이 사농공상을 사민四民이라고 한 것도 바로 평등을 뜻하는 것이며, 사를 농공상보다 앞에 놓은 것은 사가 농공상의 이치를 터득하여 그들을 가르칠 수 있었기 때문인데, 지금은 그렇지도 못하다는 것이다.

그러면서도 족보에 의존하여 기득권을 고수하려는 것은 강제적 발상 이라는 것이다. 다른 사람에게 강제를 당했을 때 감정손상을 겪는 것처럼 나에게 강제를 당한 사람의 마음을 미루어 생각해 본다면 그 심정을 헤아릴 수 있게 될 것이라고 하였다. 이미 그러한 감정을 갖게끔 하고서 단결이 있게 되기를 바란다면 모

---

125 〈一斧劈破論〉,《遺書》권3.

래를 태워 밥을 짓는 일과 근사한 일이다고 하였다.[126]

그러므로 평등은 각자 개인을 위한 계책으로는 비록 마땅치 않을지 몰라도 국가만대를 위한 계획으로는 옳지 않음이 없다고 하였다. 국가를 위한 의義와 개인을 위한 이利 가운데 어디에 처해야 할 것인가를 생각해 보라고 하였다. 의리관義理觀을 내세워 평등정신을 강조하고 있다.

해학은 평등정신을 구현하기 위해서는 상호 단결의식을 지녀야 된다고 했다. 그리고 그 단결의식의 함양은 학교라는 장소가 최적지임을 지적하고 학교교육을 강조하였다. 가정도 개인의 가정이 아니고, 사회도 개인의 사회가 아니며, 국가도 개인의 국가가 아니고 구성원들이 서로 모인 곳인데, 이 세 가지는 모두가 우리의 일상생활 그 자체이며, 학교는 바로 그것들의 도리를 강구하는 곳이기에 교육이 중요한 것이라고 하였다. 여기서 해학이 교육을 강조한 의도가 분명해진다.

4. 교육구국정신教育救國精神

앞서 말한 것처럼 해학은 신학문·신교육을 강조했다. 여기서는 해학의 신교육의 성격과 방법이 무엇인지 살펴보기로 한다.

---

126 "夫復國之道, 必自團體始, 今諸公士流也, 又必曰獨立猶可也, 國文猶可也, 而平等則不可也, 然天下之大勢如此, 國家之現狀又如此, 古人以士農商工爲四民者, 此則平等之意, 而其士居民首者, 何也, 以其能解農商工之人, 而能施農商工之敎耳, 今無其學無其敎, 而徒籍族名, 冒居民首, 則是不過一強制也, 敢問諸公近被外人強制, 而果得無感淸耶……卽使之有感情, 而復望其有團體, 則不幾近於炊沙成飯乎."〈上同〉.

해학의 교육 사상은 민족종교사상과 더불어 국권회복을 위한 양대사상이기도 했다. 벽파사상이란 바로 구학문·구교육을 부정하고 신학문·신교육을 통한 국권회복을 위한 국민의식과 제도의 개혁이었기 때문에 그의 신교육사상은 당시 해학의 사고를 엿보는 데 중요한 요소다. 그러면 그의 국권회복을 위한 교육사상은 어떠한 것이었는가? 우선 교육의 목표는 무엇인가?

첫째, 교육종지教育宗旨 즉, 교육의 목표를 국권회복이라고 못박았다. 지금까지 한국의 교육종지가 과명관록科名官祿에 있었기 때문에 오늘의 국가적 비탄이 초래되었다고 지적하고 이를 개혁해야 된다고 하였다. 영국은 자치독립을, 독일은 발휘조국을, 일본은 존왕상무를 교육종지로 내세웠듯이 현시점에서 한국은 국권회복이 교육종지가 되어야 한다고 하였다.[127]

둘째, 반드시 시무적이고 진취적이어야 함을 강조했고, 아울러 실용적이고 전인교육이 되어야 한다고 했다. 이는 학문이 현실에 부합되어야 한다는 사상에서 출발된 것이다.[128] 교육방법으로 체육體育·덕육德育·지육智育의 삼육법三育法을 들고 있다. 이 삼육법은 그의 민족종교사상이 담긴 단학강령의 삼대목표가 되기도 하였다. 유소년기의 교육은 반드시 삼육으로부터 시작되어

---

127 "吾嘗聞英人敎育, 以自治獨立爲其宗旨, 德人敎育以發揮祖國爲其宗旨, 日人敎育以尊王尙武爲其宗旨……我韓敎育不得不謂, 以科名官祿爲其宗旨者也, ……致有國家今日之悲境, 莫非敎育不善之果報, 復誰怨尤哉, 如欲自今而改定其宗旨, ……則不得不以德人發揮祖國倣其名, 曰恢復國權, 用此四字, 立其標幟而後乃可言敎育也."〈敎育宗旨〉,《遺書》권3.

128 〈大學新民解〉,《遺書》권3.

야 한다고 하였다.

첫째는 체육이다. 해학은 체력의 건전한 발육이야말로 조화있는 인간발달 과정에서 매우 중요한 위치를 차지한다고 하였다. 특히 체조를 강조했다. 예전에 실시한 육예를 비롯한 음악과 무도가 바로 체조의 유형이라고 하였다.

둘째는 덕육이다. 유교가 타 종교에 비해 장점이 있다고 한다면 충효의 정성이라고 하였다. 국가의 위기상황과 민족의 노예상태를 벗어나기 위해 이 두 덕목은 적절히 강조될 필요가 있었다. 그러나 해학은 충효의 의식절차 등이 너무 번거로워 실천이 따르지 못하는 잘못을 바로 잡기 위해 한문이 아닌 한글로써 가르치고 교육의 방법을 바꿔 마음에서 체득될 수 있도록 할 것을 주장하였다.

셋째는 지육이다. 지육의 교육내용은 인생일용의 급무에 관한 것 즉, 실용적인 교육을 강조한 것이다.

해학은 또 가정교육, 학교교육, 사회교육인 삼종교육三種敎育이라는 근대적 교육사상을 일찍 습득하여 이에 대한 구체적인 언급을 시도하고 있다.

먼저 가정교육에 대한 인식은 매우 근대적인 인식을 지니고 있었다. 그는 유아교육에 있어서 품격과 습관 교육의 필요를 역설했다. 가정교육의 목적은 덕성의 진보, 애국감정의 양성, 체육의 발달, 공덕公德의 중시, 공업公業의 진흥을 위한 백절불굴의 정신배양에 있다고 하였다. 교육의 목적성과 의도성을 분명히 하였다. 가정교육에서의 모친의 역할과 자질의 중요성을 들어 모친의 품성, 언어, 행동 등이 자녀에게 모범이 되어야 한다고 하였다.

가정교육의 방법을 태육胎育, 포육哺育, 보육保育의 분야로 나누어 구체적인 방법을 설명하고 있다. 보육保育에서는 유아의 의식주, 질병, 간호방법, 운동, 유희 등의 구체적인 방법까지 적시하였다. 또 가정교육의 십계칙十戒則을 만들었는데 그것은 다음과 같다. '속임을 경계함, 협박을 경계함, 보복을 경계함, 공갈을 경계함, 질투를 방지함, 망언을 경계함, 금령禁令을 신중히 함, 박애를 권면함, 언행을 일치함, 자혜를 베품' 등이다.

이밖에도 가정교육의 단계, 정도, 상벌의 공정 등을 말했는데, 특히 지나친 엄격함이나 방관은 둘 다 염치를 없게 하여 감화시키기 어렵게 된다고 했다. 벌이 임시방편이 되어야 하지 어른의 보복수단이 된다면 아이의 불안감·적개심·열등감을 일으키는 원인이 된다고 하였다. 용서를 벌보다 우선시할 것이며 벌을 주어도 부모의 감정이 개입되지 않도록 하여 올바른 행동을 취하게 하는 방편으로서만 사용하도록 하였다.[129] 해학의 이러한 교육사상은 근대 교육사상에 비추어도 손색이 없는 것이었다.

둘째는 학교교육이다. 그는 벽파되어야 할 3대 고질 가운데 하나인 문호구별 즉, 신분파별을 타파하기 위해서는 학교교육을 통한 단결의식 고취와 평등정신 배양이 필수적이라고 생각하여 학교교육의 필요성을 강조하였다. 이를 위해 교육과정, 교육년

---

129 《湖南學報》 8호.

한, 의무교육제도화, 학교설치규정 등을 이미 〈급무팔제의急務八制議〉에서 제안한 바 있었다. 여기서는 전래의 주자의 학제를 비판하고 교육과정을 소학·중학·대학으로 확정하며 교육년한을 5·4·4제制로 하자고 하였다. 특히 소학교육은 의무교육을 강제화하자고 하였다. 그래서 사숙을 허용치 말고 학교에 입학시켜 가정인·사회인·국가인을 양성해야 한다는 것이다. 학교교육은 반드시 유소년 시절부터 해야 되는데, 그 이유는 대현대지자大賢大智者가 아니고서는 선입견으로 주의主義를 삼는 것은 인지상정이기 때문이라고 하였다. 과거의 학문이 결국 개인과 국가를 그릇되게 한 이유가 여기에 있다고 보았다. 그래서 취학초기에는 단체정신·조국사상을 먼저 심어주어 선입관을 확립한 바탕에서 일반 교육을 실시해야 한다고 하였다.[130]

해학은 사회교육을 신문과 잡지 즉, 언론매체에 의한 것이라고 정의하였다. 언론을 통한 사회교육의 필요성을 강조한 것은 첫째, 학교교육을 실시 할 수 없는 기성세대의 계몽을 위한 교육방편, 둘째, 단기적인 계몽효과의 필요성 절감 때문이었다. 해학의 계몽운동 중 가장 두드러진 활약을 보인 것이 바로 각종 신문·잡지 등의 언론매체를 통한 사회교육이었다. 우리나라에서 사회

130 "學校之敎, 必自幼少始, 人自大賢大智以下, 則每以先入之見爲主, 此天下之同情也, 今諸公所學, 直不過經史章句科業詩賦, 而遂以爲古今學問, 無過於是也, 以此誤身, 以此誤國家, 而猶不覺悟者, 是皆幼少時先入之見爲主故耳. ……則於其就學之初, 必以團體之旨意祖國之思想, 灌於腦髓, 而立其先入之見, 而讀書習字, 乃其次第間耳." 〈一斧劈破論〉, 《遺書》권3.

교육이란 용어는 해학이 처음으로 사용했다는 견해도 있다.[131]

해학이 이처럼 교육의 중요성을 인식하고 이를 실천하기에 주력했던 근본적인 이유는 물론 국권회복에 있었다. 해학은 국권상실로 노예가 되어버린 책임이 자신과 같은 기성세대에 있다는 것을 절감하고 후손에게만은 똑같은 전철을 밟지 않도록 하기 위해서 교육이 필요하다고 하였다. 지금같은 민족의 비참한 꼴을 생각하면 자다가도 베개를 적신다고 했고, 학교를 세워 교육을 하고 싶어도 돈이 없어 그럴 수 없는 것이 한스럽다고도 하였다.[132]

해학은 민족의식의 각성을 통한 국권회복을 위해 각종 교육의 필요성을 절감했지만 교육구국의 단계를 넘어서 보다 장기적인 측면에서 종교구국의 차원에까지 확대할 필요가 대두되어 마침내 민족종교화를 추진한다. 이것은 그의 사상적 귀착점으로 보아지는데 이에 관해서는 다음 장에서 언급한다.

5. 묵자墨子의 겸애설兼愛說 수용受容

해학사상의 변천 가운데 묵자를 긍정적으로 수용하겠다는 자세는 획기적인 일이다. 지금까지 이단시한 사상을 취하게 된 것은 또 하나의 벽파사상이라고 할 수 있다. 여기에는 그만한 이유

---

131 田英培, 〈海鶴李沂의 教育思想研究〉, 《國際大論文集》 6집, p. 371.
132 "然自以男子漢, 終不甘于奴隷, 每中夜撫枕, 慎淚如注, 其出於下策者, 惟有教育子孫, 擔負此責, 而家又貧乏, 不能自設學校, 以遂其志, 故爲此求相助於諸公也."〈上同〉.

가 있었다. 그 이유란 무엇인가? 해학은 이미 국가멸망의 원인을 위아적爲我的 자세라고 간파했고 국가부흥을 위해서는 무엇보다도 이기주의적인 태도를 제거해야 만이 비로소 가능한 일이라고 생각하였다.

위아적爲我的 자세를 지양하기 위해서는 이기주의利己主義를 배격하고 겸애주의兼愛主義를 주장한 묵자墨子의 사상을 효과적으로 활용할 필요가 대두된 것이다. 물론 이러한 사상전환은 양계초梁啓超의 영향을 부인할 수 없지만, 당시 민족현실에 관련지어 이를 수용한 것이다.

그런데 해학은 앞서 천주교를 비판하면서 묵자를 이단시했기 때문에 묵자관墨子觀을 수정해야만 했다. 앞서 묵자를 거론했던 이유는 천주교리의 무부無父를 비판하기 위한 필요성 때문이었다. 그러나 민족단결을 통한 국권회복을 부르짖는 마당에서 더우기 공맹유교의 민족현실에 대한 타개능력을 회의하기 시작하던 시점에서는 묵자의 장점인 겸애주의兼愛主義를 수용할 필요가 있었다. 해학의 묵자관墨子觀이 민족 위기가 가시화 되자 변화의 조짐을 보였다는 점에서 볼 때 이같은 논리가 수긍될 수 있다. 〈천주육변天主六辨〉에서는 묵자와 양자를 구분하지 않고 똑같이 취급하였다.

그러나 국가의 위기상황이 도래하자 현실을 외면하고 보신에만 힘쓰는 유자儒子 지식인들의 태도가 몹시 못마땅했다. 친구였던 황현을 비판하는 서신에서도 이러한 의도를 보이기도 하였다.

그리고 그들을 지금까지 이단시 해오던 양자楊子와 묵자墨子의 유형으로 양분하여 비판하기도 했다. 그에게 비친 양자楊子의 이기주의적 자세와 묵자墨子의 형식주의적 자세가 비판의 대상이었다. 그러면서도 양·묵간의 차등적 비판의 의도가 조금씩 드러나고 있다.

지금 국가의 형세는 두 호랑이가 고기 한 점을 다투는 것과 같다. 만약 어떤 사람이 때를 살펴 형세를 타서 호랑이끼리 싸워 죽게 하면 고기도 얻을 수 있게 되어 꽤 괜찮은 짓이다. 그렇게 하지 않을 때는 일본에 병탄되지 않으면 러시아에 병탄될 것이다. 비록 지극히 소인이라 해도 그 두려움을 알 수 있다. 그런데 자네는 숲속에 편히 누워 지내면서 책을 읽고 시세를 담론하고 있으니 편안히 즐겨 지내서 좋다. … 그러나 내 생각에는 불만스러운게 있으니 왜 그런가? 내가 처사가 된다 하더라도 내 어머니·처자식이 몰수되어 포로가 된다면 결국 아무 보탬도 되지 않을 것이다. 그러므로 온교도 한 시대의 일류명사였지만 끝내 그의 어머니와 함께 유석·오호의 사이에서 포로가 되어 아무 것도 수립해 놓은 것이 없으니 사람들은 그를 평가하여 뭐라고 했던가? 나의 일신을 위한 계책으로는 삼생과 숙수 따위는 정말 논할 겨를도 없다. 슬프다. 근세의 인물이 적적해져 그 스스로 경세제민한다고 말하는 자들은 모두가 묵적의 무리요, 스스로 세상에 초연하다고 말하는 자들은 모두가 양주의 무리로구나.[133]

---

133 "但今國家之危, 如兩虎爭一肉, 若有人觀時乘勢, 使虎自鬪死, 肉亦得全庶乎其可矣, 不然其不爲日倂, 則必爲俄吞, 雖至愚小人, 亦知其懼, 而兄方高臥林樊, 讀書談詩, 安然自好, 其爲人身計固善矣. ……然愚意似有未慊者, 何也, 吾

당시의 민족현실을 외면하고 행동으로 실천하지 않는 사람들을 모두 비판의 대상으로 삼았다. 그러나 묵적류는 명분으로나마 경세제민經世濟民을 표방하지만, 양주류는 아예 현실에 초연함을 표방한다는 점에서 전자가 후자보다는 형식적으로나마 현실에 관심을 보이고 있음을 시사한다. 해학은 민족의 현실을 저버리고 개인의 보신에만 급급한 이기적인 태도를 꾸짖는데 더 비중을 두고 있기 때문에 그 공격의 강도가 묵적보다는 양주에게 쏠려 있다. 초기의 이러한 미세한 차등적 시각의 편차는 민족의 위기상황이 심화되어 갈수록 확대된다.

> 다스려지면 나아가고 어지러우면 물러나서 산림에 족적을 의탁하는 자들은 말로는 유학이고 행동은 양주다. 너 죽고 나 살자 하면서 혼자서 공로와 이득을 향유하는 자들은 말도 양주고 행동도 양주다. 공익을 핑계 삼아 사리를 꾀하면서 명분과 정의는 거들떠 보지도 않는 자들은 말은 묵자고 행동은 양주다. 그 나머지 십중 팔구는 유·양·묵이 무엇인지도 모른채 무의식적으로 양주 짓을 한다.[134]

　당시의 위기를 이기적인 풍조와 관련된 것으로 보았고, 다시

得爲處士, 而吾母吾妻吾子孫, 俱沒於孛虜, 終恐無補也. 故溫嶠亦一時名士, 而卒如其母浮沈於劉石五湖之間, 而無所樹立, 則人又謂之何哉, 沂之爲一身計, 則三牲菽水, 固不暇論耳, 悲夫, 近世人物寥寥, 其自謂經濟者, 皆墨翟之徒也, 自謂高蹈者, 皆楊朱之徒也." 〈又〉,《遺書》권6.

134 "治進亂退, 托足山林者, 儒其言而楊其行者也, 爾死我活, 獨享功利者, 楊其言而楊其行者也. 憑公營私, 不顧名義者, 墨其言而楊其行者也, 其餘十之八九, 又皆不知儒不知楊不知墨, 而楊其行於無意識之間者也." 〈楊墨辨〉,《遺書》권3.

海鶴李沂의 思想과 文學 —— ：

그것의 원인을 양주사상楊朱思想에서 찾아 양주楊朱를 철저히 비판한 것이다. 앞서의 인용문보다 시기적으로 늦게 쓴 이 글에서 양·묵에 대한 차별화가 심화되고 있음을 알 수 있다. 양주楊子에 대한 철저한 배척의 태도에 비하면 묵자는 비록 명분의 표방만 정당시하는 한계가 있기는 하지만 차등적인 시각이 심화되고 있는 것만은 분명하다. 〈천주육변天主六辨〉에서 보인 동일시에 비하면 묵자관이 상당히 긍정적으로 변화되고 있음을 본다.

그리고 유학의 치즉진治則進, 난즉퇴亂則退를 기회주의적인 속성으로 파악한 것이나, 묵자의 공익평계를 명분에 불과한 가식적인 것으로 파악한 것 모두가 현실외면과 이기주의에서 오는 것이라고 동일시하였다. 즉 유교와 묵자의 명분은 인정을 하고 있으나 그 실천적인 차원을 문제 삼고 있는 것이다. 이제 한 걸음 더 나아가 유·묵조차도 차등적으로 보고자 하는 데서 변화를 실감하게 된다.

> 공·맹이 제후를 두루 찾아 다니며 세상구제를 시급하게 여긴 것은 묵자의 겸애와 비슷하다. 송유가 편안히 물러나 그 자신만을 좋게 하려고 한 것은 양자의 이기적 태도와 근사하다. 성인은 중도에 맞게 할 수 있었으나 나머지는 모두 병폐에서 벗어나지 못했다.
> 우리나라는 오직 송학만을 숭상하여 자신의 마음으로 삼았다. 더욱이 이것은 사적인 이해타산으로 변하여 당파가 발생하였고 이권다툼의 싸움이 파생되었다. 오백년간의 정치에 비록 도움이 조금 되긴 했어도 국가가 허약해지고 국민이 고

달프게 되었으니, 가의賈誼가 다시 태어나도 큰 탄식과 통곡에 그치고 그만 둘 정도가 아니다. 그대가 한번만 스스로 생각해 본다면 학문했던 것이 양자의 한 유파에서 벗어나지 못했음을 알 것이다. 그런데도 양자와 같은 생각으로써 남을 책망한다면 마치 목욕을 같이 하면서 상대의 벌거벗음을 비난하는 꼴과 거의 비슷하지 않겠는가? 지금 이 병통을 치유하는데 있어서 성인을 얻어 바른 것을 도모할 수 없게 되었을 바에는 반드시 묵자의 겸애의 방도를 사용하여 일체의 잘못을 바로 잡아야 한다. 그런 뒤에야 공심公心이 생겨나고 단결이 이루어지게 될 것이다.[135]

공맹의 구세정신救世精神과 묵자의 겸애사상에 대해 현실을 외면하지 않는다는 차원에서는 동일하게 평가를 했다. 그리고 당시 국가멸망을 초래한 원인이 송학宋學에서 비롯된 독선, 현실도피, 이기적 태도, 당파조성 등이라고 했고, 그것을 양자와 동일시했다. 이제 이같은 망국의 병폐를 치유하는데 있어서 공맹은 현실적으로 불가능한 것으로 보고, 묵자의 겸애사상兼愛思想을 수용해야 된다고 하였다.

민족의 위기현상을 치유하는 방편으로 묵자의 겸애를 수용해야 한다고 주장한 것은 해학의 사상변천에 있어서 중요한 요소

---

135 "孟子之歷聘諸侯, 急於救世者, 近於墨氏之兼愛, 宋儒之自居恬退, 獨善其身者, 近於楊氏之爲我, 聖人能權, 而餘皆未免于病弊也, 如我韓則專尙宋學爲我之心, 轉成私計, 黨派色目, 於是出焉, 權利競爭, 於是作焉, 五百年間, 雖或小治, 然國之虛羸, 民之愁苦, 使賈誼復生, 不但止於太息痛哭已而矣, 足下試自思, 其所學, 亦不免楊氏之一流裔, 而乃以責人, 則不幾於同浴譏裸者乎, 今欲治此病, 旣不得聖人而權其中, 則必用墨氏兼愛之道, 一切矯過, 然後公心生, 而團體成矣."〈答李君康濟書〉,《遺書》권6.

로 평가된다. 지금까지 자신의 정신적 기반이었던 공맹유교에 대한 최초의 회의적인 발언이기 때문이다. 민족위기를 극복하고자 하는 방편으로서 묵자를 부분적으로 수용했는데, 이것은 구한말 사상사에서 민족위기를 극복하기 위해 제가백가사상을 어떻게 수용했는가 하는 문제에 대한 부분적인 대답이 될 수 있을 것이다.

歸讀吾書卷之四

文

增註真敎太白經

　　大素氏著

　　曉山子註

上篇一

第一章

天地一而道生陰陽分而道離

一謂太極也分謂兩儀也言天下之道皆本同而支殊

地

〈증주진교태백경增註眞敎太白經〉
《귀독오서歸讀吾書 권지사卷之四》《해학유고海鶴遺稿》）

Ⅳ. 민족종교사상民族宗教思想

1. 국권회복國權回復과
민족종교民族宗教 제창提唱의 배경背景

구한말 격동기에 가장 주목되는 현상 중의 하나는 이른바 민족종교라고 하는 새로운 유토피아 운동의 출현을 들 수 있다. 암울한 민족民族의 현실 앞에 민족이 나아갈 길을 제시하고 구원의 안식처를 제공해 줄 새로운 사상의 등장은 시대적 요구의 반영이기도 하였다. 이들 사상은 동양전래東洋傳來의 사상을 수용 또는 극복하면서 당시 민족이 처한 현실을 직시하여 민족의 정신적 구심점을 제시한 공통적 특징을 지니고 있었다.

특히 민족시조 단군을 부각시켜 그 이름하에 민족성원간의 단결을 목표로 하는 이른바 단군숭배계열의 민족종교가 주목된다. 이같은 종교사상의 성격에 해당되는 것으로 해학의 〈증주增註 진교태백경眞敎太白經〉(이하 약칭 〈태백경太白經〉)을 들지 않을 수 없다. 이것은 해학이 증주편찬增註編纂한 것으로 단군을 숭배한다는 점에서 현재 대종교大倧敎와 그 성격이 유사하다고 할 수 있다. 해학은 이미 대종교大倧敎 창시자인 나인영羅寅永과 함께 을사오적乙巳五賊 주살기도誅殺企圖와 도일외교渡日外交 및 대종교大倧敎의 전신인 단군교檀君敎창립에 동참한 전력이 있다.

그러면서도 별도로 진교眞敎를 표방하고 그 교리서인 〈태백경太白經〉을 편찬했다는 점에서 이 방면에 대한 관심의 깊이를 보여주고 있다.

그러면 해학은 어떻게 해서 이러한 일련의 민족종교활동에 경도된 것인가? 그리고 그 내용은 국권회복을 위해 구체적으로 어떻게 제시되고 있는가? 또 반서학 이념이 민족종교 형성에 어떠한 영향을 끼쳤는가? 그 역사적 의의는 무엇인가? 이러한 의문에 대한 대답이 이 글의 목적이다.

비록 현재 진교眞敎가 종교적 전통에 있어서 거의 단절되어 천도교天道敎·대종교大倧敎·증산교甑山敎·원불교圓佛敎 등의 민족종교와는 교세면에서 비교가 되지 않는다. 그러나 구한말 구국을 위해 동분서주했던 한 인물이 민족현실民族現實을 방기하지 않고 구축했던 사상의 족적을 민족종교에서 확인할 수 있을 것이다.

이제 해학의 민족종교 제창의 배경에 대해서 살피기로 한다.

해학은 1909년 1월에 나철羅喆이 창시한 단군교檀君敎(후일 대종교大倧敎로 개칭) 창립 발기인의 일원으로 참여하여 단군교포명식檀君敎布明式에 참여하고, 3월에 단학강령檀學綱領을 발표하며, 〈태백경〉을 편찬하기도 하였다.[136] 이러한 일련의 활동과 편찬은 단군숭배를 통해 민족정신을 함양하고, 이를 바탕으로 국권회복을 꾀하고자 했던 종교구국 정신에서 비롯된 것이었다. 이것은 교육활동과 함께 애국계몽기의 국민의식 각성을 통한 국권회복 목표의 양대 지주가 된다.

그러면 해학의 사상이 민족종교로 전환하게 된 계기는 무엇인가? 그 원인은 (1)민족위기의식 (2)종교운동이 대두된 사회적 분위기와 공맹유교孔孟儒敎의 한계인식 (3)가문의 전통이라고 할 수 있다.

(1) 민족위기의식民族危機意識

해학은 농민전쟁 이후 활동의 무대를 서울로 옮기면서 국내외의 정세에 관해 폭넓은 시야를 갖추게 된다. 이전까지 관심의 대상은 주로 국내적 상황 특히 농촌의 현실과 모순을 타파하기 위한 제도의 혁파에 있었다. 그러나 외세의 침투에 의한 민족적 위기상황에 관해서는 그 심각성을 절감하지 못했던 것이다. 물론 시기적으로 본격적인 민족위기의식이 아직 사회 전반에 확산되지 못했던 것도 사실이었다. 그 뒤 내부적인 모순의 척결을 내세운 농민전쟁이 실패로 끝나고 본격적인 외세의 개입으로 민족위기 상황이 고조되어 갔다. 당시 국내 일부 식자층에는 민족의

---

136 〈檀君敎布明書〉에 관해서는 大倧敎總本司編,《大倧敎重光六十年史》(1971) 1편 3장 2절 참조.

식이란 개념보다는 서양인에 대한 동양인의 공동대응이라는 소위 황인족 동류의식이 더 강하게 자리잡고 있었다. 더욱이 동양평화를 주도할 능력의 국가로 일본을 기대하여 제국주의 속성에 대한 상황판단의 한계를 드러내 보이기도 하였다. 당시 동양평화론은 바로 유교라는 동일이념과 황인종이라는 동류의식을 지닌 공동의식에서 가능했다. 이러한 점은 후술할 〈천주육변天主六辨〉과의 영향관계에서 드러나겠지만 유교(동양) 입장에서 천주교(서양)를 배척한 상황과 유사하다.

서양을 대하는 태도에서 그들의 과학기술은 수용해도 종교적인 측면에서는 거부하고 있었기 때문에 결국 서양을 선의적으로 인식하는 바탕이 마련되기는 어려웠다. 특히 러시아의 남진에 대해서 해학은, 백인종인 러시아가 황인종을 절멸하려 한다는 위기의식을 갖고 있었다.[137]

그러나 러일전쟁이 끝나고 도리어 일본의 침략이 노골화되자 종전의 동양위기의식이 민족위기의식으로 전환될 수밖에 없었다. 결국 일본이 제국주의의 마각을 드러냈을 때에야 비로소 동양삼국의 공동체가 허울임을 바로 인식했고 민족의 독자적 활로를 진지하게 모색하는 방법을 추구하게 되었던 것이다. 민족종교화의 가장 큰 이유가 바로 이같은 민족의 위기의식 때문이었다. 다음에 제시되는 여타의 배경도 민족위기 의식에서 파생된

137 海鶴이 당시 러시아 세력의 남진을 우려하고 동양인의 단합을 주장한 글은 〈天冠翁說〉,《遺稿》권3,《與申議長箕善》,《遺書》권5 등 여러 곳에서 보인다.

요소들이다.

(2) 종교운동宗教運動이 대두된
사회적社會的 분위기와 공맹유교孔孟儒教의 한계인식

반 식민상태에서 식민상태로 넘어가게 되는 애국계몽기 후기에 이르러 민족성원 모두가 민족시조인 단군을 숭배하여 민족정신의 구심점을 확보하고, 민족의 단결을 도모하여 자주독립정신을 배양하고자 하는 사회적 분위기가 익어갔다. 즉 민족주의에 대한 인식의 심화와 함께 종교적 운동이 전반적으로 대두되고 있었던 것이다. 완전한 식민상태가 예견될 때 식민상태에서 필연적으로 있게 될 탄압을 피하면서 전개해야 될 독립운동의 방법을 숙고하지 않을 수 없었다. 그것의 가장 안전한 장치로 종교라는 보호막이 필요했다. 그것은 서양세력의 막강한 힘의 근원이 천주교라는 종교적 기반임을 인식한 데에서부터 가능한 것이었다. 그래서 이 시기의 민족종교는 천주교의 조직적 포교방식을 모방한 반격을 전반적으로 포용하고 있다.

해학의 경우에도 이미 천주교 신부와의 논쟁을 통하여 조선의 조정이 천주교라는 종교에 대해서 보인 탄압의 한계를 목격한 바 있다. 이를 못 마땅하게 여긴 해학은 천주교의 배후세력인 서양의 요구에 굴복한 조선 조정을 향해 선교사의 치외법권을 인정치 말라고 요구하기도 하였다.

그런데 종교화 운동이 일게 되었을 때는 도리어 천주교의 종교적 성격을 부분수용하지 않을 수 없게 된다. 그것은 특히 절대자의 권능과 지위를 언급한 부분에서 그러한 점이 보이고 있다. 물론 이와는 반대로 천주교의 비판 논리가 진교의 교리에서 심화된 것도 있다. 이 부분에 관한 것은 뒤에서 따로 언급하겠지만, 해학의 민족종교 제창의 배경에는 당시 사회적으로 일게 된 천주교라는 종교조직의 힘을 부분적으로나마 모방하고 인정하지 않을 수 없는 데 있었다.

해학도 이러한 영향을 받아 복국復國을 위해서 벌였던 애국계몽운동 가운데 가장 중시했던 교육을 통한 방법을 종교적인 방법으로 전환하게 되었다.[138] 이는 민족위기의 현실을 타개하고자 하는 방법이 단기간의 실력양성으로 이룩 될 수 없음을 깨닫고, 민족정신의 분발을 내세워 민족종교화를 꾀한 것이다.

결국 지금까지의 계몽을 통한 실력양성을 전제로 독립을 쟁취해 보겠다는 노선의 변화를 드러낸 것이다. 이것도 당시에 대두된 민족주의에 대한 인식의 심화와 종교적 운동의 확산 분위기를 반영한 것이다.

다음은 이와 관련하여 해학이 내재적으로 종교화의 필요성을 절감하게 된 요인을 함께 고찰할 필요가 있다. 그것이 바로 공맹유교의 종교화 문제다. 해학은 지금까지 자신의 정신적 기반이었던 공맹유교를 회의하고 민족종교를 제창하게 된다. 이같은 공

---

138 필자는 海鶴의 애국계몽사상의 양대 특징을 宗敎救國과 敎育救國으로 파악하고자 한다. 그것은 모두 정신분발, 실력양상을 통한 구국정신 함양에 목적을 두고 있으며, 당시 일부 계몽가들의 공통된 목표와 일치되고 있기도 하다.

맹유교에 대한 회의는 민족현실의 타개능력이 부족하다고 보았기 때문인데, 그것은 두가지 측면에서 논의할 수 있다. 하나는 민족단결을 도모할 수 있는 논리가 희박했다. 또 하나는 암울한 민족현실을 감내할 수 있게 하기 위해서는 꼭 필요했던 민족의 미래에 대한 구원을 확신시킬 수 있는 요소가 없었다. 이 두 가지는 각기 민족과 종교라는 두가지 성격이 함께 걸린 문제다.

전자의 문제는 공맹유교의 정도正道를 도모할 수 없게 된 것이 현실이기 때문에 차선책으로 묵자의 이타적인 겸애사상을 수용하여 일체의 잘못을 바로잡고 단결할 것을 주장하였다. 그러나 이것도 전반적인 해결방도는 될 수 없었다.

후자의 문제는 이미 천주교 비판 논쟁에서부터 싹트고 있었다. 유교의 교리로 천주교 교리를 반박하는 논리의 한계는 구원에 관련된 종교적 성격에서 더욱 노출되었다. 이것은 〈태백경太白經〉에 수용된 천주교리에서 입증되고 있다. 그러나 종교적 문제는 민족의 위기가 가시화되기 이전에는 잠복된 형태에 불과했다. 그러다가 후일 민족위기가 현실로 초래되었을 때 이 문제가 제기되지 않을 수 없게 되었고, 공맹유교에 대한 반성이 싹트게 된 것이다.

공맹유교와의 문제만을 관련시켜 살핀다면 민족종교는 공맹유교에서의 두 가지 결핍된 요인 즉, 민족단결의 논리와 종교적 구원의 요소를 민족적·종교적 차원에서 확충하고자 한 것이었다. 해학의 이같은 종교화의 필요성이 당시 사회에서 대두된 전반적인 종교운동과 맞물려 민족종교를 제창하게 되었다고 할 수 있다.

(3) 가문家門의 전통傳統

해학이 이렇게 민족종교화에 관심을 갖게 된 중요한 요인중의 하나는 그의 가문에 전수된 이 방면의 독특한 전통을 들지 않을 수 없다. 해학의 가문에 전수된 자료는 그 신빙성에 회의가 있으나, 해학 자신은 그 자료를 신뢰하고 사실로 받아들여 〈태백경太白經〉을 편찬한 것으로 보인다. 〈태백경〉의 직접적인 모태가 된 〈태백진훈太白眞訓〉은 해학의 선조인 고려말 행촌 이암李嵒(1297~1346)의 저작이다. 또 〈태백일사太白逸史〉라는 글도 해학의 선조인 조선 연산군 때의 이맥李陌이 편찬한 것인데, 이 책들을 해학이 보관하고 있었다. 〈태백진훈太白眞訓〉에다가 〈천부경天符經〉·〈삼일신고三一神誥〉·〈참전계경參佺戒經〉을 합쳐 〈홍익사서弘益四書〉라고 하는데, 이것도 해학이 보관하고 있었다. 또 안함로安含老·원동중元董仲이 지은 단군조선사의 역사서인 〈삼성기三聖記〉상·하편, 이암李嵒의 〈단군세기檀君世紀〉, 부여의 역사서인 범장氾章의 〈북부여기北扶餘記〉, 단군조선사와 고구려·발해·고려의 대외관계사인 이맥李陌의 〈태백일사太白逸史〉등 고대·중세에 엮인 도가류의 사서를 계연수桂延壽가 1911년에 《환단고기桓檀古記》라는 책으로 펴냈는데, 이것도 해학의 감수를 받았다고 한다.[139] 이렇게 볼 때 이 책들의 위작여부를 떠나서 해학은 이 방면에 대하여 가문에 전승된 영향을 크게 받았으리라고 여겨진다. 그리고 위의 저술들의 내용에 반존화적反尊華的 도가사상이 담겨 있음을 볼 때, 이것이 그의 민족종교사상의 형성에도 영향을 끼쳤다고 할 수 있다.

2. 〈진교眞教 태백경太白經〉의 사상思想

(1) 단군민족정신檀君民族精神의 강조強調

해학은 단군이란 존재를 민족의 정신적 구심점으로 확보하고 진교의 교리로써 이를 강조하고자 했다. 구체적으로는 단군후손의 동류의식, 단군존재와 권능의 절대화, 진교도통眞教道統의 정통인식, 동양의 제사상諸思想을 극복한 우월성과 포용력을 강조한다. 이들의 구체적인 사례를 〈태백경太白經〉에서 찾을 수 있다.

① 동류의식同類意識의 강조強調

민족종교의 필요성이 단군숭배를 통한 민족의 대동단결에 있는 만큼 무엇보다도 이를 신앙적으로 확신시키는 작업이 필요했다. 이에 동류의식을 강조하지 않을 수 없게 된다. 동류의식을 강

139《桓檀古記》현행 유포본에 대해서 위서여부가 현재 논란중이다. 현행 유포본이 과연 해학 당시에 유통된 것인지는 확실치 않다. 다만 해학이 진본, 위본을 떠나서 이 책의 일부를 보관하고, 이를 감수했다는 사실로 보아 이 방면에 대한 관심과 그 영향을 받았음을 알 수 있다.

조하고 아울러 정의正義를 결부시켰다. 즉 귀신을 각기 조귀祖鬼와 천신天神으로 구분하여 조귀祖鬼는 동류同類가 아니면 흠향하지 않고 천신天神은 정의가 아니면 받지 않는다고 하였다. 조귀祖鬼를 내세워 민족단결을 강조했고 천신天神을 내세워 민족정기를 내세운 것이다. 귀신의 덕德은 왕성하기 때문에 기쁜 일이나 재앙을 당할 때마다 귀신 섬기는 마음을 일관되게 하여 외부의 조건에 따라 마음이 움직이지 않도록 해야 할 것임을 강조하고 있다. 이것도 역시 당시의 민족적 위기 상황에 따른 마음의 동요를 갖지 말자는 뜻으로 강조된 것이다.[140]

다음으로 민족적인 내부결속을 위해 이족異族에 대한 상대적 변별인식의 필요를 강조하게 된다. 조수鳥獸가 인간과 같이 무리를 지을 수 없듯이 이적夷狄과도 동화될 수 없다고 말한 성인의 뜻은 종족이 다르면 의지가 다르기 때문이라고 해석하였다. 동류가 아닌 것을 알아야 이류를 알게 되는 것이니, 그렇게 된다면 형제붕우가 서로 사랑하게 될 것이라고 하였다. 만약에 동류同類를 사랑하지 않고 이류異類를 사랑하게 된다면 반드시 하늘의 벌을 받게 될 것이라고 하였다. 해학이 이렇게 동류와 이류에 상대적인 차등을 두어 변별적으로 구분하고자 한 것은 주체적인 모습을 자각하기 위한 것이며, 일제로 대변되는 제국세력에 대한 상대적 인식을 통하여 내부적인 단결을 고취시키고자 하는 의도

---

140 "鬼神愛其德, 而不愛其物, 故飮食雖豊, 非其類則祖鬼不饗, 幣帛雖厚, 非其義則天神不愛."〈太白經〉상 1,《遺稿》권4.

때문이었다.[141]

② 단군존재檀君存在·권능權能의 절대화絶對化

동류의식을 강조한데 이어 단군을 구심점으로 삼기 위해 단군을 지칭하는 진인眞人 혹은 지인至人의 절대 권능을 강조하고 있다. 그리고 지인至人은 인도人道를 거쳐 신리神理를 체득한 완전한 단계에 도달된 존재로 설명하였다. 아울러 지인至人은 실체적 상태를 움직이지 않아도 시행되고, 살피지 않아도 분명하며, 임하지 않아도 위용이 있다고 하였다. 그것은 공자孔子가 주역周易의 계사에서 말한 천지와 합치되는 덕, 일월과 합치되는 밝음, 사계절과 합치되는 순서, 귀신과 합치되는 길흉과 방불하다고 하였다.

효용적 측면에서는 백성을 편안케 하고, 국가를 강성하게 만들며, 군대를 승리하게 만드는 것이라고 했다. 부국강병과 안민安民에 결부시킴으로써 민족정신 강화의 궁극적 목적이 어디에 있는 것인가를 분명히 제시하고 있다.[142] 해학은 아직도 공맹유교孔孟儒敎를 언급하여 공맹의 이념을 민족의 현실타개를 위해 부분적으로 원용하고 있음을 알 수 있다.

---

141 "鳥獸不可與同群, 夷狄不可與同和, 非其類也. 古者, 聖人於物則別鳥獸, 於人則別夷狄, 蓋種族不同, 恐意亦殊故耳."〈上同〉하 5.
142 "至人謂得神理者也, 至人之德, 存神過化, 有非常偶, 所可測度, 然孔子亦謂大人者, 與天地合其德, 與日月合其明, 與四時合其序, 與鬼神合其吉凶, 而較諸此章, 略相彷彿, 則聖人豈欺我者哉, 用之于民則必安, 用之于國則必强, 用之于兵則必勝."〈上同〉상 9.

단군檀君을 지칭하는 진군眞君의 지위에 대해서는 이렇게 요약하고 있다. "하늘이 예지叡智를 내려준 것은 하늘을 대신해서 시행하고 또 말하고자 하는 것이다" 이것은 하늘을 대신하는 존재로서 진군의 위치를 설정한 것이다. 〈천주육변天主六辨〉에서도 군자의 역할에 관해서 이와 유사한 말을 한 적이 있다. 그런데 여기서는 이것이 바로 진군眞君으로 변화되어 있다. 또 단군을 요堯와 병립할 수 있는 성인으로 간주하였고, 천제天帝라고도 명명하면서 우리 동방의 조종이기 때문에 천조天祖가 된다고 하였다. 그러한 단군이 다스리는 나라의 백성은 약속하지 않아도 믿음이 있고, 두렵게하지 않아도 복종하게 되기 때문에 동방군자의 나라라고 하여 단군의 덕치를 숭배하고자 했다.[143] 그 뒤 당장경唐藏京이 이를 계승하여 문화가 크게 성행하자 온 나라가 귀의했다는 것이다.

해학이 중시했던 변화의 근본원리를 진군眞君으로부터 나온 신묘한 이치라고 하였다. 만물변화의 원리를 일차적으로 홍범洪範에서 찾았다. 변화를 시행케 하는 것은 홍범의 一九의 법에 있다고 하였다. 하늘이 一을 낳고 一이 三을 낳고 三이 九를 낳기 때문에 九는 만물의 모태라는 것이다. 도덕경道德經에도 이러한 말이 있지만, 결국은 진군眞君을 조술祖述한 것이라고 하였

---

143 "天之生叡智, 所以身代天行, 口代天言, 以命其人也, 此章言吾敎道統所由傳也, 檀君與堯幷立, 皆聖人也, 此天地極盛之會也, 檀君卽天帝第一世化身也, 爲我東人物之祖, 故曰天祖也, 不約而民信, 不畏而民服, 宜乎, 天下之稱東方君子國也." 〈上同〉 중 5.

다.[144] 이 밖에도 진군의 보호역할과 구원능력을 강조하였다. 진군은 그의 자손을 정의에 입각하여 보호해 준다는 것이다.[145] 다만 민족을 위해 헌신한 자만이 구원을 받을 수 있다고 하여 각자의 노력과 단군의 구원책임에 한계를 제시하였다. 주재자의 위치까지 격상시켜 숭배대상으로 삼은 단군의 구원능력에 회의가 있어서는 안되기 때문이다. 해학이 〈장가長歌〉시에서 밝힌 단군에 대한 주재능력의 상실을 안타까워하는 대목과 비교할 때 단군에 대한 종교적 자세가 더욱 진지해지고 있음을 알 수 있다.

그리고 진교의 도가 생사의 차원을 결정하는 중요한 문제임을 부각시키고 있다. 그 도를 체득하면 살 수 있지만 체득하지 못하면 죽게 된 다는 것이다. 그것을 수와 연계시켜 설명하고 있다.[146]

③ 진교도통眞敎道統의 정통확인正統確認

해학이 〈태백경太白經〉의 저자라고 기록한 태소씨太素氏(〈태백진훈太白眞訓〉의 저자로 알려진 李嵒을 지칭한 듯함)를 소개하고 태소씨太素氏에 대한 추존을 드러내고 있다. 태소씨太素氏는 민民이 군君을 섬기는 이유를 군君이 국가에 봉사하기 때문이라고 보았다. 천天·군君·신臣의 관계에서 다스리거나 죄를 받는 수직

---

144 "今於篇終, 特論聖人所以行變化者, 皆出於洪範一九之法也, 自天生一, 至三生九, 道德經亦有此語, 蓋祖述於眞君也."〈上同〉하 9.
145 〈上同〉상 5 참조.
146 〈上同〉중 6 참조,

관계가 일치하는 것이라고 해서 군君의 위치를 천天과 신臣의 중간적 존재로 고정시켰는데, 이 점은 해학이 입헌군주제를 주장했던 것과 유사하다. 그리고 이러한 말은 진한秦漢의 전제시대에는 감히 할 수 없었는데, 태소씨太素氏만은 거리낌없이 했으니 당시 고려의 전제정치가 아직은 중국처럼 전횡하지 않았다는 것이다.[147] 이것은 두 측면에서 해석이 가능하다고 하겠는데, 첫째는 〈태백경〉의 저자로 내세운 태소씨를 높이고자 하는 의도를 엿볼 수 있다. 둘째는 우리가 중국에 비하여 정치적 우월성이 있음을 드러내고자 한 것이다.

진교 도통에서 태소씨를 강조하고자 〈태백진훈〉의 말을 인용하여 주를 달고 해학 자신의 추존심을 드러냈다. "나라는 백성의 것이지 군주의 것이 아니며 군주는 바뀔 수 있지만 나라는 영원하다"는 원문에 주를 달면서 근세의 민권설과 동일한 것으로 파악했다는 점이 주목할 만하다.[148] 해학은 당시 양계초 등의 학설에 크게 자극을 받았는데 태소씨의 글에서 이러한 점을 발견하고자 한 것이다. 해학은 1902년에 발표한 〈국제國制〉에서 입헌공화제와 민권설 등을 주장한 바 있다.

진군眞君의 글이 전수된 과정에 대해서는 이렇게 설명하고 있다. 진군眞君이 글을 완성하여 그 부본을 금귀金龜속에 넣어 바

---

147 "民之服事其君者, 以其君之服事國家, 天之立君猶君之立百官, 百官有罪則君治之, 君有罪則天治之, 此義在秦漢專制之世, 人所不敢道, 而太素氏, 獨盡言不諱, 豈其句麗專制之政未至如中國歟."〈上同〉하 4.
148 〈上同〉상 7.

다로 띄우면서 이렇게 말했다는 것이다. '아무 데고 네가 원하는 대로 가다가 그칠 때 이것을 획득한 자가 성인이 될 것이다' 우禹가 낙수洛水에서 그것을 습득하였는데 이것을 낙서洛書라고 하였다. 이것이 한번 전하여 이윤伊尹을 얻고, 다시 전하여 기자箕子를 얻었으며 기자는 진군眞君의 제삼세화신第三世化身이라고 하였다. 그리고 이것이 바로 진군의 도통에 있어서 내통內統·외통外統을 모두 계승한 적손이라고 본다는 것이다.[149] 그리고 기자의 글이 완전하기 때문에 금강조사金剛祖師 이래로 술이부작述而不作했다고 한다. 마치 공자의 논어를 두고 말한 것과 유사하다.

진군의 정통을 계승한 인물로 기자·후려·동명왕·대조영 등을 부각시키고 있다. 기자에 대해서는 홍범洪範을 주周 무왕武王에게 개진하고 난 뒤에 돌아왔다고 하였고 그것은 우연이 아니라 천명에 의한 것임을 강조한다. 홍범의 내용이 중국에는 잘 알려져 있지 않았고,《상서尙書》에 실린 홍범 한 편 조차도 기자가 진서進書할 때에 편자의 뜻을 거론한 것에 지나지 않기 때문에 원래의 글이 아니라고 하였다.[150]

기자조선箕子朝鮮에 관한 문제는 조선조 사학사史學史 부분에

---

[149] "初眞君書成, 以其副藏之金龜, 而泛諸海曰, 之東之西, 任汝所止, 獲此者, 爲聖人, 禹至洛水, 見而收之, 是爲洛書, 一傳得伊尹, 再傳得箕子, 箕子卽眞君第三世化身, 故謂兩家一孫也."〈上同〉하 9.

[150] "箕子旣陳洪範于周武, 卒返故都, 不忘本也, 箕子之東來, 恐非偶爾也, 此其眞君, 所謂或降於東, 或降於西者, 果有天命也, 洪範之道東矣, 中國學者, 莫地窺也. 今尙書所載, 洪範一篇, 不過是箕子進書時, 擧其編次之意而已, 實非原書也."〈上同〉중 5.

서 계속 논란의 대상이 되어 왔다. 해학은 기자가 무왕으로부터 봉함을 받았다는 사실은 인정치 않았으며, 또 중국서적에 실린 홍범 내용의 신빙성에 대해서도 의문을 표시하였다.

동명왕東明王에 대해서는 고구려정통론의 입장에서 설명하고 있다. 동명왕이 비류沸流를 피해서 왕위를 사양했는데도, 백성들이 따른 것은 하늘이 부여한 불가항력이었다고 하였다. 그리고 동명왕의 문무업적으로 후손들이 그 공덕에 힘입고 있다고 하였다. 구체적인 업적으로 서쪽으로 한인漢人을 물리치고 북으로 말갈족을 병합시켜서 수천리의 국토를 칠백년 동안이나 유지시킨 사례를 제시하였다. 이것은 동명왕처럼 훌륭히 닦은 공덕이 그 자신에게 돌아가지 않는다 해도, 결국 후세 자손들에게 반드시 미치게 된다는 음덕陰德의 필연성을 강조하고자 한 것이다.

그것이 바로 대조영大祚榮에게서 나타났다고 하였다. 대조영大祚榮이 동명왕의 공덕에 힘입어 구토를 회복하고 동북의 패권자가 되어서 당나라와 대등한 위치에서 삼백년 동안이나 나라를 다스리게 된 것이 바로 그 징험이라고 하였다. 여기서 해학은 민족의 정통성을 북방국가의 강성한 세력인 고구려와 발해에서 찾고자 하는 역사인식을 보여주고 있다.[151]

---

151 "東明之避沸流, 非求其爲君, 武民自從之, 安得辭也. 武足以拓地, 文足以興學, 子孫十數世, 皆食其功也. 西拒漢人, 北倂靺鞨, 地方數千里, 歷年七百餘, 莫非東明之功也."〈上同〉.

④ 동양東洋 제사상諸思想의 극복克服 및 포용包容

다음으로 진교가 다른 사상이나 종교에 비해 우월하다는 것을 강조했다. 그러나 유교를 일부 수용한 흔적도 보인다. 천하의 도道는 근본에 있어서 모두 하나이지만 지엽적인 차이가 드러난다고 하였다. 도교道敎는 현재의 자신을 단련하기 때문에 유有에 능하고 무無에 능하지 못하고, 불교는 내세를 보고 수양하기 때문에 무無에 능하고 유有에 능하지 못하여 각기 결함이 있다고 하였다.[152]

이에 비해서 진교眞敎는 이들을 모두 포함하면서도 이들 보다도 우월성을 지니는데, 그 이유는 제가諸家의 사상에 비하여 신화법神化法이 있는 장점 때문이라고 하였다. 새로운 사상을 펴 보이기 위해서는 기존의 사상을 극복해야 설득력이 따르게 되기 때문에 신비화하였다.[153]

선불仙佛 양가兩家에 대한 진교의 우월성 강조를 신혼정백神魂精魄으로 설명하고 있다. 선가仙家는 정백精魄을 길러서 신혼神魂을 안주시키려고 힘쓰지만, 이 때는 이미 정백精魄이 강하고 신혼은 약하여 실패하게 된다. 이와 반대로 불가佛家는 신혼을 길러 정백을 붙게 하려고 하지만 역시 잘못되기는 마찬가지라고

---

152 "仙鍊現身, 故曰能有而不能無, 佛修來世, 故曰能無而不能有, 吾道旣鍊現身, 且修來世, 故曰能有而又能無, 蓋眞敎之長於諸家者, 以其有神化法也." 〈上同〉상 1.

153 〈一斧劈破論〉,《遺書》권3.

하였다.[154] 앞서 말한 선불仙佛에 대한 불완전함을 다시 거론하고 있다. 선불仙佛 양가는 모두 화명化命의 이치에 미달되어 치우친 것으로 보고 신혼神魂과 정백精魄이 상호양성된 이후에야 화명化命이 완성될 수 있다고 하여 진교眞敎가 우월함을 강조하고 있다.

진군眞君이 화명化命을 실행시키기 위해 오백세에 한번 화명하여 강세降世하면 모든 세상을 일깨워 준다고 하였다. 진군이 바로 각자의 마음이니 각자의 마음이 신실하지 못하고 깨끗하지 못하다면 그렇게 될 수 없는 것이라고 하였다. 여기서 진군의 마음이 각자의 마음이라고 한 것은 인애仁愛의 지극함인데 그것은 육경제자六經諸子에서도 언급되지 않은 것이라고 하여 유교보다도 우위에 있음을 보여주려는 의도가 보인다.[155] 그리고 또 민족의 단결을 도모하고자 하여 유교의 처세관인 겸선천하兼善天下를 강조하기도 하였다.[156]

해학은 또 석가와 알라까지도 단군의 후예인 금강조사金剛祖師가 법을 전수해 주었다고 주장했다. 후려侯閭는 금강조사인데 어려서부터 혼인을 하지않고 천하를 유력하여 선비鮮卑를 지나면서 알라가 태어날 때에 법을 전수해 주었고, 서쪽으로 인도를

---

154 "仙家謀養精魄, 以住神魂也, 然精魄强神魂弱而意不免矣, 佛家謀養神魂, 以附精魄, 然神魂强精魄弱而亦不免矣, 故神魂精魄必須交養, 而後乃得, 至於化命."〈上同〉상 2.

155 "吾卽汝心一句, 其仁愛之意, 切至之辭, 眞可以令人感發, 六經諸子, 未有道此者也."〈上同〉상 5.

156 "故君子不求獨善其身, 而求兼善天下."〈上同〉중 3.

지나면서 석가가 태어날 때에 법을 전수해 주었다는 것이다. 그러나 사람의 식견은 그 성취가 같지 않기 때문에 알라가 배운 것은 변화되어 회교回教가 되었고, 석가가 배운 것은 불교가 되어 원래의 진교의 도가 제대로 전수 되지 못했다고 했다. 그래서 불서佛書에 《금강경金剛經》이라는 책이 있지만 금강조사가 전수했던 바로 그것은 아니라고 했다.[157]

〈천주육변天主六辨〉에서 불교佛教를 이단시 했던 것과는 달리 상하의 전수관계로 파악하려고 한 데서 변화의 폭을 실감하게 한다. 진교가 동양의 제사상보다 우위에 있음을 강조하고자 하였는데, 그러면서도 그의 사상적 기반이었던 공맹유교를 상당부분 수용한 흔적이 확인된다.[158] 해학이 '진眞'을 내세운 것은 일종의 국수國粹라고도 할 수 있지만, 유·불·선 등, 이 땅에 수용된 동양계 사상을 대립적 측면에서 파악하기 보다는 수용하면서 극복하려는 의도를 지니고 있음을 알 수 있다.

(2) 시변중시時變重視와 실력양성론實力養成論

국권침탈의 원인을 우리 자신의 실력부족에서 찾고 실력양성을 주장하여 실력만 있으면 기회는 자연히 도래하는 것이라는 실력양성론이 1900년대초 자강운동론의 일부였다. 해학은 이미

---

157 "侯闔吾金剛祖師也, 少不婚聚, 遊歷天下, 北過鮮卑, 授法於烏老生, 西涉身篤, 授法於釋迦生, 人之識見, 不同成就, 亦殊烏老之學, 變而爲回敎, 釋迦之學, 變而爲佛敎, 皆非吾道之眞詮也, 今佛書有金剛經, 豈其侯闔所傳耶."〈上同〉중 5.

158 〈上同〉상 2, 상 9, 하 9 등에서 보이고 있다.

이것을 종교적 차원에서 선도하면서 시변時變을 중시하고 그에 대비하는 자세를 고취시키고자 했다.

① 시변중시時變重視

일을 성공시키고 공을 이룩할 수 있는 것이 모두 시대변화의 도道라고 파악한데서 해학의 변화에 대한 생각을 읽을 수 있다. 당시의 암울한 반식민 상태를 헤쳐 나가기 위해서는 반드시 때의 변화가 도래할 것이라는 믿음을 확신시킬 필요가 있었다. 이를 설명하기 위해 먼저 역수易數를 이용한 변화의 원리를 말하고 있다.

그는 황극皇極인 중오中五 즉 군위君位가 중앙에 자리잡아 권중權中을 사용하여 천하를 다스린다고 하였다. 전래의 역수를 진교眞教의 차원에서 새롭게 정립하려는 흔적이 보인다. 기奇란 적을 제압할 수 있어서 용병의 요체가 된다고 하였다. 이를 풀이하기를 기奇란 삼기三奇이며, 그것의 예로 태소씨는 스스로의 주注에 이르기를 갑甲이 주主가 될 때에는 을乙·병丙·정丁이 삼기三奇가 되며, 병丙이 주主가 될 때에는 정丁·무戊·기己가 삼기三奇가 된다고 하였다.

삼문三門은 열리지 않으며, 팔풍八風은 움직이지 않으니 그것을 어떻게 할 수 없다고 하였다. 삼문三門이란 개開·휴休·생生이고, 팔풍八風이란 입立·분分 때에 오게되는 팔절기八節期라고 했다. 나갈 때는 반드시 문을 타고, 다닐 때는 반드시 때를 부리니 이것이 바로 일이 달성되고 공이 통달되는 신묘한 변화의 도道라고 했다. 이것이 아니면 비록 성인이라도 아무 짓도 할 수 없다고 하였다.[159] 이것은 변화원리의 오묘함을 확신시키고자 한 말이다.

때라는 것은 하늘이 나에게 성공하도록 도와주는 것으로 보았다. 그러므로 비록 농사를 잘 짓는 농부도 겨울에는 밭을 갈 수 없으며 장사를 잘하는 상인도 여름에 갖옷을 팔 수는 없는 것이라고 하였다. 사람이 어려서 배우는 것은 커서 시행하고자 하는 것이지만 그것도 때를 만나지 못하면 실패하기 때문에 때의 중요성을 강조한 것이다. 바로 그 때(기시其時)가 아닌데도 함부로 일어나는 것도 나의 죄요, 바로 그 때가 되었는데도 일어서지 않는 것도 자신의 죄라는 것이다. 결국 함부로 나서는 짓이나 일어서지 않는 짓이나 모두 똑같이 때를 놓친다는 점에서는 마찬가지라는 것이다.[160]

시대의 변화를 긍정적으로 수용하고자 여세추이與世推移를 강조하였다. 유소시有巢氏와 제요帝堯를 예로 들어 시대의 차이에 의해서 유소씨有巢氏는 나무를 엮어서, 제요帝堯는 띠풀과 흙담

---

159 "皇極謂中五, 猶君位也, 奇者, 所以制敵也, 用兵之要, 止是而已, 奇, 三基也, 本註云, 甲主以乙丙丁爲三奇, 丙主以丁戊己爲三奇, 是也, 三門不闢, 八風不動, 吾無如之何也. 三門開休生三門, 八風立分至八節也, 出必乘門, 行必御時, 是乃達事功通神化之道也, 非此則, 雖聖人, 亦不能有爲也."〈上同〉하 9.

160 "時者, 天之所以助吾成功也, 故雖善農者, 不能耕稼於冬, 善賈者, 不能售裘於夏, 人之少學, 蓋欲長行, 然苟不遇時, 徒自取敗, 故又繼言之也, 無其時而妄作, 吾之罪也, 有其時而不作, 亦吾之罪也, 妄作與不作, 其失時一也."〈上同〉상 4.

을 사용해서 집을 지었다고 하였다. 특히 '지나간 것은 날로 썩어가고 오는 것은 날로 새로워지며 날로 새로워지기 때문에 유구悠久할 수 있다.'고 한 경문에 대해서 천지음양의 진묘한 이치를 설파했다고 극찬하고 천고의 유일한 말이라는 찬사를 아끼지 않았다. 해학의 시변에 대한 수용적 자세를 알 수 있다.[161]

또 주역에서 말한 궁즉통窮則通할 수 있는 절호의 기회가 도래했음을 깨달아 수數가 궁窮한 당시의 상황에 낙담하지 않고 변화의 가능성을 확신하여 목적을 달성 하도록 하기위한 정신적 분발을 강조하였다.[162] 이것은 실학 이래 관심이 증폭되어온 변통사상變通思想을 다시 민족의 현실에 적응시킨 것이다. 현재의 궁벽한 민족의 현실이 변화의 원리에 의해 변화될 수 밖에 없고 이어 국권회복으로 소통된다는 소망을 담고 있다.

② **실력양성론**實力養成論

그러면 자연히 도래할 수밖에 없는 기회를 놓치지 않기 위해서는 어떠한 대비가 필요한 것인가? 장차 밭을 갈 사람은 밭을 준비해야 하고 갖옷을 팔 사람은 털을 준비해야 한다는 것이다. 결국 때라는 것은 운명적으로 다가오는 기회이며, 그것을 대비하

---

161 "眞君有言, 吾之所知者, 現身時代也, 見今而不見古, 見新而不見舊, 此悠久之道也, 昔有巢氏, 構木爲巢, 帝堯, 茅茨土堦, 然使有巢氏, 生於帝堯之時, 則亦應茅茨土堦, 帝堯生於有巢氏之時, 則亦應構木爲巢, 此眞君所謂現身時代也, 在今行今, 在新行新, 聖人與世推移者, 其斯之謂乎, 大哉, 聖人如往腐來新之語一句, 而道破天地陰陽眞妙之理, 實千古一人而已矣."〈上同〉상 8.

162 "民不窮則不變, 變不極則不通, 窮則變, 變則通, 此古今常理也."〈上同〉중 6.

는 것은 인간의 임무라는 것이다. 해학의 진인사대천명盡人事待
天命의 자세를 피력한 것으로 볼 수 있다. 노력은 사람에게 달려
있고 성공의 여부는 때에 달려 있는 것인 만큼 성공하지 못했다
고 해서 노력을 포기하는 행위는 농부가 밭과 농기구를 버리고,
상인이 가죽과 털을 버리는 임무의 방기라고 보았다.[163] 국운이
쇠퇴했다고 해서 국권회복과 같은 민족의 임무를 포기하는 것을
경계하고자 한 것이라고 보아진다. 해학은 현실문제에 대한 올바
른 대응방법으로서 시기의 적절한 포착과 그에 대비하는 노력이
병존되어야 함을 말하고 있다.

　운명론에 빠지는 것을 경계하기 위해 진인사대천명을 강조하
고 나선것도 주목할 만하다. 부귀빈천은 하늘에 달린 것이지만
인의仁義는 자신에게 달린 것이기 때문에 자신에게 있는 것을 수
양하여 하늘에 있는 것을 기다리라고 했다. 진인사대천명을 부
연한 것이다. 해학의 이 주장은 다른 곳에서도 강조되고 있다.
그리고 부귀를 수단으로 인仁을 실행하기를 좋아해야 하고, 빈
천을 핑계삼아 의義를 시행하지 않는 것을 싫어해야 한다고 했
다.[164] 해학이 이처럼 진인사盡人事를 강조하는 것은 당시의 민족
현실에 자칫 자포자기 하기 쉬운 운명론을 경계하고 실력양성을
꾀하자는 것이다.

---

[163] "是以, 將耕稼者, 必備田器, 售裘者, 必備皮毛, 學不學在我, 行不行在時,
苟以不行而不學, 則是幷田器皮毛而去之者也."〈上同〉상 4.
[164] "仁義在我者也, 富貴貧賤在天者也. 但當修其在我者, 而待其在天者也."
〈上同〉중 8.

국권회복에 대비하는 국민의 자세를 이렇게 주장하였다. 인간의 힘으로는 어쩔 수 없는 천지자연의 섭리와 같은 일에 대해서는 그것에 대비 하고자 하는 자세가 필요하다는 것이다.[165] 즉 밤과 낮이 교대로 이어지는 자연의 섭리를 막을 수 없지만 밤을 대비하는 촛불의 준비를 해야 되는 것 처럼 치란성쇠를 인간의 힘으로 어쩌지 못하는 부분이 있다 해도 어지러움을 대비하여 국민의 힘을 비축하는 것이 필요하다고 하였다. 해학이 진교眞教를 주창하고자 한 뜻이 바로 이러한 국권회복을 위한 실력양성론에 바탕을 둔 주장임을 알 수 있다.

국권상실에 직면하여 단기에 응급처치를 해서 독소를 제거 해야지, 장기적인 보양을 해서는 안된다는 것을 신체의 병치료를 예로 들어 비유하였다. 즉 최대의 목표는 국권을 정상으로 회복시키는 일이며 정상이 회복된 이후에야 그 다음의 국익을 도모할 수 있다는 생각이다.

그래서 열의 이익을 일으키는 것 보다는 하나의 피해를 제거하는 것이 일이 순서라고 했다.[166]

(3) 정신분발精神奮發과 인격수양人格修養

실력양성도 중요하지만 이 보다 더 중요한 것은 정신분발이라

---

165 "晝夜相代, 而歲得成其序, 治亂相承, 而人得成其功. 晝夜治亂, 卽天地自然之數也."〈上同〉하 1.
166 "一害能敵十利, 而十利不能敵一害, 如人氣血肢體, 素所健全, 而一邪之入, 輒作病根, 良醫則不加補養, 必先攻下, 爲天下者亦猶是, 故曰興利不如除害也."〈上同〉중 2.

는 것이 1909년에 들어서 강조되기 시작한 운동론이었다. 실력이 있으면 독립할 수 있다는 말은 실력이 없으면 독립될 수 없다는 뜻도 되기 때문이다. 따라서 실력양성과 겸해서 정신의 분발을 강조하지 않을 수 없었다. 한편으로는 올바른 인격을 갖추는 것이 국권회복에 필요하다는 생각도 제기 되었다.[167] 해학도 이러한 노선과 유사한 생각을 교리로써 수용하고 있다.

① 정신분발精神奮發의 강조強調

정신분발을 위해서는 동기 유발이 필요했다. 나라를 되찾는 좋은 일에 참여케 하고, 그 반대의 행위를 억제하기 위해서는 인간의 공통 관심사인 화복의 초래가 개인의 선악 행위에 기인된다는 사실부터 강조할 필요가 있었다. 그것을 수數로써 설명하고 당장경唐藏京이 구지법九地法의 원리로써 감시한다고 하였다. 오묘한 이치와 단군 후예가 갖는 길흉에 대한 주재 능력을 결부시키고 있다.

순역順逆은 음양의 이치에 호응하며 화복은 선악에 따라 호응한다고 하면서 이렇게 설명하고 있다. 즉 동지冬至 후에 양국陽局이 순행順行하고 하지夏至 후에 음국陰局이 역행逆行하는 이치처럼 선악의 정情과 화복의 기미機微도 다 이와 같은 이치라고 하였다. 구지사九地師가 이러한 이치를 수용하여 동짓날에 양구국

---

167 '實力養成唯一論'에 반대하고 '독립우선론', '정신분발론'을 내세운 주장은 《大韓每日申報》의 〈韓人의 當守할 國家的 主義〉(1909. 6. 18)라는 논설을 통해 제기되었다.

陽九局 이 북감北坎에서 시작하여 남이南離에서 끝나고, 하짓날
에 음구국陰九局이 남이南離에서 시작하여 북감北坎에서 끝나
일세一歲에 음양陰陽 십팔국十八局을 거친다고 했다. 이것이 바로
백성들에게 길흉吉凶의 현상이 선악을 감시하는 수數의 이치에
의해서 좌우된다는 것을 보여주고자 한 의도였다.[168] 구지사九地
師란 당장경唐藏京이 구지법九地法을 터득하였기 때문에 일컫게
된 것이라고 하였다. 아사달阿斯達이 거처한 곳이며 지금의 구월
산九月山이 된다고 하였다.

　수數와 연관시킨 변화의 원리를 정신분발과도 연계시키고 있
다. 도道가 실현되기 위해서는 수數가 있게 마련이라고 했다. 수
가 하늘에 있을 때는 운運이 되고, 사람에 있을 때는 명命이 된
다고 했다. 따라서 운과 명이 만날 때라야 도道가 세교世敎에 도
움이 될 수 있다는 것이다. 운명론運命論을 세교世敎와 연계시킨
것이다. 천하의 무법 때문에 사람들이 서로 박살내면서 살아가
고 있으니 그것은 수가 다한 것이라고 하였다.[169]

　진군眞君이 국권회복을 위한 정신적 지주로서 권능이 부여되
어 있음을 강조하면서도 인간의 노력이 전제되어야 가능하다는

---

168 "順逆應乎陰陽, 福福應乎善惡, 至矣哉, 冬至後陽局順行, 夏至後陰局逆行,
而其善惡之情, 禍福之機, 於是見矣, 九地師受之日, 吾夜半起於北極, 日中起
南極, 一日而歷十八萬里, 以監視其民. ……蓋陽九局, 始于北坎, 而終于南離,
陰九局, 始于南離, 而終于北坎, 一歲凡經十八局, 皆所以示民吉凶趨避之道
耳."〈上同〉하 9.
169 "道之行其亦有數歟, 數者在天曰運, 在人曰命, 夫道之關於世敎甚大, 必須
運與命會而後, 乃得行也, 于是時也, 天下無法, 相剝而衣, 相殺而食, 嗚呼其
窮矣, 數之所在, 天亦不能制焉, 愚未知此一劫當在何時, 然得道則生, 不得道
則死, 死生之地, 安得不勉哉."〈上同〉중 6.

말을 의義·리利에 연관시켜 거론하였다. 의와 리는 서로 용납할 수 없는 속성 때문에 서로 다투게 되기 마련인데, 이때 진군의 역할은 의를 돕고 리를 돕지 않는 것이라고 했다. 진군에 대한 절대적인 신뢰성을 부여하는 신앙적인 의도가 보인다. 그러나 도움을 구하지 않는다면 얻을 수 없는 것이라고 하여 분발을 강조하고 있다.

아울러 인간의 자구 노력이 진군의 도움을 받을 수 있는 선결문제라는 점을 더욱 강조하고 있다. 중국의 역사에서 그 예를 들고 있다. 소강少康과 구천句踐이 온갖 간난에도 좌절하지 않고 각각 하夏나라와 월越나라를 되찾은 이유가 바로 진군의 도움으로 의리가 사익을 이기게끔 도와준 덕분이란 것이다. 각기 40년 혹은 20년의 힘을 쏟아 결실을 거둔 끝에 가능했던 일임을 상기하고자 했다. 일본에 빼앗긴 국권회복도 단시일에 걸쳐서는 이룩해 낼 수 없는 것이며 20년 40년의 세월이 소요된다고 본 것이다. 진군眞君이 바로 각자의 마음이니 각자의 마음이 신실하지 못하고 깨끗하지 못하다면 그렇게 될 수 없는 것이라고 하였다.[170] 좌절하지 않고 분발해야만이 국권회복을 할 수 있다는 것이다.

단군의 구원능력이 부여되는 범주와 각 개인의 책무를 함께

170 "義理二者, 不能相容, 每至於爭, 眞君助義而不助利, 然苟非求助者, 亦不得助也. 昔少康用四十年之力, 卒以復夏. 句踐用二十年之力, 卒以復越, 其亦難矣乎, 此以復國喩性也. 眞君有言, 吾卽汝心, 汝心不信, 吾不在焉, 汝心不潔, 吾不居焉."〈上同〉상 5.

강조하였다. 단군이 자손을 두루 돌보는 정은 있지만 그 숫자가 이천만이나 되어서 스스로를 무너뜨린 사람까지도 구원해 주기는 어렵다고 했다. 그 때문에 당시에 재앙을 받지 않고 복을 향유하는 자가 드물 수 밖에 없다고 하였다.[171] 역시 복선화악을 암시하는 것이다. 민족구성원으로서 민족을 위해 헌신한 자만이 단군의 도움을 받을 수 있다는 뜻이다. 종교적으로 구원을 명시해야 될 필요가 대두된 부분에서 자력으로 갱생하는 길 뿐임을 제시하여 정신적인 숭배의 대상인 단군을 정점으로 단결하되, 그 방법은 각자의 노력을 전제로 하고 있다. 이것은 또 국권의 상실 책임이 돌보지 못한 단군에게 있지 않고 각자에게 잘못이 있음을 인정하고자 하는 것으로 구원과 책임의 한계를 명시했다. 민족 구성원 각자의 분발노력을 촉구한 것이다.

국권상실과 노예로의 전락에 대해 민족적 치욕을 자각하고 분발할 것을 촉구하기도 하였다. 진교眞敎에서 중요시하는 덕은 강덕剛德이며 강덕剛德의 기반은 부끄러워할 줄 아는 것이라고 하였다. 사람이 부끄러움이 없으면 노예가 되어도 편안히 여기며, 소·말이 되어도 편안히 여긴다고 하였다. 이것도 당시에 노예국으로 전락해 버렸다고 자탄했던 시 의식과 상통된다. 민족현실을 직시하고 그것을 부끄럽게 여기는 마음을 갖도록 분발시키고자 한 것이다. 노예나 소·말이 되어도 편안해 하는 자와 함께

---

171 "凡吾子孫之離其災而享其福者, 能有幾人. 今我天祖之子孫, 略可二千萬, 雖有一視之情, 而難救自敗之人."〈上同〉중 7.

도道에 나간다는 것은 하늘을 더럽히는 꼴이 된다고 하였다. 그 까닭은 도道가 곧 하늘인데, 하늘이 인간을 낳을 때 노예나 소·말이 되라고 한 것이 아니기 때문에, 이러한 상태로 전락하는 것은 본성이 아니므로 배척되어야 한다는 것이다. 국권의 상실이 곧 치욕임을 자각하자는 것이며 그것을 깨닫지 못하는 자는 노예나 소·말과 같아서 도를 함께 할 수 없다는 것이다.[172]

② 인격수양人格修養

국권회복을 위해서는 올바른 인격이 갖춰진 뒤라야 가능하다는 생각도 제기되었다. 이것은 안창호의 단결강조와 자강력 배양을 위한 수양의 필요성 역설과 그 논리가 유사하다. 즉 민족 갱생사업이 완수되면 독립운동이 성공하게 될 것이라는 믿음과 같다. 이것은 1920년대의 민족개조론으로 발전하게 되는데 해학의 생각도 그러한 발전논리의 단초를 제공하고 있다. 이제 중요 실천 덕목을 보기로 한다.

우선 민족정신의 강조를 위해 하나의 진리에 정신을 집중하면 물·불에 뛰어 들어도 빠지거나 뜨겁지 않다고 했다. 그 이유에 대해서 물·불같은 후천적인 물체가 집중이라는 선천적인 자신

---

172 "德孰爲大, 恥爲大也. 吾道必重剛德, 恥者, 剛德之基也. 人之無恥, 奴隸而安焉, 牛馬而安焉. 被人驅使而不知羞惡則, 是失其性者也. 以是而欲與之適道者, 名曰褻天. 道與天一, 故褻道則, 是褻天也, 天之生人, 何嘗使之爲奴隸牛馬也, 道之敎人, 又何嘗使之爲奴隸牛馬也, 然而爲奴隸牛馬者, 非其性也."〈上同〉중 9.

의 정신을 해칠 수 없는 이유 때문이라고 하였다.[173] 이것은 유사한 노·장의 내용을 약간 변형한 것으로 보이는데 외부의 환난患難이 결코 인간의 정신을 좌우할 수 없다는 사실을 강조하고 있다. 국권의 상실이라는 수난도 인격수양의 고양高揚에 따라 극복될 수 있음을 보여주자고 하는 의도다.

진교眞敎에서 말하는 최고의 존재인 진군이 진군되는 줄은 알면서도 나의 마음이 진군이 될 수 있다는 것을 모르기 때문에 더욱 힘을 써야한다는 경문에 이렇게 주를 달았다. '각자 마음의 수양정도에 따라 그것이 주재자主宰者가 될 수 있다.[174]' 이것은 불교의 노력에 의한 깨달음을 통해 부처도 될 수 있다는 말과 비슷하다.

대응자세의 완급에 있어서도 농민전쟁시 보인 급진적인 성향과는 달리 장기적으로 힘을 양성하자는 인내를 강조하였다. 작은 것을 참지 못하면 큰 일을 놓치게 되는 것인데, 이 때의 참는다는 의미는 아무 것도 하지 않는 소극적인 의미가 아니라 나라를 견고하게 해서 기회를 기다리는 것이라고 하였다. 그것의 대비적인 상징적 인물로 구천句踐이 회계산會稽山에서 상담嘗膽하며 참고 지낸 끝에 패권을 되찾은 성공적인 경우와, 항우項羽가 오강烏江에서 참지 못하고 자멸한 실패를 예로 들면서 두 사람

---

173 "水火者, 後天有形之物也, 一者, 先天無形之身也, 以有形而不能害無形." 〈上同〉 상 1.
174 "人皆有一心, 心皆有一君, 君者主宰之謂也, 故古人以心爲天君, 蓋由是耳." 〈上同〉 상 5.

의 현명하고 어리석음의 차이는 정녕 참을 수 있었느냐의 여부에 달린 것으로 해석하였다.[175]

이러한 주장도 해학이 당시에 잃어버린 국권을 회복하고자 백 방의 노력을 기울였으나 허사로 돌아가고 난 뒤, 장기적인 계획 하에 민족정신을 새롭게 다듬은 뒤에라야 가능하다는 상황 판 단에서 나온 것으로 볼 수 있다. 그가 참여한 애국계몽활동도 장기적인 목표에서 출발하는 실력양성의 일환이기 때문이다.

단결이 무엇보다 요구되는 시점에서 단군숭배를 통한 일체감 으로 가족단위에서부터 화목할 것을 주장하였다. 화목은 이미 해학의 가정교육관에서도 주장된 바 있다. 천하의 형세 중 강대 한 자는 단결로부터 그 힘이 나오고 약소한 자는 분열에서 비롯 된다고 하였다. 단결이라는 것은 집안과 국가를 확립하는 길이 며, 한국의 약소화가 바로 단결하지 못한 데서 나온 것임을 지적 하고 있다. 처자식이 화목해야 가족이 편안하고, 친척이 화목해 야 마을이 편안하며, 관민이 화목해야 나라와 조정이 편안하게 된다고 하였다. 그래서 화목이라는 것은 단결을 추구할 수 있는 기술이며, 편안함은 단결을 체득한 효험이라는 것이다.[176] 국권 상실이 내부적인 분파 작용 때문임을 절감한 해학은 단결을 위 해서 화목의 필요성을 강조하고 있다.

---

175 "人不小忍, 必有大失, 吾所謂忍, 非自居於不爲也, 言堅其操而俟其機, 人無 耐苦之力, 亦無享樂之日, 如句踐忍於會稽, 終成霸功, 項羽不忍烏江, 自作殺 身, 其賢愚, 果何如哉." 〈上同〉 상 4.

176 "天下之勢, 強大出於群, 弱小出於不群, 群者卽立家立國之道也. 和者, 求 群之術也, 安者, 得群之敎效." 〈上同〉 상 6.

해학은 수數의 의미를 다양하게 적용시키고 있는데 단결을 위한 논리로도 인용하고 있다. 숫자가 지니는 이치를 개인이나 국가에 통용通用시켰다. 숫자는 하나에서부터 시작되지만 천만千萬도 하나로 포함包含시킬 수 있는것 처럼 개인과 국가간에 있어서도 마찬가지라고 하였다. 이것은 국민전체를 하나로 단결시키려는 필요에서 강조된 것이다. 셋이라는 숫자가 수數의 완성을 의미하듯이 국가와 가정, 그리고 개인의 삼자三者에서도 이러한 삼위일체三位一體의 이치가 존재한다고 했다.[177] 결국 1은 진교眞敎의 유일한 진리이며, 3은 개인·가정·국가를 완성시키는 이치이므로 진교의 정신에 바탕을 둔 대동단결의 의미를 강조한 것으로 보인다. 이것은 일종의 국가주의인 셈이다.

국권회복이라는 민족 공익을 위해 개인이 헌신할 수 있도록 하기 위해 의리를 강조하고 있다. 사리를 버리고 공익을 위한 희생정신을 강조할 필요에서 해학은 의리의 교육이 필요하다고 하였다. 인간과 금수의 차이는 각성과 욕망의 소유에 대한 다과多寡의 정도라고 하였다. 즉 인간은 금수보다도 각성이 뛰어날 뿐 만 아니라 욕망에 있어서도 금수가 갖는 식색食色의 본능 이외에도 의리의 욕망이 있다는 점에서 다르다고 하였다.

인간의 교육은 바로 사욕인 식색욕을 제거하고 공욕인 의리욕을 지향하도록 하는 것이 관건이라고 하였다. 현명함과 불초함

177 "數始於一, 已涵千萬之意, 是幷千萬而成一也, 至於其身其家其國, 莫不有此理矣."〈上同〉상 1.

의 차이는 단지 이 둘 중의 어느 것을 경중시하느냐에 달렸을 뿐이라고 하였다. 인간은 누구나가 마음과 사물의 교감에서 욕망이 발생한다는 것이다. 그렇기 때문에 비록 현명한 자라도 식색욕이 없는 것은 아니지만 차마 의리를 배반할 수는 없는 것이며, 불초한 자라도 의리욕이 없는 것은 아니지만 오히려 식색욕을 차단할 수 없는 것의 차이일 뿐이라는 것이다.[178]

해학이 식색의 본능욕과 의리욕을 대비시킨 의도는 의리관을 강조하기 위해서였다. 이것도 역시 당시에 강조된 민족위기 상황에 대한 시대적 요청과 무관하지 않다.

대의大義를 위해서는 가족에 대한 사사로운 정에 방해 받아서는 안된다고 하였다. 앞서 진교眞敎의 덕은 강덕剛德이라고 하였는데 여기서는 명明을 첨가시켜 강剛과 명明의 구체적 의미를 설명하고 있다. 강剛이란 아내에게 흔들려서는 안되고, 명明이란 자식에게 가려져서는 안되는 것이라고 했다.[179] 해학은 인륜과 대의에 입각한 처신과 관련하여 처자식의 사사로운 정에 빠져 대의를 결행하지 못하는 것을 경계하고자 했다고 자술하였다. 이 역시 개인주의·가족주의를 극복하고 국가주의를 강조하고 있는 것이다. 실제로 해학은 각처를 유력하면서 현실의 모순을 경험하였고, 경세가로서의 역할을 실천하고자 했기 때문에 처자식을 거의 돌보지 못했으며, 이에 대해 가장으로서 겪는 시를 지

---

178 "心與物交, 欲必生焉, 故雖賢者, 未必無食色之欲, 而猶不敢背義理, 不肖者, 未必無義理之欲, 而猶不忍斷食色, 此其所以異也."〈上同〉중 1.
179 "剛者, 不撓於其妻, 明者, 不蔽於其子."〈上同〉하 2.

어 고뇌를 실토하기도 하였다.

민족 구성원의 각자의 역할에 대해서는 이렇게 말하고 있다. 사람은 심心이 주主가 되고 이목耳目은 종從이 되기 때문에 보고 듣지 못한 잘못이 이목에 있지 않고 마음에 있다고 하였다. 이와 마찬가지로 천天이 지地를 겸할 수는 있어도 지地가 천天을 겸할 수는 없다고 하였다. 이와 같이 겸할 수 있음과 없음의 사이에 대소존비大小尊卑가 각기 마땅히 추진해야 할 것이 있게 된다는 것이다. 겸할 수 있는 쪽이 부父·부夫·군君이며 겸할 수 없는 쪽이 부婦·자子·신臣이라는 것으로 구분하였다. 부부·부자·군신간의 역할관계 설정으로 각기 자신의 능력에 맞는 분수를 지켜야 된다는 것이다. 지도자의 위치는 더 많은 능력과 역할이 요구되기 때문에 그 지위가 인정되는 것이라는 점을 강조하여 그들의 솔선수범을 요구하고 있다.[180]

분발의 원동력은 후천적인 의지와 노력임을 강조하였다. 처음으로 일으키는 것은 의지요, 나중에 완성시키는 것은 재주와 힘이라고 하여 의지를 세우는 일이 중요하다고 하였다. 의지가 통일되면 힘이 모아지고 힘이 모아지면 재주가 생겨 난다고 하였다. 이것의 비유로 서양의 화륜기를 볼 때 서양인들이 재주가 뛰어나서 발명된 것이 아니라 수 십년간의 의지와 노력으로 가능하게 되었다는 것이다.[181] 선천적인 재능보다는 후천적인 자신의 노력

180 〈上同〉 하 6 참조.
181 "古語云, 有志者事竟成, 試以近日火輪機器觀之, 西人亦人耳, 其才豈獨厚

과 의지가 더욱 긴요함을 강조한 것이다. 이것도 민족 구성원의 노력을 강조하기 위한 일환이다.

이러한 모든 의지를 실천하기 위해서는 특히 용기가 필요하다고 하여 용勇을 매우 중시하고 있다. 지知와 용勇이 배우는 자에게 모두 필요한 요소이지만 겸할 수 없다면 지知보다도 용勇을 선택해야 한다고 했다. 지知는 재才에 속하는 것이며 용勇은 지志・력力에 속하는 것이라고 하였다. 그래서 권하지 않았는데도 배우는 것은 용勇과 지知가 구비되어 있기 때문이며, 권해서 배우는 것은 용勇은 충분하지만 지知는 부족하기 때문이라고 하였다. 지志・력力이 번성하면 재才는 날로 증가하지만 지志・력力이 쇠퇴하면 재才는 날로 손실된다는 것은 경험을 통해서 알 수 있는 것이라고 하였다. 해학海鶴이 현실에 적극적으로 뛰어든 이면에는 이와 같은 용중시사상勇重視思想을 실천한 결과일 것이다. 천하의 일이 모두 과단에서 결정되기 때문에 자신의 도道가 용勇일 따름이다라고 까지 하였다.[182]

(4) 천주교天主教와의 영향관계影響關係

해학은 앞서 천주교 신부와 천주교리 비판논쟁을 경험한 바 있다. 비판의 주요 기저는 유교교리에 입각한 것이었다. 그러나 국

耶, 不過用數十年之志, 數十年之力, 而致此也." 〈上同〉 하 7.

182 "不勸而學者, 勇知俱足故也, 勸之而學者, 勇足知不足故也. 知勇學者之所必須也, 然與其知勇不得兼備, 寧勇足而知不足, 蓋知屬於才而勇屬於志力也. 志力盛則, 其才日增, 志力衰則, 其才日損, 驗之可見也. 吾道勇而已矣." 〈上同〉 하 8.

권상실후 유교는 민족현실에 입각한 지도이념이 될 수 없었다. 이에 묵자사상의 부분수용을 표방하기도 했지만, 그것도 한계가 있었다. 결국 단군숭배를 통한 민족종교로 경도되는데, 여기에는 천주교가 갖는 종교로서의 막강한 파급효과를 실감하고 이에 대응하고자 했음은 앞에서 다룬 바 있다. 그 가운데서도 천주교의 종교외피와 조직, 그리고 절대자에 대한 권능확신과 숭모정신 등에 대한 대응논리가 민족종교의 교리 형성에 영향을 끼쳤다. 특히 천주교리를 비판했던 논리가 민족종교의 내용에서 심화되고 있음이 주목된다. 본 항목에서는 이같은 비판논리가 국권회복 정신과 유관하게 전개되고 있음을 주시하고자 한다. 이들 요소는 각기 〈불경부조不敬父祖〉·〈신혼불산神魂不散〉·〈천당지옥天堂地獄〉 등에서 언급했던 해학의 천주교 비판논리와의 비교에서 발견할 수 있다.

이 점은 비단 해학 개인의 사상적 변천의 문제가 아니라 구한말 반서학 이념이 어떻게 민족종교 형성에 영향을 끼쳤는가 하는 사상사적인 맥락에서도 중요한 검토대상이 된다. 이제 이러한 요소들이 어떻게 반영되고 있는지를 보기로 한다.

① 불경부조不敬父祖의 영향影響

해학은 앞서 〈천주육변天主六辨〉에서 천주교의 불경부조不敬父祖 때문에 큰 충격을 받았다고 했다. 그리고 이를 가장 신랄한 어조로 공격하였다. 이것은 천주의 천지창조설 때문에 야기된 파문이었다. 천주의 위치를 조상의 위에 올려 놓는 것에 대해서 해학은 용납할 수 없다고 하였다. 단군을 민족의 시조로 받들 절실한 필요가 대두되었을 때 천주 대신 단군을 절대자의 존재로 받들고자 하여 단군 권능의 절대화를 시도했다. 이러한 요소는 이미 진교의 내용에서 확인된 바 있다.

천주교의 불경부조에 대한 경악은 경조敬祖를 강조하게 되었고, 경조敬祖의 확산은 단군숭배로 연결될 수 밖에 없었다. 이것은 진교의 정신을 흥기시키고자 발기했던 단학회檀學會 삼대강령三大綱領의 하나가 경조흥방敬祖興邦이었다는 점이 이를 입증한다.[183]

여기서 천주교의 불경부조를 비판했던 해학의 논리가 민족종교 교리형성에 심대한 영향을 끼치고 있음을 알 수 있다. 경조흥방의 확충이 바로 단군숭배로 연결된 고리라는 점에서 천주교 비판논리와 진교의 연관 정도를 짐작케 한다. 천주天主의 인간창조설로 인해 파급될 반인륜에 대한 불안감 때문에 경조敬祖를 흥방興邦의 수단이라고까지 주장한 것이다. 물론 고유 단군사상 가운데서도 이점은 강조되어 왔지만 천주교와의 논쟁이 한층 더 확고하게 인식하고 존숭하는 계기가 되었다.

좀 더 구체적으로 그것을 찾자면 가족의 화목과 부자간의 경애敬愛를 제시한 것이다. 경조敬祖를 통해서 가족의 화목을 도모하고 이를 기반으로 단결을 확충시켜 흥방興邦을 도모하자는 뜻

---

183 李裕岦,《太白續經》後序,（光吾理解社, 1979).

이다. 우선 무엇보다도 부자간의 경애를 중시하고 이를 확충하여 사회에까지 적응시키고자 하였다. 오늘날 부모를 모신 자는 누구나 남이 그 부모를 존경해 주길 바라며, 자식을 가진 자는 누구나 남이 그 자식을 사랑해 주길 바라는 법이라고 했다. 그런데 오늘날 사람들이 자신은 부모를 공경하지 않으면서 남은 그렇게 해 주길 바라며, 자신은 자식을 사랑하지 않으면서 남은 그렇게 해 주길 바라는 이유가 어디에 있는 것인가를 알아야 한다고 하였다. 해학은 그 원인이 자기를 용서하는 데는 어둡고, 남을 책망하는 데는 밝기 때문이라고 하였다. 이러한 상태에서는 아무리 경애를 기대해도 이루어질 수 없으며, 단지 자신이 먼저 베푸는 솔선수범보다 더 좋은 방법은 없다고 하였다. 사람이 스스로 자기의 아버지를 공경하면 남도 공경할 것이며, 스스로 자기의 자식을 사랑하면 남도 사랑 하게 될 것이라고 하였다.[184]

이것은 민족 스스로를 모멸하면 외족도 모멸한다는 생각으로 민족자존의식을 확충시키고자 한 의도에서 나온 것이다.

경애가 마을에서 시행되면 천하를 다스릴 수 있을 것이라고 하였다. 이것이 바로 증자曾子가 말했던 "집을 나서지 않아도 나라에 가르침을 달성시킬 수 있다"는 것이다. 제가齊家의 차원에서 엄격한 상하관계의 봉건윤리를 강조하지 않고 자존과 솔선수범

---

184 "今有父者, 孰不欲人之敬也, 有子者, 孰不欲人之愛也, 聖人敎人, 常因其情而啓之, 今人雖不敬其父, 而欲人之敬, 雖不愛其子, 而欲人之愛, 何也, 恕己則暗, 責人則明也, 因其所明, 啓其所暗, 故其言易於入人也. 然此非強求而得之, 得之有道, 莫若自我先施焉. 人能自敬其父, 則人亦敬之, 自愛其子, 則人亦愛之, 愛敬行乎鄕里, 可以治天下." 〈上同〉하 3.

을 바탕으로 한 경애를 중시한 것은 근대적인 윤리관의 모습이며, 제가齊家에서 가족의 자존심과 단결을 유독 다시 강조해야만 했던 것은 당시의 국권상실로 말미암아 파생된 내부적인 자학과 분열의 현상이 우려되었던 까닭으로 이해될 수 있다. 경부사상敬父思想은 〈천주육변天主六辨〉의 불경부조不敬父祖에서 말한 내용과 일치하는 것으로 당시 천주교 비판논쟁 때 충격을 받고 이를 다시 심화시키고자 한 것이었다.

특히 단결을 필요로 했던 국가사회의 가장 기본적인 단위가 가정이기 때문에 해학은 가정교육에 관해 깊은 관심을 기울이고 있었다. 이것은 그의 가정교육관에서도 여실히 드러나고 있음을 앞에서 살핀 바 있다.

② 신혼불산神魂不散의 영향影響

영혼불멸설에서 주장했던 이론이 심화된 부분은 개인의 수양 및 자구노력과 연결시킨 원명元命·화명化命에서 보인다. 해학은 이미 〈천주육변天主六辨〉에서 영혼불멸설을 부정하면서 주기론主氣論에 입각하여 신혼神魂, 정백精魄의 개념을 주로 육신과 정신의 상관관계에서 파악하고자 하였다. 형체가 없는 신혼은 존재할 수 없다는 것이 주된 논지였다.

그러나 〈태백경太白經〉에서는 신혼의 존재여부 보다도 천天·인人관계로 확대된 관점과 개인의 수양을 강조하고자 하는 측면이 강조된 것을 변화된 특징으로 꼽을 수 있다. 인간이 태어날 때 신혼神魂은 하늘로부터, 정백精魄은 땅으로부터 받았기 때문에 천天·지地·인人 삼재三才로부터 만 가지 변화를 달성할 수 있는 것이라고 하였다. 기氣 가운데 가볍고 맑은 것은 신혼이 되어 하늘에 속하고, 무겁고 탁한 것은 정백이 되어 땅에 속하기 때문에 인간의 몸은 소천지小天地라는 것이다. 사려가 올바르게 되어야 신혼神魂이 배양될 수 있고 음식이 조절되어야 정백이 배양될 수 있으며 배양의 최고 단계가 바로 원명元命이라고 하였다. 사려와 음식이 손실되면 죽음에 이르게 되며 이 때는 원명이라고 할 수 없다는 것이다.[185]

앞서 〈천주육변天主六辨〉에서 색色이 정精을 음식飮食이 백魄을 손상시키며, 정精이 신神을 백魄이 혼魂을 온전하게 보전할 수 있는 바탕이 된다고 한 것과는 차이가 난다. 이론을 더욱 정교화시킨 흔적이 보인다. 정백이 신혼을 온전하게 보전한다고 했다가 사려思慮가 신혼을 배양한다고 변화되었다. 종전에는 음양론으로 설명하여 인간의 의지가 미칠 수 없는 분야에서 거론되었으나, 이제는 인간의 사고를 중시하는 의지적 측면이 강조되었다.

그러면 원명·화명의 이치와 중요성은 무엇인가? 원명은 심신의 완전한 조화를 이루어야 체득될 수 있기 때문에 외적인 열악

---

185 "人之生也, 神魂受諸天, 精魄受諸地, 故能參三才而達萬化, 氣之輕淸者, 爲神魂而屬天, 重濁者, 爲精魄而屬地, 故曰人身小天地也. 思慮正則, 神魂得其養, 食飮調則, 精魄得其養, 養之旣至, 是謂元命. 神魂損於思慮, 精魄失於食飮, 以是致死者, 不得謂之元命也."〈上同〉상 2.

한 조건만으로는 쇠퇴할 수 있는 성질의 것이 아니라고 하였다. 그러한 이치는 마치 비와 이슬이 꽃을 키워줄 수는 있어도 죽은 재를 살릴 수는 없으며, 서리와 눈이 만물을 죽일 수는 있어도 송백을 죽일 수 없음과 같은 것이라고 비유하고 있다. 이 말은 이미 〈천주육변天主六辨〉에서 언급된 부분이다.

〈태백경太白經〉에서 이렇게 재강조한 것은 인간의 자구적 노력이 외부의 조건에 의해서 영향을 받지 않는다는 것을 강조하기 위해서다. 그렇기 때문에 수양이 중요한 것이고 운명론에 빠져서는 안 된다는 것이다. 당시 애국계몽기에 강조된 민족의식의 각성을 위한 노력과 맥락을 같이 하고 있다.

범인은 인간에게서 완성되는 원명元命을 체득할 수는 있으나, 하늘에서 완성되는 화명化命은 성인만이 체득할 수 있다고 하여 범인과 성인의 수양단계를 구분하여 설정하고 있다. 그러나 화명은 원명을 통해서만이 가능하기 때문에 스스로의 수양이 귀중하다고 하였다.[186] 화명은 글자 그대로 생사의 운명을 끊임없이 순환변화시키는 것인데 결국 그 이치는 신혼정백神魂精魄이 합하면 살고 떨어지면 죽는 것이라고 한다. 그런데 진군眞君은 화명化命을 실행 하고자 오백세에 한번 화명하고 강세降世하여 모든 세상을 일깨워준다고 하였다.[187]

---

186 "雨露能發榮 而不能發灰燼, 霜雪能殺物, 而不能殺松栢, 元命者, 貧賤不能傷, 疾苦不能害, 元命者, 成於人者也, 化命者, 成於天者也, 然未有不由元命而能致化命矣. 故君子必以自養爲貴也."〈上同〉상 2.
187 "故眞君有言, 吾五百歲而一化, 或降於東, 或降於西, 或降於君, 或降於師,

진군眞君 숭배를 강조하기 위해서 진군을 절대자로 표방하고 있는데 이것은 천주교에서 내세우는 절대자의 강력한 신앙적 효험을 실감했기 때문이다. 단군을 이렇게까지 절대시한 것도 천주교 비판논쟁의 영향탓이라고 할 수 있다.

② 천당지옥天堂地獄의 영향影響

여기서 주목되는 것은 천당지옥설을 비판하면서 미진했던 부분인 복선화악福善禍惡이 국가주의에 입각하여 강력하게 심화된 이론으로 재무장되었다는 점이다. 해학이 반천주교논쟁 과정에서 받은 충격이나 각성 등의 파급효과가 〈태백경太白經〉에 반영된 가장 뚜렷한 부분이다.

앞서 해학은 천당지옥설을 비판하면서 복선화악福善禍惡의 현상이 현실세계에서 반드시 지켜지는 것은 아니기 때문에 그 교리는 혹세무민에 불과하다고 말한 적이 있다. 더욱이 복선화악은 유교에서도 권선징악의 의미에서 오히려 강조되어야 하는 이치였기 때문에 자가당착을 벗어날 수 있는 논리의 정립이 필요했으나 미진한 채 그치고 말았다. 그러나 국권회복이라는 대의명분을 내걸고 민족의식을 고취하고자 했던 시점에서는 복선화악을 내세워 국민들로 하여금 기꺼이 구국헌신을 유발하도록 강조할 필요가 있었기에 이에 대한 언급은 당연한 것이었다.

해학은 복선화악이 하늘의 이치여서 그것은 국가의 경우는 반

以詔斯民." 〈上同〉 상 2.

드시 징험이 되지만 개인에게는 꼭 징험되는 것만은 아니라고 하여 가변적으로 적용시키고 있다. 〈천주육변天主六辨〉에서는 이에 대한 언급이 다소 불명확했다.

> "복선화악福善禍惡은 하늘의 이치다. 그러나 그것은 국가의 경우에 비추어 보면 반드시 입증이 되지만, 개인의 경우에 비추어 보면 꼭 입증되는 것은 아니다. 요堯·순舜의 흥함과 걸·주의 망함은 국가의 경우에 비추어 본 사례이며, 도척의 장수와 공자孔子·안연顏淵의 재난은 개인의 경우에 비추어 본 사례다."[188]

이렇게 보면 하나의 원리가 국가와 개인간에 서로 다르게 적용되는 가변적 현상이 존재하는 셈이 된다. 개인의 화복과 선악간에 인과관계가 무시되는 이러한 현상을 두고서 하늘을 탓하는 것은 도를 알지 못하는 짓이라고 하였다. 왜냐하면 하늘은 한 개인의 하늘이 아니고 세상 모두의 하늘이기 때문에 세상의 공동책임을 묻는 것이지, 한 개인의 책임을 일일이 따지지 않기 때문이라는 것이다. 즉 개인에게 복선화악福善禍惡이 반드시 징험되지 않는 이유는 개인의 선악행위가 세상공동의 선악현상과 일치하지 않기 때문이라는 지적이다. 따라서 공자가 행한 선행도 개인 차원에서는 선행이지만 사회전체의 악함에 묻혀 버렸기 때문에 액운을 당한 것이라고 하였다. 선국의 악인과 악국의 선인이

---

188 "福善禍惡, 天之理也, 然徵諸國家則必驗, 徵諸一人則未必驗. 堯舜之興, 桀紂之亡, 此徵諸國家者也, 盜跖之壽, 孔顏之厄, 此徵諸一人者也."〈上同〉중 3.

다같이 그 국가에 용납되지 못하는 이치와 똑같다고 하였다.[189] 개인의 선악이라는 차원을 문제삼지 않고, 사회전체의 선악에 의해 복화가 결정된다는 점에 비중을 두고 있다.

여기서 주목되는 점은 개인보다 전체를 중시하고 있다는 점이다. 그것은 우선 민족단결을 염두에 둔 국가주의적 발상에서 기인한다. 다음으로 개인과 전체의 경우를 분리 적용하면서도 통합을 시도하는 사유방식을 동원하고 있다는 점이다. 해학은 민족단결을 지상과제로 여기면서 이의 해결을 변증법적 사고의식에 의존하고 있음을 알 수 있다.

앞서 〈천주육변天主六辨〉에서는 개인의 상常·비상非常과 국가의 상常은 그 사례를 언급했으나 국가의 비상非常은 언급하지 않았다. 그러나 〈태백경太白經〉에서는 국가의 경우에 비상이 적용되지 않는다고 분명히 못박고 있다. 그리고 그 이유에 대해서 개인의 선악도 결국 국가의 선악이라는 범주 속에서만이 가능한 것으로 결론을 내리고 있다.

우리는 여기서 해학의 국가주의적 발상을 발견하게 된다. 개인보다는 국가전체를 앞세운 논리를 강조하여 망국을 흥국시키기 위한 최우선의 가치로 부각시키고 있기 때문이다. 이같은 발상은 현실적으로 이미 국권이 상실되었는데도 정신적으로는 그것을 인정치 않으려는 데서 출발한다. 착한 민족이 노예국이 되었다

---

189 "今以一人之禍福, 責于天者, 非知道者也, 天乃天下之天 非一人之天, 故亦有天下之貴, 而無一人之貴也, 善國之惡人, 惡國之善人, 其不見容一也, 此一人之禍福所由也."〈上同〉.

는 것은 분명 비상이기 때문이다. 그런데도 해학海鶴은 이를 인정치 않는 것을 전제로 해야만이 그의 논리가 성립될 수 있기 때문이다.

착한 민족에게 들씌워진 노예신세는 분명 현실로 등장했는데도, 해학은 이같은 비상이 국가의 경우에 적용되지 않는 것이라고 단정했다. 현실과 당위간의 모순이 드러나고 있다. 결국 민족현실의 고난을 민족종교의 신념으로 해결하고자 하는 해학의 의지를 보여주고 있다.

비상의 민족현실을 극복하기 위해서 군자는 이기적인 짓만을 구하려하지 않고 세상도 함께 위하는 짓을 구하는 것이며, 성인은 이 세상을 자신과 동일시하여 치란흥쇠가 문득 그 마음과 관련되는 것으로 여긴다고 하였다. 그러한 예로 이윤伊尹과 공자孔子의 치욕을 들고 있는데, 그들이 세상을 걱정하고 인민을 염려하는 정도가 얼마나 대단한 지를 본받고자 하는 의도에서 출발하고 있다.

다음은 세교世敎를 위해 전개한 변화원리變化原理의 변형된 이론을 보자. 〈천주육변天主六辨〉에서 주장한 이理, 수數 원리를 변용시켜 도道, 수數, 운運, 명命으로 설명하고 있다.

> 도道의 운행에 수數가 있고 수數라는 것은 하늘에 있어서는 운運이요, 사람에게 있어서는 명命이다. 수數는 세교世敎와 관련이 아주 깊은 것인데, 반드시 운運과 명命이 만나야 만이 행해질 수 있다. … 수가 존재하면 하늘도 제압할 수 없

다. 나도 이 한 순간이 마땅히 어느 때에 있어야 하는지를 모른다. 도를 얻으면 살고 얻지 못하면 죽는다. 그러니 사생의 경지를 어찌 힘쓰지 않을 수 있는가?[190]

이것도 〈천주육변〉에서 천당지옥설을 비판할 때에 만물의 생성변화의 원인이 이理와 수數에 있다고 주장한 부분 가운데서 수數의 부분을 더욱 정치하게 이론화시킨 것이다. 상실되어 가는 민족의 생존을 위해서는 현재의 상황이 변화되어야 가능하다는 전제가 성립된다. 그런데 그 변화의 원리에 대해서 종전에는 필연적 요소인 이理와 우연적 요소인 수數의 병행 내지는 상호제압이라고 했다. 그리고 세교世敎를 권장하기 위해서 선행자善行者에게 복福이 도래한다는 복선화악을 주장했던 것이다.

그런데 이제는 이理·수數에서 우연적 요소였던 수數만을 따로 분리하였다. 이를 천天에 있어서는 운運이요, 인人에 있어서는 명命이라고 하였다. 〈천주육변〉에서 설정했던 우연과 필연의 영역을 지워버리고 대신 하늘과 사람의 영역으로 적용시켜 운명론運命論을 전개하고 있다. 여기서 천天은 절대자 즉 단군의 권능을 지 칭하고, 인人은 민족개인의 분발노력을 뜻한다. 민족의 생존을 위해서는 상황이 변화되어야 하고, 변화시키기 위해서는 도道를 체득해야 한다. 도道의 운행은 수數에 달렸고, 수數는 천天의 운運과 인人의 명命이 합일될 때라야 시행된다. 결국 천인합일의 경지에 도달해야 생존할 수 있다는 것이다. 이것은 단군에 대한 신앙과 민족구성원의 분발노력으로 가능하다는 결론에 도달된다.

민족이 처한 현실은 수數가 다한 현상 즉, 궁窮한 처지에 있기 때문에 형통할 수 있는 가능성이 가장 큰 시기임을 확신시키고, 그 성취여부는 민족의 의지에 달려 있다는 진인사대천명盡人事待天命의 정신을 강조한 것이다.

第3章

시변時變에 대응한
문학세계文學世界

해학
이기 海鶴 李沂의
사상과 문학

I. 문학文學에 대한 관점觀點 및 경향傾向

개인의 문학에 관한 견해는 그의 사상적 경향과 일치하기도 하고, 혹은 그렇지 않을 수도 있다. 일치된 경우에도 성향 정도에서 그치는 경우와 근간을 같이하는 경우도 있다. 해학의 경우에는 어떠한가? 결론적으로 해학의 문학과 문학관은 그의 사상적 변화의 속도를 뒤따라 가지는 못했지만, 기본적으로는 상응되고 있다. 그러면 해학의 문학에 관한 기본적인 생각은 어떠하며, 어떤 자세로 임하고 있는가? 그리고 해학의 문학은 어떠한 경향이 있었는가? 이러한 문제들에 관해서 해학 자신의 글과 당대 문인들의 평가를 통해 정리해 보자.

1. 시詩에 대하여

먼저 해학 자신이 지니고 있는 시에 관한 견해가 어떠한 것인가는 다음의 예문에서 잘 나타나 있다.

세상에서 시를 논하는 자들이 대부분 진한秦漢 시대의 시에 미치지 못하며, 당송唐宋도 진한에 미치지 못한다고 한다.

참으로 시대가 내려오면 내려올수록 시가 더욱 낮아진다고 말한다면 나중에는 점점 더 나쁘게 변화되어 거의 귀신 도깨비와 같이 되지 않겠는가? 그래서 나는 일찍부터 이렇게 생각하였다. "오직 독서를 잘할 수 있는 자만이 풍기의 구애나 사법의 속박에서 벗어나 마음에서 체득하여 입으로 펴낼 수 있게 된다. 이를테면 다음의 〈역수가〉 한 구절과 같은 것이다. '바람은 소소하고 역수는 차갑기만 하구나. 장사가 한번 떠나가면 다시는 돌아오지 못하리라'. 이것은 의기가 격앙하고 음조가 처절하여 천년을 지났어도, 오히려 사람들의 눈물을 자아내게 한다. 이러한 수준은 요즈음 장구나 읊조리는 선비로서는 생각조차 할 수 없는 경지가 있다. 나는 형경이 어떻게 이런 경지를 체득하였을까를 잘 몰랐다. 혹자는 생각하기를 고인은 재주가 뛰어나 배우지 않고도 능한 자가 있다고 하지만 이것은 틀린 말이다. 사마천은, 형경이 비록 술에 빠지긴 했어도 사람됨이 침잠하며 독서를 좋아했다고 말했다. 나는 그 말을 알고 난 뒤에야 〈역수가〉는 진실로 유래가 있음을 깨달았다. 주나라 시절 문무지교文武之敎가 아직 쇠퇴하기 이전엔 사람들이 모두 예의禮義와 현송弦誦을 익혀서 한 글자 한 마디라도 꼭 취할 만한 것이 있었다. 그래서 유독 시경 삼백편으로 시가의 조종을 삼았다. 그렇지 않더라면 고인도 역시 사람이니 나와의 거리가 어찌 서로 멀다 하겠는가?[1]

1 "世之論詩者, 多以爲漢秦不及於周, 唐宋又不及於漢秦, 苟云愈降而詩愈卑, 則此不幾近乎化爲鬼魅歟, 故吾賞謂惟能讀書者, 不爲風氣之所拘, 師法之所縛, 得於心而發於口, 如易水歌曰, 風蕭蕭兮易水寒, 壯士一去兮不復還, 其意氣激昂音調凄切, 千載之下, 猶足以令人泣下, 有非近日章句之儒所可企到, 則愚未知荊卿何由而得此邪, 或疑古人才高, 亦有不學而能之者非也, 司馬遷云荊卿雖游於酒, 人乎亦沈深好讀書, 余然而後乃覺易水歌, 固有所自來者矣, 方周時文武之敎未衰, 其人皆嫻於禮義, 習於弦誦, 而一言一語必有可採, 故獨以三百

여기서 우리는 해학의 시관을 이렇게 정리할 수 있다. 우선 마음의 자연스러운 발로를 강조한 것이다. 그러나 그러한 경지는 저절로 이루어지는 것이 아니라, 올바른 독서를 통해서만이 가능하다는 것이다. 흔히 시는 시대가 가면 갈수록 풍기나 사법의 구속때문에 나빠지는 경향이 있다고 하였다. 그러나 이것은 올바른 독서를 통해 바로 잡을 수 있다고 하였다. 이 때의 올바른 독서 수단은 육경, 특히 시경이라고 했다. 그러한 예를 형경에서 찾고 있다. 그러면서 형경의 〈역수가易水歌〉의 이면에 있는 의기격앙·음조처절을 중시하여 시에서의 애국적 정서를 강조하기도 하였다. 또 해학은 시에 있어서 독자를 비분케 하는 요소를 강조하고 있는데, 다음의 예문에서 그같은 점을 찾을 수 있다.

> 내가 남전을 보니 푸짐한 몸집과 긴 눈썹을 갖고 있다. 두 눈동자는 가을 강물처럼 맑고 성품도 활달하여 구애됨이 없다. 그러나 항상 자신이 여자라는 점 때문에 울적하여 즐거워하지 않았다. 그러므로 그 시가 애완처절하였다. 마치 유연 땅의 장수와 병졸들처럼 늙어서도 뜻을 이루지 못하자, 칼을 두드리며 저자거리에서 길게 읊조려 그 음조가 맞고 안 맞고는 따질 것도 없이 사람들로 하여금 충분히 비분케 할 뿐이었다.[2]

篇爲詩歌之祖, 不然則故人亦人耳, 其去我豈相遠哉."〈梅石遺稿序〉,《遺書》 권 7.

2 "吾見藍田, 豊肌而修眉, 兩瞳洞然若秋水, 性又磊落不羈, 常以身爲女人, 鬱悒不樂, 故其詩多哀惋凄切, 如幽燕將士, 老不逐志, 擊劍長呼於屠市間, 其音調之中不中, 姑勿論已, 足以令人慎耳."〈藍田詩稿序〉,《遺書》 권7.

이 글은 해학이 49세에 대구의 기생 서기옥徐其玉의 시에 쓴 서문이다. 한 많은 기생의 고백을 듣고 그의 시에 관해 쓴 글이다. 서기옥의 시에서 작가의 애완처절한 심정이 독자들을 감동시키고 비분케 한 점을 부각시켰다. 음조는 문제시하지 않고 있는데, 이는 해학이 시의 형식에 관해서 별로 중시하지 않고 있음을 말해준다.

다음으로 해학은 작시의 방법에 관해 이렇게 말했다.

> 옛 사람이 말하기를 "시는 뜻을 말한 것"이라고 했다. 이 말은 아마도 시에 뜻을 두지 말고 시를 지어야 한다는 것을 가리킨 것이다. 시경 삼백편 이래로 시를 전문으로 지은 사람이 없는 것은 아니었다. 그러나 만약에 의도적인 뜻으로 시를 지었다면 그 마음은 이미 시에 사역당하게 된 것이니 어찌 다시 여운이 있겠는가? 그러므로 오직 시에 의도적인 뜻을 두지 않는 사람이라야 곧 이 단계에 자처할 수 있게 된다.[3]

시를 짓는데 마음을 자연스럽게 표현해야지 의도적인 뜻이 앞선다면 좋은 시가 될 수 없다고 하였다. 해학은 회화에 있어서도 이와 같은 예술관은 강조하고 있다. 친구인 이형오가 보내준 매화 그림을 절찬하면서, 친구가 매화를 그렸을 때의 자세를 상상하고 쓴 글이 있다. 산문의 언급에서 다시 거론되기 때문에 상세

---

3 "古人云詩言志, 此蓋指不志於詩而爲詩者也, 夫自三百篇以來作者未必無人, 然苟志於詩, 則其心已役於詩, 豈復有餘志哉, 故惟不志於詩者, 乃能居是也." 〈鐵櫺集序〉,《遺稿》권 3.

함을 피하겠지만, 여기서 해학은 그림을 그리는 데 있어서도 작자의 의도적인 뜻이 배제되었을 때가 가장 훌륭한 작품이 된다고 했다. 그것은 마치 사물을 기대하지 않았는데 만나게 될 때가 가장 기쁜 것과 마찬가지라고 했다. 작자가 천기天機와 인사人事에 방해받지 않고 그림을 그릴 수 있을 때 바로 불기공이공지不期工而工至가 될 수 있다는 것이다.[4]

해학은 문학에 대한 견해의 일단을 황현에게 답한 편지속에서 보이고 있다. 그가 화엄사 기슭에서 당시의 문사들과 창수하면서 지은 시를 황현에게 보냈고 황현이 이를 평가한 데 대한 답장의 글이다. 여기서 해학은 옛사람들이 낡은 것을 변화시켜 새롭게 만드는 기법이 있는데, 이것이 소설小說·이어俚語에서 나왔다고 해서 비판하는 것은 잘못된 것이라고 지적했다.[5] 해학은 그 전거가 무엇으로부터 비롯되었느냐를 중요시하지 않고, 시대에 맞는 새로운 변화를 가져왔느냐에 관심을 두고 있다.

다음으로 해학 시의 경향과 이에 대한 평가는 이정직李定稷의 시평에서 잘 드러나 있다. 이정직은 우선 역대 중국문인들을 살펴 볼 때 유자후柳子厚를 제외하고는 시와 문에 모두 장기가 있었던 사람은 없었다고 했다. 해학의 문은 유자후를 체득했지만, 시는 이에 미치지 못한다고 했다. 그러나 해학의 시가 지금 사람들의 글은 될 수 있기 때문에 신금언속금언新禽言續禽言과 같다

---

4 〈題李馨五十梅後〉,《遺稿》권3.
5 "但古人亦有化腐爲新之法, 似不可以其出於小說俚語而非之也." 〈答黃進士玹書〉,《遺稿》권 3.

면 후세에 전해질 수 있을 것이라고 하였다. 즉 전통적인 시의 입장에서 보면 부족하지만 오늘날의 관점에서는 훌륭한 시라고 했다.[6]

또 해학의 시에 관해서 당대의 시인 창강 김택영은 해학의 제자인 정기용鄭冀溶에게 이렇게 말하고 있다.

> 그대의 선생은 지금 천하의 굉달박편宏達博辯·탁락강개卓犖慷慨한 선비다.… 한 번 고개를 숙이고 들며, 한 번 울고 한 숨 쉴 때 마다 성령의 자연스러움에서 나오지 않은 적이 없다. 그 털끝 만큼이라도 견강부회한 흔적을 찾으려 해도 찾을 수 없다. 이 때에 어떠한 사람이라도 그 곁에서 붓을 잡고 나아가서 그것을 좇아 본뜬다면 모두가 시가 될 것이다. 단지 운이 맞지 않을 뿐이다. 이것을 일컬어 비시지시非詩之詩라고 하는 것이다.[7]

이것은 1903년 해학의 제자들이 서울에서 시사를 결성할 때 김택영에게 시사의 이름을 부탁하자 김택영이 시전사詩前社라고 지어주면서 쓴 서문이다. 해학시의 특징은 성령性靈의 자연스러움을 드러내는 것이어서 꾸밈이 없으며, 운운韻같은 형식을 무시하는 것으로 단정했다. 김택영의 표현에 의하면 비시지시非詩之詩

---

6 "竊怪夫伯曾之文得之子厚, 而詩乃不及, 何哉, 雖然, 伯曾之詩, 尚足爲今人之詩, 而如新禽言續禽言, 則吾知其必傳矣."〈海鶴詩文集序〉,《遺書》.

7 "子之先生, 天下宏達博辯卓犖慷慨之士也. ……一俯一仰一笑一嘻, 無不出於性靈之自然, 求其一毫涉於牽强者, 而不可得, 於此之時, 苟有人從傍操筆而進, 依而象之, 比而律之, 則皆詩也, 特未韻耳, 是非所謂非詩之詩耶."〈詩前社卷序〉,《金澤榮全書》壹.

라는 것이다. 여기서 성령을 드러냈다고 한 의미는 해학에게 있어 감상적인 것이 아니라, 현실속에서의 절실한 심정을 시로 드러낸 것임을 뜻한다고 한다. 시전詩前이라는 이름도 해학시의 특징과 결부된 이름이라고 했다. 즉 시를 짓기 이전에 의도적인 뜻을 갖지 않는 것을 말한 것이다. 지금까지 언급된 것을 볼 때 해학 자신의 시에 대한 견해와 당대인들의 일반적 평가가 대체적으로 일치되고 있음을 보았다.

2. 문文에 대하여

해학의 문文에 대한 생각은 양백규梁伯圭에게 보낸 아래의 편지에서 잘 나타나 있다.

무릇 문장은 도道의 피부·가죽일 뿐이다. 비록 우리들이 급급할 것은 아니지만 피부·가죽을 없애고 손상시킨 채 근맥筋脈의 보전을 찾는다면 이미 잘못된 일이다. 그러므로 옛날의 성인도 치우치지 않기 위해서 육경을 짓게 된 것이다. 진·한 이래로 육경정신이 흩어져 표절 도습의 학문이 유행처럼 함께 일어났다. 진실로 어느 한 사람 뿐만 아니라 세상의 문을 논하는 자는 모두 한·유·구·소를 대방가로 삼지 않은 자가 없었다. 또 반드시 그 장구를 사모하고, 그 형체를 모방하여 공력을 들이는 데 근면·독실 하지않았다고 말할 수 없다. 자네도 일찍이 그렇게 말한 적이 있었다. 그런데 혹 가각苛刻·구체拘滯에 빠져서 펴지 못하고, 유미流靡·질탕佚蕩에 빠져서 거두지 못한 채 끝내 근사할 수 없으니 이것이 매우 괴이한 일이다. 나는 이렇게 생각한다. 문文은 반드시 기氣에 구애된다. 기氣에는 편전박후偏全薄厚의 같지 않음이 있다. 그런데도 억지로 기필하려고 하면 결국에는 항상 잘못이 있게 마련이다.··· 사씨도 일찍이 이처럼 문으로써 억지로 기필하려고 하지 않았다.

만약 억지로 기필하려고 했다면 결국엔 항상 잘못이 있게 되었을 것이다. 한·유를 본받다 잘못되면 마침내 가각苛刻·구체拘滯가 되어 펼 수 없게 되며, 구·소를 본받다 잘못되면 유미流靡·질탕佚蕩하게 되어 거둘 수 없을 것이다. 무릇 지금의 학자들이 끝내 근사해질 수 없는 것은 괴이한 일이 못된다.

일찍이 들으니 동남의 물 중엔 양자강·한수가 제일 크다고 한다. 그 근원은 민번산이며, 지류는 타잠이라고 한다. 강·한의 물은 넓고 깊으며, 담담하고 맑으며, 호탕하게 파도를 일으키며, 질펀하게 물결이 생겨서 바다의 조종을 이루고 있으니, 이것은 강·한의 기이한 변화현상이다. 무릇 민번산은 사씨의 육경이 아니겠는가? 지금 그들의 문을 관찰해 보니 여기에 근원을 두지 않음이 없다. 타잠은 사씨의 학문이 아니겠는가? 지금 그 사람들을 관찰해 보니 여기에 흘러가지 않음이 없다. 아! 육경을 도외시하고 사씨에게서 찾는다는 것은 민번산을 도외시하고 양자강·한수에서 물의 근원을 찾으려 하는 것과 같아서, 끝내 그 근원을 찾을 수 없는 것은 당연하다. 그러므로 육경에 돌아가 그 기를 키워야만 이 치우친 것이 온전하게 되고, 박한 것이 후하게 된다. 그렇게 된 뒤에 그것을 꺼내어 사용할 때 비로소 한·유도 되고 구·소도 된다.[8]

---

8 "夫文章道之膚革而已, 雖非吾輩所當汲汲, 然敗傷膚革, 而求筋脈之保, 則

해학이 도道와 문文의 관계를 근육·혈맥과 피부·가죽으로 비유한 것이 흥미롭다. 이것은 도문일치道文一致의 문학관으로 이 때의 도의 개념이 무엇인지가 문제시된다. 이 때의 도道는 유가의 종지인 육경정신을 원류로 하는 것이다. 이러한 문학관은 다산과 같은 경세가들의 문학관과 비슷하다. 그런데 이 도道는 고정불변이 아니라고 본 것이다. 현실문제를 어떻게 해결해 나가느냐에 따라 그 도道의 개념이 달라지는 것이라고 보았다. 이에 따라서 양기론養氣論·문기론文氣論이 등장하게 되 었다.

이러한 이론은 기본적으로 도문일치道文一致의 문학관에서 비롯된 것이다. 기氣는 개인마다 다르기 때문에 기氣에 속하는 문文도 개성적일 수 밖에 없다. 그러므로 사대가를 표절하는 것을 비판한 것이다. 그리고 기氣는 변화가 가능하다고 보고 양기養氣를 중시했는데, 그 방법은 육경을 바탕으로 해야 한다고 한다.

이러한 해학의 문학관은 기본적으로 그의 육경중시의 학문관

以謬矣, 故古之聖人, 亦不敢偏廢, 而六經有由作也, 漢秦以來, 六經散而剽竊盜襲之學沄然幷起, 固非一氏, 世之論文者, 莫不以韓柳歐蘇四氏, 爲大方家, 亦必慕其章句, 倣其形體, 用功費力不可爲不勤篤, 吾兄亦嘗云云矣, 然或失之於苛刻, 拘滯而不能舒, 或失之於流靡, 佚蕩而不能收, 卒無得其近似, 此甚怪矣, 沂則以爲文者必囿於氣, 氣有偏全薄厚之不同, 而強期之, 則其末也常有失, …而四氏亦未嘗以如此之文, 強期之也, 若強期之, 則其末也常有失, 失之韓柳二氏者則遂爲苛刻拘滯, 而不育餘予, 失之歐蘇二氏者, 則遂爲流靡佚蕩, 而不能收, 凡今學者, 所以卒無得近似, 而未足怪矣, 嘗聞東南之水, 江漢最大, 其源曰岷嶓也, 其流曰沱潛也, 泓爾而深, 湛爾而清, 澔爾而波浪作, 漫爾而淪漣生, 以致朝宗于海, 則固江漢之奇變也, 夫嶓者, 非四氏之六經邪, 今以其文觀之 未有不源於此, 沱潛者, 非四氏之學者邪, 今以其人觀之, 未有不流於此, 嗚呼, 外六經而求之四氏, 是猶外岷嶓而求之江漢, 其終不得朝宗之源宜矣, 故莫若反之六經, 以養其氣, 偏者旣全, 薄者旣厚, 然後出而用之爲韓氏也, 爲柳氏也, 爲歐氏也, 爲蘇氏也.” 〈與梁伯圭書〉, 《遺書》 권6.

에 기초하고 있음을 알 수 있다.

> 나는 일찍부터 이렇게 생각하고 있었다. 학문은 반드시 육경에 뿌리를 두고, 제자백가에 꽃을 피우고, 시무에 열매를 맺어야 된다. 이것이 비록 일시적인 말이지만, 이 말을 영원토록 시험해도 부끄럽지 않을 것이다.[9]

육경·백가·시무를 각기 나무의 뿌리와 꽃과 열매에 비유하고 있는 것이 흥미롭다. 육경에 바탕을 두었지만 백가로써 꽃을 피워 풍부하게 해야 하며 최종적인 열매는 시무에 있다고 하였다. 이러한 학문관이 그대로 문학관에도 적용되고 있다.

이 밖에도 해학의 문에 대한 견해를 엿볼 수 있는 글이 있다. 해학이 만덕산萬德山에 올라가서 동행한 박한진朴翰鎭·최백영崔栢榮에게 세상만물은 변화를 겪어야 성장할 수 있다는 얘기를 하면서 이렇게 말했다.

> 진나라 양호가 일찍이 현산에 올라가 고인이 인멸되어 들을 수 없음을 비분강개하고 탄식했다. 아마 그 마음이 비록 공리를 추구하고자 하는 데서 나온 것이어서 우리가 취할 바는 아니지만, 자네들은 응당 이러한 이치에 나아가서 취사선택을 하기 바란다. 그래서 반드시 도의 문장으로 하여금 위로는 상세하게 근원이 있게 하고, 아래로는 내달려 끝이 없게 해야 한다. 그래서 영원토록 양호로부터 벗어나기를 추구한 다음, 다시 이 산에서 만물의 변화를 탄식한다면 다행이

---

9 "愚嘗謂學必根于六經, 華于百家, 實于時務, 此雖一時之言, 可以質之百世而無愧焉."〈答鄭君曘圭書〉,《遺書》권6.

겠다.[10]

여기서도 도의道義·문장文章을 일치시켜 설명을 하고 있다. 그런데 그 도의 문장은 근원이 있어야 하며, 또한 무궁한 다양성이 있어야 한다고 했다. 근원이 무엇인지에 관해서는 구체적으로 언급하지 않았지만, 앞서의 주장을 토대로 살필 때 육경을 지칭한 것으로 보인다. 그리고 시대 변천에 따라서 세상만사가 변화하는 이치처럼 도의문장도 끝없이 다양한 변화를 추구해야 된다고 한 것이다. 그러나 이 경우에도 공리를 떠난 마음으로 받아들여야 한다고 했는데, 이것은 문장에 있어서 의도적인 자세를 배제하고 자연스런 표현을 강조하고자 한 것이다.

또 황현의 기記에 관해서 평가하고 있는데, 여기서도 해학의 문에 관한 생각의 일단이 보인다. 황현이 문루門樓에 쓴 기기가 마치 줄에 구슬을 꿰어 둥근 고리처럼 끊기지 않는 것 같아서, 24가문에 비해 손색이 없다고 했다. 다만 아쉬운 것은 고인의 준승準繩은 있으나, 고인의 풍운風韻은 없는 점이라고 하고, 그것은 천부적인 것이라서 억지로 될 수 없다고 평가했다.[11] 여기서 준승準繩은 체계의 모범을 말하고, 풍운風韻은 작자의 정신을 말하는 것으로 보인다. 해학은 문에 있어서 기존의 틀보다는 작자의

---

10 "晉之羊祜嘗登峴山, 慷慨歎古人之湮沒無聞, 蓋其心雖出于趨功徼利, 而非吾輩所及, 然惟願二君, 亦當就此而去取之, 必使道義文章, 上軋有元, 下馳無窮, 以求免乎千百世之羊祜, 復歎此山, 幸矣."〈重游萬德山記〉,《遺書》권8.
11 "門樓記文, 如一繩貫珠, 回還不斷, 誠無愧于卄四家門庭, 但恨有古人之準繩, 而無古人之風韻, 此則天賦, 何可强哉."〈答黃進士玹書〉,《上同》.

개성을 더 중시하고 있음을 알 수 있다.

그러면 해학의 문에 대해서 당시의 문인들이 평가하고 있는 일반적인 경향은 어떤 것인가? 해학·매천과 더불어 당시 호남삼재湖南三才로 일컬어진 이정직은 이렇게 평가하고 있다.

> 백증(해학의 자字 : 필자 주)이 지은 글은 허사나 불필요한 구절이 없어서 마치 꽃부리와도 같고, 곡식의 자양분과도 같아서 온윤하고 전아하여 뚜렷이 옛사람의 풍이있다. 〈좌전〉·〈국어〉의 유풍이 있었는데 당나라의 유자후가 그 종사가 된다고 하였다.… 듣자니 봉성에 진사 황현이 있어 문장으로써 남방을 응시하고 있다는데, 필시 그 사람은 백증과 더불어 백중이 될 것이다.[12]

꾸밈이 없고 간결함을 해학 문의 특징으로 평가하고 있다. 이어 황현과 이건창의 평가를 보기로 하자.

> 하늘이 내린 그대의 뛰어남이여! 진실로 특출하여 범상이 아니로다. 웅매초양한 기질에 괴기편박한 문식을 지니고 있도다. 학문을 앉아서 담론한 것이면서도 곧 서서 실행한다. 그의 뜻은 국왕을 높이면서도 백성을 비호하는 데 있다.[13]

해학의 글은 비단이다. 비단을 만드는 자로 하여금 하루 아

---

12 "蓋伯曾之爲文, 無虛字閒句, 如花之英, 如穀之精, 溫潤典雅, 菀有古作者風, 得左傳國語之遺, 而唐之柳子厚, 卽其宗師也, …聞鳳城有進士黃玹, 以文章雄視南方, 則必其人, 與伯曾相伯仲." 李定稷〈海鶴詩文集序〉,《遺書》.
13 "天惟吾子之挺秀兮, 洵魁特而不群, 雄邁超驤之氣, 瑰奇辯博之文, 其學則坐談而立行, 其志則尊王而庇民." 黃玹,〈祭李海鶴文〉,《遺書》.

海鶴李沂의 思想과 文學 ─ ┊

236

침에 베틀을 바꿔 포백을 만들게 한다면 그 이로움이 얼마
나 많을지 나는 모르겠다. 그러나 보는 사람의 눈에 부족됨
은 차이가 생길 것이다. … 내가 최근 백증의 글 지은 것을
보니 더욱 박변기려하여 오직 뜻이 방자하고 범상함에 충실
치 않는다. 그리하여 사람으로 하여금 얼핏 보면 낙심하여
놀라게 하지만, 이내 재미있고 좋아서 버릴 수 없게 한다.[14]

두 글은 모두 해학의 문에서 기변, 박식, 시무 등의 경향을 지
적하고 있는데, 해학의 문이 그의 사상적 편력과정이나 기질과
무관하지 않음을 알 수 있다.

---

14 "伯曾之文錦繡也使爲錦繡者, 一朝易其機抒, 而爲布帛, 則吾未知其爲利孰
多, 而其不足於觀者之目, 則有間矣. ……雖然吾觀伯曾近所爲文, 愈博辯奇驪,
惟意之所恣, 而不衷於常, 使人驟見, 惝然而驚, 旣則津津然不能捨." 李建昌,
〈質齋記〉,《遺書》.

II. 내적內的 갈등葛藤의 시적詩的 표현

1. 강명구현剛明具現의 갈등葛藤

해학은 경세經世를 자기의 임무로 여기고 부단히 현실에 참여하였다. 그러면서도 빈한한 가정과 가족을 책임지는 가장으로서의 역할도 방기할 수 없는 처지였다. 이 양자의 사이에서 해학은 경세가로서 혹은 가장으로서 갈등을 겪어야 했다. 그러나 끝내 가장보다는 경세가의 위치에서 현실에 참여하게 된다. 현실참여에서의 약점이 처자식이기 때문에 공의公義와 사정私情사이에서 처신할 자신의 생각을 정리하였다.

이것을 강명剛明이란 말로 표현하였다. 해학은 강剛이란 아내에게 흔들리지 않는 것이며, 명明이란 자식에게 덮이지 않는 것이라고 했다. 사람이란 처자식에게 쉽게 정이 빠져들게 되는 법인데, 그렇게 되면 의리를 단행하기가 어렵기 때문에 강명剛明이 필요하다고 하였다.[15] 강명의 원래의 뜻이 이러한 것만은 아니지만 해학은 일단 그렇게 해석했다.

---

15 剛明에 관한 해학의 언급은 〈雜錄八則〉, 《遺書》 권9와 〈太白經〉 하 2, 《遺稿》에 있다.

해학은 조선말 극도의 모순된 사회현실과 극빈했던 가정형편 사이에서 경세를 위해 가족을 포기해야 했던 인간적인 갈등을 시로서 표출하고 있다. 이것을 강명구현에서 파생된 갈등의식이라고 할 수 있다. 이를 통해서 우리는 격변기를 살아간 경세가로서, 그리고 시인으로서의 해학이 겪는 내면적 갈등의 세계를 살펴 볼 수 있다.

유월 오 일 여 명 초
六月五日黎明初
여 속 지 수 도 와 기
茹蔌之羞陶瓦器
노 모 배 신 다 발 원
老母拜神多發願
공 경 감 문 연 하 고
公卿敢問緣何故
억 증 낙 지 심 섬 미
憶曾落地甚纖微
집 시 공 탑 취 공 양
執時恐塌吹恐颺
담 명 설 상 무 허 년
談命說相無虛年
십 세 학 고 문
十歲學古文
십 팔 학 장 노
十八學莊老
삼 십 학 성 명
三十學性命
유 원 미 지 하 일 도
悠遠未知何日到
청 모 역 축 어
請母易祝語

점 미 작 반 해 곽 갱
粘米作飯海藿羹
요 간 비 박 달 정 성
要看菲薄達精誠
사 남 수 제 기 질 귀
使男壽躋耆耋貴
위 소 시 월 시 일 생
謂所是月是日生
청 어 영 설 낭 요 경
清於永雪朗瑤瓊
가 련 강 보 양 아 정
可憐襁褓養兒情
개 언 평 지 입 공 명
皆言平地立功名
십 오 학 종 횡
十五學縱橫
이 십 유 오 학 장 정
二十有五學章程
초 심 경 로 착 진 형
稍尋逕路鑿蓁荊
건 의 출 각 령 인 경
蹇衣出脚令人驚
사 남 신 무 질 병 총 명
使男身無疾病聰明

치 부 반 상 요
齒不般殤夭

독 서 이 치 성 인
讀書以致聖賢

종 년 낙 태 평
終年樂太平[16]

위 불 과 전 맹
位不過田氓

역 경 이 봉 무 모
力耕以奉父母

6월 초닷새 여명이 싹틀 무렵,

찹쌀로 밥을 짓고 미역국 끓여.

질그릇에 나물 무침,

적어서 변변치 못하지만 정성껏 차린 것으로 보이네.

노모께서 삼신께 절하시고 발원을 많이 하시는데,

내 자식 오래살게 하고 늙도록 귀한 몸 되게 해주소서.

감히 묻건대 공경은 어떤 연줄을 대야 합니까?

바로 이달 이날에 태어난 내 자식말입니다.

생각해보니 일찌기 이 땅에 태어난 여리고 작은 이 아이,

빙설보다도 맑고 요대보다도 밝아.

언제라도 떨어질까 두렵고 불면 날아갈까 두려워,

강보로 싸서 키운 가련한 아이에 대한 어미의 정.

운명을 말하고 관상을 말하는데 거른 해가 없었는데,

모두 말하기를 평지에 공명을 세울 거라네.

10세에 고문을 배웠고,

15세에 합종연횡을 배웠고.

18세에 노장학을 배웠고,

25세에 법도를 배웠고.

30세에 천성천명을 배웠으니,

점점 지나가며 갈 길을 찾아 가시덤불 헤쳐갈 수 있겠지.

아득히 어느날에 이루게 될지 아직은 알 수 없지만,

---

16 〈生日有感〉, 《遺書》권11.

옷을 걷고 발을 내디뎌 사람들을 놀라게 해주소서.
모친께 청컨대 위와 같은 축어를 이렇게 바꿔 주세요,
내자식을 몸에 병없고 천성이 총명토록 해주소서.
수명은 요절하지 않게끔 해주시고,
지위는 농부를 넘지 않게 해주시고.
책을 읽어 성현이 되도록 해주시고,
힘써 농사지어 부모를 봉양하게 해주시고.
종신토록 태평하게 즐기도록 해주소서.

　이 시의 앞부분은 자식을 둔 어머니의 한결같은 기대가 전형적으로 묘사되어 있다. 이것은 작자가 30세에 쓴 것인데, 해학은 이미 28세 때에 과거에 대한 미련을 완전히 버렸다고 하였다. 생일의 유감은 바로 과거를 단념할 수 밖에 없는 자신의 앞날이 가족의 기대처럼 될 수 없다는 것을 시사한 것이다. 해학이 축어를 바꿔 달라고 한 내용은 진정으로 해학이 바라는 바가 아니었다. 이것은 후일 해학이 취한 일련의 행동을 미루어 보면 알 수 있다. 모친의 기대가 현실화 될 수 없는 데서 나온 자조섞인 말이다. 자식된 도리로서 부모의 소망을 저버릴 수 밖에 없는 현실처지가 시인 해학으로 하여금 강명구현의 갈등을 일게 했다. 해학은 이후로 각처를 유력하며 현실에 참여한다. 그러나 얼마 안되어 상처를 당하게 되는데, 이때 해학은 남편으로서 겪는 상심을 애절하게 표현하였다. 강명을 구현하는 데 있어서 아내와의 사별도 인간적인 갈등을 일으키게 하였다.

삼 십 행 년 일 유 인
三十行年一孺人

불 혐 낭 천 불 겸 빈
不嫌郎賤不嫌貧

자 종 난 혜 무 향 후
自從蘭蕙無香後

각 감 농 가 태 반 춘
却減農家太半春

자 학 조 침 십 오 시
自學操針十五時

낭 의 장 단 관 회 지
郎衣長短慣曾知

위 대 포 삼 관 대 양
韋帶布衫寬大樣

갱 무 입 제 입 신 의
更無入製入身宜

속 등 상 감 수 승 유
續燈常減數升油

송 여 서 방 비 과 추
送與書房備過秋

분 자 명 정 낭 수 사
粉字銘鉦郎手寫

여 금 정 득 자 가 구
如今政得自家求

단 언 가 사 불 언 신
但言家事不言身

유 촉 전 채 여 후 인
遺囑鈿釵與後人

다 소 수 감 여 작 일
多少手械如昨日

일 회 간 일 검 일 상 신
回看檢一傷神[17]

설흔살 된 어떤 아내,

남편의 미천과 가난을 혐오하지 않았지.

시집와서 난초·혜초 향이 없어진 뒤에,

다시 농가에서 젊음의 태반이 없어졌구나.

열다섯 바느질 배운 뒤부터,

신랑의 옷 길이 습관적으로 일찍부터 알게 되었네.

가죽 띠·베 적삼 넉넉한 품으로 만들어 주어서,

다시는 남이 만들어 준 옷이 몸에 맞은 적이 없지.

등불 켤 때도 항상 몇 되의 기름을 아끼고,

글방으로 보내줘 가을철 공부할 수 있도록 뒷바라지 해줬네.

명정에 흰 글자 남편이 손수 써주었으니,

이제야 바로 스스로 원함을 얻을 수 있게 되었네.

집안 일만을 말하고 자신에 대해서는 말을 않더니,

유언으로 말하기를 비녀는 다음 부인에게 주세요.

17 〈悼亡四絶〉,《遺書》권11.

얼마간의 손궤짝 여전히 그대로 남았으니,
검소했던 생활 돌아볼수록 가슴 아프게 하네.

시집 온 뒤로 근면하고 희생적인 삶을 살아온 아내를 회상하면서 그 부덕을 기리고 있다. 시적 체험의 계기를 사회현실에서 찾고 있는 것은 아니지만, 한 여자의 짧은 일생동안 남긴 덕성을 진실되게 묘사함으로써 독자의 체험과 감정에 기초하고 있으며, 실제 생활의 진실성에도 부합되고 있다. 이것은 같은 시대의 아내들이 겪는 전형적인 실상도 포함시켜 반영한 것이다.

부덕을 진실되고 다양하게 묘사하여 그 일대기를 한 눈에 볼 수 있도록 압축시켰다. 그러나 해학은 가장으로서 인간적 고뇌를 겪으면서도 현실참여를 외면할 수는 없었다. 처자식의 불행이 크면 클수록, 경세로의 지향이 강하면 강할수록 강명구현을 위한 갈등은 증폭될 수 밖에 없었다. 해학은 상처가 안겨 준 충격을 쉽게 지워버릴 수 없었던 것 같다.

유 조 생 서 해 有鳥生西海	자 웅 병 추 수 雌雄幷追隨
유 불 탁 진 후 惟不啄陳朽	역 불 음 오 지 亦不飲汚池
황 시 조 기 년 況是遭饑年	본 핍 도 량 자 本乏稻粱資
쌍 비 래 월 군 雙飛來越郡	기 서 교 목 지 寄棲喬木枝
향 인 앙 유 포 向人仰乳哺	일 포 구 상 기 一飽九常饑

자 병 수 불 기	형 진 구 위 미
雌病遂不起	**荊榛俱委靡**
웅 상 귀 고 향	배 회 약 유 사
雄翔歸故鄉	**徘徊若有思**
장 행 선 갱 지	차 정 양 가 비
將行旋更止	**此情良可悲**
산 장 수 역 원	회 합 종 무 기
山長水亦遠	**會合終無期**[18]

어떤 새 서해에서 태어나,

암수 서로 붙어 다니네.

묵고 썩은 모이는 쪼지 않고,

더러운 웅덩이에서도 마시지 않네.

더구나 흉년을 당한 데다가,

본래부터 먹이가 부족하였으니.

쌍쌍이 날아 마을을 넘어가,

커다란 나뭇가지에 붙어 살았네.

사람들을 향해 쳐다보고 젖을 얻어 먹기도 했지만,

한 번 배부름에 아홉 번은 굶주린 셈이구나.

암컷이 병들어 다시는 회생하지 못했고,

잡목조차 함께 쓰러져 버렸구나.

수컷은 날아가 고향으로 돌아가려다,

무슨 생각인지 잠겨 배회하네.

가려다가 돌아서 다시 그치니,

그 심정 참으로 비탄스럽네.

산은 기나길고 물도 끝이 없으니,

다시 만날 기약 끝내 없어라.

이 시는 상징적 수법이 주류를 이루고 있다. 두 부부를 다정

---

18 〈哭內後自傷〉,《遺書》 권11.

한 한 쌍의 새에 비유하여 묘사한 작품이다. 서해에서 태어났다는 것은 그들의 고향이 서해에 가까운 지방이기 때문이다. 썩은 모이와 더러운 물을 마시지 않았다는 것은 두 부부의 깨끗한 삶을 암시하고자 한 것이다. 부족한 식량에 흉년까지 겹쳐서 결국 고을을 떠나서 나뭇가지에 서식했다는 것도 실제의 일을 비유한 것이다. 해학은 1876년 대흉년을 당해 만경에서 진안으로 옮겨 타향살이를 했기 때문이다. 더러 이웃의 도움을 받기도 했으나 대부분 굶주리고 살았다는 것은 해학의 극심한 생활고를 보여준다. 암컷이 병들어 죽은 뒤에 머물던 잡목도 쓰러져 고향으로 날아왔다는 것도 진안에서의 생활을 청산하고 귀향했던 사실과 일치된다. 암컷을 잃고 가다가 돌아서는 숫새의 배회하는 모습은 상처한 작자의 정처없는 심사를 가리킨다. 끝으로 산수의 끝없는 모습을 연상시켜 영영 다시 만날 수 없는 사별의 아픔을 형상화시킨 기법이 돋보인다.

　해학은 가장으로서 가족에 대한 경제적 책무를 통감하면서도, 잘못된 현실을 바로잡기 위해 경세에 대한 꿈을 지울 수 없었다. 따라서 이 두 가지는 항상 그로 하여금 갈등을 일으키게 만드는 일차적인 요인이 되었다.

극 포 요 산 취 약 류　　　　　오 향 구 시 장 뢰 주
極浦遙山翠若流　　　　吾鄉俱是瘴癘州
가 빈 매 유 양 웅 부　　　　　세 란 상 다 두 보 우
家貧每有楊雄賦　　　　世亂常多杜甫憂

자 엽 첩 청 장 만 항
柘葉貼靑藏晚巷
포 아 교 백 출 청 주
蒲芽交白出晴洲
황 태 고 벽 명 공 재
荒苔古壁名空在
십 재 유 능 기 구 유
十載猶能記舊游[19]

저 멀리 포구와 먼 산은 유수처럼 암청색인데,
내 고향 이것을 감싸고 있는 장뢰주라.
집이 가난하여 매번 양웅처럼 읊었고,
세상이 어지러워 항상 두보처럼 근심이 많았네.
산뽕 나무잎은 푸르게 붙어 늦으막이 거리에 감춰있고,
부들싹은 하얗게 엇갈려 개인 물가에 드러나 있네.
거칠게 이끼 낀 고벽에 이름만 헛되이 있으니,
십년이 지났어도 옛 놀던 곳이 기억나는구나.

시의 주조는 서경적이면서도 3·4귀에서 강명구현의 핵심적인 갈등을 드러내었다. 가난한 집안의 경제적 책임에 직면한 가장으로서 위치와, 어지러운 세상을 바로 잡아 보겠다는 경세가로서의 포부사이에 강명구현의 갈등이 싹틀 수 밖에 없었다. 해학이 양자를 모두 충족시킬 수 없는 마당에서 결국 전자를 포기하고 후자를 택하여 강명을 실천하였지만, 인간적으로는 전자에 대한 책임과 미련을 버릴 수 없었다. 이것이 바로 강명을 구현하는 과정에서 일게 되는 내면적 갈등의 양상이다.

부 년 처 명 경 란 기
夫年妻命竟難欺
사 십 행 래 고 별 리
四十行來苦別離
마 족 이 천 위 객 지
馬足已穿爲客地
계 성 상 도 억 인 시
鷄聲尙到憶人時

---

19 〈次吳岐亭〉,《遺書》권11.

<table>
<tr><td>수성욕여고동어</td><td>몽각유교단촉지</td></tr>
<tr><td>愁成欲與枯桐語</td><td>夢覺惟敎短燭知</td></tr>
<tr><td>약사재가능료차</td><td>경중무일방아미</td></tr>
<tr><td>若使在家能了此</td><td>鏡中無日放蛾眉[20]</td></tr>
</table>

남편의 나이 아내의 운명 끝내 속이기 어려운 법,
마흔이 되었어도 이별에 괴로워 해야 하네.
말발굽은 이미 다 뚫렸으니 객지생활 때문이오,
닭 울음 소리 아직도 들려오니 일할 때인 줄 알겠구나.
시름 깊어 시들어 버린 오동나무와 말하고 싶은데,
꿈에서 깨어보니 아직 짧은 촛불만 알고 있구나.
만약 집에 있었더라면 이것을 알게 되련만,
거울 속에 나비눈썹 펴질 날이 없었겠지.

　경세를 위해서 집을 떠난 작자가 불혹의 나이가 되도록 아무 소득도 없자, 가족과의 이별을 떠올려 그 괴로운 심사를 드러낸 것이다. 초혼의 아내를 사별한 뒤 재취再娶였던 최씨崔氏와도 생이별을 감내해야 하는 시인의 갈등이다. 해학은 다른 시에서도 여러차례 마흔이 되도록 결실이 없음을 자괴하고 있는데, 그는 이 때를 자신의 인생에서 중요한 계기로 여긴 것 같다. 경세를 위해 강명을 실천했으나, 그 경세 조차도 여의치 못할 때 작자의 갈등은 더욱 확산되고 있다.

<table>
<tr><td>중양공유국화개</td><td>와무병심련주배</td></tr>
<tr><td>重陽空有菊花開</td><td>臥無病心戀酒杯</td></tr>
<tr><td>세로정의장인거</td><td>가서상권조귀래</td></tr>
<tr><td>世路政宜長引去</td><td>家書常勸早歸來</td></tr>
</table>

20 〈寄內〉,《遺書》권11.

미 안 이 여 오 산 숙
眉顏已與鰲山熟
세 월 환 병 압 수 최
歲月還幷鴨水催
대 설 려 회 수 득 회
待說旅懷誰得會
고 인 초 체 격 봉 래
故人超遞隔蓬萊[21]

중양절 헛되이 국화가 피어 있는데,
병으로 누운 채 무심코 술잔이 그리워 지는구나.
세상 길 바로잡아 오랫동안 끌어 가려 했더니,
집에서 오는 편지 언제나 빨리 돌아오기를 권하네.
눈썹과 얼굴은 이미 오산과 함께 익어 가는데,
세월은 도리어 압수와 함께 재촉하네.
나그네 회포 누구와 더불어 말하기를 기대할 수 있을까?
벗들은 멀리 봉래산을 격하고 있네.

경세의 여의치 못함, 객지의 고생, 그리고 설상가상으로 병까지 겹쳤는데 가족으로부터 귀가하라는 독촉을 받는 상황까지 이르게 되었다. 사실 해학은 이 때 폐병을 앓고 있었다. 시간의 흐름과 건강의 악화가 해학에게 초조감을 더해주고 있다.

권 유 삼 재 시 귀 가
倦遊三載始歸家
처 자 개 경 빈 발 화
妻子皆驚鬂髮華
부 독 금 년 성 기 척
不獨今年成棄擲
계 명 천 서 가 여 하
鷄鳴天曙可如何[22]

피곤에 지친 삼년간의 유력 끝에 비로소 집에 돌아오니,
처자식 모두들 머리 수염 무성함에 놀라네.
오직 금년만이라도 팽개치지 말아야 할텐데,

---

21 〈鳳域九日寄黃雲卿玹柳洛中濟陽〉,《遺書》권11.
22 〈丁酉除夜〉,《遺書》권12.

닭이 우는 이 새벽에 어찌해야 할까?

　해학이 그토록 갈망했던 경세에 대한 의지를 처음으로 실천한 뒤에 귀가해서 지은 시이다. 해학은 농민전쟁 이후 일시적으로 토지개혁을 위한 양전사업과 모병·훈련을 담당하게 된 사실이 있었다. 제야除夜를 가족과 함께 보내고 난 다음 새벽이 되자 다시 심한 갈등에 사로잡힌다. 그러나 해학은 이후로도 강명剛明을 실천하면서 가족을 소홀히 할 수 밖에 없게 된다. 그리고 끝내 자신은 물론 가족에게도 고통스런 유배를 당한다. 이에 일생을 두고 구현하고자 했던 강명剛明 때문에 아내에게 빚진 마음을 유배지에서 결산하였다.

증 봉 명 객 담 영 고　　　　여 아 매 여 남 아 수
曾逢命客談榮枯　　　　**女兒每與男兒殊**

모 성 부 인 팔 자 호　　　　조 년 배 득 낭 가 부
某姓婦人八字好　　　　**早年配得良家夫**

불 필 우 시 사　　　　　　불 필 촉 사 도
不必于時事　　　　　　**不必趨仕途**

평 생 외 피 도 화 로　　　　영 식 세 간 다 미 매
平生畏避桃花路　　　　**寧識世間多美妹**

지 향 실 중 구 끽 착　　　　생 자 손 치 차 우
只向室中求喫著　　　　**生子生孫痴且愚**

유 자 무 롱 금 주 경　　　　백 년 여 시 공 환 오
猶自撫弄金珠輕　　　　**百年如是共歡娛**

① 일찍이 명객을 만나 영고성쇠를 논했을 제,
여아는 매번 남아와 다르다고 하더라.
아무개 성을 가진 부인 팔자도 좋구나,

어린 나이에 양가집 남편을 짝으로 맞았으니.
시대의 일에 기필할 것 없고,
벼슬길에 꼭 매달릴 것도 없어.
평생토록 도화로는 무서워 피했으니,
어찌 세상에 미인들이 많은 줄을 알기나 했겠소?
단지 집안에서 입고 마실 것 찾았을 뿐,
자손들 낳으니 바보요 우둔한 자들인데.
그래도 스스로 금구슬 가벼이 다루듯 어루어 만져주어,
백년토록 이같이 즐거움을 함께했네.

고 자 숙 인 귀 아 후	식 불 충 장 의 부 부
顧自淑人歸我後	**食不充腸衣不膚**
하 이 조 정 구	상 이 봉 구 고
下以操井臼	**上以奉舅姑**
숙 유 무 심 산 고	재 과 삼 십 조 안 주
熟有熟無審算苦	**才過三十凋顔朱**
갱 겸 부 자 희 교 유	일 세 재 가 일 월 무
更兼夫子喜交遊	**一歲在家一月無**

② 돌아보건데 착한 당신 나에게 시집온 뒤로,
먹는 것 배주리고 입는 것 피부도 가리지 못했구료.
아래로는 물긷고 절구질 하고,
위로는 시부모 봉양.
있는 것 없는 것 익혀가며 속셈으로 괴로웠고,
겨우 삼십 넘어 불그레한 얼굴조차도 시들어 버렸소.
그래도 남편 자식 모두를 즐겁게 지내도록 했건만,
남편은 일년토록 한달조차 집에 없었소.

가녀혼남혼부지
嫁女婚男渾不知

첩지단책주경사
輒持短策走京師

수모일관래의외
垂暮一官來意外

봉여역가첨처노
俸餘亦可瞻妻孥

불향시인수부앙
不向時人隨俯仰

각파조간모토주
却把朝奸謀討誅

금우위유천리거
今又爲流千里去

천애이별감탄우
天涯離別堪嘆吁

치사경경장통한
致使卿卿長痛恨

욕작답서사다구
欲作答書辭多拘

차내본생시일악
此乃本生時日惡

수원창천막원오
須怨蒼天莫怨吾[23]

③ 딸 시집 아들 장가 도무지 알 수 없었고,
짧은 꾀 지니고 서울로 분주히 다녀.
늙으막에 관직 하나 뜻밖에 얻고 오니,
넉넉한 녹봉으로 처자식 호강시켜 줄만했네.
그러나 끝내 당시의 세도가 찾아다니며 아첨하지 못하고,
도리어 조정간신 주살을 도모타가.
지금은 또 유배당해 천리 먼 길 떨어져,
하늘 끝 이별 당했으니 정말로 한탄스럽소.
당신에게 길고 긴 통한을 안겨 주어,
답장을 쓰려하니 너무도 말이 막히는구료.
이것은 본디 시대의 아픔에서 비롯된 것이니,
모름지기 하늘을 탓하고 나를 원망치 마시오.

한 편의 편지를 시로 나타냈다. 시대의 아픔 때문에 가장으로
서 남편으로서 할 일을 다하지 못했음을 아내에게 사죄한 글이
다. 이 시는 크게 세 단락으로 구분된다. ①은 해학 자신이 참여

---

23 〈寄謝老室〉,《遺書》권12.

했던 현실의 어려움에 비하여 아내의 가정살림은 오히려 팔자 좋은 것처럼 역설적으로 이야기한 서두부분이다. ②는 아내의 헌신과 부덕을 기리고 있다. ③은 강명의 갈등을 아예 겪지 않을 수 있는 길도 있었으나, 그 길을 선택할 수 없었던 자신의 의지와 시대의 아픔을 묘사하였다. 사정私情을 버리고 공의公義를 선택할 수 밖에 없었던 이유를 외면할 수 없는 시대의 아픔에서 찾고 있다. 이것은 시인으로서의 투철한 시대인식을 보여주는 것이다.

이상에서 본 것 처럼 해학의 시에서 드러난 강명구현의 내면적 갈등은 결국 시대적 아픔의 소산이었다. 시인 해학이 시대현실을 외면하지 않는 한 이같은 갈등은 지속될 수 밖에 없었다. 해학이 현실개혁에 의지를 표명했던 30대 초부터 60대에 이르기까지 이러한 유형의 시세계가 지속되고 있는 것도 바로 그런 이유에서이다.

2. 경세가經世家의 한계限界와 좌절挫折

해학은 스스로 경세가로 자임하고 현실에 뛰어 들었다. 그러나 사회현실과 경세가로서의 포부사이에 발견된 주요 모순을 해결하는 데는 뚜렷한 한계가 있었다. 세상을 유력하면서 그는 현실의 변화속에 경세가로서의 자각을 중요시했다. 한편 그 현실은 해학으로 하여금 분세의식憤世意識을 갖게끔 만든 암울한 것이었다. 해학으로서는 경세를 실현할 수 있는 힘, 즉 일정한 지위

가 주어지지 못했다. 그러한 기회가 무산되어 가고, 시간이 흘러
가자 해학은 한계를 절감한다. 그리고 유자로서의 명분이 상실되
어감에 따른 좌절감을 맛보며 자괴하였다. 그것이 확실해 지자
행로난行路難에 대한 불만이 고조되어 간다. 이러한 경세가로서
의 한계와 이에 따른 좌절이 시인의 입장에서 표출되고 있다. 이
러한 유형의 시는 주로 자연을 소재로 읊는 서정시 속에 노출되
고 있다는 점이 특징적이다.

해학은 과거를 단념한 직후인 30세에 쓴 시에서 그가 일찍부
터 경세와 인재등용의 중요성에 대한 관심을 보이고 있었다. 먼
저 이것을 살피기로 한다.

성상십사년 聖上十四年	사월기축조 四月己丑朝
주인침미기 主人寝未起	옹금도격료 擁衾倒闚寥
이옹불해사 里翁不解事	배문경규초 排門競叫招
지여간옥우 指余看屋宇	형약미경요 炯若糜瓊瑤
경한겁초목 輕寒怯草木	박랭달창료 薄冷達窓撩
군생고약경 群生顧若驚	기조상소조 氣沮象蕭條
육양불염음 六陽不厭陰	수사이자교 誰使爾恣驕
주시자정월 周詩刺正月	시의치궐요 時宜致厥祆
복유성일수 伏惟聖日脩	궁곤절요교 宮壼絶妖嬌

재 보 상 충 현	좌 직 우 고 요
宰輔尙忠賢	**左稷右咎陶**
지 공 답 제 명	옥 촉 수 균 조
祗恭答帝命	**玉燭隨均調**
여 하 유 시 재	영 아 독 우 초
如何有是災	**令我獨憂焦**
구 인 기 불 가	소 의 천 도 소
求人旣不可	**遂疑天道昭**[24]

성상 14년,

4월 기축일 아침.

주인은 아직도 일어나지 않고,

이불 껴안은 채 고요히 잠에 빠져 있는데.

마을의 늙은이는 사정을 알지도 못하고,

문을 밀치고 다투어 부르며 소리를 지르네.

나에게 손짓하며 지붕을 보라고 하는데,

싸라기만한 하얀서리 구슬처럼 빛나네.

가벼운 추위로도 초목을 겁주고,

약간의 냉기로도 창틀에 스며드네.

군생들은 돌아다 보며 놀란듯,

기운이 꺾이고 모습이 쓸쓸해진다.

육양이 결국 음을 누르지 못했으니,

너를 이토록 방자하고 교만하게 만든 것은 누구인고?

주시에서 정월을 풍자했더니,

때마침 요사한 일을 불러 일으켰었지.

엎드려 바라건대 성스런 날들이 오래 지속되어,

궁궐 안의 요사한 아첨배들을 단절하소서.

재상 중에 충현한 자를 높여 주어,

---

24 〈四月霜〉, 《遺書》 권11.

좌측엔 후직을 우측엔 고요같은 명신을 거느리소서.
아주 공경히 천제의 명에 응답하여,
훤히 비추어서 사시사철 똑같이 고르게 한다면,
어찌 이러한 재앙이 있을 것이며,
나로 하여금 홀로 노심초사하게 했으리오?
인재를 구하는 일 이미 불가능하게 되었으니,
마침내 천도의 광명조차 의심하게 되었소.

천기天氣의 이상異常을 보고 천도天道를 벗어난 치세治世의 잘못과 연결시켰다. 그리고 그 원인을 인재등용의 잘못에서 찾고 있다. 해학의 소망은 바로 이러한 책임을 감당할 수 있는 경세가로서의 위치에 도달하는 것이었다. 그리고 유력을 통해 유력의 의미와 세상사의 가치에 대해서 이렇게 터득하였다.

상 유 복 하 의	저 모 우 겸 풍
商遊復何意	觚冒雨兼風
세 사 수 관 변	공 명 이 각 공
世事須觀變	功名已覺空
천 가 교 곽 외	일 적 수 루 중
千家郊郭外	一笛戍樓中
영 요 구 위 객	불 감 변 응 홍
嶺徼俱爲客	不堪辨鷹鴻[25]

남쪽으로 돌아 다닌 건 또 무슨 뜻에선가?
비 바람 무릅쓰고서 다녔는데.
세상일 모름지기 변화를 관찰해야 하는 법,
공명은 이미 공허한 것임을 깨달았네.

---

25 〈北砲樓次李竹峰寅龍〉, 《遺書》 권 11.

교외 성곽 밖에 온갖 집들,
수루 위에 피리 하나.
재 너머 모두가 나그네 되었는데,
매인지 기러기인지도 분간을 못하네.

해학의 관심은 현실의 변화에 대한 관찰이었고, 이것과 관련이 없는 공명은 헛된 것임을 유력과정에서 터득하였다. 세상 변화의 실상을 직접 경험하면서 이를 주시하고 있었던 것이다. 해학이 시변에 대한 대응을 중시하고 이를 실천하고자 한 것도 이러한 현실경험에서 터득한 이치였다. 더욱이 그가 경험한 현실은 매우 부정적이었기 때문에 이에 대한 변화의 필요성을 절감하였다. 당시 해학은 세상사에 대해서 매우 상심하고 있었으며, 시를 통해 그러한 마음을 드러내고 있다.

촌 가 리 락 배 강 성
村家籬落背江城
유 한 자 해 점 추 절
幽蘭自解占秋節
강 개 매 상 당 세 사
慷慨每傷當世事
일 경 연 파 남 포 리
一頃煙波南浦裏

적 애 몽 몽 만 불 청
積靄濛濛晚不晴
난 죽 유 의 청 우 성
亂竹猶宜聽雨聲
소 용 다 부 고 인 사
疏慵多負故人情
어 주 종 차 부 오 생
漁舟從此付吾生[26]

시골집 울타리 무너진 채 강성을 등지고,
짙은 구름 속에 가랑비는 늦도록 개이지 않네.
그윽한 난초는 절로 알아차려 가을철이라 점치지만,

---

26 〈次吳雪峰〉, 《遺書》 권 11.

어지러운 대나무는 오히려 의당 빗소린 줄로만 듣고 있네.
세상 일을 당할 때 마다 비분강개하고 상심하다가,
데면데면 게을러 친구의 마음을 매번 저버렸네.
물결치는 남쪽 포구엔 안개가 온통 자욱한데,
고깃배는 이제부터 내 인생에 다가있네.

　해학의 분세의식이 드러나 있다. 친구를 생각할 겨를도 없을 만큼 세상사를 비분강개하며 상심하였다. 날씨의 징후를 보고 계절이 바뀜을 예견하는 난초와 현상만을 인식하고 있는 대나무를 비교하였는데, 아마 작자의 세상사에 대한 선견지명을 난초에 빗댄 것으로 보인다.

반 복 인 정 사 혁 기　　　　단 거 황 홀 자 상 시
反覆人情似奕棋　　　　端居恍惚自傷時

산 련 모 곽 남 래 원　　　　조 향 평 무 독 거 지
山連暮郭南來遠　　　　鳥向平蕪獨去遲

잔 매 취 진 무 유 악　　　　고 류 경 소 미 유 기
殘梅就盡無遺萼　　　　古柳經燒未有枝

정 좌 변 능 지 양 성　　　　불 수 방 외 멱 단 사
靜座便能知養性　　　　不須方外覓丹砂[27]

엎어지고 뒤집어지는 사람의 마음 바둑·장기 같아,
단정히 앉아 멍하게 스스로 시대를 상심하네.
산은 저물녘 성곽과 맞닿아 남쪽으로 멀리 이어지고,
새는 황폐한 들을 향해 홀로 느릿느릿 날아간다.
철지난 매화꽃 꽃받침조차도 없어지려 하고,
묵은 버들은 일찍 타버려 가지조차 남지 않았구나.

---

27 〈次李二翠〉, 《遺書》 권11.

조용히 앉아도 문득 본성을 함양할 줄 아는 법 인데,
방외에서 영약을 찾는 짓은 할 필요가 없겠지.

　해학은 자신의 혼란스런 심정을 바둑·장기에 비유하고 있다.
시대의 현실 때문에 정처없이 상심하고 있음을 고백하고 있다.
그러나 그러한 마음을 진정시키는 데 내적인 수양을 통해 가능
하다고 했고, 도가류의 외단학같은 처방을 할 필요가 없다고 하
였다. 이것은 당대현실에 대한 불만이 있다고 해도, 그 해결책을
현실도피의 방법에서 찾지 않겠다는 의도로 보인다. 세상의 잘
못된 점을 고쳐 나가기 위해서는 분세의식을 현실적으로 실현시
킬 수 있는 지위가 보장되어야 했다. 그러나 해학에게는 그러한
기회가 주어지지 않고 있었기 때문에 경세가로서의 한계와 좌절
이 고조될 수밖에 없었다.

자 군 고 와 엄 시 비　　　　무 괴 이 래 현 면 희
自君高臥掩柴扉　　　　無愧伊來見面稀
금 일 입 성 비 소 요　　　　인 가 고 주 불 수 귀
今日入城非所料　　　　隣家沽酒不須歸
운 산 아 차 휴 등 책　　　　세 로 인 수 애 포 의
雲山我且携藤策　　　　世路人誰愛布衣
독 괴 평 생 아 압 성　　　　니 중 음 탁 실 등 비
獨愧平生鵝鴨性　　　　泥中飲啄失騰飛[28]

그대는 스스로 베개 높이 베고 사립문 닫고,
찾아와 얼굴 보이는 일 드물다고 괴이해 말라.
오늘에야 입성하여 생각할 겨를이 없었고,

---

28 〈與王贊之師瓚小飮〉, 《遺書》 권12.

이웃 집에서 술 산다기에 돌아가지 못하겠네.
구름 낀 산을 나는 또 등나무 지팡이 끌고 가는데,
이 세상에 누군들 포의를 좋아하겠는가?
유독 부끄러워 하노라 평생의 거위·오리 성질,
진흙 속에서 마시고 쪼다가 날아 오를 기회 놓친 것을.

　이 시는 해학이 구례의 지리산 기슭에서 문사들과 창수하던
시절의 작품으로서 그가 갈망했던 관직을 얻지 못하게 되자, 이
곳으로 옮겨와서 심신을 달래면서 쓴 것이다. 세상에 쓰여질 기
회를 얻지 못한 자신의 모습을 거위·오리에 비유하였다. 거위·
오리는 조류이면서도 날지 못하고, 주로 더러운 곳에서 음식을
주워 먹는 동물이다. 해학은 자신의 현재의 위치를 그렇게 자조
한 것이다. 즉 경세를 실현시킬 수 있는 지위를 확보하는 데 실패
한 채, 지방에서 유력이나 하다가 기회를 놓친 자신의 좌절감을
드러냈다.

한 래 부 책 과 남 당
閒來負策過南塘
촉 옥 쌍 비 락 만 양
屬玉雙飛落晚陽

민 빈 야 유 평 래 색
民貧野有平萊色
지 벽 산 다 괴 초 향
地僻山多怪草香

박 설 복 성 춘 갱 동
薄雪覆城春更凍
고 루 임 수 야 상 량
高樓臨水夜常涼

종 차 반 계 귀 거 호
從此磻溪歸去好
용 재 비 시 대 문 왕
庸材非是待文王[29]

한가로이 책을 끼고 남쪽 못을 지나는데,

29 〈江亭晚眺〉,《遺書》권11.

백로는 쌍쌍이 날아 석양빛에 떨어진다.
백성은 가난한데 들에는 묵정밭 일색일 뿐,
땅은 궁벽하고 산엔 괴이한 잡초 향만 가득하구나.
옅은 서리가 성을 덮어 봄은 더욱 얼어 붙는데,
물가에 서있는 높은 누대의 밤은 언제고 차겁구나.
이제부터 반계로 돌아가는 것이 좋겠지,
용렬한 이 재주로는 문왕을 기대할 수 없을 테니까.

　백성은 가난한데도 농경지는 묵정밭으로 방치된 것을 지적하고 있다. 해학이 무엇보다도 전제의 개혁을 통한 농민의 구제에 역점을 두게 된 것도 바로 이같은 피폐화된 농촌을 목도했기 때문이다. 그가 심혈을 기울여 이 방면의 방대한 개혁안을 작성한 것도 이러한 현실경험에서 비롯된 각성 때문에 가능했다. 그러나 이를 해결하는 것도 그럴 만한 위치의 확보가 선결문제였다. 그러나 현실에서 그것이 불가능해짐을 알게 된 해학은 반계로 돌아가겠다는 좌절을 보인다. 그러나 이것은 해학이 진실로 바라는 바는 아니었다. 이러한 좌절감은 다음의 시에서도 계속되고 있다.

여 식 남 촌 세 월 장
旅食南村歲月長
산 금 자 유 경 인 어
山禽自有驚人語
경 리 첩 래 최 출 객
警吏帖來催出客

춘 래 갱 각 감 용 광
春來更覺減容光
야 초 종 무 미 속 향
野草終無媚俗香
가 아 서 도 권 귀 향
家兒書到勸歸鄉

남쪽에서 유리걸식 세월만 흘렀네,
봄이 오니 얼굴빛 시든 것 알았네.
산새는 가만히 있으면서 사람의 말 소리에 놀라고,
들풀은 끝내 속된 향기에 아첨함이 없네.
관첩을 들고 온 경관은 나그네를 내쫓기에 바쁘고,
집에서 온 아이들의 편지는 귀가를 권하네.
후회하노라 평생에 기백岐伯·편작扁鵲의 의술책 읽은 것을,
아깝구나 주머니 속에 놓아두고 시험삼아 처방 한번 못했으니.

경세가로서의 초조함은 시간의 흐름과 병들어 가는 몸, 그리고 경관에게 쫓기면서 자식들로부터 귀가를 독촉받는다는 대목에서 잘 드러나있다. 해학은 자신이 지니고 있는 해박한 경세처방법에 대해서 자부하고 있었으나, 이를 활용할 수 없음을 매우 안타깝게 여기고 있었다. 그것을 의술에 비유하여 처방도 못해 본 것으로 묘사하였다. 이 시를 쓴 후 얼마 안되어 해학이 제출한 〈전제망언田制妄言〉을 보더라도, 해학은 백과전서적인 독서와 선각적인 자세, 그리고 현실경험을 바탕으로 이미 경세의 구체적인 복안을 가지고 있었음을 알 수 있다. 해학은 현재 산일되어 볼 수 없지만 젊은 시절부터 방대한 양의 시무책時務策인 〈의책擬策〉을 작성해 놓았다고 했다. 이를 보더라도 그가 일찍부터 경세를 위한 치밀한 준비가 있었음을 알 수 있다. 스스로 나라를 건

---

30 〈春日述懷〉,《遺書》권12.

질 개혁안이라고 자부 했던 경세방책經世方策을 활용할 수 없게 되자, 해학은 유자로서의 포의신세布衣身世를 자괴自怪하며 좌절을 드러내기 시작했다.

양 운 비 취 요 강 성
凉雲霏翠繞江城
주 덕 상 감 유 세 사
酒德尙堪遺世事
야 죽 서 심 의 조 성
野竹棲深宜鳥性
응 지 후 야 상 사 몽
應知後夜相思夢

객 뇌 연 연 기 일 광
客惱涓涓倚日橫
유 명 다 시 오 인 생
儒名多是誤人生
지 하 교 밀 부 어 행
池荷交密覆魚行
암 담 송 성 불 내 정
黯澹松聲不耐情[31]

서늘한 날씨에 안개는 암녹청색으로 강성을 두르고,
나그네 고뇌 계속되는데 햇볕에 기대 비꼈네.
술기운 덕분에 그래도 견디며 세상일을 잊을 수 있는데,
유자의 명분, 인생을 모두 다 그르쳤구나.
들판 대숲의 깊은 서식처 조류의 습성에 맞고,
연못의 연꽃 서로 빽빽함은 물고기 길을 비호하네.
알겠노라. 훗날 밤 꿈속에 서로 생각할 것을,
암담한 소나무 소리에 이 심정 견딜 수 없구나.

유지라는 명분에 부합되지 못한 자신의 역할을 두고 인생을 그르쳤다고 했다. 세상에 쓰이지 못한 자신을 자괴하고 있다. 이에 반해 숲속에 깃든 새와 연못 속에 노는 고기를 들어 자신이 사회에 의해 수용되지 못한 현실을 상징적으로 대비시켰다. 서경

---

31 〈別吳岐亭〉,《遺書》 권11.

을 묘사하는 가운데 경세가로서의 좌절과 자탄을 드러내는 기
법을 위주로 하고 있음을 볼 수 있다.

춘 초 빙 설 박 사 제
春初氷雪薄沙堤
　　　
일 로 경 능 향 마 제
一路競凌響馬蹄

강 구 숙 금 객 경 기
江口宿禽客驚起
　　　
수 두 신 월 조 인 저
樹頭新月照人低

배 반 정 가 초 제 제
杯盤政可招諸弟
　　　
소 어 유 감 위 병 처
笑語猶堪慰病妻

독 괴 출 유 무 소 획
獨愧出遊無所獲
　　　
포 낭 의 구 도 제 휴
布囊依舊倒提携[32]

초봄의 얼음 눈 모래뚝에 얇게 깔리고,
온 길을 능멸하고 달리는 말발굽 소리 울려 퍼지네.
강 입구 자는 새 나그네 탓에 놀라서 날아가고,
나무 끝에 새로이 뜬 달 사람 발 밑까지 비추네.
술잔으로 여러 아우들 부를 만하고,
웃음 짓는 말로 도리어 병든 아내 위로해 줄 수 있으련만,
유독 떠돌다가 소득도 없는 짓이 부끄러울 뿐,
베로 만든 자루는 예전처럼 거꾸로 들쳐 메고 가네,

　이 시도 역시 경세의 한계 때문에 자괴하고 있음을 말하고 있
다. 그러나 유력을 계속하겠다는 의지를 예전처럼 자루를 메고
떠나 가는 것으로 묘사했다. 경세가로서의 좌절은 곧 유자로서
의 자괴였다.

---

32 〈五月九日 暮行至家〉, 《遺書》 권11.

<table>
<tr><td>오 년 중 도 달 성 루
五年重到達城樓</td><td>나 기 생 가 속 구 유
羅綺笙歌屬舊遊</td></tr>
<tr><td>정 억 연 화 미 객 몽
政憶煙花迷客夢</td><td>즉 간 풍 설 동 향 수
卽看風雪動鄕愁</td></tr>
<tr><td>산 천 가 희 점 잔 량
山川可喜霑殘量</td><td>세 월 환 경 입 폐 구
歲月還驚入弊裘</td></tr>
<tr><td>사 십 부 유 천 이 정
四十腐儒天以定</td><td>여 하 분 주 부 지 휴
如何奔走不知休[33]</td></tr>
</table>

오년 만에 달성루에 도착하여,
비단 옷에 생황노래 옛 놀던 일이로다.
안개 속에 핀 꽃을 생각하며 나그네 단꿈에 젖는데,
풍설을 보자마자 향수가 싹트네.
산천은 기꺼이 쇠잔한 것조차 적셔주고 있는데,
세월은 도리어 놀라 떨어진 갖옷 속에 스며드네.
40세의 썩은 선비 하늘이 이미 정해 준 팔자인데,
어찌 분주하고 쉴 줄도 모르는가?

경세의 결실도 없이 분망한 자신을 썩은 선비라고 자괴하였다.
산천은 의구한데 세월은 덧없이 흘러버린 나이 40세에 각별한
의미를 두고 쓴 시다. 해학은 그의 시에서 자주 40세가 되도록
경세를 감당하지 못하고 있음을 유자의 명분에 비추어 자괴하고
있음을 본다. 사회에 대한 불만이 이 시기를 전후하여 크게 고
조되었음을 알 수 있다. 이것은 몇 해 후에 발생한 농민전쟁 때
에 한꺼번에 분출하게 된다. 세월이 놀라 떨어진 갖옷 속으로 스
며든다는 대목에서 세월의 덧없음과 작자 신세의 초라함을 동시

---

33 〈十一月丁丑抵大邱府〉, 《遺書》 권11.

에 연상케 하는 기법이 보인다.

형 애 만 공 명 조 비
逈靄漫空暝鳥飛

서 루 초 좌 누 성 희
書樓悄坐漏聲稀

강 촌 고 목 거 민 소
江村古木居民少

해 시 부 교 고 객 귀
海市浮橋賈客歸

신 린 행 복 심 양 택
新隣幸卜潯陽宅

구 약 변 심 위 수 기
舊約便尋渭水磯

문 도 십 년 종 미 득
問道十年終末得

번 연 자 고 괴 유 의
幡然自顧愧儒衣[34]

멀리 노을이 허공에 빠지고 해질녘 새가 나는데,
서루에 근심스레 앉으니 누각소리 희미해진다.
강촌의 고목은 사람 드문 곳에 서있고,
신기루 낀 배다리엔 장사치가 돌아가네.
새 이웃은 심양강에 집을 정했으나,
예전엔 문득 위수가에서 찾기로 약속했네,
길을 묻기 십년 끝내 체득하지 못하여,
갑자기 스스로 돌아보니 유자의 옷이 부끄러워지네.

앞의 네 구는 서경이고 뒤의 네구는 서정으로 구성되었다. 새 이웃의 위치는 심양강이 되어 버렸지만 원래 원했던 곳은 위수였다고 한 것은 자신의 현실적 불우함과 이상적 기대와의 괴리감을 실토한 것이다. 심양에 집을 지었다는 것은 바로 이 장소가 백낙천白樂天이 좌천되어 〈비파행琵琶行〉을 지은 곳이기 때문에 현실의 불우함을 뜻한다. 위수는 태공망太公望 여상呂尙이 낚시질

---

34 〈書樓獨坐〉,《遺書》권11.

하다가 문왕文王에게 발탁이 된 곳이므로, 이것은 원래 해학이 갈망했던 경세가로서의 지위를 상징한 것이다. 삼십대 초반부터 시작한 유력이 십년을 경과했으면서도 뜻대로 되지 않았음을 역시 유자의 명분에 비추어 부끄럽다고 했다.

괴 아 위 유 삼 십 재
愧我爲儒三十載

기 손 향 토 장 분 치
棄損鄕土長奮馳

호 남 고 괴 미 상 소
湖南膏壤未嘗少

귀 파 려 서 진 편 의
歸把犁鋤眞便宜

이 금 근 력 향 쇠 모
伊今筋力向衰暮

총 능 심 회 불 능 추
縱能心悔不能追[35]

부끄러운 내 유자생활 삼십 년,
향토를 버려두고 오래도록 바삐 뛰어 다니기만 했구나.
호남에 기름진 땅 아직도 많은데,
돌아가 쟁기 잡으면 참으로 편하고 좋으련만.
이제는 힘이 점점 쇠약해져서,
마음속으로 후회를 하면서도 몸이 따르질 못하네.

유자로서의 부끄러움 그것은 자신에 대한 부정이었다. 이에 따른 좌절이 시간의 흐름과 건강의 악화때문에 심화되고 있었음은 앞의 시에서도 드러났다. 여기서도 그것이 반복되고 있다. 해학은 이제 정상적인 방법으로는 험난한 앞 길을 뚫고 나갈 자신이 없음을 깨닫게 되었다.

---

35 〈北砲樓望見野作者遺感〉,《遺書》 권12.

야 일 반 음 청　　　　기 한 매 독 행
野日半陰晴　　　　**欺聞每獨行**

유 천 통 간 향　　　　낙 조 반 산 명
流泉通澗響　　　　**落照返山明**

병 목 유 유 신　　　　황 전 구 폐 경
病木猶遺燼　　　　**荒田久廢耕**

지 련 당 세 사　　　　도 수 각 난 평
祇憐當世事　　　　**到手却難平**[36]

들에 비친 해 그림자 그늘과 빛이 반씩이네,
한가로움을 속인 채 매양 혼자 거니네.
흐르는 샘물은 시냇물을 지나며 울려대고,
지는 햇살은 산 속을 비추어 밝다.
병든 나무는 오히려 재만 남았고,
황폐한 들은 오래도록 경작이 끊겼네.
가련할 뿐 지금의 세상사가,
착수하는 일마다 평온하지 못하구나.

　병든 나무와 황폐한 들은 서경이면서, 작자의 실상과 세상사를
함축한 것이기도 하다. 해학은 하는 일마다 어려워짐을 발견하
면서 현실의 장벽을 실감한다. 경세가로서의 한계를 실토한 것이
다. 그래도 가능성에 대한 일말의 기대를 보이고 있을 때와는 달
리 그 불만의 강도는 강해지고 있다.

협 곡 하 중 첩　　　　봉 망 불 견 단
峽谷何重疊　　　　**逢望不見端**

등 목 복 혜 경　　　　석 감 발 공 한
藤木覆蹊徑　　　　**石嵌發空寒**

---

36 〈銀山村舍二首〉中 뒤의 시,《遺書》권11.

행 시 풍 일 미
幸時風日美

간 수 현 유 고
澗水縣流高

임 수 수 단 반
臨水手團飯

출 문 제 기 보
出門第幾步

행 의 칭 겹 단
行衣稱裌單

역 자 작 층 란
亦自作層蘭

미 필 용 시 찬
未必用匙餐

변 암 행 로 난
便諳行路難[37]

산골짜기 얼마나 겹겹이 둘러 서있나?
바라보는 곳마다 끝이 보이지 않네.
등걸나무 좁은 길 뒤덮고,
돌 구멍 빈 곳 허공으로 한기 발산하네.
다행히 때 맞은 바람과 햇볕이 더욱 좋아,
걸치는 옷은 홑옷이 알맞네.
시냇물 높은 곳에서 매달려 떨어지니,
절로 또 물결층을 이루네.
물가에 가서 손으로 물떠서 밥을 짓고,
숟갈도 필요없이 밥을 먹네.
문을 나서 몇 발자욱 내디디니,
문득 가는 길 어려움을 알겠노라.

자연을 읊다가 맨 끝에 가서야 행로난行路難을 실토하였다. 이것은 현실을 외면할 때는 아무런 문제도 야기시키지 않았지만, 일단 현실에 발을 들여 내딛기만 하면 행로의 난관에 봉착하게 되는 처지를 말한 것이다. 〈행로난〉을 시제詩題로 썼던 것에 비하면 불만을 노골적으로 드러내지는 않고 있다. 그러나 다음 시

---

37 〈春日游峽〉,《遺書》권11.

에서 보이는 〈행로난〉은 해학 자신의 처지와 현실에 대한 극도의
불만이 표출되고 있다. 여기서 잠시 보인 행로의 어려움은 그같
은 극도의 불만을 가져오는 전초라고 할 수 있다. 해학의 경세에
대한 한계와 좌절은 결국 행로난을 실감하게 되는 것으로 귀착
된다. 그리고 이것은 농민전쟁시에 보인 급진적 사고의식을 형 성
하는 계기가 된다.

  갑오농민전쟁이 일어나기 얼마 전에 쓴 시로 보이는 〈행로난行
路難〉에서 그것을 심각하게 노출하고 있다.

행 로 난 행 로 난 **行路難行路難**	부 지 즉 이 **不知則已**
지 이 고 범 진 감 탄 **知而故犯眞堪嘆**	범 인 구 체 생 **凡人口體生**
도 구 무 식 각 기 무 의 한 **都具無食覺飢無衣寒**	갱 겸 가 유 부 모 실 처 노 **更兼家有父母室妻孥**
가 책 호 호 다 소 수 **訶責呼號多所需**	수 각 창 황 주 부 득 **手脚倉皇住不得**
동 거 서 래 심 탄 도 **東去西來尋坦塗**	즉 자 출 문 제 일 보 **卽自出門第一步**
산 개 갱 참 수 진 도 **山皆坑塹水津渡**	복 거 패 선 일 상 망 **覆車敗船日相望**
사 인 족 퇴 위 지 파 연 **使人足腿爲之罷軟**	심 담 위 지 경 구 **心膽爲之驚懼**
수 연 내 우 기 중 외 환 경 **雖然內憂旣重外還輕**	유 장 구 책 부 전 정 **猶將驅策赴前程**
일 모 도 원 오 하 위 **日暮道遠吾何爲**	비 가 명 열 불 성 성 **非歌鳴咽不成聲**
안 득 우 공 이 산 **安得愚公移山**	정 위 전 해 **精衛塡海**
광 릉 평 원 수 처 재 **廣陵平原隋處在**	차 사 필 무 수 부 지 **此事必無誰不知**

故人今人空相待[38]
고 인 금 인 공 상 대

가는 길 어렵구나 가는 길 어려워,
모르면 그만이되
알면서 짐짓 진실을 외면하자니 한탄이 절로 나오네.
범인들은 몸으로 살아가니
모두 다 안먹으면 배고프고 안 입으면 춥다네.
거기다가 부모님 처자식 부양가족 딸리면,
꾸짖고 소리치며 모두가 필요한 것 많다네.
손발은 허겁지겁 그냥 말 수 없으니,
동서로 오가며 평탄길 찾네.
곧바로 문을 나서 첫 발 내딛자 마자,
산은 구렁텅이요 강은 나루터 뿐이로구나.
수레는 엎어지고 배는 부서져 날마다 쳐다만 볼 뿐,
그로 인해 다리는 지쳐 물렁케 하고,
그로 인해 심장은 놀라고 두렵게 하네.
마음 걱정은 무거워졌지만 몸은 도리어 가벼워서,
그래도 내몰고 채찍질하여 앞길을 떠나려 하니.
해는 지고 길은 멀어 내 어찌 해야 할꼬?
슬픈 노래조차 목이 메어 소리도 안나오네.
어떻게 할 수 있으리오? 우공이 산을 옮기고,
정위새가 바다를 메웠던 것처럼,
곳곳마다 넓은 땅·평평한 들이 있도록.
이런 일 절대 없을 걸 누군들 모르리오마는,
예나 지금이나 사람들 모두 헛된 기대만 하고 있네.

---

38 〈行路難〉,《遺書》 권12.

개인적인 생활고의 어려움과 세상의 절망적 상황을 함께 드러내고 있다. 세상사의 어려움을 더 나아갈 수 없는 구렁텅이와 나룻터의 막다름에 비유했다. 또 그것을 뚫고 나갈 수 없는 해학 자신의 경세적인 한계와 좌절을 엎어진 수레와 부서진 배로 비유했다. 그 비유를 통해 작자의 참담한 좌절감을 읽을 수 있다. 심신이 모두 피곤에 지쳐 있는데, 해는 지고 갈 길이 멀다는 데서 해학의 초조감이 드러난다. 통곡조차 나올 수 없는 상황은 해학의 극한적 심정을 표출한 것이다. 이상에 불과한 우공이나 정위새를 갈망한 것은 해학의 이상과 현실간의 괴리를 단적으로 드러낸 것이다.

이같은 절망감과 분노는 일단 계기만 주어지면 쉽게 분출될 폭발성이 잠재하게 된다. 얼마 후에 발생한 농민전쟁은 해학에게 있어서는 불에 기름을 붓는 격이나 마찬가지였다. 이때 해학이 곧장 전주로 전봉준을 찾아가 농민군을 동원하여 조정의 대신들을 주살하고 국헌을 일신할 것을 주장하였던 사실이 이를 말해준다. 이러한 급진적 사고의식은 바로 시에서 드러난 봉건제도하의 현실모순에 대한 인식과 경세가로서의 한계인식, 그리고 이에 대한 좌절감이 주요원인으로 작용하였다. 경세가로서 갖는 한계와 좌절은 봉건제도에 대한 척결의지로 이어지는데, 이러한 생각은 이후에도 지속되고 있음을 다음의 시에서 볼 수 있다.

칠 월 십 팔 일 황 혼
七月十八日黃昏

인 언 수 입 성 동 문
人言水入城東門

<table>
<tr><td>휴 처 노 자 등 고 거
携妻拏子登高去</td><td>실 중 집 물 영 수 론
室中什物寧須論</td></tr>
<tr><td>창 해 상 전 불 가 힐
蒼海桑田不可詰</td><td>수 유 평 지 심 어 슬
須臾平地深於膝</td></tr>
<tr><td>남 악 지 고 삼 천 장
南岳之高三千丈</td><td>안 전 창 취 홀 상 실
眼前蒼翠忽相失</td></tr>
<tr><td>국 가 금 우 경 장 시
國家今遇更張時</td><td>세 탕 오 예 욕 무 유
洗盪汚穢欲無遺</td></tr>
<tr><td>천 의 유 유 재 호 사
天意有攸在好事</td><td>장 보 려 수 원 지 시
將報黎首元知時[39]</td></tr>
</table>

칠월 십팔일 황혼무렵,
사람들이 말하기를 성동문까지 물이 들어찼다네.
처자식 데리고 높은 곳을 올라가는 판에,
집안의 물건들 어찌 따질 것 있겠나?
창해가 상전으로 바뀐단 말 거짓이 아니구나.
잠깐사이에 평지가 무릎까지 잠긴다.
남악산의 높이가 삼천장이나 되건만,
눈앞에 싱싱했던 푸르름 갑자기 사라져 버렸네.
국가는 지금이 바로 경장할 때이니,
더러운 찌꺼기 남김없이 씻어 버려야 하네.
하늘의 뜻은 끝없이 좋은 일에만 있으니,
장차 백성에게 알릴 그 때를 하늘은 미리 알고 있구나.

당시에 일어난 홍수를 피해 산으로 피신하고, 그곳에서 떠내려 간 마을을 목격하면서 상전벽해처럼 변해버린 모습을 국가 개혁의 필요성에 비유하였다. 그리고 지금이 바로 하늘이 내려준 때라고 하여 시변대응의 중요성도 말해주고 있다. 그 변혁의 정도

---

39 〈觀漲〉, 《遺書》 권12.

는 홍수에 떠내려 간 마을이 상전벽해처럼 변해버린 상태와 같
을 만큼 급진적이다. 이렇듯이 급진적인 성향으로 치닫게 된 것
은 정상적인 방법으로는 경세에 한계가 있음을 깨닫고 좌절을
느꼈기 때문이다.

III. 시대의식時代意識의 시적詩的 표현

1. 농촌현실農村現實의 고발

여기서 거론할 시는 해학이 경세經世에 뜻을 두고 각처를 유력할 때 농촌의 실상을 사실적으로 묘사한 작품들이다. 1876년의 대재해로 인해 농촌이 더욱 황폐화되자 유민이 전국적으로 증가했다. 이 때 해학은 고향을 떠나 10여 년간 호남과 영남을 유력하면서 농민의 참상과 핍박을 직접 목도한 바 있다. 이러한 실상을 사실적으로 묘사한 시에서 19세기 후반 농민의 핍박상을 살필 수 있다. 사회시라고 불릴 수 있는 이러한 시들은 이보다 앞서 다산의 시에서 적나라하게 표현된 바 있다. 해학이 실학사상의 영향을 다산에게서 받은 바가 크다는 것은 앞에서 밝혔거니와, 이러한 농촌현실을 고발한 시의식도 다산의 그것과 상당히 유사한 점을 발견하게 된다.[40]

해학의 생애를 갑오농민전쟁을 기준으로 양분할 때 전반기는 주로 농촌에 머물면서 농촌현실의 근본문제를 구조적으로 파악

---

40 茶山의 사회시에 대해서는 宋載邵,《茶山詩研究》(創作社, 1986) 및 金相洪, 〈丁茶山의 社會詩研究〉,《國文學論集》(1978, 9) 참조.

해가는 과정이기도 하였다. 즉 반봉건 의식의 심화과정이라고도 할 수 있다. 농민 전쟁이 끝나자 〈전제망언田制妄言〉에서 토지제도 및 세제개혁의 근본문제를 건의한 것은 농촌현실의 제도적 문제점을 파악했기 때문이다. 해학의 농촌문제에 대한 관심은 생산자가 생산물을 소유하지 못하는 봉건적인 농업생산관계로부터 비롯된다.

잠 자 상 한 경 자 기
蠶者常寒耕者飢

종 지 조 화 희 인 치
終知造化喜人痴

종 지 단 거 경 영 의
從知斷去經營意

독 엄 시 문 좌 부 시
獨掩柴門坐賦詩[41]

누에 치는 자 늘 추위에 떨고 농사짓는 자 굶주리는구나,
마침내 알았노라 조물주는 인간의 어리석음 좋아하는 것을.
이를 알고부터 세상 경영할 뜻을 단념했으니,
홀로 사립문 닫아 걸고 앉아 시나 읊조리세.

해학은 생산자가 생산에 참여한 노동의 대가로 기본적인 물질생활조차 누리지 못한 채 춥고 배고픈 농업생산 관계의 모순을 간파했다. 그 같은 세상사의 이치에 대해서 조물주를 원망하고 경세의지를 포기하겠다고까지 했다. 그러나 경세를 포기하겠다는 말은 이후 해학의 행동에 비추어 보면 현실에 대한 실망감의 표현일 뿐이다. 해학의 가장 큰 관심사는 농민의 굶주림이었다. 농민을 굶주림으로 부터 해방시키자는 것이었다. 〈전제망언〉에

---

41 〈自笑〉, 《遺書》 권11.

서 해학이 주장한 것도 농산물을 농민에게 되돌려 주기 위한 제
도개혁 사상에 촛점이 있었다.

농민을 굶주리게 만든 가장 큰 원인은 토지제도의 잘못 때문
이었다. 여기에다 농민을 더욱 괴롭힌 것은 나라와 탐관오리의
가렴주구였다. 그 중에서도 환곡과 군포의 폐단이 가장 심했다.
해학은 환곡제도를 악용한 관리들의 강탈모습을 보고 농민의
고통에 동정하고 있다.

운 마 상 인 기 족 주
牛馬傷人豈足誅　　　　지 장 일 어 화 군 우
祇將一語化群愚

오 간 군 읍 다 군 자
吾看郡邑多君子　　　　자 고 공 명 불 가 무
自古功名不可誣[42]

소·말이 사람을 다치게 했어도 어찌 꾸짖을 수 있나?
단지 말 한 마디로 어리석은 것들을 교화시켜야지.
보자하니 군읍의 여러 군자님들,
자고로 공명은 속일 수 없는 법이라네.

횡포한 관리들이 공명심에 불타 소·말처럼 농민을 학대하는
모습을 보고 꾸짖는 시다. 짐승도 그렇게 학대할 수 없는 법인
데, 하물며 인간에게는 더 말할 나위도 없다는 것이다.

오 월 전 가 출 세 전
五月田家出稅錢　　　　현 성 여 소 장 관 현
縣城如掃長官賢

---

42 〈牛馬〉, 《遺書》 권11.

<table>
<tr><td>야 인 상 견 무 타 어
野人相見無他語</td><td>단 도 승 문 부 득 안
但道蠅蚊不得眼[43]</td></tr>
</table>

5월달 농가에서 세금을 내는데,
고을을 싹 쓸어가면서 현감을 어질다고 관리들은 자랑하네.
농촌 사람들 서로 쳐다만 보며 딴 말은 못하고,
단지 파리 모기가 잠을 설치게 한다고 말할 뿐.

  탐관오리의 가렴징수에 당하기만 하고 푸념조차 못하며 찌들어 살아야 하는 농민의 모습이다. 5월 보리타작이 끝나기가 무섭게 착취한 현감은 도리어 어질다는 위선의 가면을 쓰고 있다. 반면 당하는 농민은 불만과 근심으로 잠 못이루면서도 파리·모기 탓이라고 딴청 부리며 둘러대야 하는 자조적인 표정이 대조적이다. 횡포를 부리고서 위선으로 가장하는 관리의 모습과 수탈당하면서 불만도 표출하지 못하는 힘없는 농민의 모습을 대립적으로 돋보이게 했다. 다음의 시에서도 진휼을 가장한 수탈의 전형이 재현되고 있다.

<table>
<tr><td>조 세 조 대 기
徂歲遭大饑</td><td>목 견 아 표 영
目見餓殍盈</td></tr>
<tr><td>성 인 소 주 염
聖人宵晝念</td><td>군 현 방 승 영
郡縣方承迎</td></tr>
<tr><td>발 창 내 고 도
發倉乃古道</td><td>연 름 역 사 정
捐廩亦私情</td></tr>
<tr><td>지 여 초 부 호
至如抄富戶</td><td>계 자 작 과 정
計貲作課程</td></tr>
</table>

43 〈鎭安縣〉,《遺書》권11.

소 징 혹 유 력
所徵或踰力

간 리 임 존 발
奸吏任存拔

격 석 어 구 사
擊石魚俱死

기 사 대 민 병
旣使大民病

가 대 종 무 력
假貸終無力

수 핍 진 구 실
雖乏賑救實

기 인 이 흉 세
豈忍利凶歲

방 초 령 인 광
榜楚令人撗

포 저 모 야 행
苞苴暮夜行

수 림 조 삭 경
搜林鳥數驚

소 민 실 료 생
小民失聊生

아 전 부 득 경
我田不得耕

행 도 능 정 명
幸圖能政名

용 위 일 기 향
用爲一己享⁴⁴

지난해 대흉년을 당해,
굶어 죽은 시체들이 길거리 메웠음을 두 눈으로 보았네.
나랏님은 밤낮으로 염려해 주신다고 하니,
온 고을 사람들 그 뜻 받들어 반겼네.
창고 열어 백성을 구제함은 옛부터 법도이고,
곳간을 덜어 주는 것도 사사로운 정이로다.
부잣집 가려 뽑아,
재산따라 할당을 매기는데.
강제징수에 힘부치면,
매질하여 채우도록 했네.
간악한 관리들 제멋대로 매기고 챙겨서,
뇌물 챙겨 밤에 몰래 내빼네.
돌뿌리를 차고 가니 고기들 다 죽고,
숲속을 더듬고 가니 새들은 자주 놀랜다.
농촌은 부호도 고통을 당하는 판이니,

---

44 〈郡賑二首〉中 앞의 시,《遺書》권11.

빈민은 아예 생계조차 잃어 버렸네.

마침내 환곡 빌릴 방법조차 없게 되었고,

자기 전답조차 경작할 수 없게 되었네.

비록 궁핍해도 진휼을 충실히 베풀기만 하면,

흘륭한 의도대로 명분을 바로잡을 수 있으련만.

어찌 차마 흉년을 이용하여,

자기 한 몸 위한 향락으로 여길 수 있을까?

　19세기 말 조선 농민이 당한 가혹한 핍박과 관리의 만행현장이다. 흉년들어 굶주려 죽는 시체가 가득한데도, 구황으로 농민을 보호해야 할 관리가 도리어 진휼을 핑계로 농민을 구타하고 강제로 재산을 탈취하며, 농간을 부려 착복하는 한심한 작태를 그리고 있다. 앞으로는 농민을 구제한다는 명분을 내세우고 뒤로는 도리어 착취의 수단으로 이용하는 부패한 관리의 횡포를 사실적으로 묘사하여 전형화시키고 있다. 기만 당하고 착취 당하는 농민과, 횡포와 농간을 일삼는 관리사이에서 착취와 피착취의 계층적 대립구조를 볼 수 있다. 조선말 봉건사회의 농민핍박은 관리들의 농간 여지가 큰 환곡제도의 문란이 그 주요 원인이었다. 해학은 계속해서 농민들의 참상과 자신의 분노를 묘사하고 있다.

사 월 맥 상 청	야 인 취 호 규
四月麥尙靑	野人聚號叫
작 일 견 현 첩	견 리 주 순 요
昨日見縣帖	遣吏周循邀

집주부민곡
執住富民穀　　부득사적조
不得私糶糴

사대심기시
要待甚饑時　　진흉시관료
賑恤是官料

중우신불의
衆愚信不疑　　행망급여소
幸望急如燒

여하각납공
如何却納公　　사아실정궁
使我失情窮

불간맹부곡
不看氓夫哭　　단간관장소
但看官長笑

전가무창유
田家無窓牖　　일월하시조
日月何時照[45]

사월달 보리는 아직 푸른데,
농민들 모여 큰소리 치네.
어제 관청의 공문을 보니,
관리를 파견하여 두루 살피고.
부호 농민의 곡식을 동결시켜,
사사로이 팔고 사고 못하게 한다네.
극심한 흉년을 대비하여,
진휼을 하겠다는 관청의 계획에.
모두들 어리석어 믿어 의심치 않고,
타오르듯 성급한 희망만을 갖게 되었건만.
어찌하여 공납을 해 버려,
이 내 심정 뜻을 잃고 허탈에 빠졌나?
농부들의 울음은 보이지 않고,
현감의 웃음만 보이네.
농가에는 창문도 없으니,
해와 달은 언제나 비출꼬?

---

45 〈上同〉 뒤의 시.

시의 전반부는 순박한 농민들이 정부의 진휼에 성급한 기대를 걸고 환호하는 모습이다. 농민들이 모여서 큰소리를 치며 만족하는 모습에서 농민의 소박함을 보여준다. 후반부는 속고 난 뒤 망연자실한 농민과 속이고서 만족하며 웃음짓는 봉건 지배층을 대립적으로 묘사했다. 겉으로는 진휼하겠다고 하면서도, 실제는 공출을 강요하여 가로채는 탐관오리들의 속임수에 농민들은 망연자실할 뿐이다. 관리에 속아버린 아픈 가슴을 뻥 뚫린 구멍으로 비유했다. 절망적인 시대의 참담함과 농민의 한맺힌 원성을 드러내 주고 있다. 농가에는 창문도 없어 해와 달이 비출 기약도 없다는 말로 농민의 절망감을 상징했다. 이러한 참상은 얼핏 하급관리의 횡포에 불과한 것 같다.

그러나 그것은 이미 당시 봉건체계의 근본적인 모순으로 말기적 증상을 드러낸 것이었다. 농촌의 비참한 현실을 목도한 해학은 이것을 문학의 소재로 활용하는 데 그치지 않았다. 경세적 신념이 강했던 그는 이러한 경험을 토대로 농촌문제의 근본적인 해결을 급선무로 여기게 되었다. 후일 정부에 제출한 개혁안 가운데서 농민몰락의 원인이 모두 전부田賦의 문란에서 비롯된 것이라고 지적했음을 보아도 알 수 있다.[46] 해학은 그러한 개선의 바탕위에서 드러낼 농촌의 평화로운 모습을 아마도 다음의 시 ①에서 찾고 있는 것 같다.

---

46 〈田制妄言〉, 《遺書》 권1.

달 성 성 외 즉 전 려
達城城外卽田廬
남 천 북 맥 연 구 거
南阡北陌連溝渠

명 와 박 랑 우 초 족
鳴蛙拍浪雨初足
송 전 가 시 판 염 어
送錢街市販鹽魚

제 가 정 장 출 경 작
諸家丁壯出耕作
탁 성 만 로 주 앙 거
鐸聲滿路走秧車

엽 부 기 연 관 박 대
饁婦頎然䯻髆大
봉 두 신 기 불 경 소
蓬頭晨起不經梳

문 계 야 화 유 자 호
紋髻野花猶自好
부 처 상 견 첩 절 도
夫妻相見輒絶倒

승 롱 이 평 갱 도 장
塍壟已平秔稻長
준 주 격 수 군 호 조
樽酒隔水群呼噪

① 달성 성 밖은 농막인데,

남북으로 뻗은 밭두둑 도랑과 이어졌구나.

울어대는 개구리 물장구치고 비는 애당초 알맞게 내려,

돈을 보내 시장에서 절인 생선도 사오네.

집집마다 장정들이 나와 논갈이하고,

길가엔 온통 모를 실어 나르는 수레의 방울소리

들밥 나르는 아낙은 헌걸차고 몸집도 푸짐한데,

헝클어진 머리 새벽에 일어나 빗지도 못했네.

들꽃을 머리에 꽂고 혼자서 더욱 좋아하며,

부부끼리 서로 쳐다보며 포복절도 웃어대는구나.

이미 논둑과 수평이 된 메벼는 잘도 자라고,

물 건너 술단지 놓아두고 모두들 불러대며 떠드네.

성 중 관 리 막 래 요
城中官吏莫來擾
이 배 의 반 종 하 도
爾輩衣飯從何到

거 년 조 세 흠 여 재
去年租稅欠餘在
당 병 자 모 금 년 보
當垃子母今年報

백 기 역 유 일 포 시
百飢亦有一飽時　　　실 가 단 취 해 원 자
室家團聚奚怨咨[47]

② 성 안의 관리들 다시는 소란 피우지 마소,
그대들 옷과 밥 누구로부터 나오나?
작년의 세금 밀린 것,
어미 자식 함께 일해 금년엔 갚으리.
백번 주리다 한번 배부를 때도 있는 법,
식구들 단란히 모였으니 어찌 원망할 것인가?

①에서는 달성(지금의 대구) 성밖에서 봄날 모심는 농촌의 바쁜
정경과 농사일에 신명이 나는 근면한 농민들의 생활, 그리고 잘
자라는 벼를 바라 보면서 농주를 한잔 들이키는 농민들의 흥겨
움을 어우러지게 표현하고 있다. 농촌의 생활 모습을 눈앞에 선
하게 드러내 주는 핍진한 사실적 묘사가 두드러진다. 비참한 농
촌의 현실을 체험한 해학으로서는 농민들의 농사짓는 즐거움과
농촌의 평화로움이 자기의 기쁨으로 받아들여졌고, 그것을 이상
적인 농촌의 모습으로 그렸다. 농민과 일체감을 지니는 이같은
정서가 이 시를 진솔되게 표현해 주는 밑거름이 되고 있다. ①에
서는 농촌의 평화스러운 분위기를 참신한 감각으로 표현하고 있
다.

그러나 ②는 이와 대조적이다. ①에서 그린 농촌에 대한 평화
가 ②에서는 관리의 예견되는 횡포에 대한 두려움으로 전환되었
다. 모처럼 맞는 농민들의 포근한 삶과 단란함마저도 언제 다시

---

47 〈北砲樓望見野作者有感〉, 《遺書》 권12.

짓밟히고 빼앗길까 근심해야 한다는 말에서 억눌린 농민의 아픈 잔영이 재현되고 있다. 이에 해학은 농민의 입을 빌어 지배층의 생존기반이 어디에 있는 것인가를 상기시키면서 더 이상 농민을 괴롭히지 말라고 하였다. 밀린 세금을 내려고 노력하는 농민의 성실함과 관가의 횡포를 걱정해야 하는 불안감을 함께 처리하고 있다.

그러나 이러한 농촌의 바람직한 모습에 대한 기대는 현실화 될 수 없었다. 잘못된 세상사를 고쳐 나가는 일이 모두 자기의 책무라고 여긴 해학의 경세정신은 끝내 자신의 심각한 생활고 및 실천이 불가능해진 경세방도經世方道에 대한 좌절 때문에 농민전쟁을 맞아 급진적인 사고로 전환 된다.

해학의 농촌현실 고발시는 농민의 참상을 목도하고 난 뒤 사실적인 묘사와 대립적 구조를 형상화시킨 작품들이었다. 생애 전반부에서 창출된 해학의 이러한 농촌현실에 대한 시의식은 이어진 민족의 위기상황에 직면하자 민족위기에 대한 관심으로 전환된다. 다음 장에서 살펴 볼 시가 바로 이런 유형에 속한다.

2. 민족위기의식民族危機意識의 표출表出

여기서 언급할 시는 시기적으로 해학 생애의 후반기에 해당된다. 이때는 이미 국내적인 문제 못지 않게 대외적인 상황 역시 긴박한 국면에 접어들고 있었다. 해학도 지방을 떠나 서울에 체류

하면서 민족의 위기를 실감하고 이에 관심을 기울이게 되었다. 민족의 위기 의식을 다룬 작품들이 을사조약을 전후로 하는 시기에 집중되고 있는 것도 이때문이다. 해학은 농민전쟁 때에 도모하고자 했던 변혁이 좌절되고 민족의 위기가 현실로 닥치자 새로운 방향을 취하게 된다. 그러한 대표적 사례는 각종건의서, 상소, 항의서 제출, 항일 민중집회 개최, 민간외교 활동, 을사오적 주살기도와 유배, 언론과 교육을 통한 애국계몽운동 등의 대내외 문무활동을 들 수 있다. 이 과정에서 체험하고 느낀 민족의 위기의식을 시로써 표현하고 있다. 먼저 국제정세에서의 불안한 한국의 위치를 노·일 두 외세의 각축 속에서 분석하고 있다.

대중양호견상지
大中兩虎見相持
중호환만소호조
中虎還望小虎助

인차두류실기회
因此逗遛失機會
공위대호일구어
恐爲大虎一口飫

세인역다구소호
世人亦多咎小虎
오책중호망비망
吾責中虎望非望

대호수대하족외
大虎雖大何足畏
원래피폐력응상
遠來疲弊力應傷

단능일거추기두
但能一擧推其頭
피모각족수분피
皮毛脚足隨紛披

사가오호균분육
四家五戶均分肉
성혈종횡삼만리
腥血縱橫三萬里

우차호중호금일지세
吁嗟乎中虎今日之勢
가위일불휴이불주
可謂一不休二不住

불투지유사일자
不鬪只有死一字
투유사생양조로
鬪有死生兩條路

여하사차이추피
如何捨此而趨彼
치사간관석차경
致使看官惜且驚

군 불 견 사 해 구 주 탁 탁 처　　진 시 영 우 박 수 성
君不見四海九州椓椓處　　盡是英雄拍手聲[48]

대호와 중호 두 호랑이 서로 노려 보며 버티고 있는데,
중호는 도리어 소호의 도움만 바라고 있네.
이러다가 머뭇거려 싸울 기회를 놓친다면,
아마도 대호의 한 입에 먹히게 될까 두렵다.
세 인들 모두가 소호를 탓하지만,
나만은 중호가 기대해서는 안될 일을 바라고 있음을 꾸짖노라.
대호가 비록 크다고 하나 뭐 그리 두려워 할 만한가?
먼데서 오느라 피곤하여 기력도 응당 손상되 었기에,
단번에 그 대가리를 잡아 뜯을 수 있으리니,
모피와 다리를 이리 저리 발라 내면,
집집마다 고르게 고기를 나누고,
비린 피는 삼만리 동양 방방곡곡에 뿌려지리라.
아하! 중호의 오늘의 형세는,
첫째도 쉴 수 없고 둘째도 머무를 수 없으니.
싸우지 않으면 단지 죽음이란 한 글자만 있을 뿐이나,
싸우게 되면 죽음과 삶 두 길이 있도다.
어찌하여 두 길을 버려 두고 한 길만을 좇으려 하는가?
사신을 두었지만 관직이나 지키고 있으니 애석하고 경악스럽다.
그대는 보지 못했는가 동양천지 진동하는 곳,
모두가 영웅의 박수소리이던 것을.

　이 시는 해학이 당시 노·일간의 각축을 보고서 러시아의 남진
위협을 염려하여 일본의 적극적인 대항을 부추긴 시다. 해학이

---

48 〈三虎詞〉, 《遺書》 권12.

러시아의 남하에 대해서 매우 위험시하고 있었음은 다른 글에서도 보인다.[49] 해학은 이미 〈천주육변天主六辨〉에서 천주교의 포교방법이 교만한 것은 서양의 강력한 과학기술을 바탕으로 한 국력 때문임을 알고 있었다.

따라서 서양세력의 막강함을 불안한 대상으로서 파악하고 있었는데, 러시아의 남진은 그같은 인식을 심화시켜 주고 있었다. 이는 당시 사회적으로 확산된 러시아에 대한 위기의식과도 무관하지 않다. 러시아는 한국인에 있어서 백인종이라는 이질감 이외에도 노·일전쟁시 일본보다 더 강한 세력으로 인식되었기 때문이다. 해학도 여러 차례 동양보전과 황인종의 존립을 강조하면서 한·청·일 삼국이 동등하게 정립하여 동양평화를 유지해야 된다고 주장했다.[50]

이 시에서 대호는 러시아를, 중호는 일본을, 소호는 한·청을 비유하고 있다. 중호에게 소호의 도움을 바랄 수 없는데도 기대함을 탓한 것은 일본이 이미 한·청 양국에게 신뢰를 상실했기 때문에 그렇게 판단하였다.[51] 단지 같은 동양인으로서 황인종의

---

49 〈天冠翁說〉,《遺稿》권3에서 해학은 당시 러시아의 남침 위협 때문에 渡美할 수밖에 없다는 위기감을 피력하고 있다.

50 해학의 이같은 주장은 〈與皇城新聞社長南宮君檍書〉·〈與日本伯爵大隈重信書〉·〈與日本望月龍太郎書〉,《遺書》권5 ; 〈三滿論〉,《遺書》권3 등에서 보인다.

51 〈曰霸論〉,《遺書》권3 참조. 해학의 〈三虎詞〉에 대해서 언급한 奇泰完, 朱昇澤의 앞 논문에서 大虎를 일본에 中虎를 한국에 비유했다. 그렇게 되면 小虎는 한국의 백성이 될 것이다. 그렇게 해석하는 것도 나름대로 일리가 있다. 그러나 당시 해학의 국제정세에 대한 판단과 시내용의 배경을 두고 볼 때 大虎는 러시아를 中虎는 일본을 비유했다고 보아야 한다.

위기와 국가적 위기때문에 위협세력인 러시아를 저지해 주길 일본에게 기대했을 뿐이다. 특히 싸우면 생사의 택일이 주어지지만, 싸우지 않으면 죽음만이 있다는 대목에서 그의 투쟁정신의 일단을 나타내고 있다.

국제정세에 대한 위와 같은 불안한 인식을 갖고 있었던 해학은 도리어 그 일본에 의해 침략이 노골화되자 고종과 대신들의 매국행위, 그리고 일본에 의해 기만당한 울분과 민족의 장래에 대한 불안감을 표현하고 있다.

미인간일타서해
美人看日墮西海

할단규파효비잔
鶡鴠叫罷梟飛殘

인가왜단하다사
隣家矮短何多詐

변파수장작아승
便把受藏作牙僧

조생모살첩개구
朝生暮殺輒開口

아좌치롱수견기
我坐痴聾雖見欺

단한오천사백세
但恨五千四百歲

복선화음종불응
福善禍淫終不應

풍령미량하한사
風靈微凉河漢斜

각유혜고앙천소
却有蟪蛄仰天笑

일월기증위이주
日月豈曾爲爾住

일침춘몽문안재
一枕春夢問安在

유모낙우도상매
遺毛落羽徒相浼

장상삼천농괴뢰
掌上三千弄傀儡

안전숙홀기운애
眼前倏忽起雲靄

마제동래동광채
馬蹄東來動光彩

기인부득운무죄
欺人不得云無罪

옥제노의실기재
玉帝老矣失其宰

임지기운수천개
任地氣運隨遷改

갈의미가구상대
葛衣未可久相待

평생열성부지회
平生熱性不知悔

수유만사성저해
須臾萬事成菹醢

정 시 당 년 신 독 병
正是當年身篤病

타 인 입 실 오 기 태
他人入室吾其殆[52]

미인은 해를 보다가 서해로 떨어진 뒤에야,

일장춘몽 속에서 어디에 있느냐고 묻고 있네.

박쥐들 떠들다 끝났고 올빼미들 날다가 시들해서,

털 빠지고 깃 떨어져 피차 더러워지기만 했네.

이웃의 왜소한 자들 어쩌면 이렇게 사기꾼인가?

손바닥에 삼천만 민족 올려놓고 꼭둑각시로 희롱하네.

얼른 받아 쥐어 감추고서 거간 노릇 한다더니,

그 순간에 갑자기 운애를 일으켜 돌변하네.

걸핏하면 입벌려 아침엔 살려준다 저녁엔 죽인다 하더니,

어느 새 말발굽 동쪽에서 달려와 광채를 번쩍이네.

우리는 앉은 채로 멍청이·벙어리되어 사기를 당했지만,

남을 속일 수는 없었으니 죄는 없다고 자부할만하네.

다만 한스러워 하노라! 오천 사백년 세월,

옥제님도 늙으셔서 주재력을 잃었음을.

복선화악의 응보가 끝내 이루어지지 않았으니,

강림하신 이 땅의 기운도 이에 따라 끝내 변해 버렸구료.

바람은 조금씩 쌀쌀해지고 은하수는 비꼈는데,

삼베옷으로 오래 견딜 수가 없구나.

날아가는 매미는 도리어 하늘 쳐다보며 비웃는데,

평소의 열성 후회할 줄 모르고 사는구나.

세월이 어찌 너를 위해 기다려 주리오?

잠깐이면 만사가 참혹하게 절여지고 젓담가 질텐데.

바로 금년엔 몸 마저 병들어 위독한데,

타인이 내방에 침입했으니 나는 이제 죽는구나.

---

52 〈長歌〉,《遺書》권12.

민족을 노예로 전락시킨 왕과 대신들, 그리고 간사한 일본에 대해 문책하면서 멸망해 가는 민족의 앞날을 회한悔恨한 시다. 뛰어난 비유적 수법으로 제국주의 침탈 앞에 망국의 운명을 좌시할 수 밖에 없는 민족의 현실을 절망적으로 그려내고 있다. 여기서 미인은 고종을 상징한다. 왕으로서 책임을 방기하여 국망을 조래하였으면서도, 망한 뒤에야 나라의 안위를 묻는 무책임을 백일몽에 비유하면서 비판하였다.

해학은 이미 상소를 통해서도 고종이 왕으로서 책무를 다하지 못하고 있다고 비판한 적이 있다. 그 글에서 해학은 고종이 나라의 책임자로서 국토가 잿더미 될 위기에 직면하였음에도, 망연자실하고 있음을 비판하였고, 심지어는 중국의 치란성쇠의 역사 교훈서를 단 한줄도 읽지 못했느냐고 힐난하였다.[53]

해학은 이 시에서 당시 외세에 빌붙어 권력 투쟁이나 일삼았던 매국노들을 박쥐와 올빼미에 비유했다. 그리고 그 꼴을 서로 싸우다가 털빠진 새처럼 전락시켰다. 간교한 일본인의 작태를 두고 거간꾼을 가장한 사기행각으로 비유했다. 한국은 비록 국가를 상실했으나, 당당한 행위를 했다는 점을 자부하였다.

여기서 또 주목되는 대목은 주재자에 관한 언급이다. 해학은 이미 천주교논쟁에서 복선화악의 이치와 그 응보에 대한 깊은 관심을 지니고 있었다. 그리고 그 이후에 주창한 민족종교에서 단군의 주재력主宰力으로 복선화악福善禍惡을 징험할 수 있다고

---

53 〈請六移疎〉,《遺書》권4.

강조하였다. 그런데 이 시에서는 이미 주재자 옥제의 주재력이 발휘되지 못하고 있는 현실을 안타깝게 바라보고 있다. 그러나 나라를 되찾기 위해서는 단군의 복선화악의 응보를 강조해야 했고, 이를 위해서는 별도의 종교적 노력이 필요했다.

이 시에서는 해학의 문학에서 특징적 요소라고 할 수 있는 비유가 적절히 동원되고 있다. 쌀쌀한 바람을 외세에, 기울어 버린 은하수를 국권상실에, 추운 날씨에 견딜 수 없는 삼베옷을 한국의 무력함에, 아무 것도 모른 채 열심히 살아가는 매미를 착한 백성에 각기 빗대고 있다.

이같은 비유로 그들의 처지를 극명하게 대변한 표현기법이 돋보인다. 특히 후회없이 열심히 살아가는 매미가 곧 닥칠 살육의 조짐을 모르는 채 살아가는 모습에서, 당시 이 민족에게 닥칠 제국주의 세력에 의한 불행의 엄습을 예고하고 있다. 마지막에는 조만간 닥칠 민족의 함몰에 대한 위기의식과 외세의 침탈을, 병든 몸으로 누워 있는 자기 방안으로 들어오는 침입자로 비유하였다. 민족의 수난과 시대의 아픔을 고뇌하고 망국을 비탄한 해학의 시의식이 선명하게 노정되어 있다.

이 시를 짓고 해학은 대단한 수난을 당했다. 이 시가《자강회보自強會報》9월 호에 게재되었는데 여기서 해학이 이 시를 짓고 나서 대단한 수난을 당했다는 기록이 보인다. 자세한 경위는 알 수 없으나, 아마 그 내용이 고종과 대신을 직접 공격했기 때문이 아닌가 한다.

해학은 이미 민족의 위기가 심각한 상황에 직면했음을 다음의
시에서도 보여 주고 있다.

<table>
<tr><td>뇌 락 강 호 이 십 추
牢落江湖二十秋</td><td>금 래 우 감 일 교 유
今來又減一交遊</td></tr>
<tr><td>문 장 경 제 구 감 석
文章經濟俱堪惜</td><td>전 도 기 한 자 차 휴
顚倒飢寒自此休</td></tr>
<tr><td>고 골 지 수 유 한 구
枯骨祇須留漢口</td><td>귀 혼 불 필 왕 파 주
歸魂不必往坡州</td></tr>
<tr><td>타 년 부 로 종 난 면
他年俘虜終難免</td><td>사 자 응 지 생 자 수
死者應知生者愁[54]</td></tr>
</table>

강호에서 영락한지 20년,
이제와서 또 한 친구 잃었네.
문장과 경세 모두 애석하기만 한데,
주림과 추위에 엎어지다가 이제야 그치게 되었구나.
유해는 그냥 한강 어귀에 남겨 묻었으니,
혼백은 파주까지 돌아갈 것 없겠지.
뒷날 노예신세 되는 것 끝내 면할 수 없을테니,
죽은 자가 도리어 응당 산 자의 근심을 알아주겠지.

이건초李建初의 죽음에 붙여서 지은 작품이다. 문장과 재능을
갖춘 친구의 죽음에 대한 애도와 동정을 나타내고 있다. 그러나
눈앞에 닥친 민족의 노예신세에 대한 한탄이 배어 있다. 해학은
이 시에 병기한 글에서 이건초가 죽을 때 "우리가 남의 포로 되
는 것을 면할 수 있겠는가?"라고 물었기 때문에, 그의 나라를 생

---

54 〈哭李丹農建初〉, 《遺書》 권12.

각하는 마음을 생각하며 쓴 것이라고 밝히고 있다. 죽은 자가 오히려 산 자의 근심을 알아 줄 것이라고 했는데, 이것은 당시의 민족위기를 이미 회복할 수 없는 단계로 판단했기 때문이다.

해학은 1905년 가을 국권침탈 저지를 위한 외교노력의 일환으로 도일渡日하여 우국시憂國詩를 남겼다. 먼저 도일 직전 자신의 모습과 의지를 담은 시를 보기로 한다.

기 안 세 미 소 야
其眼細其眉疏也

기 발 체 기 복 양
其髮薙其服洋

시 여 비 고 물 론
是與非姑勿論

육 십 옹 만 리 행
六十翁萬里行

시 전 일 이 기
是前日李沂

전 일 이 기 야 비
前日李沂也非

단 간 현 금 천 하
但看現今天下

차 기 오 소 락 자
此豈吾所樂者[55]

눈은 가늘고 눈썹은 엉성하니,
이것이 지난날의 李沂로다.
머리를 깎고 양복을 입으니,
지난날의 李沂가 아니로다.
시비는 잠시 덮어두고,
다만 지금의 세상을 살펴보자.
육십 늙은이 만리 먼길 떠나는데,
이것이 어찌 내 즐거운 짓이리오?

도일하기 위해 부득이 양복을 입고 머리를 깎았기 때문에 모

---

55 〈自眞贊〉,《遺書》권9.

습이 아주 변했지만, 그 시비를 따질 겨를이 없다는 것은 급박한 민족현실 때문이었다. 육십의 노구임에도 불구하고 일본으로 건너가야만 하는 민족의 현실 때문에 착잡한 심정을 표현하고 있다.

이 발 즉 체　이 복 즉 양　　　체 발 양 복　이 심 즉 상
爾髮則薙　爾服則洋　　　薙髮洋服　爾心則傷
만 리 동 래　기 의 하 기　　　과 이 천 하　위 기 임 여
萬里東來　其意何居　　　果以天下　爲己任歟[56]

머리는 깎고 의복은 서양의 것이니,
깎은 머리와 양복이 마음을 아프게 하네.
만리 먼길 동쪽으로 온 그 뜻이 어디 있는고?
과연 천하의 일을 나의 임무로 여긴 것인가?

이 시를 통해 보면 해학은 단발령 이후에도 10년 동안이나 단발하지 않았던 것 같다. 도일하기 위해서 그러한 머리를 깎아야 했던 아픈 심정과 천하의 일을 자신의 임무로 여겨 온 경세가로서의 뜻을 되새기고 있다.

육 십 노 곤　금 하 독 서　　　기 구 아 인　헌 정 사 여
六十老髡　今何讀書　　　其歐亞人　憲政史歟[57]

육십 늙은이 지금 무슨 책을 읽고 있나?
구라파·아시아인의 헌정사로구나.

---

56 〈上同〉其二.
57 〈上同〉其三.

망국의 예견속에 그것을 타산지석으로 삼을 수 있는 각국의 헌정사에 대한 해학의 관심은 대단했다. 해학은 이미 〈국제國制〉에서 국가의 정체政體를 공화共和·입헌立憲·전제專制로 구분하고 공화共和를 가장 좋은 체계로, 전제專制를 가장 나쁜 체계로 간주하였다. 그러나 현실적으로는 입헌정체立憲政體를 가질 수 밖에 없다고 하였다.[58]

다음의 시는 일본 마관馬關에 도착하여 지은 시다.

추 래 풍 우 각 미 량
秋來風雨覺微涼

독 의 창 문 여 서 장
獨依艙門旅緒長

화 약 구 구 하 족 보
和約區區何足補

지 금 인 소 이 중 당
至今人笑李中堂[59]

가을의 비 바람 서늘해짐을 느끼는데,
홀로 선창문에 기대니 늘어선 줄 길기도 하구나.
강화조약 구구한 것 무슨 보탬이 되었던가?
지금도 사람들은 李中堂을 비웃는구나.

여기서 말한 조약의 명칭과 이중당이 누구인지는 분명치 않다. 조약은 아마 도일하기 한 해 전인 1904년 한·일간에 체결한 두 조약, 즉 한일의정서와 제일차한일협약을 가리키는 것이 아닌가 한다. 그리고 이중당은 당시 의정서를 체결한 외부대신이 각기 이지용李址鎔과 이하영李夏榮이었기 때문에 이들을 지칭한 것

---

58 〈急務八制議〉,《遺書》권2.
59 〈東詣日本泊馬關〉,《遺書》권12.

으로 보인다. 제국주의 세력에 협력하여 조약을 체결한 당사자들이 뒷날의 역사적 비판을 받고 있음을 지적하고 있다. 해학은 일본에 도착한 이후에 항일외교를 수행하는 한편, 그곳의 인물들과 시사를 놓고 의견을 나누기도 하였다. 그들과 교류하면서 동양평화에 관하여 의견을 교환했던 해학은 동양의 평화요건을 한·중·일 삼국정립이라고 하였다.

동 양 시 사 실 감 탄
東洋時事實堪歎
　　　　　
유 유 부 군 대 안 간
惟有夫君大眼看

대 도 한 청 성 정 치
待到韓淸成鼎峙
　　　　　
천 황 공 덕 차 시 완
天皇功德此時完[60]

동양의 시사 실지로 한탄스러운데,
오직 그대같은 위대한 안식이 있으나.
한·청·일의 삼국정립이 되기를 기다릴 뿐이오,
천황의 공덕도 그럴 때에만 온전해질 것이네.

해학은 동양평화를 유지하기 위한 전제가 바로 삼국의 동등한 정립이라고 생각하고 있었다. 이것은 일본의 패권주의를 인정치 않고 있기 때문이다. 이밖에 〈증송촌웅지진贈松村雄之進〉에서도 동양의 시사時事에 관해 의견을 교환하고 있다.

한편 해학은 주일 한국 외교관들이 고국의 위기에는 아랑곳없이 저지르는 매국적 행위를 목격하고 이렇게 고발하였다.

---

60 〈贈關常吉〉,《遺稿》권1.

사 수 종 고 난 기 재
使手從古難其才

조 정 신 택 하 여 재
朝庭愼擇何如哉

황 부 열 강 다 사 시
況復列強多事時

성 초 기 위 화 구 래
星軺豈爲花鬮來

야 첩 장 등 명 취 안
夜輒長燈明就眼

관 봉 자 족 매 한 전
官俸自足買閒錢

구 년 시 월 서 행 인
九年十月西行人

탄 한 일 계 심 흉 전
吞韓一計心胸塡

차 내 국 가 존 망 추
此乃國家存亡秋

별 시 해 가 사 상 구
別時奚暇私相求

당 숙 내 종 비 유 간
堂叔內從非有間

일 언 제 탁 불 능 주
一言提托不能周

가 련 수 각 노 상 공
可憐水閣老相公

거 작 군 수 무 로 통
去作軍囚無路通

좌 간 조 객 응 수 안
坐看吊客應羞顏

천 지 료 료 석 조 중
天地寥寥夕照中[61]

사신이란 옛부터 그 재주 아무나 되기 어려운 법,
그래서 조정의 선발은 얼마나 신중했던고?
하물며 열강들 사이에서 할 일이 태산 같을 때,
화려하게 건너온 사신 어찌 화투판만 벌이고 있나?
밤이면 오래도록 판 벌리다가 날밝으면 곯아 떨어지네,
관리 봉급 넉넉한데도 공돈이나 탐낼 때.
1905년 10월 서쪽으로 가는 사람,
한국을 삼킬 흉계 가슴 속에 가득하네.
지금은 바로 국가존망이 걸린 때이니,
떠나면서 사사로이 찾아볼 겨를이 어디 있겠는가?
당숙과 내종 사이는 허물이 없는 법이어서,
한마디 제언하고자 하여도 주선할 방법이 없네.
가련토다 섬나라 공관에 있는 늙은 상공이여!
만나러 갔으나 군대에 잡혀 통할 길도 없구나.

---

61 〈公館歎〉,《遺書》권12.

앉아서 조문객을 맞이하자니 응당 얼굴이 부끄럽겠지,
서양빛에 천지가 적막해지는구나.

주일 외교관의 매국적인 근무자세와 강제조약을 체결하기 위해서 한국으로 떠나가는 특파대사 이등박문의 출발을 서로 대비시켰다. 이 둘의 대조적인 모습에서 멸망하는 나라의 꼴과 패권을 거머쥐는 나라의 모습을 상징적으로 묘사했다. 도박으로 소일하는 모습이나 주재국에서 구금되다시피 한 외교관의 딱한 처지가 모두 매국행위와 다름이 없다고 본 것이다. 해학의 눈에 비친 침략 당사국에서의 한국 외교관의 매국적인 직무유기는 개탄스러운 것이었다. 자주국권회복을 위해 노구에도 불구하고 항일외교를 위해 도일했던 해학은 이같은 조국현실에 대한 방기자들 앞에서 느끼는 허탈감을 천지가 텅빈 모습으로 표현하였다. 해학은 계속해서 외교관의 임무를 꾸짖고 있다.

고 국 서 망 체 루 경
故國西望涕淚傾

유 인 비 위 억 귀 정
遊人非爲憶歸情

제 공 해 독 파 란 사
諸公解讀波蘭史

불 향 군 왕 일 설 명
不向君王一說明[62]

서쪽으로 고국을 바라보니 눈물이 흘러 내린다,
나그네가 고국에 돌아 가고픈 정 때문이 아니라오.
여러 관리들 폴란드 역사를 읽어 알면서도,
임금에게 말 한마디 분명히 해주지 않았구나.

---

62 〈登凌雲閣〉, 《遺書》 권12.

폴란드 망명사에서 보여준 망명인의 구국헌신에 관한 역할을 본받지 못하고 있는 주일 한국외교관들을 꾸짖으면서 망국의 심사를 읊조린 시다. 을사조약의 체결로 더 이상의 체일이 무의미해진 해학은 귀국을 하면서 유학을 즐기는 한국의 유학생들에게 조국의 현실을 직시하라고 경고한다.

종 금 노 예 국
從今奴隸國
불 필 하 생 아
不必賀生兒
유 학 능 무 괴
留學能無愧
환 호 역 유 시
歡呼亦有時
인 심 차 이 거
人心嗟已去
국 계 황 감 기
國計況敢期
여 관 막 개 호
旅館莫開戶
석 양 오 조 비
夕陽烏鳥飛[63]

이제부터는 노예국으로 전락했으니,
아이를 낳아도 축하할 일이 못된다.
유학이 부끄럽지도 않은가?
환호하는 것도 때가 있는 법.
아! 마음조차 이미 떠나버렸으니,
하물며 조국 위한 계책 기대나 할 수 있겠는가?
여관의 문을 열지도 말라.
석양에 까마귀 날까 두렵다.

조국이 상실되어 노예국으로 전락하고 민족공동체가 파멸된 시점에서도 침략국의 유학에 만족하고 있는 유학생들을 보고 해학은 설상가상의 절망에 빠져들고 있었다. 조국애 조차도 없어진 그들에게 조국을 위한 설계를 기대하는 것이 무리라고 하였다. 외교관의 매국적 직무유기, 유학생의 망국적 자세 등을 목격한 해학은 국내의 참담한 망국소식을 듣고서 또 한번 격앙하였다. 을사조약이 강압으로 체결되었음을 황성신문에 실린 장지연의 〈시일야방성대곡是日夜放聲大哭〉을 통해서 알게 된 해학은 의분을 참지 못하고 처절한 심정을 장편의 시로써 토로했다.

구 년 시 월 입 일 일
九年十月卄一日

객 병 입 위 도 창 명
客兵入衛刀槍鳴

대 사 육 십 장 홍 래
大使六十長虹來

효 성 명 멸 월 참 담
曉星明滅月慘澹

수 옥 헌 전 흑 사 칠
漱玉軒前黑似漆

문 무 백 관 개 고 율
文武百官皆股栗

수 파 약 문 구 가 질
手把約文口呵叱

차 시 조 치 비 무 술
此時措置非無術

① 1905년 10월 21일,
수옥헌 앞 칠흑같은 어둠속.
외국군대 궁궐에 난입하여 총칼소리 요란하니,
문무백관 모두가 굴복하고 다리를 벌벌 떠네.
일본대사 바다 건너와,
손엔 조약문 들고 입으론 협박을 한다.
새벽 별 깜박이고 달빛은 참담한데,
이때의 조치 술책 아닌 것 없었네.

사 외 부 자 소 재 시
司外部者小才是

평 거 독 자 성 예 일
平居讀字聲譽溢

도 명 기 세 하 능 구
盜名欺世何能久

본 상 노 진 가 제 필
本相露盡可題筆

수 료 오 백 년 종 사
誰料五百年宗社

차 노 수 리 송 교 필
此奴手裏送交畢

권 이 구 구 하 족 책
權李區區何足責

제 자 불 과 시 기 슬
諸子不過是蟣蝨

② 외부대신 놈 소인 재질이라더니 그 말 옳구나,

평소 글줄이나 읽었다고 명성 높아 넘치더니

명예를 훔치고 세상을 속인 짓거리 어찌 오래 갈까보냐?

본색 다 드러내 可라고 서명했네.

누가 알았으리오 오백년 종묘사직,

이 매국노들의 손에 몽땅 넘어갈 줄을.

권가·이가 두 놈들만 어찌 구구이 책망할 것인가?

모두 다 이·서캐 보다 못한 놈들

황 천 불 필 용 간 인
皇天不必容奸人

기 위 죄 괴 안 득 일
旣爲罪魁安得逸

연 지 지 수 금 유 재
蓮池之水今猶在

막 대 타 년 번 부 질
莫待他年煩斧鑕

③ 하늘은 간사한 놈들을 절대 용서하지 않을테니,

이미 매국노 되고 어찌 편히 지낼까 보냐?

연못의 물 아직도 남아 있으니,

후일 번거롭게 도끼날에 찍혀 죽을 때 까지 기다리지 말라.

가 련 강 석 한 참 정
可憐江石韓參政

일 성 통 곡 천 소 슬
一聲痛哭天蕭瑟

중 목 구 연 도 개 관
衆目瞿然都改觀

평 지 태 산 고 무 필
平地泰山高無匹

강호야심인불안
江戶夜深人不眼

사벽조추다실솔
四壁喞啾多蟋蟀[64]

④ 가련하다 한규설 참정대신이여!
한번의 통곡소리에 하늘도 소슬하구나.
사람들 놀라 모두들 바라보니,
평지에 솟아 있는 태산같아 필적할 이 없구나.
동경의 깊은 밤에 잠못 이루는데,
사방의 벽에는 귀뚜라미 울어대는 소리 가득하구나.

이 시의 구성은 네 단락으로 구성되어 있다. ①은 조약체결 당일 밤 왜병의 강제무단과 살벌한 공포 분위기를, ②는 도명기세하여 오백년 종사를 팔아넘긴 이완용 등의 매국노들에 대한 질타를, ③은 즉각적인 응징각오를, ④는 조약체결에 반대한 한규설의 장한 행동을 기리고 있다.

①에서는 당시의 모습을 재현하듯이 생생하게 표현하였는데 상상력과 사실적 묘사가 두드러지며, 오백년 사직을 송두리째 빼앗긴 민족으로서 갖는 참담함과 비통함이 절로 드러나고 있다. 이등박문伊藤博文이 고종高宗을 위협하기 위해 일본군 사령관인 장곡천호도長谷川好道를 대동하고 어전회의를 총검으로 위협했던 상황을 재현시키고 있다.

②에서는 매국노에 대해 즉각 자결할 것을 경고하고, 이에 대한 응징의 결의를 보였는데, 해학은 귀국후 이것을 실행으로 옮기게 된다. 귀국직후 나철羅喆·오기호吳基鎬 등과 함께 비밀조

---

64 〈讀皇城報〉, 《遺書》 권12.

직인 자신회自新會를 조직하여 을사오적 암살을 기도했던 것이다. 이 암살기도는 그가 창립에 참여했던 대종교가 후일 만주에서 벌인 무장독립투쟁의 중요한 정신적 계기로 평가되기도 하였다.[65] 이 시에는 해학이 시의 요소로 중시한 격앙된 의기와 처절한 음조가 짙게 배어 있다.

애국의 일념으로 도일했던 해학은 침략국에서 맛본 조국상실에 대한 뼈저린 아픔을 체험하고, 민족이 갖추어야 할 정신적 실체에 대한 깊은 성찰을 하게 된다. 그것이 앞서 언급했던 단군숭배 사상의 공고화로 드러난 것이다.

을사조약이 체결되자 국내에서는 이에 반대하는 인사들이 고초를 겪고, 순절하는 사람도 있었다. 이러한 소식에 접하고 해학은 그의 우국적 심사를 감출 수 없었다.

향 서 화 루 불 감 간
鄕書和淚不堪看
일 우 위 수 일 기 관
一友爲囚一棄官
작 야 해 서 요 망 처
昨夜海西遙望處
잔 성 결 월 동 천 단
殘星缺月動天端[66]

고향의 편지 눈물로 뒤범벅 읽을 수 없구나,
한 친구는 갇히고, 한 친구는 관직을 빼앗겼네.
어젯밤 바다 서쪽 멀리 보이는 곳에,
새벽별 이그러진 달이 하늘 끝에 흔들거리네.

65 김동환, 〈무오독립선언서의 역사적 의의〉, 《國學硏究》 2집(국학연구소, 1988).
66 〈聞潤哉被執, 士圭棄官去〉, 《遺書》 권12.

을사조약에 반대했던 두 친구가 갇히고 파면당한 소식에 접하여 쓴 시다. 여기서 서쪽의 이그러진 달이 흔들린다고 한 것은 가물거리는 민족의 운명을 상징하였다. 다음의 시에서도 조국에서 들려오는 더 비참한 소식에 낙담짓는 작자의 심사가 거듭되고 있다.

일 사 비 도 자 결 신
一死非徒自潔身

면 교 천 하 책 무 신
免敎天下責無臣

종 용 이 자 환 감 한
從容二字還堪恨

불 견 동 래 통 곡 인
不見東來痛哭人[67]

한번의 죽음은 스스로만 깨끗이 함이 아니고,
이 세상에 참다운 신하가 없다는 꾸짖음을 면하게 하였네.
종용 두 글자가 도리어 한스럽게 느껴지는 것은,
동쪽으로 건너와서 통곡하는 자 볼 수 없기 때문이네.

이 시는 민영환閔泳煥의 자결소식을 듣고 쓴 것이다. 민영환의 죽음이 결코 개인적인 의리만을 드러낸 행동이 아니라, 신하된 직분으로 결행한 것이라고 평가하였다. 고국에서는 이러한 의기 격분과 자결이라는 구국적 희생이 치러지고 있는데도 불구하고, 일본에서는 한국 관리와 유학생들이 통곡조차 하지도 않는 민족적 배신감에 해학은 분노하고 있었다.

문 공 피 구 거
聞公被拘去

의 위 사 기 의
意謂死其宜

---

67 〈哀閔參政泳煥〉,《遺書》권12.

굴 지 대 서 보
屈指待西報

모 아 천 일 애
暮鴉天一涯[68]

공이 잡혀갔다고 들었을 때,
속으로 죽을 거라고 생각했는데 그게 들어맞았구나.
손가락 꼽아 세며 서쪽의 소식 기다렸는데,
저물녘 까마귀 하늘 끝에 있구나.

표훈원表勳院에서 자결한 조병세趙秉世를 애도한 시다. 그의 강
직한 성품 때문에 죽을 것으로 생각했는데 불행하게도 그것이
적중했다는 것이다. 결국 불길한 소식에 접하고 만 상태를 하늘
끝에 있는 저물녘의 까마귀에 비유하고 있다. 다음은 해학 보다
먼저 귀국하게 된 한갑韓甲을 전송하면서 쓴 시다.

고 원 비 부 아 산 하
故園非復我山河

일 책 서 귀 가 내 하
一策西歸可奈何

사 만 인 가 한 성 리
四萬人家漢城裏

사 군 충 분 미 응 다
似君忠憤未應多[69]

옛 동산 우리의 산하를 다시 찾을 수 없게 되었으니,
한 사람의 책사 서쪽으로 간들 어찌할꼬?
사만 채나 되는 인가가 서울안에 있지만,
그대같은 충직 분발한 자 많지 않으리.

한 두 사람의 지혜로 돌이키기에는 이미 기울어 버린 사태에
대한 절망감이며, 그러한 인재가 쓰일 수 조차 없게 되어버린 민

---

68 〈哀趙議政秉世〉,《遺書》권12.
69 〈送韓伯絳甲歸國〉,《遺書》권12.

족의 운명에 대한 한탄이다. 그리고 그 많은 사람들 가운데 충직분발하여 민족의 장래를 위해 헌신할 사람이 별로 없음을 비탄한 시다. 해학의 이같은 비탄은 민족의 정신목표를 국권회복에두고자 했던 민족종교화에도 영향을 끼치게 된 것으로 보인다.

민족위기의식을 표출한 해학의 시는 나라의 어려움이 가중된을사조약 전후의 시기에 집중되어 있다. 이것은 앞서의 농촌현실의 고발시와 함께 해학의 현실인식을 드러내 주는 시세계의 양대 특징으로 간주된다.

3. 유배기流配期의 맥수지탄麥秀之歎

해학은 귀국한 이후 각종 계몽운동에 진력하면서 1907년 3월나철·오기호 등과 함께 비밀 지하단체인 자신회自新會를 조직하여 을사오적 주살을 시도하였다. 그러나 실패를 했고, 이미 작성해 놓은 나인영의 〈을사오적참간장乙巳五賊斬奸狀〉과 자신의〈자신회취지서自新會趣旨書〉·〈자현장自現狀〉등을 들고 평리원平理院에 자진 출두하였다.

해학은 7년형을 언도받고 진도珍島에 유배되었는데, 사면령이내려져 11월에 석방되었다. 이 기간에 쓴 해학의 시는 나라를 잃은 슬픔과 노예가 된 자신의 처지를 읊고 있다. 먼저 투옥중에노·일간의 비밀협약이 진행되는 소식을 듣고 쓴 옥중시를 보기로 한다.

작 야 풍 상 열 와 구	한 등 부 독 일 신 우
昨夜風霜裂瓦溝	寒燈不獨一身憂
인 간 하 처 탁 황 종	천 하 금 년 생 백 두
人間何處托黃種	天下今年生白頭
마 도 범 장 미 구 로	용 천 초 목 동 신 추
馬島帆檣迷舊路	龍川草木動新秋
타 시 성 패 하 수 설	남 부 상 휴 출 만 주
他時成敗何須說	男婦相携出滿洲[70]

어젯밤 바람·서리에 기왓장은 찢겨 도랑에 날리고,
차거운 등불 아래 유독 이 한몸의 근심이 아니네.
인간세상 어느 곳에 황인종이 의탁할 수 있을건가?
이 세상에도 금년부터 흰둥이 머리가 나오겠지.
대마도의 돛단배 옛 길 속에 헤매는데,
용천의 초목은 초가을에도 생동하네.
뒷 세상의 성패를 어찌 논할 필요가 있겠느냐?
남매는 서로 이끌고 만주로 탈출한다네.

해학이 러시아에 대해서 위기를 느꼈던 것은 앞에서 이미 밝힌
바 있다. 러시아의 남진은 곧 백인종에 의한 황인종 멸절이라는
위기감을 갖고 있었는데 이 시에서도 이같은 경계가 드러난다.
그리고 해학이 제국주의 세력간의 역학관계를 파악하는 능력에
있어서 미숙함도 보이고 있다. 이 때 까지도 일본보다 오히려 러
시아를 더욱 경계하고 있다는 것은 해학의 국제적인 역학관계에
대한 전망의 한계를 드러내주고 있다. 그러나 해학은 한국의 장
래에 중대한 영향을 끼칠 수 있는 비밀 협약에 관심을 깊게 갖고

있었다. 이 해는 노·일간에 네차례나 회담이 진행되어 동아시아에서 두 나라 권익의 상호승인과 영토보전에 관한 밀약이 이루어 졌던 시기였다. 이같은 관심은 이미 두 해 전인 1905년 미국 포오츠머드에서 열리는 노·일 강화조약 체결에 반대하기 위해 도미하려 했던 것과 비슷하다.

휘몰아치는 차가운 서리와 기왓장 날리는 바람은 주변상황의 험난함을 상징하며, 작자의 심적 상태를 보여주는 것이기도 하다. 대마도 돛단배 옛 길속에 헤맨다는 것은 일본세력의 저하를, 용천의 초목은 가을인데도 생동한다는 것은 러시아 세력의 강성함을 뜻하고 있다. 3·4구의 황인종 공멸과 백인종의 등장이 대조적으로 표현되어 있다. 만주로 서로 피난간다는 대목에서 당시의 민족위기 의식을 느낄 수 있다.

내 시 병 위 불 번
來時兵衛不須煩
체 소 서 생 환 유 력
切笑書生還有力

가 로 간 관 역 실 혼
街路看官亦失魂
강 린 유 자 계 엄 존
強隣猶自戒嚴存[71]

옥에서 끌려 나올 때 헌병호위 번거롭게 할 필요 없으련만,
길거리 관리들 모두 혼이 빠져 있구나.
참으로 우습구나 서생에게 무슨 힘이 있길래,
주위의 강포한 자들 도리어 제 발 저려 계엄을 하네.

서울의 감옥에서 진도로 압송되는 도중에 인천으로 향하면서

---

71 〈丁未六月十三日出獄, 押向仁川〉,《遺書》 권12.

지은 시다. 도망칠 힘도 없는 일개 서생을 압송하기 위해 삼엄한 경계를 펴는 침략군의 제발 저린 모습과 그들의 지시에 허둥대는 혼빠진 관리들의 모습을 대비적으로 묘사했다. 그리고 작자의 떳떳한 자세와 헌병들의 과민계엄을 상대적으로 돋보이게 했다.

극 발 지 비 법 원 재　　　　여 하 인 회 지 사 재
亟發知非法院裁　　　　**如何人悔至斯哉**
고 주 실 로 매 정 거　　　　군 박 성 행 귤 치 래
孤舟失路梅亭去　　　　**群縛成行橘峙來**
가 국 윤 망 증 이 결　　　　당 계 역 처 갱 감 애
家國淪亡曾已決　　　　**堂階易處更堪哀**
다 몽 지 주 상 전 장　　　　객 사 문 전 일 경 개
多蒙地主相傳掌　　　　**客舍門前一逕開**[72]

황급히 출발한 것을 보니 법원결재도 없었음을 알겠는데,
어찌 인간의 회한이 이 지경에 이를 수 있겠는가?
외로운 배 길 잃어 매정포로 잘못 가버린 뒤,
굴비처럼 묶여 줄줄이 굴치고개를 되 넘어왔네.
나라의 멸망 이미 결판이 나버렸으니,
마루와 계단에 뒤바꿔 앉은 처지가 더욱 서럽구나.
대부분 몽매한 지주들 서로 사무인수 하는데,
배정된 객사의 문앞에 길 하나만 트여있네.

진도에 도착할 때 까지 험로에서 고생하며 끌려온 비참함, 도착 직후 그곳에서 겪은 수모를 기록한 시다. 시로 다하지 못한

---

72 〈十五日抵珍島〉,《遺書》권12.

海鶴李沂의 思想과 文學 —ː

사연이 있기에 중간에 삽입한 추기를 통해서 상세한 과정을 보충하고 있다. 정당한 행위가 법원의 결재도 거치지 않은 불법에 의해서 유배형이 내려진 점, 또 압송도중에 노예국 인간으로서 당한 수모를 함께 지적했다. 해학은 망국을 치욕으로 여겨야 된다고 했다. 이는 〈태백경太白經〉에서 나라를 잃고서도 수치를 모른다면 소・말과 똑같다고 한 것이나, 〈제생탄諸生歎〉에서 노예가 되고서도 수치를 느끼지 못하는 유학생을 꾸짖은 것과 같다. 특히 고기 엮듯이 끌려가는 압송, 그리고 순사는 마루에 앉고 해학은 계단에 앉혀졌다고 하여 해학의 수치감을 드러내고 있다.

동 래 적 객 집 여 아　　　　　읍 리 상 간 공 탄 차
同來謫客集如鴉　　　　　**邑里相看共歎嗟**
북 고 가 련 무 지 주　　　　　남 행 원 각 유 천 애
北顧可憐無地住　　　　　**南行遠覺有天涯**
교 림 처 처 동 청 수　　　　　어 망 가 가 추 백 화
郊林處處多青樹　　　　　**漁網家家秋白花**
절 국 토 풍 주 불 오　　　　　유 인 역 득 내 경 과[73]
絶國土風珠不惡　　　　　**游人亦得耐經過**

같이 온 귀양객들 까마귀처럼 모여,
마을에서 서로 바라보며 함께 탄식하네.
가련타 북쪽을 바라보니 머무를 땅 없고,
남쪽 길 바라보니 하늘 끝만 있구나.
곳곳의 시골 숲은 겨울에도 푸른 나무들이고,
집집마다 널린 어망은 가을에 피는 흰 꽃이로다.
머나먼 외딴 섬 풍토는 달라도 싫지는 않으니,

---

73 〈居月餘土人漸相慣熟, 亦有致慰問者〉,《遺書》권12.

협객도 견디어 지낼 만 하구나.

유배지에서 읊조린 망국의 한탄이다. 북쪽엔 머무를 땅도 없고, 남쪽엔 하늘끝만 있다는 표현도 대비적이다. 유배지 진도에서 북쪽은 한국이고, 남쪽은 일본이기 때문이다. 겨울에도 곳곳에 푸른 나무들이라고 한 것은 비록 나라는 망했지만 조국산하의 변함없음을 상징한 것으로 보인다. 그리고 집집마다 흰 꽃이라고 한 것도 백의민족의 정신을 상징한 것으로 볼 수 있다. 끝으로 외딴섬의 풍토가 달라도 견뎌낼 수 있다고 한 것은 민족 동질성에 관한 애착을 보여주고 있는 것이다.

일 로 미 망 초 수 천
一路微茫草樹天

등 림 추 의 갱 유 연
登臨秋意更悠然

수 간 사 직 종 하 기
須看社稷終何寄

가 념 산 하 사 차 련
可念山河似此憐

막 막 두 전 횡 락 일
漠漠荳田橫落日

요 요 염 호 기 고 연
遙遙鹽戶起孤煙

환 탄 야 속 순 방 심
還嘆野俗淳尨甚

유 자 가 호 락 유 년
猶自歌呼樂有年[74]

곧장 뻗은 길 흐릿하고 초목은 하늘까지 뻗쳤네,
올라가 보니 가을 생각 더욱 아득하구나.
이 나라 끝내 어떻게 될지 꼭 보아야만 할텐데,
조국산하도 이와 같아 가련히 생각되는구나.
막막한 콩밭에 석양빛 가로지르고,
저 멀리 염전 집엔 외로운 연기 피어 오르네.

74 〈西麓晚眺〉, 《遺書》 권12.

시골 풍습 너무 순박해 도리어 한탄스러운 것은,
도리어 노래하며 풍년을 즐기고 있음일세.

　1·2구와 5·6구는 어촌의 풍경을, 3·4구와 7·8구는 작자
의 심정을 서술하였다. 섬의 울창한 초목을 보면서 역시 국토산
하에 대한 애착을 느끼고 있다. 민족의 위기가 급박해진 시점에
서 60의 나이와 7년의 형기에 비추어 볼 때 나라의 장래를 끝까
지 지켜볼 수 없음을 가련히 여기고 있다. 해학은 나라의 위기와
는 무관하게 자기 생활에만 열중하는 어민의 태도를 순박하기보
다는 한탄스럽게 보고 있다.

독 엄 시 문 좌 저 서　　　　연 래 이 여 세 정 소
獨掩柴門坐著書　　　　**年來已與世情疏**
문 장 자 호 비 생 계　　　　천 석 수 가 시 적 거
文章自好非生計　　　　**泉石雖佳是謫居**
석 일 붕 교 수 견 재　　　　오 생 기 망 역 성 허
昔日朋交誰見在　　　　**吾生期望亦成虛**
십 재 미 귀 하 족 한　　　　승 사 명 장 거 예 거
十載未歸何足恨　　　　**勝似名場去曳裾**[75]

홀로 사립문 닫고 앉아 편지를 쓰네,
근래 세상물정과는 이미 멀어져.
문장을 저절로 좋아하게 되었지만 계획한 건 아닐세,
자연은 아름답지만 이곳은 귀양살이일 뿐.
옛날의 친구 중에 누가 남아 있어 보게 될까?
나의 평생 기대 허사가 되었네.

---

75 〈次尹韋觀忠夏韻贈鄭承旨萬朝〉,《遺稿》 권1.

십년동안 돌아가지 못해도 무슨 한탄을 하겠는가?
과거장의 출입처럼 지척거리며 옷자락 끌고 다니면 되지.

　이것은 정만조에게 보내는 시이다. 평생의 기대가 허사가 되어
버린 것은 나라의 멸망 때문이다. 그런 마당에 돌아간다는 것이
무의미하게 되었다. 즐겨하지 않았던 문장을 가까이 하면서 세월
이나 보낼 것이라고 하였다. 나라를 잃고 자신의 평생 기대를 상
실한 망국의 한탄이다. 다음은 사면되고 얼마되지 않은 정미년
마지막 날에 지은 시이다.

안 전 육 십 거 여 응　　　자 각 소 용 축 세 증
眼前六十去如鷹　　　**自覺疏慵逐歲增**
진 적 개 감 위 후 계　　　여 생 나 득 대 중 흥
陳跡皆堪爲後戒　　　**餘生那得待中興**
당 년 한 부 자 진 회　　　타 일 지 다 비 이 릉
當年恨不刺秦檜　　　**他日知多悲李陵**
가 국 경 영 구 실 패　　　상 간 환 부 괴 고 등
家國經營俱失敗　　　**相看還復愧孤燈**[76]

눈 앞의 육십년 세월 매처럼 빨리 지나 버렸네,
스스로 깨닫노라 게으름 해마다 더해짐을.
지나온 인생여정 모두 후세의 경계가 되어야 할 텐데,
남은 인생 어떻게 민족중흥 기대할 수 있으리오?
금년의 한스러움 秦檜를 찔러 죽이지 못한 일인데,
후일에 李陵을 슬퍼할 자 많을 줄 알겠노라.
집 안 일과 나라 일의 경영에 모두 실패했으니,
도리어 마주 보는 외로운 등불이 부끄럽기만 하구나.

76 〈丁未除夜〉,《遺書》 권12.

송대의 간신 진회같은 을사오적을 죽이지 못한 한스러움과 한대의 투항한 이릉의 변절의 비탄을 반추하고 있다. 육십생애를 회고하면서 나라와 가정의 경영에 모두 실패했다고 자괴하고 있다. 그가 과제로 떠올린 민족중흥의 문제는 곧 민족종교로 진척되어 결실을 맺게 된다. 그것이 바로 단군교檀君敎 창립과 〈진교태백경眞敎太白經〉의 편찬이다. 해학이 사면되고 돌아온 이후에도 맥수지탄麥秀之歎은 이어지고 있었다.

임 하 수 안 대 취 미
林下鬚顔帶翠微
산 하 고 이 분 현 해
山河古已分玄海
지 벽 야 화 다 자 발
地僻野花多自發
차 중 천 석 수 비 원
此中泉石殊非遠

음 상 진 일 부 지 귀
吟觴盡日不知歸
풍 속 금 유 애 백 의
風俗今猶愛白衣
인 한 계 조 위 수 비
人閒溪鳥爲誰飛
거 마 여 하 득 도 희
車馬如何得到稀[77]

수풀 아래 앉으니 수염난 얼굴은 희미한 비취색 띠는데,
종일토록 읊조리고 마시며 돌아갈 줄도 모르는구나.
조국산하는 이미 현해탄에 분할 되었으나,
풍속은 그래도 백의를 숭상하네.
궁벽한 땅의 들꽃도 모두 절로 피는데,
사람들은 뜸하니 시냇가 새들은 누굴 위해 나는고?
이곳에서 천석은 사뭇 멀리 있지 않건만,
거마는 어찌하여 이따금 오는고?

---

[77] 〈翠雲亭小酌〉, 《遺書》 권12.

취운정에서 쓴 시인데 이곳은 바로 해학이 나철 등과 함께 단군교포명식檀君敎布明式을 거행한 의미있는 곳이었다. 기분좋아 정자에서 마시는 술이 아니라 민족의 비운을 되새기고 있다. 조국의 산하는 이미 일본에 예속된 노예국이 되었지만 백의를 숭상하는 풍속은 변치 않을 것이라고 했다. 이것은 나라는 상실했으나 민족의 혼은 영원함을 말해 주고 있다. 궁벽한 들판에서도 절로 피어나는 들꽃을 빗대어 민족의 자생력을 암시하고 있다. 그 다음 귀절에서는 부지런히 활동하는 새만도 못한 채 속수무책이 되어버린 사람들의 방관을 빗대었다. 자연을 읊으면서도 그것을 단순한 관조의 대상이 아니라, 작자의 의도와 현실을 함께 접목시키는 수완을 발휘하였다.

IV. 전기前期의
산문정신散文精神과 현실인식現實認識

　여기서 다루고자 하는 산문은 국권상실이 가시화되기 이전의
작품들로 후기의 전傳·'소설小說' 등에서 나타나는 우국적·민
족적 차원보다는 주로 자연의 이치나 사회적 세태와 관련된 개
인의 의리·처세·우정 등에 관심이 표출된 형태가 주류를 이룬
다. 이제 논論·기記·설說·서序·서書 등에 나타난 이러한 산
문정신의 근저를 알아봄으로써 해학의 사유방식을 발견하고, 또
후기의 산문인 전傳·'소설小說'과의 비교를 통해 해학의 산문에
서 변화된 발자취를 확인할 수 있을 것이다. 특히 전기의 산문정
신은 상반되는 이치를 인간의 현실 속에서 통일시켜 조화를 꾀
하는 방식, 자연의 변화되는 이치를 파악하고 인간의 욕구와 조
화시켜 나가려는 사유방식의 문학적 반영이라는 측면에서 주목
된다. 그리고 해학의 산문에서 표현법의 주요 특징인 비유도 함
께 고찰할 가치가 있다.

1. 모순矛盾과 대립對立의 통일

해학은 인간사의 불합리한 현상에 대해서 깊은 관심을 갖고 있었다. 사회정의 실현과 공정한 질서를 유지하기 위해서는 인과관계에서 능력이나 선악에 따라 차별적인 결과가 창출되어야만이 가능한 일이었다. 그러나 현실은 그렇게 합리적이지만은 못하다는 사실이 해학으로서는 고민스러운 것이었다. 그래서 해학은 상대적 대립의 의미인 지智와 우愚라는 추상적인 개념을 인간사의 구체적인 현실속으로 끌어들여 이를 변증법적으로 해석하고 조화시켜 나가는 사유방식을 지니고 있다. 그의 문학관 자체가 효용적인 데 관심을 가질 수밖에 없는 이유도 이러한 가치판단의 문제나 사회정의 문제를 우선시 하는 의식에서 비롯된 것으로 보인다.

이밖에도 처세의 두 문제인 진進·퇴退와 소유욕의 여부인 유留·환還의 대립된 의미를 역시 위와 같은 변증법적 차원에서 파악하여 해결하는 사유방식이 발견된다. 일상적으로 겪어지기 때문에 간과해 버리기 쉬운 생각을 표피적·현상적으로 받아 들이지 않고 본질과 핵심을 간파하려 했기 때문에 이같은 인식이 가능했다. 그리고 이를 현실적·구체적 문제로 접근시켜 논의하고 있는 것이다.

먼저 지智·우愚에 관한 글부터 보기로 한다.

해학은 물物이 생길 때는 그 전체가 지혜롭거나 혹은 우둔하지 않다고 하였다. 이렇게 지智·우愚가 한결같지 않는 것이 물物의 이치이며 그 속에서 지智를 찾고 우愚를 찾지 않으려는 것이 바로 정情이라고 하였다.[78] 지가 물物에 사용되는 것이 아주 광범하기 때문에 지가 아니면 처리할 수 없는 일 즉, 출납·급무처리·옥사·도적수사·정무·군사·친척과 친구의 명예를 높이는 일 등 우리 일상생활에서 겪고 처리하는 모든 일들이 지와 관련되지 않는 일이 없다고 하였다.

그런데 일상생활에서 반드시 필요한 지智를 지닌 사람이 참혹한 화를 당하는 반면, 우愚를 지닌 사람이 화를 면하는 사례가 발생되는 현실 즉, 우자상복愚者祥福, 지자앙화智者殃禍에 대해서 해학은 그 이치를 캐고 싶어했다. 그것은 그가 복선화악에 대해서 깊이 고민했던 점과 상통된다. 해학은 인간의 행위나 능력에 보답되는 결과인 화복이 공평치 못한 인간사회 현실의 불합리한 점에 대해 깊은 관심을 갖고 있었던 것이다.

해학이 당위와 현실간의 모순에 대해 깊은 관심을 갖게 된 것은 그만큼 사회정의 실현과 균등한 사회구조를 열망하고 있기 때문이다. 해학은 이에 대해서도 복선화악의 논리와 유사한 변증법적인 사유방식을 보여주고 있다. 지혜로움에도 군자·소인이 있으며 우둔함에도 군자·소인이 있다고 하였다. 이 말은 지智·우愚의 실체 속에 각기 도덕적 개념이 포함된 군자·소인을

---

78 "物之生, 不能皆智, 亦不能皆愚, 智愚之不齊, 物之理也, 求其智而不求其愚者, 物之情也." 〈守愚論〉, 《遺稿》券3.

내재시켜 파악하고자 한 것이다.

　다시 말하자면 군자는 원래가 지智를 전제로 하는 것이지만, 우愚에도 군자가 있는 것인 만큼 우愚로 지켜나가고, 소인은 원래가 우愚를 전제로 하지만, 지智에도 소인이 있는 것인만큼 지智로 지켜 나간다는 것이다. 그래서 군자의 지혜와 소인의 우둔은 이치의 고요함이요, 소인의 지혜와 군자의 우둔은 이치의 움직임이라고 하였다.[79] 군자·소인이 지혜와 우둔의 고유성이 있음을 정태적인 측면에서 인정하면서도 절대시하지 않았다. 아울러 각기 그 상대적 속성을 역으로 지닐 수 있음을 동태적인 측면에서 파악하여 인정하고 있다.

　그러나 이것을 몰가치적인 상대주의 입장에서 파악하려는 것도 아니다. 정태와 동태, 고유와 가변, 절대와 상대의 개념도 인간의 의지에 따라 유형별로 반응되어 통일점을 지향하고 있음을 밝힌 것이다. 그리고 그것은 인식의 단계를 넘어 실천을 통해서만 가능하다는 주장이다.

　따라서 상앙복화祥殃福禍는 원래 정해진 것이 아니고 그 유형에 따라 반응되는 것인 만큼 경계해야만 한다는 것이다. 결국 운명적인 기탁이 아니라 인간의 노력과 경계를 더욱 강조하는 쪽으로 결말짓고 있다. 공자孔子가 안회顔回와 영무자甯武子를 두고 논평했던 '우愚로써 처신하기 어려움'을 예시했고, 해학 자신

---

[79] "智有君子有小人, 愚亦有君子有小人, 君子固嘗智矣, 而守之以愚, 小人固嘗愚矣, 而守之以智, 是故, 君子之智, 小人之愚, 理之靜, 君子之愚, 小人之智, 情之動也."〈上同〉.

도 비로소 군자는 본래 지혜롭지만 그것을 지켜나가는 데는 우둔함으로 처신해야만이 가능하다는 사실을 알게 되었다는 것이다. 해학이 일찍이 호를 재곡梓谷이라고 짓고 골짜기에 숨겨진 가래나무가 후일에 더 중요한 재목으로 쓰여질 것이라고 말한 사실과도 상통하는 생각이다.

〈진교태백경眞敎太白經〉의 복선화악福善禍惡에서도 이와 유사한 주장을 펼친 바 있는데, 이는 해학이 불합리한 사회현상과 합리적인 가치지향을 통일적으로 해소하려는 일관된 인식의 결과이다. 해학은 인간의 능력이나 선악행위에 대한 업보가 정의로운 결과로 보상되지 못하는 현실세계의 모순을 간파하고 고민하였다. 이같은 인식은 후일 민족종교화에 경도될 수 밖에 없는 필연적인 계기가 되기도 하였으니 모순된 인간사의 괴리를 결국은 변증법적인 사유방식으로 해결하고자 하였다. 인간사에 있어서 자칫 운명론으로 체념하거나 적당한 현실순응주의에 매몰되기 쉬운 인과론의 불합리한 현상도 인간의 의지와 노력으로 해결이 가능한 부분이 있음을 보여주기 위해 그 나름대로의 해석방식을 찾고 있는 것이다.

인간사의 모순된 현실을 천리와 인욕의 관계처럼 당위와 현실간의 갈등으로 파악하고 이를 조화시켜 해결해 나가자는 것인데 그것은 인간의 처세방식에 의해서 좌우될 수 있다는 것이다. 지혜로운 자나 우둔한 자를 막론하고 인간의 의지와 노력에 의한 실천적 지향을 통해 그 속에 각기 담긴 고유의 단점을 인정하고 장점을 활용하는 데 관건이 달린 것으로 결말짓고 있다.

결국 사회적 모순에 대한 비판과 이를 해소하기 위해서 발아된 이같은 인간위주의 현실주의적 사고인식이 문학으로 형상화 될 수 밖에 없으며, 이것이 해학 산문의 현실비판적 성격이라는 특성으로 자리잡게 된다.

다음은 산수정山水亭을 두고 쓴 글에서 진進·퇴退로 대변되는 처세에 대해서 그의 인식을 드러낸 글을 보기로 한다.

이 글은 〈기우록杞憂錄〉의 저자인 최상의崔相宜의 부친이 만든 정자를 두고 당시 사대부의 처세관을 피력한 것이다. 진퇴용장 進退用藏으로 요약되는 처세에서 해학은 진용進用을 잘하는 사람은 오히려 퇴장退藏에 자처한다고 역설적으로 주장했다. 명리 名利는 인간이 힘써 쟁취하려는 대상인 반면, 조물주는 가장 신중히 하고 애석하게 여긴다고 했다. 그 때문에 그것을 얻는데는 거기에 알맞는 때와 의리로써 하지 않으면 결국 화를 면하기 어렵다는 것이다. 역시 진과 퇴의 어느쪽이 절대적인 진리라고 말하지 않고 상대론적인 인식을 갖고 파악하고자 하였다.

특히 조물주와 인간 사이의 현격히 다른 시각인 명예와 이익 추구는 알맞은 때와 의리로써 할 때만이 조물주의 뜻을 거슬리지 않게 되어 화를 면한다고 했다.[80] 이것은 자연의 이치와 인간의 욕망이라는 대립적 요인을 알맞은 때와 의리라는 장치로 조

---

[80] "士大夫進退用藏, 其道不一, 然而善進者, 常處於退, 善用者常處於藏, 夫人之所力爭而造物所靳惜, 莫甚乎名利, 故求不以其時, 獲不以其義, 而能免者, 蓋無幾矣."〈山水亭記〉,《遺書》卷8.

화시키고자 한 것이다. 천리를 거스르지 않으면서도 인간의 기본적 욕구를 정당하게 실현시키고자 한 데서 해학의 조화점이 인간위주이며, 그것은 사회정의에 기초하고 있음을 알 수 있다. 해학의 문학도 이러한 인식에 바탕을 두어 사회의 불합리와 부조화를 비판하고 개선시키기 위한 현실비판으로 나타나고 있다.

저자거리에 살고 있으면서도 은거에 생각을 두어야 하고, 벼슬길에 있으면서도 평민이 될 뜻을 숭상해야 되는 자세야말로 옛 철인哲人・지사志士 들이 공명功名과 성명性命을 함께 보전할 수 있었던 방법이라고 했다. 벼슬길을 버려두고 천석泉石의 즐거움을 맛보고 있으나 세상을 예의주시하며 산山 수水에 머물고 있는 최상의崔相宜의 자세야말로 처퇴이진處退而進, 처장이용處藏而用의 경지라고 말하고 있다.

해학의 관점에서는 능력을 갖춘 인사가 국가의 위급한 시절을 당하여 사생결단의 자세로 헌신해야 마땅하다. 그럼에도 불구하고 이렇게 긍정적으로 평가한 이유는 상대방을 위해서 지어주는 기記라는 양식의 상투적인 표현이기도 하지만, 사실은 해학 자신의 처신에 대한 해명이기도 하다. 진進이냐 퇴退냐 하는 피상적인 판단에서가 아니라, 그것이 현실에서 본질적으로 어떤 의미를 부여할 수 있느냐에 관심이 주어지고 있다. 왜냐하면 인자요산仁者樂山, 지자요수智者樂水도 단지 산수山水 때문만은 아니며 그곳이 자득할 수 있는 공간으르서 가치가 있기 때문이라는 생각에서다.

해학이 일찌기 화엄사 기슭의 절간에서 머물고 있을 때 자연을 읊조리는 시詩에서도 누차 현실에 쓰이지 못하는 마음을 토로했던 것도 같은 맥락에서 이해된다. 몸이 자연에 있다고 해도 뜻은 세상사에 대한 관심에서 떠날 수 없는 현실주의적인 사고가 지속된 것이다. 최상의崔相宜 역시 혼탁한 관직을 떠나서 산수山水에 몸 담고 있지만 자신의 처지와 함께 생각하고자 하는 부분을 발견하고자 한 것이다.

이러한 태도는 대각문인臺閣文人들이 갖는 처지와 추구의 방향에서 서로 다른 면모를 보이고 있다. 즉 서거정徐居正과 같은 대각문인의 경우는 현실의 부귀영화를 수호하면서도 산수山水에로의 동경을 끊임없이 지속시켜 이른바 이은문학吏隱文學의 세계를 추구하고 있다.[81] 이에 반해 해학과 같은 재야의 입장에 있는 문인은 현실의 부단한 참여를 시도하고 있으나, 그럴 수 있는 공간을 확보하지 못한 채 소외된 처지를 오히려 산수山水 속에서 달래고 충전하는 공간으로 삼고자 했다. 이것이 양자의 변별적 요인이다. 해학의 이러한 견해는 현실과 이상을 조화시키기 위한 변호인데 〈재곡자서梓谷自序〉〈수우론守愚論〉등에서도 이와 유사한 인식을 피력하였다.

인간의 문제를 자연의 이치에서 해결하고자 하며, 자연의 존재에 대해 인간의 모순을 조화시키는 대상으로 파악하고자 했다.

---

81 吏隱詩에 관해서는 拙稿,〈徐居正의 詩意識과 臺閣之詩의 典型〉,《漢文學論集》7輯(檀國 漢文學會, 1989)에서 검토한 바 있다.

해학에게서 자연과 인간의 존재는 이렇게 긴밀한 보완의 관계로 인식되고 있듯이 진·퇴의 대립개념도 이같은 인식 속에 조화될 수 있었다.

다음은 인간의 소유욕과 관련된 유留·환還의 문제를 거론키로 하자.

해학은 〈유환당기留還堂記〉라는 글에서 해교자海嬌子라는 사람이 정자를 지어 이름을 유환당留還堂이라고 명명하자 유환留還에 대한 의미부여를 통하여 자신의 소유관에 관한 의견을 피력하고 있다. 여기서 유留란 물건을 소유함을 의미하고 환還이란 그 반대의 뜻이라고 단정하였다. 세상만물이 자기의 것이 아닌 바에야 만약에 유이불환留而不還한다면 그것은 적적賊이 된다고 했다. 그래서 선왕의 법에도 부당한 방법으로 남의 물건을 취득하는 행위를 가장 엄하게 다스린다고 했다.

그런데 장자莊子는 "갈고리를 훔치는 자는 형벌을 받아도 나라를 훔치는 자는 제후가 된다"고 했지만 이처럼 대적大賊의 행위는 왕법王法이 미치지 못한다 해도, 하늘이 그 마음을 죄주고 그몸을 구속하여 종세토록 나오지 못하게 하는데 이것을 천형天刑이라고 했다. 천형天刑이란 것은 원래 깊어서 헤아릴 수 없고 멀어서 보기가 어려운 것이기 때문에 몰래 이것을 범하는 자가 더욱 많아진다고 하였다.

예를 들어 납을 삶고 수은을 태워 장수하기를 도모하는 사람은 조화造化를 도적질한 것이며, 지위나 지키고 총애나 견고하게

文 3 學 海鶴

하며 탐욕과 연모를 편안히 여기는 자는 조정을 도적질하는 자이며, 돈과 곡식을 쌓아 도거리로 취하는 짓을 이롭게 여기는 자는 백성을 해치는 자이며, 사치한 옷을 입고 좋은 음식을 먹으며 향락을 일삼는 자는 자손을 해치는 자라고 하였다.

그럼에도 불구하고 자기의 소유라고 인식하게 되면 반드시 그것을 보전하고 싶어하고, 생각이 머물게 되면 근심도 이르게 되어 마침내 그 기상과 의지를 우울하게 만들고 신체를 구속하게 된다. 이렇게 보면 화려한 집이나 겹이불도 환토 아닌게 없고 커다란 모자나 허리띠를 한 벼슬도 쇠사슬이 아닌게 없다고 보았다.[82]

지금의 해교자는 자연의 조화에 맡겨 요수夭壽를 마음에 두지 않고, 벼슬 할 때에도 그 많은 녹을 쳐다 보지도 않았으며, 남에게 베풀기를 좋아 했고, 거복車服도 남과 함께 사용했다는 것이다. 스스로는 검소하게 생활하여 음식을 선택하여 간소하게 먹었다고 했다. 해교자海嬌子 스스로가 이렇게 말한 부분을 인용 강조했다. "천지가 나를 낳은 것은 꼭 자연의 섭리대로 그렇게 하도록 한 것이다. 그 성명性命조차도 스스로 가질 수 없거늘 하

---

82 "夫天下之物, 擧非吾所有, 吾若留而不還, 則其名爲賊, 先王制法, 惟贓律最嚴, 然莊子曰, 竊鉤者誅, 竊國者侯, 故凡賊之大且巧, 而王法所不及者, 則天乃獄其心, 而囚其身, 而終世不得出, 是謂之天刑, 天刑之來, 深而難測, 遠而難窺, 故犯者愈多, 如烹鉛燒汞, 冀其修長者, 所以賊造化也. 持位固寵, 安其貪戀者, 所以賊朝廷也, 堆饙積穀, 利其權取者, 所以賊百姓也, 侈衣美食, 饗其滿盈者, 所以賊子孫也, 而猶認爲己有, 必欲保存, 思慮所在, 憂患亦至, 遂使其志氣幽鬱, 而肢體拘禁, 則華堂重茵, 莫非環土也, 高冠大帶, 莫非枷鎖也." 〈留還堂記〉, 《遺書》卷8.

물며 기타의 것은 말할 필요가 있겠는가?"[83]

그런데 과거에 왕백대王伯大라는 사람도 이런 말을 한 적이 있으나 실천에 옮기지 못했던 이유는 유여부진有餘不盡때문이었다. 그 이유는 만물은 유한하지만 인욕은 무한하기 때문에 만물을 다 갖고 싶어한다고 해도 실제로 그렇게 남겨질 물건이 허용되지 않을 것이며, 되돌려 주고 싶다고 해도 실제로 그대로 남아 있기를 기대할 수 없다고 하였다. 그러나 유환留還의 의미가 이와 같이 관념적이어서는 안되는 것인데, 이를 실천으로 옮길 수 있는 사람은 해교자海嬌子뿐이라고 하였다.

사물에 얽매이지 않아야 된다는 것과 말이 아닌 실천의 문제가 따라야 한다는 것을 모두 강조한 말이다. 실천이 뒷받침되지 않는 관념적인 유留·환還은 결국 무한한 인욕과 유한한 사물간의 불균형을 해소시킬 수 없는 것으로 보았다. 따라서 해교자 정도가 되어야 공자가 말한 가이면어천형加以免於天刑의 단계에 이를 수 있는 것이라고 하였다. 인간의 행위가 결국 자연의 섭리를 거역하고 욕망에 빠져 들었을 때의 잘못된 결과를 사회악으로 간주하려 했던 해학의 성향은 후일 종교적 차원으로까지 귀착된다.

유留나 환還이라는 대립적 개념이 중요한게 아니고, 천리를 거스리는 인욕의 지나침이 문제이며, 결국 자연과 인욕의 조화를 통일시키기 위한 의지와 실천의 방향을 강조하고 있다. 상대적

---

83 "常語人曰, 天地生我, 固適然耳, 性命尚不可自有, 而況其他邪." 〈上同〉.

대립개념을 무시하고자 했던 장자莊子 제물론齊物論의 인식을 소유하고 있으면서 당대의 현실에서 이를 다시 크게 인식하고 현실의 문제와 결부시켜 새로운 세계를 지향하고자 하는 변증법적인 인식을 보이고 있다.

해학의 이와같은 방식의 사유가 담긴 글은 개화開化와 완고頑固의 문제를 다룬 〈기우록杞憂錄〉과 국한문國漢文 논쟁의 문제를 밝힌 〈학비학문學非學文〉 등에서도 보이고 있다.

2. 변화變化의 긍정肯定과
인간중심적人間中心的 현실주의現實主義

해학은 변화의 이치를 자연으로부터 터득하여 그것을 피할 수 없는 진리로 삼고 인간이 이에 적절히 대응해야 한다는 견해를 여러 글에서 밝히고 있다. 여기에서 언급할 〈증양백규서贈梁伯圭序〉도 이와 같은 관점에서 쓴 글이다. 친구의 부친상을 위로해 주는 글에서 천도와 인간의 관계에서 변화에 대한 적응의 긴요함을 강조하고 있다. 특히 운명을 인간의 의지로 극복해야 한다는 인간 위주의 사고방식을 피력하고 있는 점에서 해학의 현실에 바탕을 둔 사유방식을 알 수 있다.

이 글은 한 달 남짓한 사이에 부친과 아내의 죽음을 겪은 친구 양백규梁伯圭의 처지를 위로해 주고자 쓴 것이다. 스무살의 나이에 졸지에 가족을 둘이나 잃고 모친과 동생들의 책임을 지게 된 가장의 슬픔을 위로해 주고 용기를 북돋아 주고자 한 것이다. 여기서는 천명에 대한 운명론과 함께 인생의 고난을 극복하기 위한 현실적 자세를 강조하고 있다. 즉 과거지사는 운명론으로 인정하면서도 아울러 미래를 위해 단련의 계기로 삼아야 한다고 했다. 그 철학적 근거로서 천도天道를 인용하고 있다. 인간이 거역할 수 없는 천도天道는 이물移物을 스스로의 달성목표로 삼고 있다고 했다. 이것은 하나의 움직일 수 없는 대전제였다. 그것의 요체는 다음과 같다.

> "천도天道는 살물殺物로써 완성을 삼는다. 그러므로 무릇 모든 생명이 있는 물체는 괴로움을 당하지 않고서 재목으로 성장된 것이 없었다. 나무·돌·쇠·구슬같은 것들도 처음엔 비·바람·눈·서리에게 부러지고 닳아졌으며, 소·염소에게 짓밟히기도 하였으며, 진흙속에 침몰되기도 하였고, 불에 태워지기도 하였으며, 물에 떠내려 가기도 하는 등 온갖 고통을 겪게 되었다. 그런 뒤에야 비로소 재목이 되었다. 이것들을 모두 취하여 동자기둥·서까래·수레바퀴·거문고로 사용하기도 하고, 솥·종·구슬장식 등으로 쓰기도 하였다. 대소강약이 적재적소에 재목으로 쓰여지게 되었으니 재목이란 험난한 곳에서 성장됨을 알 수 있겠다.[84]

여기서도 물론 비유적인 방법을 구사하고 있는데, 양백규梁伯

---

84 "天道以殺物爲成, 故凡萬有生之物, 未有不受苦而成其材者也. 夫木樹金石珠玉之物, 其始爲風雨霜雪之所摧敗, 或爲牛羊之所踐毁, 或湛沒於泥沙, 或災於火, 流於水, 備受諸苦, 而後材始成, 於是倂取而俱收之, 以爲棟樑榱桷輪輻琴瑟之用, 金錡鍾磬衡璜圭瓚之飾, 巨細强弱, 各適其任信, 吾知其材之成於患難也."〈贈梁伯圭序〉,《遺書》卷7.

圭가 처한 어려운 상황을 모진 풍파에 시달리는 초목 등에다가 비유하고 있으며, 그가 앞으로 나아가야 될 목표인 재목이 되기 위해서는 수양을 통한 전진이 필요하다고 하였다. 나무·돌·쇠·구슬이 오늘의 양백규 자신을, 비·바람·눈·서리·소·염소·물·불·진흙 따위가 집안의 환난을, 솥·종·구슬장식·서까래·수레바퀴·거문고등이 미래의 양백규梁伯圭로 각기 비유한 것이다.

천도天道의 근본속성을 이물移物로 파악하여 변화 그 자체를 도道의 차원에서 분석하고 있음을 알 수 있다. 물불수고物不受苦, 즉재불성則材不成, 인불섭란人不涉難, 즉지부장則智不長, 개천도야盖天道也라고 했는데, 여기서는 해학의 변화에 대한 긍정적이고도 적극적인 대응자세를 엿볼 수 있다.

이러한 유형의 사유방식을 전개한 산문으로는 변화의 무상함을 깨닫고 이를 도의문장道義文章에 확대해야 한다고 한 〈중유만덕산기重游萬德山記〉가 있다. 이 글은 해학이 만덕산萬德山의 눈이 내리기 이전의 모습과 폭설이 내린 뒤의 모습간의 엄청난 변화를 보고서 느낀 자연의 변화이치를 적은 글이다. 산천유람의 벽이 있다고 스스로 말했던 해학은 눈에 덮인 산속의 나무들과 멀리 보이는 자연경관의 변화된 모습이 너무도 극심함을 깨닫고 그것을 예리하게 관찰하여 인간사의 문제와 결부시키는 사유방식을 보여주고 있다.

먼저 글 머리에 천지가 유상有常한가? 무상無常한가?를 의문으로 던졌다. 전자가 옳다는 말은 봄이면 꽃이 피고, 가을이면 시들며, 언덕은 높고, 골짜기는 깊다는 현상을 가정하면 그럴 수 있다고 했다. 즉 정적인 현상의 측면에서 보자면 그렇다는 얘기다. 반면에 후자가 옳다는 말은 봄이 지나면 가을이 오게 되고, 꽃이 피면 시들게 되며, 언덕이 골짜기로 변하고, 높던 곳이 깊이 패이게 되는 현상을 가정하면 그럴 수 있다는 것이다. 즉 동적인 변화의 관점에서 보자면 그렇다는 것이다. 그렇다면 작자 해학의 관점은 어느 쪽인가? 당연히 변화의 관점에서 논지를 전개시켜 나가고 있다.

작자는 천지 자연의 유상·무상 사이에 인간의 희비우락喜悲憂樂도 연계되어 있다고 보았다. 천지 사이에 놓여 있는 모든 산천초목들의 상태는 이치상 인간과 동일한 기氣를 공유하고 있다는 것이다. 봄과 가을의 피었다가 시듦, 언덕과 골짜기의 높고 깊음, 옛날과 지금의 오고 감 등이 모두가 진실로 본래부터 지닌 속성이 있으면서도 변화를 면할 수는 없다고 하였다. 그러므로 지난 날 피었던 것이 바짝 말라 비틀어져 시들고, 지난 날 솟았던 것이 움푹 패여 이미 깊게 되었으니 그렇게 본다면 천지가 무상하다는 것을 알 수 있을 것이라고 하였다. 이런 이치를 군자는 두려워하며 체득하지만, 소인은 안이하게 여겨 상실해 버린다고 대비시켰다.[85]

---

85 "天地果有常乎, 吾不得以知, 天地果無常乎, 吾不得以知, 春焉而榮, 秋焉而枯, 陵焉而高, 谷焉而深, 止於悠久者, 則雖謂之有常, 可也, 春焉而秋, 榮焉而枯, 陵焉而谷, 高焉而深, 動於變遷者, 則雖謂之無常, 可也, 有常無常之間, 人

자연 변화의 깊은 이치를 순수하게 수용하지 못하고 공리功利에 얽혀 변화를 인정하는 마음의 자세를 경계하기 위해서 진晉나라의 양호羊祜를 들어서 비유하고 있다. 양호가 현산峴山에 올라가 고인이 인멸되었음을 비분강개했던 것은 의도적으로 공리를 추구하고자 한 것이므로 이를 본받아서는 안된다고 하였다.

　　또 해학은 자연변화의 이치를 도의문장道義文章으로까지 확대하고 있다. 즉 위로는 근원이 있게 하고, 양호와 같은 비판받을 짓을 면하는 데 힘쓰도록 동행한 사람에게 당부한 것으로 글을 맺고 있다.[86] 자연에 대한 예리한 관찰을 통해 그 변화의 이치를 인간사에 수용하려는 작자의 산문정신을 볼 수 있게 한 글이다. 하늘과 인간의 관계에 남다른 관심을 지니고 있었던 작자는 자연과 인간의 분리될 수 없는 밀접한 연계속에서 자연의 순리에 순응하면서도 이를 선용하는 인간의 노력과 의지에 의해서 인간만사가 결정된다는 생각을 지니고 있었다. 여기서는 특히 자연의 고유한 본성과 변화 무상한 이치를 함께 수용하여 도의道義와 문장文章에 있어서 위로는 근원이 있게 하면서도 아래로는 무궁하도록 해야 한다는 데서 해학의 문장관도 드러나고 있다.

　　해학이 일관되게 중시한 진인사대천명盡人事待天命의 자세는

亦喜悲憂樂繫之矣……夫草木山川之列於天地間者, 亦必與人同一氣耳, 春秋之榮枯, 陵谷之高深, 古今之往來, 皆所固有, 而不能免, 其何無憾於斯哉, 嚮之榮者, 栩然已枯, 嚮之高者, 拗然已深焉, 則又安知非嚮之來者, 焱然已往, 所謂天地果無常乎者, 若是, 君子懼而得之, 小人易而失之.”〈重游萬德山記〉,《遺書》권8.

86 “然惟願二君, 亦當就此而去取之, 必使道義文章, 上軋有元, 下馳無窮, 以求免乎千百世之羊祜, 復歎此山, 幸矣.”〈上同〉.

바로 인간의 노력이 시운時運이나 운수運數보다도 중요함을 강조하고자 하는 의도에서 출발한 것이다. 이러한 생각은 〈천주육변天主六辨〉과 〈진교태백경眞敎太白經〉에서 계속적으로 언급되고 있지만 인간위주의 사고방식은 〈뇌연정중건기雷淵亭重建記〉에서도 드러난다. 해학은 도道·물物의 성패가 시時·수數에 달려 있다는 말을 부정하고, 오히려 시時·수數는 인간을 얻느냐에 여부에 따라 흥망이 결정된다고 보았다. 따라서 군자는 잘못을 인간에게서 탓할 뿐, 시時·수數에서 탓하지 않는다고 하였다.[87] 남명南冥이 거처했던 정자가 오랫동안 누추하게 방치되다가 신두선申斗善이라는 현감에 의해 중건되자 이를 두고 그렇게 말한 것이다.

다음 〈월계정기月溪亭記〉에서도 해학의 현실주의적인 사고를 드러내고 있다. 해학이 서울 근교에서 풍류를 즐기면서 인적이 드문 것을 보고 적은 글이다. 서울근교의 절경을 버려운 채 멀리 금강·태백산이나 가려는 인간의 기호는 바로 궁원난득窮遠難得을 찾아 세상에 과시하고자 하는 데서 나온 것이라고 하였다. 그러나 그것은 불가능할 뿐만이 아니라 근이이구近而易求한 것보다 더 낫지도 않다고 하였다. 결국 사대부들이 근교의 산수를 놓

---

87 世多謂道之興廢有時, 物之成毁有數, 此皆不知時與數, 而幷不知人者也, 夫道若物之在天下, 得其人則興且成, 不得其人則廢且毁, 故君子責諸人, 而不責諸時與數, 其責諸時與數者, 此沮人爲善之志者也." 〈雷淵亭重建記〉, 《遺稿》, 권3.
현재 慶南 陜川郡 三嘉面 兎洞에는 南冥이 48세~60세까지 머물렀던 雷龍亭이 있다. 그렇게 명명한 유래는 淵默而雷聲, 居尸而龍見이란 말에서 비롯 되었다. 해학은 이를 두고 雷淵亭이라고 했는데 착오인 듯 하다.

아 두고 명산대찰만을 가고자 하다가 실제로는 가보지도 못하면서 후회하고 마는데, 그것은 마치 좌담용육불여끽저육자坐談龍肉不如喫猪肉者와 같다고 하였다.[88] 여기서 해학의 현실주의적 사고가 단적으로 드러나고 있다. 불가능한 고매함의 추구보다는 현실로 가능한 일에 가치비중을 두고 있는 것이다. 이 때문에 그가 상당히 진보적인 사고의식을 지니고 있으면서도 현실에 맞는 시무책을 주장했던 것이며, 문학 역시 현실의 반영을 일차적인 임무로 삼게 된 것이다.

3. 표현기법表現技法

해학 산문의 표현기법상 가장 큰 특징은 비유譬喩라고 할 수 있다. 여기서는 해학이 비유적 수법을 동원하여 당시의 타락된 우도와 사대부의 탐욕스런 세태를 풍자하고 있음에 주목하여 그 문장의 표현법과 구성수법에 관한 고찰을 하고자 한다.

해학은 우정을 대나무의 성질에 비유하여 당시 우도友道의 타락과 해학 자신의 우도관友道觀을 피력하고 있다. 식물 가운데 사랑할 만한 것이 많으나 대나무가 으뜸인 이유는 대나무의 속성인 줄기가 견고하여 흔들리지 않는 점, 몸체가 곧아서 굽히지 않는 점, 마디가 바르게 되어서 욕되지 않은 점, 속이 비어서 더럽지 않은 점 등 네가지의 덕이 갖추어져 있기 때문이라고 하였

88 "夫人之於物, 其有性嗜者, 則常求窮遠難得者以夸天下, 然不惟不能致, 致之亦未必勝于近而易求者, 故君子不貴焉." 〈月溪亭記〉, 《上同》.

다.

이러한 속성으로 공자를 위시한 많은 성인군자들이 대나무를 아끼고 심어서 그 뜻을 본받고 즐겼지만, 자字나 호號까지 지어 가면서 사용하지 않은 것은 기이함을 숭상하고 싶지 않아서라고 했다. 그런데 진晉나라 왕자 유猷가 처음으로 대나무에 군자君子를 붙인 뒤로 사람들이 대나무를 군君이라고 했다는 것이다. 그러나 해학은 자기의 집에 대밭이 있어서 그 대소리를 듣고 더불어 얘기하며 그늘에 앉아 친구처럼 좋아졌기 때문에 자字를 우友라고 한다고 하였다.

해학은 이전의 군자들이 대나무의 품성인 고固·직直·진眞·허虛가 갖는 고결성을 중시했던 것과는 달리 더불어 벗이 될 수 있는 친애적 관계로 좋아했던 것이다. 즉, 추상적인 대나무의 품성보다는 현실사회에서 개탄스러울 만큼 쇠퇴된 우도友道의 거울이 될 대나무의 품성을 좋아한 것이다.

해학은 당시의 세고世道가 비루해지고 인심人心이 박해져 붕우지도朋友之道가 자취를 감춘지 오래 되어서 친구를 사귀는 데 모두가 이세利勢만을 추종하는 세태라고 비판 하였다. 그 세태를 다음과 같이 다양하게 묘사하고 있다. 즉 어깨를 나란히 하고 발을 포개며, 대문을 간간이 살펴보며, 상대의 이목을 기쁘게 해줄 방도를 깊이 생각하고, 심지心志를 미혹하게 하고, 아부하는 말과 아첨하는 미소를 지으며 수도 없이 네네하여 기쁜 낯빛만 보이고, 화내는 낯빛은 감추면서 감히 상대의 뜻에 거슬리는 일을 하지 않는다고 했다.⁸⁹ 마치 연암燕巖의 〈마장전馬駔傳〉에 나오는 우도의 타락상과 흡사할 정도로 당시 우정의 세태 또한 심각한 상황이었던 것 같다.

이세利勢를 추종하다가도 이익이 없어지고 세도가 무너지면 하루 아침에 돌아서는 세태를 또 이렇게 묘사하고 있다.

> "망해가는 모습을 앉아서 쳐다만 보고 마음 속으로 슬퍼하지도 않으면서 냉랭히 떠나가 버린다. 그 꼴이 마치 변소에 간 사람이 똥을 배척하듯이, 질주했던 사람이 헤어진 신발을 내버리듯이 하여 다시는 뒤돌아 보거나 그리워 하는 마음을 갖지 않는다. 정도가 심한 자는 도리어 상대를 해치고 재앙을 불러 일으켜 만 길의 구렁텅이 속으로 밀어넣고 그 위에다가 돌을 굴려 포개 놓는 지경에까지 이르게 된다.⁹⁰

그 비유가 아주 심각하고 선명하다. 참다운 우도가 상실되고 이세利勢만을 좇아 극단적으로 타락해 버린 세태를 뚜렷이 대비되도록 치밀하게 묘사하였다. 해학 문장표현의 특징적인 요소는 이렇게 적절한 비유를 통한 형상화에 있다고 할 수 있다. 일유백락一唯百諾하던 모습이 돌변하여 마치 변소에 간 사람이 똥 피하듯이 배신해버리는 타락된 우도와 세태를 적나라하게 비유하고

---

89 "嗚呼, 朋友之道, 其熄也久矣, 自數百年來, 世道愈, 人心愈薄癡, 凡所以取之友者, 皆趨於利勢之爛焰也, 駢肩累足, 瞷其門, 思所以悅其耳目, 蠱其心志, 諛言諂笑, 一唯百諾, 喜生怒死, 不敢有違," 〈竹友堂記〉, 《遺書》卷8.
90 "坐視其滅亡, 而不知悲感于心, 冷爾而去, 如之溷者之斥糞穢, 疾走者之棄弊屣, 不復有顧戀之懷, 而甚者, 反相賊害, 吹災起殃, 擠之於萬丈之壑, 而下之以累石焉." 〈上同〉.

海鶴李沂의 思想과 文學 ─

있다. 더욱이 만길 벼랑으로 밀어넣고 그것도 모자라 그 위에다가 다시 바위를 올려 놓는다는 대목에 이르러서는 배신을 넘어서 인간성의 파탄까지 이르게 된 풍조를 심각하게 나타내고 있다.

이러한 우도의 파탄에 비하면 대나무의 본성은 너무나 대조적으로 귀감의 대상이 되기 때문에 대나무를 단지 아름다운 대상으로만 여기는 추상적인 군君이 아니라, 현실사회의 실천적 윤리인 우정의 귀감이 되도록 우友로 부르고자 했다. 대나무의 속성과 우정의 귀감을 이렇게 연관시켜 비유하고 있다.

> 내가 보기에 줄기가 단단해서 흔들릴 수 없으니 어찌 그 근본을 배신할 것인가? 내가 보기에 몸체가 곧아 굽힐 수 없으니 어찌 그 자신을 잃어 버리겠는가? 내가 보기에 그 마디가 곧아서 욕될 수 없으며, 속이 비어서 더럽힐 수 없으니 어찌 그 절개를 바꾸어 두 마음을 품겠는가? 나는 절대 그러지 않을 것을 안다. 그렇다면 대나무가 나에게 벗하자는 것이 어찌 이세利勢를 갈구하고자 하는 것이겠는가? 나 또한 집은 가난하고 신분은 미천하여 이세利勢를 흥기시킬 수도 권세權勢를 잡을 수도 없다. 그러니 설사 대나무의 그러한 요구가 있다고 해도 절대 그렇게 되지는 못할 것이다.[91]

이 글은 대나무의 본성과 해학 자신의 처지가 이세利勢와는 관

---

91 "吾見其本固而不可搖矣, 豈背其本者耶, 吾見其身直而不可屈矣 豈失其身者耶, 吾見其節貞而不可辱, 其心虛而不可褻矣, 豈易其節貳其心者耶. 吾知其必不然矣, 然則竹之友於余, 豈有求其利勢者耶, 吾家貧而身賤, 不能興利勢也, 則彼雖有求, 必不得也."〈上同〉.

련되지 않는 참다운 우도友道를 지닐만한 것으로 보고 있다. 당시의 타락된 우도友道를 양극적으로 대비시켜 선명하게 드러내 놓은 다음, 대나무의 품성을 귀감으로 삼되 전래의 추상적 미덕인 군君으로서가 아니라, 당대의 현실적인 실천윤리인 우友를 내세운 점에서 해학의 비유적 작품구성 능력과 현실에 입각한 작자의식을 함께 보여주고 있다고 하겠다.

대나무라는 자연물을 놓여 있는 그대로 보지 않고 인간의 우도와 관련시켜 있어야 할 것으로 파악하는 해학의 인식방법은 인간을 자연과 밀접한 연계 속에서 관찰하고자 한 것이다. 자연의 속성이나 이치를 당시 세태의 사회문제와 결부시키고 인간사의 문제로 귀착시켜 해결하고자 하는 사고유형인 것이다. 이렇게 자연과 사회, 그리고 인간의 문제를 두루 포괄하기 위해서는 적절한 비유을 통한 형상화라야 가능한 일이다.

다음은 자연속의 매화와 친구가 그려 보내준 그림 속에 매화를 함께 엮어서 친구와의 우정을 되새기며 예술관까지 피력한 해학의 비유적 수법과 상상력의 구성 솜씨가 드러나 보인 글을 보기로 한다. 〈제이형오십매후서題李馨五十梅後序〉라는 제목의 글이다.

이 글은 작자의 절친한 친구인 이정직李定稷이 보낸 매화그림을 받고서 친구를 생각하며 지은 글이다. 매화를 보고서 친구가 생각나는 상상을 과거의 추억과 연계시켜 우정을 확인하고자 한 글이다. 앞서 열거했던 타락된 우도와는 달리 진정한 우도의 마음을 보이고자 한 것이다. 문장은 두 부분으로 나뉘어 있다. 앞에서는 매화에 대한 과거의 기억을 되살려 친구를 생각하고자 했고, 뒤에서는 친구 형오馨五와의 일관된 우정의 마음을 회고하고 있다.

이전에 태인泰仁의 보림사寶林寺에 놀러 갔을 때 눈 내리는 겨울 산속 골짜기를 10리 남짓이나 들어 갔다가 길을 헤매던 중 우연히 발견한 눈 속에 만발한 매화꽃을 보고서 몹시 기뻐했다고 한다. "나는 이 때문에 모든 사물은 예기치 않게 만나는 것이야말로 최고의 기쁨이라는 것을 알게 되었다." 그리하여 반가운 매화를 벗삼아 한 잔 들이켰다는 것이다. 그런데 또 다시 예기치 않은 매화 그림을 친구로부터 받고 나서 우정을 다시 되새기고 있다. 자기의 벗 형오馨五는 평소 병이 많고 세상사를 달가워하지 않았기 때문에 범인凡人이 요구하는 일은 항상 억지로 하게 된다고 하였다. 만약 해학처럼 절친한 사이가 아닌 다른 사람에게 매화를 그려 줬다면 시비훼예是非毁譽의 생각이 그 마음 속을 흔들지 않을 수 없었을 것이라고 했다. 그러면 오히려 매화에게 사역당하여 작자의 마음이 온전하게 매화에게 투영될 수 없기 때문에 천진天眞함이 존재할 수 없게 된다고 하였다.[92] 그러나 둘 사이는 절친한 우정이 지속된 탓으로 자기에게 그려준 이 매화꽃은 지극한 공이 깃든 것이라고 하였다. 범인과는 다르게

---

92 "余以是知夫物之不期而遇者, 最可喜耳, 馨五素多病, 不樂世事, 凡人所求, 率皆強爲, 而又非其知己者, 則是非毁譽之慮, 不能不動其中, 志役於梅而已, 豈復有天眞存乎."〈題李馨五十梅後〉,《遺書》卷7.

지속된 두 사람의 우정을 전무소의前無所疑, 후무소구後無所懼, 형해상망形骸相忘한 사이라고 표현하였다. 그래서 해학은 이렇게 추측을 해보는 것이다.

> "형오馨五가 무료하게 이불 속에 누워 있다가 자기의 편지를 받고서 급히 일어나 종이를 펼치고 붓을 물에 적셔 휘갈린다. 천시天時의 한열寒熱도 작자의 기氣에 교차되지 못하고, 인사人事의 득실得失도 작자의 마음 속에 잔류할 수는 없었을 것이리라. 그러니 실제 억지로 노력을 들이기를 예기치 않아도 저절로 노력이 들여지게 된 작품이 있게 된다. 이 십매十梅 그림이야말로 보림사寶林寺에서 보았던 예기치 않았던 천연의 아름다운 바로 그 꽃이다.[93]

해학의 이 글은 우정의 깊이와 기쁨을 보여주는 내용의 글이면서도 산속의 매화와 그림 속의 매화를 공간적・시간적으로 절묘하게 연계시켜 문장을 구성하고 있다. 그러면서 자신의 예술관까지도 상징적으로 형상화하고 있음을 볼 수 있다. 형오馨五의 서법書法을 상상하면서 피력한 대목은 바로 해학 자신의 예술관인 것이다. 최상의 이상적 작품의 모습은 바로 대자연의 하얀 눈속에 예기치 않게 핀 매화꽃 한 송이다. 자연의 모습을 있는 그대로 핍진하게 묘사하는 작자의 정신과 기법은 바로 형오馨五가 그렸던 자세를 가상한 그것이다. 그림이란 억지로 그려서

---

93 "余料馨五方閉戶擁衾, 涔寂無聊之中. 獲見余書, 急起展紙, 濡毫而趨之, 天時寒熱, 不交乎其氣, 人事得失, 不留乎其心, 實有不期工而工至焉, 則夫此十梅, 乃余昔所遇於寶林寺者也."〈上同〉.

는 안 되며 마음속에 저절로 우러나와야 한다. 그래서 작자는 그림을 그릴 때 전무소의前無所疑, 후무소구後無所懼, 형해상망形骸相忘한 마음의 자세가 전제되어야 함을 강조한 것이다. 그러한 자세가 있어야 비로소 천기天氣와 인사人事의 간섭이 작가정신을 교란시키지 못하게 되어 기필하지 않아도 저절로 이르게 되는 경지〔불기공이공지不期工而工至〕에 도달될 수 있다는 것이다. 이것은 해학의 문학관에서도 드러난 바 있는 성령의 자연스런 발로를 강조한 바로 그것이다. 작자는 내적으로 의도적인 선입관을 갖지 말아야 하며 외부로부터 어떠한 영향도 배제된 자연스런 태도로 창작에 임해야 한다는 것이다.

이 글은 작자의 뛰어난 상상력과 문장구성력을 보여주는 걸작이라고 할 수 있다. 친구 간의 절친한 우정의 관계와 기쁨을 확인하고, 그것의 표현을 과거 자신이 산 속에서 발견한 뜻하지 않은 매화를 본 기쁨으로 표현하면서 그림 속에 담긴 정성의 깊이를 세밀하게 형상화시키고 있다. 산 속에서 자신이 본 30년 전의 매화와 또 거의 그것과 핍진하게 친구가 그려 보내온 지금의 매화그림은 시간적·공간적·생명적으로 서로 멀리 떨어져 제각기 현실과 초야에서의 다른 위치와 역할에도 불구하고 상호 변함없는 우정이 지속되고 있는 양인兩人의 오랜 우의友宜를 상징하고 있다. 더욱이 이 글은 매화를 매개로 한 우정의 상징 뿐만 아니라, 한 걸음 더 나아가 작자의 예술관까지도 함께 피력함으로써 이중적 비유의 뛰어난 문장수법을 구사하고 있다. 그것은 바로 두 친구간에 마치 한몸처럼 밀착되어 빈틈하나 없는 우정의 관계와 물아정경物我情景의 자연스런 교융交融이라는 창작정신을 동시에 중첩하여 비유한 전무소의前無所疑, 후무소구後無所懼, 형해상망形骸相忘에서 극명하게 입증된다. 이러한 점이 바로 이 작품의 문학성을 돋보이게 하고 있다.

다음은 지배층의 탐욕스런 세태를 낚시 덫에 걸린 고기에 비유한 글이다. 이 글은 군산群山과 위도蝟島 사이에서 대대로 어부 노릇을 하는 성姓이 장張이고 자字가 자미子微라는 사람이 월척한 큰 물고기를 두고서 탐욕의 결과가 어떠한 것인가를 비유적으로 경계한 글이다.[94] 이 글은, 길이가 오심五尋이요 무게가 천근千斤이나 되어 배를 기울게 할 만큼 무거운 큰 물고기를 시장에 내다 팔려 했더니, 사람들이 크게 놀라며 쳐다볼 생각도 하지 않는다고 밝히는 어부의 고백 형태로부터 서두가 시작되고 있다. 그리고 이 고기의 정체에 대해서 시장 사람들과 어부의 입을 통해서 밝혀 내려는 간접서술의 형태를 띠고 있다.

즉 이 큰 물고기는 사납고 힘이 세며, 교활하고 꾀가 많은데, 항상 큰바다의 은밀한 바다 밑구멍에서 서식한다고 하여 그 습성과 활동 터전이 은밀한 곳이라는 부정적 이미지를 예단하고 있다. 그 능력은 안개구름이나 나쁜 독을 만들어 내기 때문에 사람들이 가까이 하거나 만질 수 없다고 하였다. 처음에 미끼로 돼지 한마리의 어깨짝을 통째로 주었는데 3일간이나 먹지 않았

94 큰 물고기의 이름을 제어鯷魚라고 했는데 오기인듯 하다.

다. 다시 돼지 두 마리를 통째로 주자 그제서야 한 순간에 먹어 치웠는데, 그러고서도 깨끗이 단념치 못하다가 어부에게 걸려들게 되었다는 것이다.

어부의 이러한 고백을 통해서 큰 물고기의 탐욕이 자초한 필연적인 불행의 결과를 드러내고자 하였다. 여기서 큰 물고기의 탐욕의 지나침은 작은 미끼를 거들떠 보지도 않다가, 큰 미끼에는 끝없는 탐욕을 부리는 대목에서 잘 부각되어 있다. 그리고 그것은 당연히 화를 자초한다는 화악禍惡의 결과를 강조하고자 한 것이다. 해학이 복선화악福善禍惡이라는 가치를 일관되게 강조하고자 한 의도가 다시 드러나고 있다.

여기서 주목하고자 하는 것은 해학의 문장구성법의 한 특징인 비유적 수법이다. 여기서 큰 물고기는 당시 탐욕스런 선비이며, 먹이는 봉록과 뇌물을 지칭하고 있다. 한 인간이 훌륭한 능력에도 불구하고 환난을 당한 이유는 한결같이 녹을 지나치게 좋아하여 그칠 줄을 모르는 데서 비롯된 것이라고 하였다. 역사적으로 그것에 대한 열거를 들어 예시하고 있다. 즉 진秦나라 이사李斯, 한漢나라 한신韓信·팽월彭越, 진晉·당唐이래의 웅대한 선비들이 모두 권모술수의 재주로 자기를 보전하였고, 조정朝廷이라는 요해지가 의지하고 기댈 수 있는 곳이며, 애오생살愛惡生殺할 수 있는 막대한 권세로써 남들이 우러러 보게 할 수 있었다고 했다. 그러나 결국 이들이 하루 아침에 재난을 당한 것은 끝없는 재물추구욕 때문이라고 하였다. 몸이 귀해질수록 더욱 교만에 빠졌고, 집이 부유해질수록 더욱 사치스럽게 되어 끝내 환난을 당하고 말았다는 것이다. 이 틈을 타서 비집고 일어나 전에 믿었던 사람들조차 모두 사라지고 말았다는 것이다.

여기서 해학은 비유의 대상을 일일이 지적하고 있다. 이들의 권모술수의 재주는 메기의 지혜에 비할 바가 아니며, 조정이란 요해지는 큰 바다의 밑구멍에 비할 바가 아니며, 호오생살好惡生殺의 권세는 구름과 나쁜 독을 만드는 것에 비할 바가 아닌데도, 메기와 같은 운명에 처한 것은 탐욕의 재앙 때문이라는 것이다. 해학은 당시의 썩은 선비들의 권모술수와 큰 물고기의 꾀, 선비의 막강한 배경처인 조정과 메기의 피신처인 바다 밑구멍, 선비가 타인의 사생결정권을 갖는 무소불위의 권세와 큰 물고기가 안개구름·악독을 만드는 일, 선비의 녹에 대한 탐욕과 큰 물고기의 미끼에 대한 탐욕 등을 대비시켰다.

오히려 선비의 그것들이 큰 물고기에 비해 더 막강하고 교묘하지만 결국에는 똑같이 비참한 죽음을 가져 왔다고 했다. 메기는 하찮은 미물에 불과하니 먹이를 탐내다가 죽은 것은 의당 그럴 수 있거니와, 소위 선비된 자는 그렇게 치부해 버릴 수 없다고 하였다. 미물보다도 못한 선비의 탐욕적 자세를 비판하고자 한 것이다. 잡은 큰 물고기를 시장 사람들이 거들떠 보지도 않는다는 것은 재앙을 자초한 선비가 후세의 사람들에게 비난을 받는다는 역사적 책임을 상기시킨 것이다.

그렇기 때문에 군자의 도는 탐욕을 없애는 것보다 더 좋은 것이 없다고 하였다. 그 탐욕을 이목구비로 나누어 예를 들고 모두가 부질없는 것임을 밝히고 있다. 아무리 큰 소리로 노래하고 팽팽하게 악기를 불며, 떠들썩한 종소리를 내고 아름다운 연주를 해도 귀 욕심을 채울 수 없으며, 아리따운 미녀가 좌우에서 시중을 들고 비단과 구슬이 가득하며, 창고에 큰 물고기가 가득찬다 해도 눈 욕심을 채워줄 수 없는 것이라고 했다. 회를 치고, 굽고, 삶고 익힌 팔진미의 요리가 늘어져 있어도 입 욕심을 채워줄 수는 없으며, 난초와 사향의 향기를 교대로 피워도 코를 만족시킬 수 없다고 하였다. 이러한 이목구비의 탐욕이 없다면 비록 미끼를 던진다고 하여도 걸려들지 않는 법이기 때문에 큰 물고기의 죽음은 그 자신의 탐욕 탓이지 낚싯군의 잘못이 아니라고 했다. 같은 이치로 이사가 조고에게 유혹되어 죽고 한신·팽월이 소하蕭何에게 죽게 된 사실을 열거했다. 결국 미끼로 유혹한 어부의 잘못이 아니라 탐욕 때문에 걸려든 큰 물고기의 잘못이라는 것이다.[95] 이 말은 이목구비의 감각적 욕망을 채우기 위한 선비의 탐욕에 잘못이 있는 것이지, 세상의 유혹요소인 재물에 있지 않음을 말한 것이다.

---

95 "嗚呼, 嗜餌而死者魚也, 嗜祿而死者士也, 昔秦之李斯, 漢之韓信彭越, 晉唐以降, 凡諸雄偉之士, 其機權謀略之才. 皆足以保身矣, 朝廷要害之地, 足以倚仗矣, 愛惡生殺之權, 皆足以聳動人之瞻視矣, 然其嗜祿之心, 不知自戢, 身口益貴而驕, 家日益富而侈, 以至於一朝禍患, 乘隙而起, 前之所恃者, 皆無存焉, 夫機權謀略之才, 非至於鯤魚智力也, 朝廷要害之地, 非止於大洋窪穴也, 愛惡生殺之權, 非止於霧雨瘴毒也, 然而同一歸於鯤魚之死者, 嗜爲之祟故耳, 彼鯤魚也, 特一愚駭之物而已, 嗜餌而死, 固其宜也, 爲士者, 亦何安乎哉, 故君子之道, 莫若無嗜."〈釣魚者說〉,《遺書》卷9.

해학이 이렇게 산문을 통한 뚜렷한 사회가치의 문제인 선善을 제기한 점은 그의 문학관점이 현실적 가치기준의 문제와 관련된 문학의 사회적 기능을 중시하고 있기 때문이다. 그리고 이것을 표현하는 수법은 절묘한 비유를 통한 형상화에 있다는 점에서 해학의 문학성격의 특징을 찾을 수 있다.

주로 초기의 산문을 통해 사회적 가치 구현을 위해 그것을 저해하는 요인을 날카롭게 파헤치고 비유를 통한 표현기법을 보이고 있는데, 이러한 그의 산문정신은 후기에 가서 언론매체 등을 통해 이기주의 등을 망국적 요소라고 여겨 이의 타파를 주장했던 정신과도 상통된다고 하겠다.

V. 후기後期의
산문정신散文精神과 민족의식民族意識

1. 민족위기民族危機에 대응한 전傳

해학의 산문 가운데 전傳은 당시 현실에 대해 매우 기민한 반응을 보이고 있는 작품이다. 전傳은 작자가 어떤 것을 규범적 가치로 보고 있는가에 따라서 그에 입각한 인물이 입전立傳 대상으로 설정된다. 따라서 입전된 인물 성격의 분석을 통해 작가의 의도를 파악할 수 있다. 그리고 전傳은 그 속성상 사회현실과 긴밀한 대응을 요하는 창작행위이기도 하다는 점에서 당시의 사회현실을 염두에 둔 분석이 전제가 되어야 한다.

해학의 산문은 시기적으로 을사조약을 전후로 하는 시점 즉, 소위 애국계몽기부터는 국권상실에 따른 위기감과 국권회복을 위한 경세적인 문학활동이라는 방향에서 창작되고 있다. 이를 위해서는 시보다 산문이 더 효과적인 수단이 될 수 있었다.

그 가운데서도 특히 전傳은 그러한 역할을 수행하는 데 효과적인 기능을 발휘할 수 있는 이점이 있다. 해학이 쓴 전傳은 모두 5편인데 1편만이 농민전쟁 한 해 전에 지은 것이고 나머지 4편은 을사조약 이후에 지은 것이다. 앞서 지은 작품은 당시의 세태를 풍자했고, 뒤의 작품은 민족의 수난을 빗댄 것이거나, 그 때문에 순절한 인물을 입전의 대상으로 삼은 작품이다. 이제 각 작품을 통해 작자의 정신과 작품의 성격을 규명해 보기로 한다.

(1) 이조묵전李祖默傳

이 글의 내용은 판서 이병정李秉鼎과 아들인 이조묵李祖默사이의 재산상속 문제를 두고 당시의 구태를 그대로 답습하는 꼴을 풍자화했다. 능력이 없어도 자식이니까 재산상속을 남겨주려는 가족적 이익주의를 자적하고자 했다. 그 줄거리는 다음과 같다.

당대의 제일 부자인 판서 이병정이 임종하면서 아들 이조묵에게 유언을 했다. "너의 모습을 보니 절대로 아비의 유업을 이어갈 능력이 없다. 앞으로 매일 십만냥 이상을 쓰지만 않으면 칠십까지는 춥고 배고픈 지경에는 이르지 않을 것이다." 그러나 조묵은 천성적으로 낭비가 심하고 골동품을 좋아하며, 또 주색과 노름까지 즐겨서 십년도 못 되는 사이에 가산을 탕진해 버렸다. 여기까지의 짧은 이야기가 바로 전반부에 해당되는 가산탕진에 관한 내용이다.

다음에 전개되는 후반부에서는 가산 탕진 후 종전에 그와 인연이 있던 서기백西箕伯이란 사람에게 밑천을 구걸하러 가면서 수행한 늙은 종과의 응답으로 줄거리를 장식하고 있다. 송도松都의 만월대滿月臺를 지나면서 늙은 종이 통곡을 하면서 말했다. "옛날 돌아가신 판서 대감과 이 길을 지날때는 성대하고 화려했는데, 몇년도 되지 않은 지금은 구걸하러 가는 길이 되었으니 서로 비교가 되어 통곡을 합니다." 이에 대해서 조묵은 "왕건이 창건할 때의 번성지인 이곳이 이제 처참하게 되어 내가 왕씨를 조문하는 참인데, 너는 도리어 나를 조문하느냐?"고 반문하며 길을 떠났다가 객사했다는 내용이다.

이에 대해서 해학은 찬왈贊曰이라는 평가문에서 요堯가 순舜에게 선위하고 불초한 자식에게 넘겨주지 않았던 것은 자손을 위한 지극한 배려라고 전제했다. 그러나 병정秉鼎은 아들이 재산을 꾸려나갈 능력이 없음을 알고도 친척·친구에게 나눠 주지 않은 것은 실책이라고 비판하였다. 그러나 조묵에 대해서는 달인이라고 평가하고 만월대에서 말한 그 한 마디야말로 후세의 인색한 자를 위한 경계가 될 것이라고 하였다.[96] 해학은 당시 무엇보다도 이기적 태도와 인색함을 버리고 민족의 대동단결의 필요성을 강조했었다. 이러한 주장에 비추어 보면 입전의 의도가 바로 이기적 자세를 경계로 삼고자 한 것임을 알 수 있다.

여기서 해학은 나라의 상실보다 더 큰 의미를 어디에도 두지 않겠다는 것이다. 그가 꼬집어서 말하지는 않았지만 낭비나 주색·마작을 긍정한다는 것이 아니라 재물의 상실을 초래한 생활

---

96 "贊曰堯以天下, 授舜不惜, 故朱之不肖, 而獲保丹封, 聖人爲子孫, 慮亦至矣, 使秉鼎知祖默必不能守, 則不以其財, 散給親戚故舊, 令衣食之乎, 秉鼎旣失計, 然祖默蓋達人, 與其滿月臺一語, 亦足以爲後世慳吝者戒也."〈李祖默傳〉《遺書》卷9.

의 방탕함은 나라를 상실한 황량한 옛 도읍지에서 느낀 처참함에 비할 바가 아니라는 점을 강조하고자 한 것이다. 왕씨로 대변된 고려의 사대성과 옛 고구려를 회복하지 못한 데 대한 반감이 국권상실기에 전傳을 통해 표출되었다. 이 점은 해학이 편찬한 〈진교태백경眞敎太白經〉의 저술 모태가 된 고려말의 시대상황을 배경으로 한 〈태백진훈太白眞訓〉의 내용과 비교하여 유추될 수 있다.

분량면에서도 매우 짧은 글이지만 구성상 개인의 전체 생애중에서 특정한 문제만을 부각시키고 있다. 전傳의 형식을 지극히 간략화시킨 가운데 작자의 의도를 전달하는 데 주안점이 주어졌다.

(2) 김봉학전金奉學傳

이 작품은 무장해제를 당한 젊은 장교의 울분에 찬 죽음을 기리기 위한 전傳이다. 작품의 분량이 매우 짧지만 그 속에서 작자의 의도를 압축 표현하고 있다. 전傳 작품의 일반적 형식인 긴 서술부와 짧은 논평과는 반대의 형식을 취하고 있다. 서술부에서 주인공의 죽음과 관련된 사실 부분만 간략히 언급했다. 나머지는 모두 작가가 이 사건을 보는 주관적 관점이나 평가에 해당된다. 주인공이 죽게 된 원인, 그리고 이를 책임져야 할 사대부와 왕의 잘못, 귀천의 신분차별이 존재하는 사회 속에서 부귀한 자들의 국가에 대한 임무방기, 그로 인해 파생된 민족위기를 건지고자 뛰어드는 빈천한 자들의 나라를 위한 순절을 대비시켰다.

전의 형식을 형식적으로 차용만 했을 뿐 실제로는 당시의 사회 실상에서 부각시키고자 하는 인물의 전형을 자신의 의도대로 드러내고자 했다. 전傳의 형식적인 차용은, 한문의 위력이 점차 상실되어 가는 시점에서 한문 문체에 대한 고정관념이 무너져 가면서도 형식을 완전히 거부하지는 못한 채 과도기적인 단계에서 창작되고 있다는 징후를 보여 준다.

이 작품에서는 주인공이 죽게 된 원인을 분석하는 과정에서 작자의 의도가 분명해지고 있다. 주인공의 직접 사인은 물론 군대 해산령으로 빚어진 타의에 의한 임무의 포기인데, 그 임무가 바로 국토를 방위해야 할 군인으로서의 직분이라는 것이다. 군인으로서 침략자들에게 총 한번 겨누지 못하고 해산을 당해야 하는 망국의 분함과 책임의식에서 자결했던 젊은 장교의 애국심을 고취시키고자 한 의도가 보인다. 그리고 주인공을 죽게 만든 근본적인 책임은 소위 사대부란 자들이 국가보전이라는 임무를 망각하고 매국행위를 한 데서 야기되었다고 하여 그 책임을 지배층에 돌리고 있다. 나라가 태평할 때는 분당이나 만들어 놓고 먹으며 살만 찌다가, 나라에 일이 생기면 각자의 소굴이나 경영하는 사대부들을 형편없는 존재로 격하시켰다.[97]

지위가 천한 자의 애국적 순절과 귀한 자의 매국적 작태를 대

<hr>

[97] "甚矣, 私之敗天下也, 至於國家用人之際, 不論賢愚, 而論貴賤, 其所謂士大夫, 無事則分據鼎席, 肉食自肥, 有事則各營巢窟, 草間苟活, 而竟使一小卒, 恚恚然飮毒自裁, 則爲君人者, 亦可以鑑矣."〈金奉學傳〉,《上同》.

비시키는 수법을 통해 당시 지배층의 존재가치에 대한 부정적인 시각을 강하게 노출시키고 있다. 사대부에 대한 비판적 태도가 왕에까지 확대되고 있다. 왕의 입장에서는 이렇게 충忠에 입각한 죽음이 자기에게 매우 바람직한 본보기로 보일 것이라고 하여 애국적인 죽음마저도 아전인수로 해석할 왕을 겨냥하고 있다. 결국 귀천의 신분을 뛰어넘는 충忠의 행위가 오히려 귀천의 차별제도에 의해서 매몰되는 현상을 지적한 것이다.

후일 해학이 〈일부벽파론〉에서 신분제도의 타파를 국권회복의 삼대목표의 하나로 강조하고 있는 것을 감안 한다면, 입전의 취지도 갑오경장의 개혁안인 신분제도의 타파가 아직도 미미하기 때문에 다시 한번 강조한 것으로 보인다. 전傳의 일반적인 형식을 무시하고 순국한 군인의 강렬한 의분과 애국심을 고취시키고자 하는 경세적인 목적에서 쓴 것이다. 그 과정에서 당시 위정자들의 망국적 행위가 충렬한 한 인간의 간접사인이 된 것으로까지 파악하여 그것으로써 당시대의 한 전형을 보이고자 하였다. 기득권과 국가에 대한 공헌도가 반비례하는 대비적인 현상을 부각시켜 권리와 책임이 전도된 세태를 반영하였다.

(3) 송병선전宋秉璿傳

이 작품은 송시열의 후손 연재淵齋 송병선宋秉璿의 순절을 기록한 글이다. 앞의 전傳과는 달리 인물의 생애를 약술하고 그 사회적 위치와 애국적 정열 등을 기록하여 그 사실事實만으로도 충절을 기릴 수 있도록 했다. 그것은 앞서의 〈김봉학전〉과는 달리 주인공의 사회적 활동양상이 뚜렷하고 객관적으로 증거될 수 있는 긍정적 자취가 분명하기 때문이다.

작품의 줄거리는 초반부에서 순純·익翼 이래로 조정의 인사병폐를 지적하고 있다. 송병선宋秉璿과 같은 경술지사經術之士가 훈척의 신하들로부터 견제를 받아 허울 뿐인 남대南臺·산림山林에 머무르고 말았던 폐습의 비판부터 시작되고 있다. 그나마 송병선은 노론의 후예라는 후광으로 작은 지위나마 소지할 수 있다고 하였다. 백년이나 누적된 이같은 악습 때문에 인재가 직분을 수행할 수 없었음은 당연한 일이며 현명한 자가 조정에 단하루도 근무할 수 없는 당시의 타락된 인재등용책의 피해를 지적하였다.

당시의 시대모순에 대한 비판은 바로 자신의 처지를 낳게 한 환경임을 은근히 빗대고 있다. 이것은 자탄의 시에서도 분명히 드러나고 있다. 경세에 뜻을 둔 해학이 경세의 방법을 조정의 대신에게 여러 차례 건의를 했지만 모두 무산된 사실이나, 또는 그 자신이 경세가로서의 현실참여가 번번이 좌절된 데서 오는 한탄을 토로한 많은 시들이 그것을 입증한다. 작자와 주인공이 시대적 처지 및 구국적 지향 목표까지 비슷한 인물이라는 점에서 주인공은 작자의 자화상自畵像이 될 수 있다.

이 점이 바로 작품의 현실성과 생동성을 더해주고 있다. 을사조약이후 주인공이 상소를 통해 망국의 한을 표현하면서 을사오적을 처단할 것을 주장하는 글은 마치 해학이 나인영과 함께 〈참간장斬奸狀〉을 써서 이들을 처단하고자 했던 사실과 흡사하다. 당대 현실에 대한 작자의 생각과 주인공의 행동이 상호 일치되기 때문에 작자는 경세적인 의도에 적합한 소재를 자화상으로 처리할 수 있게 되었다.

망국의 원인을 외부로 돌리기 보다는 내부에서 찾으려는 원인 분석에서도 그러했다. 즉 물이 먼저 썩은 뒤에야 거기서 벌레가 생겨나고, 제방이 먼저 붕괴된 이후에야 물이 침수되는 이치를 말하고 있기 때문이다. 그와 마찬가지로 일본이 비록 강대하다고 하더라도 내부적인 매국노가 없었다면 삼천리를 힘 하나 안 들이고 짓밟을 수 있었겠는가? 하고 상소했던 주인공의 말은 곧 작자 해학의 생각이었다.[98]

그러나 이런 충절이 왕에 의해서 수용되지 못한데다가 기만적으로 강제 격리된 데에 격분하여 자결하고 마는 주인공의 비극을 기리고 있다. 주인공의 강한 애국심에서 비롯된 자아의식이 세계의 억압과 강제에 의해 결국 목숨을 끊게 됨으로서 교술문학의 특성을 잘 갖추고 있다.

작자의 평가부분에서 흔히 생전의 업적에 대한 사후의 평가라는 도식보다는 오히려 을사조약 이후에 분사할 다섯 사람의 인물을 예상했는데 그 중의 한 사람이 주인공이었다는 말로 대신

---

[98] "夫水必先腐而蟲生焉, 堤必先壞而水囓焉, 今日本雖屬强大, 如無內賊之倀導, 彼安能不勞一鞭, 而取人三千里地哉, 故五誡不誅, 則陛下亦不保此座, 禍變之來, 迫在呼吸, 乞以臣前疏所陳, 斷而行焉."〈宋秉璿傳〉,《上同》.

海鶴 李沂의 思想과 文學 —

354

하고 있다. 주인공의 성향상 그럴 수 밖에 없는 필연적인 원인이 도사리고 있음을 말하여 주인공의 성격을 부각시키는 한편, 자신의 정확한 예상과도 일치된다는 점을 보이고자 했다. 현실에 대해 이렇게 일치되는 작자와 주인공의 자세를 당시의 위기적 상황하에서 하나의 애국적 자세의 모범으로 제시하고자 했다.

이것이 입전의 근본의도라고 할 수 있다.

(4) 최익현전崔益鉉傳

해학의 5전 가운데 가장 장문의 글이다. 전반 도입부는 최익현崔益鉉의 강직한 성격의 특징을 요약하고 있다. 즉 최익현이 이항로의 문인으로 계유년에 사직하면서 상소한 오조중五條中 대원군大院君의 간정지죄干政之罪를 간하다가 제주도로 귀양간 사실, 병자년(1876)에 지부복궐持斧伏闕하여 통척화의痛斥和議하다가 흑산도로 귀양간 사실, 을사조약 체결후 을사오적을 참수斬首하라고 상소한 일, 일본정부를 향해 그들의 16가지 죄상을 문책하는 편지를 보낸 사실들이 그것이다. 최익현의 이러한 생각은 바로 해학 자신의 의도와 유사하여 역시 자화상적인 전傳이 된 점에서는 앞의 송병선전宋秉璿傳과 양상이 비슷하다고 하겠다. 당대의 현실을 함께 인식하고 호흡하려 했던 인물을 모델로 삼으려 한 점에서 현실성에 입각한 작가의 정신과 경세의도가 뚜렷이 드러난다.

그러나 내용의 절반 이상이 인용문인 최익현의 대일문책對日問

責 편지로 삽입되어 있기 때문에 작자의 창작이 줄어 들고 구성이 엉성하게 되어버렸다. 이미 전통적인 한문문체로서 전傳에 대한 활용을 형식적인 측면에서는 거의 염두에 두지 않고, 오직 경세적인 측면에서 내용에만 중점을 둔 사실은 작자의 개인적인 문학관에 기인된 탓도 있지만, 시대적으로도 한문의 창작 기능이 와해되어 가는 과도기의 증후군이라고 말할 수 있다. 최익현이 보낸 편지중 일본의 16가지 죄상은 해학이 이등박문에게 보낸 2차서한의 내용과 상당히 흡사한 점에서 결국 작자와 주인공의 동질의식을 표현한 것이라고 할 수 있다.

16가지의 죄에 대한 일본의 죄상핵심은 충국애인忠國愛人, 수신명의守信明義라는 대의명분大義名分에 어긋난다는 것이다. 최익현이 일본과의 수호교린修好交隣에 동감하고 동점서세東漸西勢를 막기 위해 한韓·청淸·일日의 보거순치輔車脣齒 관계에 기초한 삼국의 정립鼎立을 강구하고자 한 것도 해학의 생각과 일치한다. 그러나 이러한 일은 상호신의를 바탕으로 해야 함에도 불구하고 일본이 신의를 저버렸기 때문에 (기신배의棄信背義) 단죄해야 한다는 것이다.

기신배의棄信背義의 포괄적 증거로 조일강화도조약, 청일간의 마관조약馬關條約, 노露·일日간의 국제법 위반에 대한 변명서의 내용 등에서 30년에 걸친 조선의 자주독립 주권국가 인정과 양국 평화 유지, 그리고 평등관계를 주장했으면서도 실제는 조선을 침탈하여 노예국으로 전락시키려 하는 표리부동한 사기행각을 제시하였다.

구체적으로 16가지의 죄목을 들어 단죄하고 있다. 그것의 요지
는 이렇다. ①갑신정변과 난동살육. ②1984년 군사개입과 약탈
행위, ③민비 살해의 대역무도함. ④위협에 의한 전매권 독점으
로 국가재원 고갈. ⑤ 토지강점・인민학살・도굴・주택파괴. ⑥
철도등에 대한 군사목적 사용. ⑦한일의정서에서 국권독립등을
삭제. ⑧애국자 체포 구속. ⑨어용 단체 지원・매국노 규합 등으
로 여론조작. ⑩우민愚民에 대한 사역使役과 잠매潛賣 및 살인행
위 ⑪통신기관 장악 ⑫고문관 설치와 모사. ⑬치관의 굴레와 회
계조작. ⑭보호조약 강제체결. ⑮외교를 빙자한 국정장악. ⑯이
민조작으로 민족멸절 기도 등이다.

최익현은 상소에서 일본이 위와 같은 16가지의 죄상을 회개하
고 통감부를 폐지하며 모든 것을 원상회복시켜 독립자주권을 인
정하라는 요구를 하였다. 그렇지 못하면 복선화악의 이치에 따
라 자멸한 것임을 경고하였다. 해학이 대한히 중시했던 복선화
악의 주장과 역시 일치하고 있다.

다음은 최익현이 순창에서 체포되어 대마도로 귀양간 사실과
대마도에서 단식순절을 앞두고 고종에게 보낸 유서의 내용을 소
개하고 있다. 이 유서는 이미 잘 알려진대로 망국의 한탄, 적국
의 노예로 끌려가 유배생활을 당해야 했던 우국인물의 치욕스런
포로생활, 그로 인한 분노와 적개심, 적국의 땅에서 적국인이 제
공하는 일체의 음식에 대해 단식하면서 비장어린 어조로 쓴 감

동적인 글이 구구절절 나타나 있다. 원수를 절멸시키지 못한 채, 그리고 국권회복과 강토탈환을 보지 못한 채, 죽는 한스러움과 고종에게 국가의 안녕을 신신당부하는 우국충정의 기개가 대단한 내용이다.

맨 마지막으로 최익현에 대한 국민의 숭모를 그의 주검이 돌아왔을 때 범유구자凡有口者, 막불칭의사대부莫不稱義士大夫, 만절기중대여차야晚節其重大如此也라는 말로 결론짓고 있다.[99] 해학역시 후일 최후의 임종을 폐문절식으로 맞이했다는 점에서 결과적으로 최익현의 순절에 공감한 셈이 되었다.

이 전傳의 특색은 일제의 침략행위를 폭로하고 이에 항거한 우국지사가 최후까지 굴복하지 않고 순절하면서 보낸 글을 거의 전재轉載하여 입전 인물과 작자 자신의 의식 및 행위를 일치시키는 수법을 사용하고 있다. 당시의 위기적 상황에서 문학의 사회적 기능을 수행하고자 한 의도에서 전傳이라는 형식이 십분활용된 것이다. 전통적인 전의 구성요법을 거의 무시하고 심각한 의도의 전달에 주안점을 두어 민족적 위기의 현실을 타개하고자 한 것으로 현실대응에 매우 기민함을 보여주고 있다.

전의 형식을 차용했으면서도 그 틀을 벗어나고 있다는 것은 전의 현실적 기능을 인정한 반면 한문 문체로서의 전의 한계 또한 인정을 한 것이다. 이러한 한계를 탈피하기 위한 새로운 시도가

海鶴李沂의 思想과 文學 —: ：

---

99 "癸酉之疏, 人所難言, 然外戚得政, 亦起於是, 故人或疑其爲指使, 及對馬島報至, 凡有口者莫不稱義士大夫, 晚節其重大如此也."〈崔益鉉傳〉,《上同》.

필연적으로 요구되는 것인데 이는 소설이란 형태로 나타난다. 이에 대해서는 다음 장에서 거론한다.

(5) 속자객전續刺客傳

이 전傳의 의도는 사기史記의 자객열전을 잇는다는 뜻에서 속자續字를 붙인 것이다. 그렇기 때문에 논단論斷에서도 1·2·3·4의 전傳에서 쓴 용어는 《한서漢書》의 예를 따라서 찬왈贊曰로 되어 있지만, 여기서는 사시왈史氏曰로 되어 《사기史記》의 태사공왈太史公曰을 모의한 것 같다. 이 글은 해학 스스로의 입장을 대변한 것이다. 여기서 자객의 행위를 후일 작자 자신의 임무로 삼고자 했던 것은 을사오적 척살기도에서 증명되고 있다.

이 내용은 송나라 우국인사 이동해李東海를 주인공으로 하여 엮은 글이다. 이동해는 당시 외적인 금金나라가 덕을 갖추지 못하고 위협만을 일삼아서 중국의 백성에게 인심을 잃었기 때문에 지금이 공략할 수 있는 절호의 기회라고 판단했다. 금金을 치기 위해서는 내부적인 단결이 중요하므로 나라를 좀먹는 진회秦檜를 죽이고자 악비岳飛에게 요구했으나, 악비는 그러한 행위가 인의仁義스럽지 못하고 또 떳떳하지 못한 도적의 행위와 같다는 이유를 들어 거절하였다. 이에 이동해는 위국제잔爲國除殘을 도적의 행위로 보는 악비에게 하늘이 죽음을 내릴 것이라고 하였는데 과연 몇달 후에 악비가 죽은 사실을 밝히고 있다. 그리고 이에 대한 평가는 이동해처럼 자신보다는 나라를 위하는 인물의

계책이 받아들여지지 않는 풍기風氣를 원망하는 것으로 맺고 있다.[100]

여기서 해학은 당시의 시대상황과 자신의 처지를 비유적으로 형상화하고 있다. 이동해의 처지는 바로 해학 자신의 처지를, 나라를 좀먹는 진회는 을사오적을, 악비는 당시의 고루한 현실도피의 선비들을, 인심을 잃은 금金나라는 동양주의로 위장한 일본을, 중국은 한국을 각기 비유한 것이다. 해학은 이동해의 생각을 긍정적으로 수용하고, 악비와 같은 시대착오적인 판단을 극복하고자 하였다. 이동해와 같은 구국의 정신을 높이 평가한 반면, 악비처럼 민족적 현실을 도외시하고 구태의 연한 도덕군자인 체 하는 태도를 배격하고자 했다. 실제 당시 현황과 같은 선비들의 현실도피적 태도를 이기주의자로 간주한 글에서도 해학의 이러한 생각이 잘 나타나 있다.

앞에서 보인 해학의 오전五傳은 모두가 격변기의 절박했던 시대현실을 배경으로 쓰여진 것이다. 이 중 2·3·4는 순절 인물을 입전대상으로 삼은 작품이다. 1은 망국을 방관한 죄보다도 더 큰 것이 없다는 점을 강조한 것이고, 5는 매국노를 처단하는 행위를 정당시하고자 한 것이다. 결국 모든 내용은 전傳이라는 장르를 통하여 당시의 민족적 현실에서 가치있는 인간의 모습과 행위를 입전화시킴으로써 작자가 지니고 있는 현실인식을 투영

---

100 "史氏曰, 東海亦刺客之流也. 然其亦異乎聶政荊卿輩爲一人計者, 而飛不能用, 惜哉, 自故東海之上, 往往多勇士, 豈其風氣耶."〈續刺客傳〉《上同》.

시켜 주고 있다. 입전대상의 인물과 작자가 시대적으로 같이 호흡을 한데다가 사회적 인식이나 투쟁도 민족적 울분의 공감에서 우러나온 것이기 때문에 긴장성과 현실성, 그리고 생동감이 박진하고 있다.

결국 작품 내적인 자아와 작품 외적인 자아를 일치시키는 수법을 동원하여 주인공이 바로 작자의 자화상自畵像이었다는 점에서 이 전傳의 특색을 찾아 볼 수 있다. 이것은 바로 입전된 인물의 행위가 당시의 사회규범으로 제시되어야 한다는 가치지향을 전제로 하고 있기 때문이다. 한 개인을 대상으로 기술하는 산문의 형식인 전傳을 선택했지만 전통적인 사전私傳의 구성전개의 틀을 벗어난 방법을 취함으로써 한문 문체에서 형식의 파괴가 진행되었고, 내용에 있어서는 강렬한 경세의식을 고취시키고자 했다.

2. 경세적警世的 산문형식散文形態의 '소설小說'

해학은 애국계몽을 통해 민족의 각성을 촉구하려는 목표로 창간된 잡지인《대한자강회월보》의 소설란에 1906년 7월의 1호에서부터 1907년 1월의 7호에 이르기까지 한문을 현토한 국한문혼용체의 17편을 연재하였다. 이것은 구한말舊韓末 잡지雜誌에 소설이란 제명으로 연재된 최초의 형태였다. 물론 여기서의 소설이란 본격적인 문학장르로서의 소설이 아니라 글자 그대로 짧은 이야기라는 뜻이며, 본고에서 사용하는 개념도 이와 같은 뜻으로 사용하고자 하는 것이다.

본격적인 소설의 구성요건을 갖춘 신문연재의 최초의 소설에 대해서는 아직도 이설이 분분하지만 1906년 9월 18일자 제국신문에 실린 소설란에 소품류의 작품이 등장한 이래, 다음해 1907년《태극학보》6, 7호 실린 〈백악춘사白岳春史〉의 세 작품을 과도적인 소설의 시발로 보려는 견해가 있다.[101] 해학의 이 작품들은 바로 이러한 일련의 소설 태동과 시대적 맥락을 같이하고 있다. 이들 작품은 제목이 없고 분량도 각 편당 3~11행 정도에 불과하다.

앞서 해학은 을사조약을 전후하여 시를 통해 격렬한 우국의식을 토로한 적이 있었다. 애국계몽기에 접어들자 해학은 시보다는 구성과 표현이 자유스러우며 널리 읽혀서 공감을 확산시킬 수 있는 산문에 더 많은 관심을 보이고 있다. 그 중에서도 흥미로워 대중성이 있고 교훈적이어서 세상에 경계가 될 만한 경세적警世的인 산문散文의 형태에 관심을 갖게 되는데 이것이 바로 '소설'이다.

앞서 살핀 민족적 위기의식의 표출시가 국권상실을 비분강개하는 분세의식에서 창작된 것이라고 한다면, 여기서의 소설은 이러한 분세의식을 희학적으로 표현하여 민족적 각성을 고취시키기 위한 것이다. 따라서 표현의 방법이 앞서의 시처럼 의기억양의

---

101 宋敏鎬,《한국개화기 소설의 史的 연구》〈일지사 1975〉.

감정토로가 아닌 희학이나 재담을 통해 간접적으로 암시하는 수법이 동원된 야담류의 성격들이다. 계몽을 통한 민족의식의 각성이라는 목적 의식에서 쓰여진 이 소설은 전해들은 이야기나 보고 겪었던 사실들을 자료로서 활용하고 있다. 극히 제한된 분량으로 소화나 희언을 통해 바보스러움이나 낭패스러움을 창출해서 흥미를 돋구었고, 사회나 개인의 폐단을 경계삼아 민족의 자주독립에 필요한 의식각성을 시키자는 데, 그 목표를 두고 있다. 이제 이 작품들의 전개방식, 수집된 자료의 내용·성격을 계몽의식과 관련시켜 관찰할 필요가 있다.

우선 전개방식은 전傳의 형식을 차용하여 축약 변형된 형태를 취하고 있다는 점이 주목된다. 이것은 또한 형태상 전傳과 구한말 구소설간의 중간 형성과정의 역할을 한다고 볼 수 있다. 전傳은 일반적 형태로 서술부와 포폄부의 두 부분으로 나뉘게 되는데, 서술부가 끝나고 작자의 평가를 하기에 앞서 상투적인 논단論斷, 사씨왈史氏曰등의 표현이 쓰인다. 그러나 여기서는 그러한 논단의 용어가 다르게 쓰인다. 서술 부분이 끝나면 문자막부절도聞者莫不絶倒, 차수근어소화此雖近於笑話 등의 삽입구가 들어가서 흥미로운 내용임을 전제로 하고 있다. 그러나 단순히 흥미위주의 글만은 아니라는 점이 바로 다음에 연결되는 평가부의 첫머리에 등장하는 논단 구문인 차호嗟呼, 오호嗚呼, 인소위人所謂, 맹자소위孟子所謂, 의意~ 등으로 시작되는 작자의 개탄이나 경계, 혹은 교훈을 암시하는 부분에서 드러난다. 이 점이 바로 전의 형식을 변형하고 있는 형태다. 특히 작가의 개입이 따르게 되는 전의 형태가 구한말 구소설의 형태에 잔존하는 것도 이와 무관하지 않은 유형이다.

전개방식에 있어서는 인물의 일대기가 아닌 사건의 어느 특정한 부분만을 소재거리로 하여 교묘한 구성을 꾀하고 있다. 해학이 소설을 통해서 드러내고자 하는 주인공의 인물성격은 그가 지은 여타의 전傳과는 구별되고 있다.

해학이 송병선·최익현등의 순절을 기리기 위해 지은 전傳은 찬왈贊曰로 시작되는 평가에서 치적을 드러내 모범을 삼자는 긍정적 계승을 의도한 것이었지만, 소설은 단편적인 사실을 교묘히 구성하여 차호嗟呼라고 시작되는 평가에서 주로 극복대상에 대한 경계를 삼자는 부정적 단절로 의도되어 있다. 전자는 순국인사의 정신을 계승하자는 것이고, 후자는 쇠미한 민족정신을 각성시키고자 한 의도 때문이었다.

수집된 자료의 내용은 전승된 재담이나 역사적인 일화를 듣고 윤색을 가한 것, 당대에 발생된 사건·사실을 목격하거나 듣고 기술한 것의 두 부류로 나눌 수 있다. 전자는 설화로 볼 수 있으나 신기하고 허황된 사건보다는 사실에 가까운 소화笑話나 희언戱言을 주로 소재화했다. 이것은 해학의 현실주의적인 안목에서 선별된 것으로 보인다. 후자는 주변생활의 목격담이 들어 있어서 당대의 현실을 생동감있게 나타내 주고 있다.

채택된 내용이 전승된 자료를 취했다고 해도 그 선별의식이나 기록화 과정이라는 재구성에 있어서 작자의 의식이 개입되기 마련인데, 이 소설에서는 그것이 특히 계몽이라는 목적의식이 강조되어 취사선택 된 것들이다. 등장된 인물의 면모를 보면 유숙·윤인과 같은 실존 인물과 기타 막연한 인물이 함께 나오는데 이들의 직업은 농민·지관·점쟁이·서점 주인과 종업원·어사·군수·하급관리·선비·의공 등이고 그 관계의 구성은 부부, 부자, 민관, 주인과 일꾼, 상하관리 등으로 작품 편수에 비해 여러 계층의 인물들을 등장시켜 다양한 삶을 반영시키려 하고 있다. 제한된 지면에 실리는 짧은 글이기 때문에 내용을 압축 표현하여 긴장미를 농축시켰고, 흥미롭게 하기 위해서는 교묘한 구성과 평이한 표현을 구사할 수 밖에 없었다. 이야기의 전개는 두 사람간의 대화체, 혹은 서술체, 그리고 이 둘을 혼합한 것이 있다. 그 가운데 대화체가 주종을 이루고 있는데 짧은 재담을 위해서는 대화체가 효과적이기 때문이다. 해학이 소설을 통해 계몽하고자 했던 의도는 첫째가 사회적인 문제에 관심을 보인 것, 둘째가 개개인의 의식구조에 관심을 보인 것으로 구분된다.

첫째, 사회적인 문제와 관련된 주제는 ①지배층의 권위 부정과 신분평등 주장, ②허문무실의 구학문 비판, ③미신의 타파, ④위악지보爲惡之報에 대한 경계가 있다. 둘째, 개인적인 의식과 관련된 주제는 ①포부확대및 의지강화 ②현실의 정당한 일에 대한 우직한 용기 발휘 ③자주의식과 지혜 구비, 그리고 당연한 임무의 수행 등을 강조하고 있다.

이제 그 주제에 해당되는 소화笑話의 내용과 경세적警世的 의의意義를 살펴 보기로 한다. 첫째, 사회적 문제와 관련된 주제에서 ①의 지배층의 권위 부정과 신분평등 주장은 암행어사로 제수받은 사람과 옷을 만드는 공인工人 사이의 대화에서 나타난다. 새로 임명된 어떤 어사가 옷을 맞추러 왔다. 그러자 의공衣工은 어사가 신참인지 고참인지를 묻는다. 어사가 꾸짖으면서 그 까닭을 물으니 의공이 대답했다. "신참이라면 기고만장하여 어깨를 으쓱거릴 것이기 때문에 앞소매를 늘려야 되고, 고참이라면 의기소침하여 어깨가 축 늘어지기 때문에 앞소매를 줄여야 되기 때문이라고 하였다."[102] 이 말은 선망과 위엄의 대상인 어사의 지체를 조롱하여 권위를 인정치 않으려는 것이다. 어사의 권위에 대한 사회인식이 땅에 떨어진 줄 모르는 신참의 거만과, 어사의 권위가 통용될 수 없는 현실을 이미 터득한 고참의 주눅이 재미있는 대조를 이루고 있다.

봉건시대 왕권의 대리상징인 어사가 미천한 신분에 불과한 장인의 말 한 마디에 조롱당하는 모습은 신분차등을 인정치 않으려는 해학의 생각과 연결된다. 해학은 이 글에 경세의 의미가 있다고 설명하였다. 해학이 애국계몽기에 발표한 〈일부벽파론〉에서 주장한 신분차별의 타파와 일치되고 있음을 상기할 때 문벌 좋고 과거급제한 어사를 이렇게 조롱한 것은 의도적이라고 할 수 있다.

---

102 《月報》 2호.

② 허문무실의 구학문 비판은 구학문 지식층의 유숙이라는 선비를 표본으로 하여 그 우활함을 공격하고 있다. 강진에 산다는 구학자 유숙이 제자들을 모아놓고 지리地理의 이해하기 어려운 점을 말하다가 그 자리에서 웃음거리가 되어 버렸다는 얘기다. 즉 천지개벽 이래로 그 많은 비가 왔고, 비가 올 때마다 수 많은 모래와 흙이 무너졌는데도 땅이 깎이거나 구멍이 나지 않은 것이 기이하다고 아는 체 했다가 제자들에게 망신을 당했다는 내용이다. 이토록 사물의 이치에 어두운 구학문에 빠져 있으면서도 군자君子·장자長者로서 칭송된 자들 때문에 우민화가 강화되었고 국세는 쇠미해졌다고 하였다.[103]

이미 해학은 국가멸망의 원인을 구학문으로 지목하고 한문을 타파할 것을 주장한 바 있다. 여기서도 구학문의 폐습인 비실용적인 측면을 부각시키기 위해 구학의 허문에 빠진 선비의 우활함을 그것도 제자들 앞에서 웃음거리로 삼고 있다. 구각의 철저한 파괴가 없이는 새로움을 창조할 수 없다는 생각에서이며, 한문타파 역시 허문무실과 구태를 벗어나고자 한 주장이었다.

③미신의 타파에서는 점쟁이가 점을 믿다가 도리어 죽게 되는 이야기를 소개하고 있다. 대대로 철저한 음양가 집안에서 음양술에 입각하여 매사를 처리하도록 되어 있는 집 주인이 어느 날 불의에 담장 밑에 깔리게 된다. 구조를 외치자 그 아들이 얼른 방에 들어가 먼저 역서曆書부터 보았다. 한참 뒤에 하는 말이

103《月報》4호.

"오늘은 흙을 움직여서는 안되는 날이니 내일을 기다려 봅시다"
고 하는 바람에 그만 주인이 압사해 버렸다는 이야기다.[104] 소화
笑話를 인용해서 미신의 비합리성과 모순을 극단화시 켰던 이유
는 현실로 닥친 민족의 위기를 운명적인 자세로 방임하려는 것
을 막기 위한 것이었다.

④ 해학이 평소 가졌던 큰 관심이 복선화악이었음은 앞에서
밝힌 바 있다. 여기서는 악한 행위에 대한 응보의 현실을 생생하
게 실증해 보임으로써 민족적 현실을 외면하는 위악爲惡을 경계
하고 위선爲善을 권면하도록 하고자 하였다. 그 사례로 소개한
이야기는 진안 마을에서 직접 일어난 일이라고 전제하였다. 나이
쉰살에 자식도 없이 처와 둘이 살고 있던 농부가 있었다. 그가
면임자의 어떤 요청을 거절하자 면임자는 그를 도적으로 무고하
여 방앗간에서 고문을 했다. 농부는 고문을 당하다가 끝내 비참
하게 죽고 말았다. 그러나 누구도 이 사실을 입밖에 내지 못했
다. 그 이듬해 죽은 농부의 제사날에 바로 그 방앗간에서 방아
에 찧어져 고기즙이 되도록 처절하게 죽은 사람이 있었는데, 그
가 바로 면임자였다는 것이다.[105]

둘째, 개인의 의식계몽에 관련된 주제로서 현실을 타개할 수
있는 자세나 성품등을 고쳐시키기 위한 내용들이 이에 해당된
다.

104《月報》2호.
105《月報》3호.

① 포부의 확대와 의지의 강화는 앞서의 민족종교 차원에서 강조되었던 개인의 덕목을 강조한 의도와 상통한다. 내용은 언행이 졸렬한 아들과 그것을 걱정하는 아버지와의 대화체로 구성된 이야기다. 아들이 문득 사방의 산을 차지하겠다는 포부를 밝힌다. 아버지는 자식이 모처럼 큰 뜻을 품은 줄 알고 반기면서 그 용도를 묻자 아들은 땔나무를 공급하기 위해서라고 한다. 또 그 땔나무의 용도를 묻자 콩을 볶아 실컷 먹어 보고 싶어서라고 대답하여 아버지를 실망케 한다는 내용이다.[106] 해학은 이 집의 자식처럼 용두사미의 포부를 갖고서는 국권회복을 위한 민족의식의 각성이 어렵다고 본 것이다.

② 당시의 험난한 민족적 현실을 헤쳐 나가기 위해서는 무엇보다도 난관을 묵묵히 감내하는 우직한 용기가 필요하다고 생각했다. 집안의 굴뚝으로 들어간 호랑이를 부지깽이로 찔러 죽인 사람이 호랑이 잡는 데 자신을 얻고 산에 가서도 부지깽이로 호랑이를 잡을 수 있었다는 소화笑話를 소개했다.[107] 우직한 용기가 일을 성취시키고, 그 성취감이 자신을 갖게 되는 이치를 설명한 것이다. 타산적이고 이기적인 생각으로는 호랑이 잡는 일만큼이나 어려운 당시의 민족적 난관을 뚫고 나갈 수 없다는 생각에서 강조된 것이다.

해학은 이미 국가멸망의 원인을 이기적 자세라고 간파했고 이

---

106 《月報》 1호.
107 《月報》 3호.

를 극복하기 위해서는 용기가 긴요하다고 하였다. 집안의 호랑이와 산에 사는 호랑이는 각기 내우외환을 의미하는 것으로 보인다.

이와 비슷한 교훈적인 내용으로 대장부의 기질을 강조한 내용이 있다. 비교적 장편으로 구성된 이야기인데, 광해군 시절 이이첨李爾瞻에 아부하여 부귀를 누리다가 결국은 처참한 살륙을 당한 윤인尹訒의 실화를 소개하고 있다.[108]

③ 자주적이고 자력적인 강구와 또 속임을 당하지 않도록 지혜로워야 한다는 교훈을 보이기 위해서 처가신세를 지는 사위의 의타적 자세와 장인의 기만을 소개하고 있다.[109] 이것도 작자가 이미 시에서 을사조약체결시 일본에 바보처럼 속아버린 의타정신을 없애고 자주정신을 배양할 것을 주장한 것과 역시 같은 맥락에서 이해된다.

④ 민족의 현실에서 당연한 임무를 망각하고, 도리어 불필요한 일을 해서 안된다는 의도에서 부부간의 일을 소재로 삼았다. 해학은 소설에서 흥미와 교훈을 양대지주로 설정하고 있는데, 여기서는 언론매체의 성격상 독자의 흥미에 더 비중을 두고 있으며 다소 음담에 가까운 내용이기도 하다. 어떤 아내가 밤마다 침상에 올라오는 남편 때문에 시달림을 당하자 묘수를 생각해 냈다. 그것은 남편에게 까마귀 고기를 먹여 그러한 부부관계를 아

---

108 《月報》 5호.
109 《月報》 3호.

예 잊어먹도록 하고자 했다. 그런데 이게 어찌 된 일인가? 까마귀 고기를 먹은 남편이 그날 밤에도 여전히 침상에 올라오는 것이었다. 그러나 일은 거기서 그치는 것이 아니라 까마귀 고기의 엉뚱한 효험 탓에 조금 전의 일만을 잊어먹고 재차 침상으로 올라오는 것이 아닌가? 아내가 하룻밤에 두번씩이나 올라오느냐고 꾸중을 하자 남편이 내가 언제 두 번이나 올라왔느냐고 반문하며 괴이하게 여기더라는 내용이다. 해학 자신도 이 얘기가 희언에 불과하지만 경세적인 의미가 부여된 것이라고 설명하였다.[110] 민족의 위기를 방기하고 있는 현실을 각성시키고자 한 것이다. 당시 국민들이 해야 할 일을 망각하고, 오히려 해서는 안될 일만을 반복하고 있는 전도된 행위를 빗댄 것이다.

이상에서 살핀 바대로 소설이란 제목하에 연재한 이 글은 형식상으로 전의 형태를 변형·축약했고, 내용에 있어서는 소화·희언·야담·목격담·역사적 사실들을 간결하고도 절묘하게 구성하여 흥미를 유발시켰다. 그 의도는 민족의식의 각성을 고취시키고자 했던 애국계몽의 일환으로 언론매체를 수단으로 활용하고자 한 데 있다.

여기서 해학 산문의 희작화 경향을 엿볼 수 있다. 이것이 물론 그의 문학전모를 대변하는 것은 아니지만, 해학의 현실인식과 시대적인 상황을 관련시켜 주목할 필요가 있다. 해학의 이러한 변화는 체제의 소외된 지식인으로서 내부개혁과 민족위기를 방관

110《月報》2호.

하지 않고 노력했던 긴장이 국권상실이라는 엄청난 충격 속에 실패로 귀결되어 이완된 데 따른 것이다. 시를 통해 표현된 민족 위기 의식의 긴장된 표현인 의기격분과는 달리 장기적인 대비책의 일환으로 경세의도를 희작화라는 이완된 수법으로 처리하기도 했음을 볼 수 있다.

이같은 소화나 희언을 통한 희작화는 그 겨냥하는 바와 조소가 개인적인 차원이 아니라, 민족각성이라는 보편성에 그 목적을 두고 있기 때문에 단순한 문예적 유희나 흥미가 아님을 알 수 있다. 해학은 국권회복의 방법으로 을사오적 주살기도와 같은 울분에 찬 행동의 방법과 아울러 이와 같은 차분하고도 효과적인 방법을 모색하기도 하였다.

형태면에서 구태를 크게 벗어나지 못했으나 내용은 당시의 현실적 필요는 물론 문학사의 발전적 측면까지를 염두에 두고 담아 냈다. 이 점은 당시 일고 있었던 동국시세계東國詩世界의 혁명정신인 구풍격舊風格속의 신의경新意境과도 그 양상에서 궤를 같이 하고 있는 것이다.[111] 그가 지적한 사회현상의 타파대상과 타파를 실행해야 할 구성원의 의식 각성은 당시 민족의 현실과 관련된 것이었다. 특히 개개인의 의식 각성의 내용은 전통적인 봉건윤리 관념의 요소가 전혀 제거된 새로운 인간상의 모형으로써 제시되고 있다.

---

111 東國詩界革命과 그 의의에 대해서는 林熒澤,〈東國詩界革命과 그 歷史的 意義〉,《韓國文學史의 視角》창작과 비평사, 1984)참조.

이 소설은 이후에 양산되는 구한말 잡지소설의 모태로서 선구적인 위치를 점하고 있으나, 소설이란 제목을 걸고서도 소설이 아닌 모습에서 전환기의 문학양상에 머문 한계를 지니고 있다. 부드러운 웃음속에서 비판을 드러낸 해학의 이 작품들은 재담에 가득찬 것인데, 이후에 본격적으로 등장한 설화와 재담류 작품의 선구가 되었다는 점에서 그 의의를 찾을 수 있다.

이상에서 언급한 해학 산문을 변화의 측면에서 살필 때에 전기의 작품인 기記·서序·설說·논論 등의 문체를 통해서는 사회정의나 세태와 관련된 개인의 가치관을 비롯한 선善의 추구에 치중하였다. 반면 후기의 작품에서는 민족현실의 구체적이고 직접적인 문제에 관련된 언급이 주류를 이루고 있다는 점에서 변화된 양상이 비교된다. 후기의 산문 중 전傳이 본격적으로 등장한 시기는 국권이 상실되고 이를 극복하기 위해서 국민계몽이 절실하다고 느낀 소위 애국계몽기였다. 이 점은 그 만큼 급박해진 사회현실에 대응하는 문학의 수단으로 활용가치가 다른 문체들에 비해 앞서 있기 때문이었다. 즉 앞선 시기의 여타 산문에 비해 현실 대응의 수단으로 활용가치를 인정했기 때문에 전傳을 동원했던 것이다. 그러나 이는 한문 문체내의 영역 속에서 비교되는 것일 뿐, 애국계몽이라는 대중성을 고양시키기 위해서는 국한문혼용에 양보할 수 밖에 없었다. 다음 시기에 등장하는 해학의 산문이 주로 혼용체의 경향을 보이고 있는 것이 그 징후라고 하겠다. 시기적으로 나중에 등장하는 혼용체의 산문은 주로 정론적正論的 형태의 논설과 경세적警世的 형태의 '소설小說'로 구분된다. 이 전傳은 앞선 시기의 기記·서序·논論등의 산문과 다음 시기의 경세적 산문의 형태인 '소설小說'사이에서 징검다리 역할을 한 것이라고 할 수 있다. 그리고 해학의 산문을 보다 효용적 기능으로 확대시키는 변수로서 작용한 셈이다.

원래 전傳과 소설은 상호 밀접한 관계에 있는 양식으로서 전이 지닌 서사적 기능을 확대 발전시키면 쉽사리 소설로 변동될 수 있는 것이다. 그러나 해학의 작품에서 '소설'은 쟝르 명칭만 같을 뿐 실제 내용은 야담이나 재담들로 이루어져 있기 때문에 쟝르상의 상호 연관성은 찾을 수 없다. 그리고 전傳은 형식적인 차용에 지나지 않았기 때문에 전통적인 문체가 파괴되고 있는 증후를 보였다. 이것은 구한말 한문창작이 더 이상 존속될 수 없는 한계를 드러낸 것이라고 하겠다.

결론結論

구한말의 선각적 지식인이며 계몽주의자啓蒙主義者였던 해학의 사상적 변천과정은 근대지성사近代知性史의 발자취였다. 해학은 천성이 불기방달不羈放達하였고 특별한 사승관계師承關係가 없었다는 사실부터 특이한 행로를 밟게 될 조짐을 내포하고 있었다. 해학이 전통유학을 회의하고 실학을 발견하면서부터 초기의 사상적 전이 과정은 시작되었다.

이에 대한 회의 때문에 과거를 포기하였고, 이 후 각처를 유력하며 모순된 사회현실의 말폐를 확인하였다. 여기서 그의 시무를 중시하는 경세의식이 형성되었으며, 마침내 농민전쟁시 급진적인 사고를 표출하는 데까지 이르게 되었다.

그리고 선교사와 벌인 천주교 비판논쟁에서는 개방적이고도 합리적인 대응자세를 견지하기도 했다. 정부에 건의한 각종 내수외양책內修外攘策에서 해학은 민족자주독립과 진보적 개혁추구를 목표로 반봉건, 반제의 효과적인 투쟁을 전개하였다. 특히 그 추진에 있어서 민중적이고 현실에 부합되는 방법을 선택한 점에서 그의 사상적 특징이 잘 드러나 있다.

민족자주와 근대적 각성을 위해 애국계몽운동에 전력을 기울였던 해학의 계몽사상은 국권회복을 목표로 사대타파, 한문타파, 신분타파를 부르짖으며 독립정신, 국문사용, 평등실현을 주장한 벽파론에서 단적으로 드러났다.

또 이 시기에 사상적 기반이었던 공맹유교의 민족현실 타개에 대한 회의를 표명하고, 이단시했던 묵자의 겸애설을 수용하여 민족이 처한 현실적 난관을 극복하고자 했던 것도 주목되는 부분이다.

그리고 해학이 애국계몽기에 국권회복을 위해 벌인 양대 운동으로 교육구국과 종교구국을 들 수 있다. 신학문을 신교육에 의해서 습득하고자 주장한 해학의 교육사상은 근대적인 민족교육을 위한 것이었다. 단군교에 참여하고 진교의 경전을 편찬하여 단군숭배를 통한 민족단결과 국권회복을 강조했던 민족종교사상은 해학 최후의 사상적 거점이 되었다.

한편 해학이 신부와 벌인 천주교리 비판논쟁은 후일의 민족종교 형성에 있어서 수용과 극복의 두 측면이 모두 발견되고 있다는 점에서 주목된다.

먼저 수용의 측면으로서는 해학의 민족종교화 그 자체가 이미 천주교가 가지고 있는 종교의 장점을 부분수용한 것이다. 반식민 상태에서 식민상태로의 전락이 목전에 있을 때 장기적으로 종교라는 안전판을 확보하고 국권회복운동을 전개시킬 필요를 절감한 것이다. 그리고 단군의 절대화, 권능화 등에서도 이와 같이 설명될 수 있다.

다음 극복의 측면으로 천주교 비판논리를 더욱 심화시킨 경조흥방祖興邦과 복선화악福善禍惡 등을 지적할 수 있는데, 그것은 이들 논리가 민족종교 교리의 핵심으로 자리잡고 있기 때문이다. 아직 우리 근대사에서 반서학이념과 민족종교 형성간의 영향관계에 대한 해명이 분명치 못한 시점에서 이같은 분석은 중요한 단초를 제공해주고 있다.

이제 앞서 언급했던 해학사상에 대한 의의에 관하여 역사적 위치를 평가해야 할 차례다. 해학은 천주교 비판 직후 일어난 농민전쟁을 이용하여 일거에 급진변혁을 이룩하려고 했던 의도가 실패하고, 내수외양內修外攘의 개혁정책을 주장했으나 그것조차 뜻대로 되지 못했다.

그런데 이같은 해학의 내수외양책 가운데 일부가 동도서기파나 척사파의 주장와 유사한 점도 발견된다. 그렇다고 해서 해학이 동도서기파나 척사파가 될 수는 없다. 또 농민전쟁시의 일을 두고 동학혁명파라고 할 수도 없다. 지금까지의 도식화된 이같은 범주 속에 포함시키는데는 어려움이 따른다. 해학은 선각적인 계몽주의자로서 민족 자주적이고 민중 지향적인 지성인이며 실천가였다.

해학의 생애와 사상의 발자취는 전통유학 비판과 과거의 포기→실학의 발견→각처 유력→천주교 비판논쟁→부패정권 타도 주장→내수외양을 위한 자주적·근대적 개혁주창→반일군중 집회개최→자주외교 시도와 매국노 암살기도→유배생활→학회

조직과 교육·언론을 통한 계몽운동→공·맹의 회의와 묵자의 부분수용→민족자주독립을 위한 벽파론 발표→민족종교 제창에 이르기까지 실로 근대 지성사의 발자취라고 평가 할 만하다.

그러면 해학의 문학적 특징과 의의는 무엇인가?

먼저 시詩에 관해서 언급하기로 하자. 해학은 시보다는 문文에 더 관심이 있었으며, 더 뛰어난 것으로 자타가 인정하였다. 그러나 필자는 해학의 시야말로 문文에 못지 않은 사실성과 비유를 발휘한 작품으로 평가하고 싶다.

전반기의 시에 있어서는 농촌질곡의 생생한 묘사를 통해 사실적 수법과 대비의 기법을 유감없이 발휘했다. 또 어려운 현실에 참여하면서 역시 곤궁한 가정을 꾸려야 했던 인간적인 고뇌와 갈등을 절실한 표현과 비유로 처리하였다. 이렇게 볼 때 해학의 시는 전반기의 특징으로 생동감있는 사실성과 대비를 통한 비유에 있다고 평가할 수 있다.

후반기의 시에서는 이미 반식민 상태로 전락한 민족적 위기감을 그대로 담았다. 해학 스스로도 의기격앙, 음조처절을 시풍격의 전범으로 삼았는데, 바로 이 후반기의 시가 그러한 유형에 속한다고 할 것이다. 시의 소재를 침략국인 일본과 옥중, 그리고 유배지 등에서 취함으로써 그 현장성이 돋보였다.

전반기의 사실주의적 특성에서 후반기의 선동적인 경향으로 기운 것은 현실의 변화에 따른 것이다. 그 변화의 모습은 농촌사회의 질곡현상으로부터 민족전체가 노예화되어 버린 상태였다.

이러한 변모된 양상에서 해학의 시가 얼마나 현실에 입각하여 창작되었는가 하는 점을 보다 명백히 알 수 있다.

다음으로 산문散文에 있어서는 어떠한가?

전반기의 산문은 주로 인간이 지니는 상호 모순된 가치개념과 처세의 방법을 변증법적으로 통일시키려는 사유의식을 보여주고 있다. 이것은 주역周易의 변화원리變化原理와 장자莊子의 제물사상齊物思想을 수용하여 발전시킨 논리였다. 전반기의 시에서 보였던 현실인식이 산문에서는 나타나지 않은 이유가 무엇인가? 해학의 전반기 문학을 놓고 볼 때 산문은 20대에서, 시는 30대에서 주로 창작되었다. 그런데 해학이 현실의 모순을 실제 경험한 것은 주로 30대 유력기였다. 따라서 20대 초반을 전후하여 주로 창작한 산문에서는 시에서처럼 직접적인 현실문제가 부각되지 않았다.

후반기의 산문은 애국계몽기에 집중되었는데 전과 '소설'이 대표적이다. 이들은 형식면에서 한문의 쟝르를 빌었지만, 전개구조가 구형식을 일탈하고 있어서 한문창작이 더 이상 지속되기 어려움을 보여 주고 있다. 그 내용은 한결같이 민족의 위기현실을 타개하고자 하는 선동과 계몽이 위주가 되어 문학의 사회성이 극대화되고 있다. 이러한 경세적 산문은 문학을 경세의 수단으로 삼고 있는 해학의 문학관을 잘 반영한 결과였다. 그러나 이러한 문학관이나 문학 작품의 실제가 사상적 경향과 궤를 같이 하는 것이면서도, 그 전진적인 방향에서는 사상을 뒤따르지 못했다.

이제 해학의 사상과 문학의 한계 및 본고의 한계가 무엇인지를 간단히 언급하고 마무리를 짓기로 한다.

해학의 사상은 부단히 현실에 대응하면서 발전되어 나갔다. 그 때문에 그의 사상이 선각적이었다고 평가할 수 있다. 그러면서도 이것이 도리어 해학사상의 한계로도 지목된다. 해학이 초지일관한 사상의 뿌리가 바로 "이것이다"라고 대변하기에는 부족하기 때문이다. 물론 "시변에 대응했던 의리관" 또는 앞서 말한 "선각적·민족자주적·민중 계몽적인 사상"이라고 할 수도 있을 것이다.

그러나 이러한 정의가 그 실체를 일관하여 적확的確하게 대변하기에는 부족한 느낌이다. 다음으로 동양주의에 찬동 했을 때, 물론 순수한 의미에서 이를 지지했다고 인정한다 해도, 결국 제국주의의 실체를 정확히 파악하지 못했다는 판단의 오류를 지적하지 않을 수 없다.

그리고 해학이 주창한 진교眞教는 제대로 지속되지 못하여 종교의 지속성이라는 측면에서 그 한계를 드러냈다. 그 이유가 자체의 문제인지, 외적인 불가항력의 문제인지를 본고에서는 규명하지 못했다. 그리고 진교와 대종교가 모두 단군숭배를 통한 민족정신의 각성과 단결, 그리고 이를 바탕으로 하는 국권회복에 있음에도 불구하고 양자 사이의 연관성과 차이점 등을 밝히지 못한 것은 본고의 한계로 남는다.

해학의 문학은 현실의 반영과 경세적인 의도하에 창작된 것이 다수였고, 문학관에서도 이같은 점을 강조했다. 그러나 근대적인 문학인식의 부족으로 끝내 한문문학의 단계에서 탈피하지 못한 채 전환기적 수준에 머물고 말았다. 문체론에 있어서도 한문폐지를 국권회복의 차원에서 주장했지만, 결국 문학적 방면에서는 소극적이었다. 국한문잡조시國漢文雜組詩의 소개와 국한문혼용체의 정론을 통해 이를 실천했을 뿐이다. 물론 한문폐지를 주장한 다음 해에 일생을 마쳤기 때문에 더 이상의 성과를 기대하는 것이 무리일 수 있겠으나 역시 한계로 남는다.

해학海鶴 이기李沂 연보年譜

연 도	왕 조	연령	활 동 내 역
1848	憲宗 14	1	6월 5일 萬頃(現 全北 金堤郡 聖德面 大石里)에서 固城李氏 26世孫, 鐸振의 장남으로 출생.
1854	哲宗5	7	私塾에서《千字文》,《童蒙先習》,《通鑑節要》를 수학.
1856	〃7	9	《通鑑節要》완독, 가세곤궁으로 사숙중단 이후 독학.
1860	〃11	13	《四書三經》대략통달.
1862	〃13	15	鄉試에 응시하여 詩才로 명성이 날림. 이후로 天文, 地理, 陰陽, 卜筮, 兵曆之術 등을 공부함. 老莊學에 심취함.
1867	高宗4	20	科擧에 懷疑. 物理, 化學, 政治, 經齊, 諸子百家 등의 책을 읽음. 특히《磻溪隨錄》,《邦禮草本》을 읽고 실학에 눈을 뜸.
1875	〃12	28	科擧之學 완전 포기.
1876	〃13	29	대흉년이 들어 생활고 해결차 鎭安으로 이사. 농촌현실 모순의 경험과 목도.
1877	〃14	30	아내 宋氏 상처.

1878	〃 15	31	호구지책으로 상경하여 구직시도.
1879	〃 16	32	7월 콜레라 만연으로 부친 사망. 관직구직 실패
1880	〃 17	33	《山海經》,《輿地》등을 읽고 세상만물의 다양함에 대한 호기심으로 산천유람 열망.
1882	〃 19	35	김제에서 기식. 이후로 10년간 본격적인 각처 유력. 아들 樂祖 출생.
1886	〃23	39	大邱에서 기식.
1887	〃24	40	아들 樂孫 출생.
1890	〃27	43	求禮에서 黃玹을 처음 만남.
1891	〃28	44	봄에 다시 達城(지금의 대구)으로 돌아가서 파리 외방전교회 소속인 프랑스 선교사 아실 폴 로베르 (Achille Paul Robert 한자명: 金保祿) 신부를 방문하여 천주교 포교 서적인 《聖敎理證》을 빌려보고 큰 충격에 빠짐. 그리고 그 교리를 반박하는 〈天主六辨〉을 짓고, 왕복 서신을 통해 우리나라 최초로 유학자와 신부 사이의 천주교 교리논쟁이 시작됨.
1892	〃29	45	淳昌에서 기식함. 폐병이 발병하여 요양 겸 10년간의 유력 생활을 정리하고 귀가함. 黃玹의 권유로 求禮로 이사.

1892	〃29	45	지리산 기슭에 집과 전답을 비로소 구함. 11월《歸讀吾書集》을 정리하고 자서를 씀. 여기에는 〈眞敎太白經〉, 〈天主六辨〉, 〈質齋藁〉 등과 시문등이 실려 있음. 黃玹, 李馨五, 王師贊 등과 鳳泉寺 등지에서 교유.
1893	〃30	46	은둔 생활의 뜻을 밝히고 그곳의 문사들과 교유하면서 쓴 창수시가《新語》에 남아 있음.
1894	〃31	47	2월 李建昌이 사면 되는 날 귀양지인 貝州 (지금의 보성)로 찾아가 送序를 써주고 〈質齋記〉를 요청하여 받음. 〈질재기〉는 오랜 유력기간 동안 뜻을 이루지 못했고 노모조차 제대로 봉양하지 못했던 궁핍한 생활을 돌이켜 보면서, 이제부터는 질박한 생활을 보내고 은거하겠다는 의미로 자신의 집을 '質齋'라고 이름을 지은 것에 대한 記文임. 鳳泉庵에서 요양 중 갑오농민전쟁이 발발하자 전주로 全琫準을 찾아가 정부타도를 건의하여 동의를 받음. 다시 남원으로 金介南을 방문하였으나 김개남의 면담거절과 반감때문에 도리어 체포위기를 당하여 간신히 변복하여 탈출. 동학세력에 대한 배신감으로 구례에서 자위대를 조직하여 도리어 동학세력을 방어함. 〈東匪時代守諭百姓文〉을 代作하고 동비토벌공신 명부에 오름. 으로 〈天主六辨〉을 지음.

1895	〃32	48	求禮의 冷泉里에서 거주하다가 度支部大臣 魚允中의 초청을 받아 상경하여 토지정책 자문역을 맡음. 〈田制妄言〉을 제출했으나 정책에 반영되지 못함.
1896	〃33	49	5월 28일 내부대신 朴定陽으로부터 安東府主紋判任官六等에 임명됨. 의병토벌차 안동에 파견되어 모병과 군사훈련 담당. (의병들의 보수적 사고를 비판함)—임명권자의 경질로 곧 그만두고 낙향→대구→상경.
1897	〃34	50	3년만에 귀가.
1898	〃35	51	求禮의 華嚴寺, 隱泉寺 등에서 黃玹, 王師贊, 柳議, 朴明府 등과 唱酬.
1899	〃36	52	6월 5일 量地衙門總裁官 李道宰로 부터 九品量地衙門量務委員에 임명됨. 牙山에서 量地活動을 함.
1900	〃37	53	임명권자 경질로 量務委員을 그만 둠.
1901	〃38	54	내우외환에 직면하여 정부·대신을 향해 내정의 개혁안·외교정책을 제시. 고관의 무능에 대한 항의서, 탄핵소 등을 중추원에 제출.
1902	〃39	55	〈急務八制議〉를 작성 제출. 고종의 無能과 대신의 비행을 비판한 시 〈長歌〉의 筆禍로 인해 수난을 당함.

1903	〃40	56	황현, 양백규 등에게 민족현실을 외면하지 말고 참여할 것을 강력히 종용함. 제자들과 「詩前社」라는 시사를 결성하고 김택영에게 시사명을 자문함. 모종의 일로 警衛院에 구금됨.
1904	〃41	57	2월에 한일의정서가 체결되고, 6월에 일본 공사대리 萩原守一이 황무지 개혁을 요구하자 元世性, 宋秀萬 등과 함께 항일단체인 保安會를 조직하여 반일군중집회를 개최하고 연설함. 保安會 강제해산 됨.
1905	〃42	58	8월 포오츠머드 조약체결 반대를 위해 吳基鎬, 尹柱瓚 등과 함께 도미를 시도하다가 일본공사 林權助와 외부대신 李夏榮의 방해로 좌절됨.
1905	〃42	58	9월에 羅寅永, 吳基鎬, 洪弼周 등과 함께 도일함. 이때 삭발하고 양복을 입은 자신의 모습을 자조한 〈自眞贊〉을 지음. 체일중 일본왕 裕仁, 伊藤博文 등에게 한국의 자주권 침범에 대한 항의외교를 벌임. 을사강제조약 체결 소식과 모친 사망소식을 함께 접하고 긴급히 귀국함. 모친 장례 후 거상하지 않고 곧 바로 상경을 하자 지방 유림들로부터 「毁脫衰麻」라는 비난을 받았다. 이에 국가가 멸망하여 노예가 되면 인륜도 무의미하다고 반박함.

| 1906 | 〃43 | 59 | 본격적인 애국계몽운동에 참여. 鄭喬의 추천으로 한성사범학교 敎官으로 명성을 얻으며 교육활동. 윤효정, 장지연 등과 함께 대한자강회를 결성하고 《대한자강회보》에 고정기고를 통한 언론활동 개시. 대한자활협회를 조직하고 《朝陽報》를 발행함. 〈夜雷報序〉를 쓰는 등의 언론활동을 통한 애국계몽운동. |

3월 을사오적을 암살하기 위해서 나인영, 오기호 등과 함께 自新會라는 비밀지하단체를 조직하고 나인영이 요구한 〈自新會趣旨書〉와 〈自現狀〉을 지음. 거사의 실패로 평리원에 자수하여 주모자임을 밝힘. 7년형을 언도받고 인천을 거쳐 진도로 압송되어 유배당함. 고종의 특사로 7개월만에 풀려남. 상경 후 湖南學會를 조직하고 《湖南學報》의 고정필자로 활약.

1907 純宗1 60

1908 〃2 61 〈일부벽파론〉을 발표하여 파문을 일으킴.

2월 나인영 등과 함께 계동에 있는 翠雲亭에서 檀君敎 창립발기에 참여. 3월 16일 대영절에 마니산에서 자강회원인 계연수, 김효운 등과 함께 환웅을 법천왕으로 숭봉하고 단군을 섬기며 단학회를 발기할 것을 誓告하고 단학강령 3장을 발표.

1909 〃3 62

| 1909 | ″3 | 62 | 5월 25일(양, 7월 13일) 서울의 객사에서 국권상실을 비관하여 10여일 간의 폐문절식으로 自盡함. |
| 1968 | 대한
민국 | | 건국 공로 훈장 독립장이 추서되어 국립묘지에 안장됨. |

참고문헌參考文獻

〈자료資料〉

李沂,《海鶴遺書》(國史編纂委員會, 1955)

李沂,《海鶴遺稿》(海鶴後孫所藏本)

李沂,《質齋稿》(海鶴後孫所藏本)

《鐵城文稿》(海鶴後孫所藏本)

金庠基,《行狀》(海鶴後孫所藏本)

《新語》(崔信浩教授所介本)

A. Robert.《答嶺南儒者李沂書》(韓國敎會史研究所 所藏本)

黃玹,《黃玹全集》上, 下 (亞細亞文化社, 1978)

黃玹,《梅泉全集》1～5(全州大湖南學研究所, 1984)

金澤榮,《金澤榮全集》壹～陸 (亞細亞文化社, 1978)

李建昌,《李建昌全集》上, 下 (亞細亞文化社, 1978)

鄭喬,《大韓季年史》(探究堂, 1972)

國史編纂委員會編,《東學亂記錄》下 (探究堂, 1972)

《大韓每日申報》(韓國新聞研究所, 1976)

《皇城新聞》1 ～9 권 (韓國文化開發社, 1972～3)

　　　　　　10～ 21권 (韓國文化刊行會, 1980～1)

《大韓自強會月報》(亞細亞文化社, 1976)

《湖南學報》(亞細亞文化社, 1976)

《朝陽報》(서울大圖書館 所藏本)

李元義,《固城李氏名鑑》(文苑精版社, 1978)

《高宗•純宗實錄》(探究堂, 1979)

〈저서著書〉

姜在彦,《韓國近代思想研究》(한울, 1983)

金容燮,《韓國近代農業史研究》下 (일조각, 1984)

琴章泰,《東西交涉과 近代韓國思想》(성대출판사, 1984)

大宗敎總本司 編,《大宗敎六十年史》(1971)

宋敏鎬,《韓國開化期小說의 史的研究》(일지사, 1975)

宋載邵,《茶山詩研究》(창작사, 1986)

愼鏞廈,《韓國近代史와 社會變動》(문학과 지성사, 1983)

葉乾坤,《梁啓超와 舊韓末文學》(법전출판사, 1980)

李光麟,《韓國開化期의 諸問題》(일조각, 1986)

李萬烈,《韓國近代歷史學의 理解》(문학과 지성사, 1985)

李在光,《韓國開化期小說研究》(일조각, 1972)

李裕笠,《大倍達民族史》(고려가, 1987)

李元淳,《朝鮮後期西學史》(일지사, 1986)

林熒澤,《韓國文學史의 視角》(창작과 비평사, 1984)

鄭昌烈,《韓國民族主義論》(창작과 비평사, 1982)

趙桄,《朝鮮後期天主教史研究》(고대민족문화연구소, 1988)

趙東一,《韓國文學通史》4권 (지식산업사 1986)

崔東熙,《西學에 대한 韓國實學의 反應》(고대민족문화연구소, 1988)

崔在學,《實地應用作文法》(휘문관, 1909)

〈논문論文〉

金庠基,〈李海鶴의 生涯와 思想에 대하여〉《亞細亞學報》1집 (1965)

任昌淳,〈韓末의 愛國者 李沂와 海鶴遺書〉《國會圖書館報》2·3집 (1965)

李英俠,〈海鶴李沂考〉《建國大學術集》14집 (건대, 1972)

李完宰,〈海鶴李沂의 教育思想〉《史學論誌》1집 (한양대 사학과, 1973〉

李康五,〈海鶴李沂先生의 生涯〉《海鶴李沂先生》(海鶴李沂先生救國運動追念碑建立委員會)

_____,〈海鶴李沂의 救國思想〉《比斯伐》6집 (전북대, 1978)

田英培,〈海鶴李沂의 教育思想研究〉《국제대 논문집》6집 (1978)

李重珏,〈韓末實學者海鶴李沂研究―教育思想을 中心으로〉(고대교육대학원 석사논문, 1977)

金度亨,〈海鶴李沂의 政治思想研究〉《동방학지》(연대 국학연구원, 1982)

羅鍾宇,〈海鶴李沂의 救國運動과 그 思想〉《원광사학》(원광대사학회, 1982)

鄭景鉉, 〈韓末儒生의 知的變身一海鶴李沂의 경우〉(서울대대학원 석사논문, 1982)

奇泰完, 〈海鶴李沂의 思想과 詩文學〉(성대대학원 석사논문, 1987)

韓延錫, 〈海鶴李沂의 思想과 文學〉(고대교육대학원 석사논문, 1987)

林仁子, 〈李沂의 家庭敎育에 관한 考察〉(중대교육대학원 석사논문, 1987)

朴鍾赫, 〈海鶴李沂의 現實認識에 대한 文學的 對應〉《漢文敎育硏究》 4집 (한국한문교육연구회, 1989)

____, 〈海鶴李沂의 思想的 轉移의 過程〉《韓國漢文學硏究》 12집 (한국한문 학연구회, 1989)

____, 〈舊韓末 海鶴李沂의 國權回復을 目標로 한 民族宗敎思想〉(한배달, 1990, 가을호)

____, 〈海鶴의 散文精神과 譬喩的 技法〉《漢文學論集》 8집 (단국한문학회, 1990)

____' 〈海鶴李沂의 天主教 批判〉《民族史의 展開와 그 文化》 下 (碧史李佑 成教授停年退職紀念論叢, 창작과 비평사, 1990)

朱昇澤, 〈開化期의 漢詩硏究一文學觀과 作家意識을 중심으로〉(서울대대학원 석사논문, 1984〉

崔奭祐, 〈대구 로베르신부의 추방사건〉《경향잡지》(1976)

____, 〈빠리外邦傳教會年報 1878~1894 〉《교회사연구》 4집 (한국교회사연구소, 1983)

부록附錄 I : 〈귀독오서歸讀吾書〉

〈천주육변天主六辨 병인并引〉

호남湖南 이기李沂 저著

맹자는 일찍이 남의 말을 잘 파악하는 것으로써 자처하였다. 그러나 이제 어떤 사람이 말하기를 "내가 장차 부모를 등지고 임금을 배반할 것이다"라고 했다면, 이 말을 들은 사람 가운데 깜짝 놀라 그를 의심하지 않을 사람이 없을 것이다. 맹자도 어찌 이런 말을 두고 언급한 것이겠는가?

무릇 전국시대 이후로 도술道術에 갈래가 많아 공사시비公私是非의 변별이 비록 일시에 드러나지는 않았으나, 어떤 것은 10년, 100년 뒤에 나타났다. 예를 들면 양주楊朱의 위아爲我와 묵적墨翟의 겸애兼愛는 처음에 인의仁義에 근사했지만 끝내는 무부무군無父無君에까지 이르게 되었다. 오직 맹자만이 이것을 꼭 살펴서, 거짓되고 황당한 사도邪道의 말이 천하 후세에 횡행할 수 없도록 하였다. 그래서 남의 말을 잘 알아주는 것으로 자처하면서도 말을 하지는 않았다.

내가 대구에 온 다음 해 3월(1891 : 역자주)에 프랑스 선교사 김보록金保祿이 달성부達城府 관청의 남쪽 산에 와서 머물며 건물을 설치하고 신도들을 모집하자 좇아 배우는 사람들이 제법 많았다. 내가 일찍이 그 집에 한 번 가서 그 책을 가져다가 두번 세번 반복해서 헤아려 보니 바로 그 법이 불교의 유파임을 알게 되었다.

아마도 서방 국가의 종교에서 오직 불씨佛氏가 가장 앞서 있는데, 종주가 되는 것은 석가釋迦일 뿐이다. 그러나 그것이 유행된 지 몇 백 년 동안 허무공적虛無空寂의 학설이 끝내 세상을 움직이기에는 부족하였다. 그래서 약삭빠른 무리들이 한번 굽혀서 석가를 압도하려고 생각하였으나 그럴만한 계기를 아직 갖지 못했었다. 그러다가 서로 꾀를 내어 천주天主라는 명칭을 만들어서 대중들에게 크게 호소하면서 말했다. "석가가 비록 성현이라고 하더라도 천주天主의 신하일 뿐이다. 신하를 종주로 삼기보다는 왕을 종주로 삼는 것이 더 낫다."

그래서 한번 창도하자 백 사람이 화답하여 갈고리로 끌어 당기고 밧줄로 끌어 당기는 것 같았다. 지금 벌써 세상의 절반이 더 이상 불씨를 언급하는 사람이 없게 되었다. 그러나 마치 복숭아를 옮겨 접붙이면 꽃과 열매는 비록 오얏으로 변화하지만 뿌리는 여전히 보존되는 이치와 같다. 따라서 교리를 받들고 계율을 지키며 살아서 수양하고 죽어서 보답 받는다는 논조는 불씨와 서로 비슷한 것으로서 모습만을 조금 변형시킨 것에 불과하다.

이런 형편없는 것을 가지고 뻣뻣한 얼굴과 어거지 말로써 우리 유학과 우열을 다투려고 하니 금지되고 배척받는 것은 또한 마땅하지 않겠는가? 맹자는 "양楊·묵墨을 막아낸다고 말할 수 있는 자는 성인의 무리이다"고 말했다. 이제 불씨의 횡행이 양자·묵자보다도 오래되었고, 천주의 호칭은 불씨보다 아름답다. 내가 몇 치의 피리로써 만리나 되는 창을 끊으려해도 내 스스로 힘에 있어서 적수가 되지 못하리라는 것을 안다.

어떤 이가 나에게 말했다. "지금 서양인은 기선과 전차로 여러 나라 땅을 횡행하고 있다. 그리고 이 포교사는 조정에서 전송하고 주州·부府에서 예로써 맞이하는 사람이다. 그런데 그대는 기껏 평민의 신분으로 일어나 그의 분노를 거스리는 것인가? 내 생각에는 그대 일신조차도 보전하지 못할 것 같은데 감히 그대의 말이 실행될 수 있기를 바라는가?"

나는 이렇게 대답했다. "그렇지 않다. 무릇 교리를 강론하는 자는 마땅히 교리의 참과 거짓만을 보아야 할 것이지, 세력의 강함과 약함을 비교해서는 안된다. 정말로 도의道義가 어떠한지를 따지지 않고, 위협과 모욕에 기대어 상대를 압박하려고 한다면, 내 머리가 잘려지고 내 뱃속을 갈라 놓더라도 내 마음은 굴복되지 않을 것이다. 옛날의 군자는 지위를 얻으면 도를 실천할 것을 생각했고, 지위를 얻지 못하면 말을 수양할 것을 생각했다고 한다. 이것이 어찌 중국과 서양 사이에서 다를 수 있겠는가? 가만이 생각해보니 선교사가 온 이유는 도를 실행하려는 것이거나, 아니면 장차 말을 수양하기 위해서일 것이다. 개인적인 견해를 제멋대로 하여 천하의 입을 막을 수 있을 것인가?"

그래서 나는 천주명목天主名目, 불경부조不敬父祖, 천당지옥天堂地獄 등 인간의 실정에 가깝지 않은 것에 대해서 변별하지 않을 수 없다. 그리고 세상을 기롱하는 짓인 운명을 담론하고 관상을 설파하며 노자老子·문창文昌 등의 신을 받드는 일에 있어서는 내가 취급할 점이 있을 것이다.

〈천주명목天主名目〉 제일第一

천주天主의 명칭은 옛 서적에 있지 않다. 있지 않았기 때문에 사람들로 하여금 두렵게 보고 두렵게 듣도록 하여 한번쯤 그것을 찾기를 원하게끔 하였다. 이제 그들은 이렇게 설명하고 있다. "천주는 하늘도 아니며, 땅도 아니며, 이理도 아니며, 도道도 아니며, 기氣도 아니며, 성性도 아니며, 인물도 아니며, 귀신도 아니다. 바로 천지의 신과 인간, 만물을 창조한 큰 주인이다." 또 이렇게 말하고 있다. "천주는, 형상이 없는 신의 몸이기 때문에 형체의 눈으로 볼 수 있는 것이 아니다. 만약 형상이 있어서 볼 수 있다면 이미 형상에 한정되어 무한·무량의 천주가 될 수 없다."

그래서 경전을 잡다하게 인용하여 우리 유가에서 말하는 천天·제帝의 의미를 멋대로 부회하면서 책임을 회피하려고 한다. 그러나 그 책임의 발단은 끝내 이로부터 비롯될 것이다. 이것이 바로 군자가 입언立言의 사이를 신중히 살피는 이유가 된다.

무릇 천주가 이미 사람도 귀신도 아니고, 또 형상도 없다면 절대로 그 이름을 부를 수 없다. 또 스스로 그 교리를 깨우쳐 줄 수도 없다. 단지 어떤 사람이 여기에다 그 제목을 내세워 그것을 명명했을 뿐이다. 나는 그것을 명명한 사람이 요·순·주공·공자의 추종자인지, 아니면 황제·노자·신불해·한비자의 무리인지를 아직껏 알지 못하겠다.

이제 그 책을 보니 절대로 성인의 의미가 아님은 무엇 때문일까? 그것은 이일분수理一分殊를 모르기 때문이다. 무릇 우리 유가에서 천天·제帝를 언급 하는 것은 정말로 하나, 둘 씩 거론할 수 있는 대상이 아니다. 그러나 정자程子는, 사람들이 잘 깨달을 수 없음을 고려한 나머지 전용하여 이설異說을 만들었다. 그래서 그것을 풀이하여 형체形體를 천天이라고 하고, 주재主宰를 제帝라고 일컬었다. 따라서 재宰가 천天이고, 천天이 재宰이다. 비유를 하자면 사람의 신체는 형체이고, 심성은 주재로서 사람의 신체와 심성이 합해져야 온전한 사람이 될 수 있다는 것이다.

지금 만약에 천지의 밖에서 별도로 천지를 창조한 제帝를 찾으려 한다면, 이것은 마치 사람의 신체 밖에서 별도로 사람의 신체를 만든 심성을 찾고자 하는 것과 같다.

나는 아마도 이런 식으로 문제를 찾으면 찾을수록 납득하기는 그만큼 더 어려울 것이라고 우려된다. 옛사람들이 말했던 '터럭

만큼의 차이가 천리의 오류를 빚어낸다'는 뜻이 처음부터 여기에 있지 않음이 없다.

만약에 도道의 큰 근원이 하늘로부터 나온다고 한다면 우리 유자는 모두 입을 열기만 해도 거침없이 말을 할 수 있을 것이다. 그러나 오히려 복희·신농 이래로 6경에 실린 여러 성인을 헤아려 종주로 삼게된 것은 가까워서 쉽게 알 수 있고, 미더워서 쉽게 실행할 수 있기 때문이다. 그러므로 어찌 천지가 아직 생기기 이전의 인간도 아니고, 신도 아니며, 형상도 없는 천주를 함께 미루어서 으뜸으로 삼을 수 있겠는가?

이와 같은데도 우리 유교는 전적으로 사람을 통해 확립되었으므로 진선·진미할 수 없다고 그들은 여긴다. 범인凡人의 본분과 그 지향점이 아직 상세히 보여지지 않아서 저절로 알 수 없는 것이라면 천주 역시 성인이 아닌 범인이 명명한 것으로서 가리키는 본분과 지향점이 도리어 무無에 관여할 수 없는 지경에 있다.

부득이해서 그 설법을 다시 바꿔서 천주를 여러 숫자 단위인 일, 십, 백, 천, 만에 비유해도 모두가 여기서 제기된다. 그러나 시험삼아 일一로써 계산하여 지地에 놓으면 비록 눈에 병든 사람도 있는 줄을 알 것이다. 그런데도 천주가 형상이 없는데 볼 수 있다니 어째서인가?

〈대전大傳〉에서 이르기를 역易에는 태극太極이 있어서 이것이 양의兩儀를 낳았다고 했다. 이것을 해석한 자가 말하기를 태극은 일一과 같다고 했다. 그 때에는 천지가 비록 아직 나뉘어지지 않앗어도 그 일원一圓의 본체와 형세가 진실로 이미 갖추어져 있었을 것이다.

그러므로 있는 것으로부터 있다고 하는 것은 우리 유학의 가르침이고, 없는 것으로부터 있다고 하는 것은 노老·불佛의 학설이다. 노·불에 대해서는 그것을 배척하고, 천주에 대해서는 그것을 수용해 주고 있다. 나는 모르겠다마는 세상의 군자는 장차 어떻게 이것을 처리할 것인가? 예회倪淮가 지은 《성교리증聖敎理證》도 서교西敎를 변론한 중요한 책 가운데 하나다. 그 책 머리에 천주天主의 강생降生 연대가 기재되어 있다.

그 책은 갑신년에 지은 것인데, 천주가 강생한지 1884년으로서 갑신년 위로 거슬러 올라가 보면 한漢 애제哀帝 원수元壽 2년 경신庚申이 된다. 아마 이 해에 태어났다고 한다면 그 설은 불씨佛氏와도 맞아 떨어진다.

또 천주는 처음이 없다고 말한다. 그렇다면 강생자는 처음이 없는 천주가 아니다. 처음이 없는 것도 강생한 천주가 아니다. 그래서 두 천주가 있는 셈이 된다. 감히 묻노니 교리를 받드는 자로 하여금 장차 어떤 천주를 따르게끔 하려는가?

허튼 말과 혼란스런 말은 끝내 방패를 잡은 창과 같은 모순에 이르게 되어 그대의 방패를 찌르게 되니 그 입주둥이가 궁하고 괴로운 것도 당연하리라.

내가 일찍이 천주교는 불행 중 다행이라고 했는데 무엇 때문인가? 돌아보건대 지금 왕다운 사람이 나오지 않고 우리 유학의 도가 쇠미해 졌다. 여기에 이르게 되자 외래 종교가 감히 들어와 관여한다. 어진 이와 뜻있는 선비들은 오래도록 살펴보고 크게 탄식하면서 매우 불행하다고 여기지 않음이 없다. 그러나 다만 그 말이 이치에 가깝지 않아서 깨뜨리고 드러낸 것이 지극히 많다. 그래서 사람들에게 믿음을 가져다 주기에 부족하다.

그러므로 필부들 가운데서도 다소라도 지각이 있는 자는 그것을 추종하는 것을 허락하지 않는다. 그래도 이것은 행운에 속한다. 옛날 순경荀卿은 〈비상非相〉편을 지었는데, 논평하는 사람이 이렇게 말했다. "우리 유학의 존귀함을 꺾어 하찮은 술법으로 변론했으므로 스스로 체통을 잃었을 뿐만이 아니라, 또한 그 무리들로 하여금 사납고 오만한 습성을 조장시켜주었다." 그래서 내가 여기에 대해서는 또 감히 말을 다 하지 못하는 것이 있다.

불경부조不敬父祖

천주교의 조상을 공경하지 않는다고 하는 것도 그 또한 학설이 있는가? 말해보면 이렇다. 나를 낳아준 사람은 부모이고 부모를 낳아준 사람은 조상이다. 조상을 낳아준 사람은 천주이다. 그러므로 천주를 공경하면 이는 바로 조상을 공경하는 것이고, 천주를 공경하지 않으면 이는 바로 조상을 공경하지 않는 것이다.

오호라! 이 말은 장차 이 세상에 인륜을 저버리고 금수에 나아 가게 할 따름이다. 어찌 차마 이렇게 생각할 수 있는가? 비록 양 자·묵적처럼 부모를 무시하고 임금도 무시한 사람이라도 감히 이같은 미치광이의 말에는 얼른 나아갈 수 없었을 것이다.

진실로 천주의 입장에서 대중을 바라보면 모두 자녀로 연계되어 친소를 분별할 수 없게 된다. 그래서 결혼해서 살게 되면 오히 려 부자간에 암컷을 같이 취하고, 남매간에 간음하는 것을 면할 수 없을 것이다. 일찍이 듣자니 서양인은 남녀 분별이 없어서 커 튼안에서는 죄가 없다고 하니 아마도 이 말이 계시를 주는 것 같 다.

우리 유가가 여러 종교에 비해 가질 수 있는 장점 가운데 천하를 통틀어 만고토록 영원하여 바뀔 수 없는 것은 친소의 변별이 있다는 점이다. 그러므로 부모가 돌아가면 참최복을 입고, 조상 이 돌아가면 자최복을 입으며, 친함이 감소되면 상복을 입지 않는 데까지 이르게 된다. 이것은 곧 가문에서의 친소이다.

친구가 죽으면 한번 곡을 해주고, 길가던 사람이 죽으면 곡을 해주지 않으며, 차등을 두어 무정한 데까지 이르게 된다. 이것은 곧 가문밖의 친소이다.

무릇 인간은 한 몸으로 온갖 일을 처리하면서 마음 속으로 생각하여 그것을 인지하고 근력으로 그것을 실행하면서 안과 밖, 감소와 차등이 자연의 도道를 지니지 않음이 없다. 그래서 인위적인 안배를 기다릴 필요가 없기 때문에 반드시 천天을 일컬으며 찬미하는 것이다.

예를 들면 이런 것이다. 《시경詩經》에 나와 있다. "하늘이 뭇 백성을 낳게 하여 만물이 있게 되고 법칙이 있게 되었다."《서경書經》에서는 이렇게 말했다. "하늘이 베풀어 법도가 있으니 나에게 5상常을 경계하여 일렀다."

그러나 도리어 사람의 입장에서 하늘을 볼 때 조상을 공경하면 이것은 하늘을 공경하는 것이고, 조상을 공경하지 않으면 이것은 하늘을 공경하지 않는 것이라고 항상 말할 따름이다. 서양 사람들처럼 언제나 전도되고 거슬리는 말이 있는 것은 아니다. 말 한마디의 잘못이 끝내 사람을 내몰아 금수의 영역으로 들여보내고 있으니 비통스럽지 않는가?

또 사람이 조상을 제사 지낼 때 반드시 술과 고기로써 하는 것은 그 조상이 그것을 자실 수 있어서 하는 것이 아니다. 조상이 비록 그것을 자시지 못해도 내 마음 속으로는 오히려 그것을 자시도록 바라는 뜻에서다. 이것이야말로 진실로 죽은 사람 섬기기를 산 사람 섬기듯이 해야하고, 없어진 사람 섬기기를 있는 사람 섬기듯이 해야 한다는 의미일 뿐이다. 그러므로《예기禮記》에서도 이렇게 말한다. "어떻게 조상신이 흠향하는 것을 알겠는가? 다만 주인이 재계, 공경하는 마음을 지니고자 하는 것이다."

만약 조상이 드실 수 없다고 해서 내 마음을 물리쳐 제사를 폐지할 것인가? 만약 조상의 뱃속 병이 가득하여 음식 자실 생각이 없다고 하더라도 또한 장차 그것을 쇠약하다고 핑계대어 음식을 한번이라도 올리지 않을 수 있는가? 만약 이렇게 되면 서양 인도 사람의 자식으로서 아마 마음이 편안하지 못할 것이다. 그런데도 어찌 한번 시도를 바꿔 우리 유교를 따를 생각을 하지 않는가? 내가 마땅히 하늘을 공경하는 도로써 알려 줄 것이다.

〈천당지옥天堂地獄〉 제삼第三

천당지옥에 관해서 나는 그것이 과연 있는 것인지, 없는 것인지 모르겠다. 그 유무를 만족스럽게 분별할 수 없다. 설사 있다고 해도 세교世敎에 보탬이 없다는 사실도 이미 분명하다.

보통 사람들은 그 부형들이 선을 행하여 명예를 누리며, 악을 행하여 형벌을 받는 것을 본다. 그러면서도 간혹 선을 등지고 악을 지향하여 더 이상 헤아려 선택하지 않는다. 그 이유는 마음이 사물에 부려지기 때문이다. 정말로 이와 같다면 눈 앞의 일도 돌아볼 수 없거늘, 더구나 백 년 뒤의 형체도 없을 자신의 고통과 쾌락을 생각하여 권선징악을 할 수 있겠는가?

아! 저 불씨佛氏는 아마도 일찌기 이러한 이치를 빌려다가 속이고 미혹 시키며 어리석게 빠뜨려 불공 드리는 구실로 삼았다. 그런데 천주교는 어찌하여 추종했으면서도 성토를 하는가? 이것이 바로 내가 불씨佛氏의 창을 가지고 불씨의 방으로 들어가 불씨를 공격하는 것이라고 의심하는 이유가 된다.

만약 지옥을 불씨에서는 염라대왕이 다스리고 천주교에서

는 오신傲神이 다스린다고 한다면 나는 아마도 염라대왕이 꼭 오신傲神보다 못하지는 않다고 여긴다. 그런데도 지금 도리어 불씨를 비방하니 가소로운 일이다.

무릇 군자가 선善을 행하는 것은 대가를 바라고자 한 것이 아니다. 악惡을 저지르지 않는 것은 두려운 것이 있어서가 아니다. 단지 도리상 당연히 해야 하는 것으로 간주하기 때문이다. 그러므로 만약 의義에 맞는 경우에는 비록 죽임이나 치욕을 당해도 사양하지 않으며, 만약 의義에 맞지 않으면 비록 이득이나 봉록을 얻을 수 있다고 해도 처신하지 않는다.

봉逢·간干의 죽음이 꼭 염廉·래來보다 일찍 죽었다고 할 수 없으며, 백이·숙제의 굶주림이 초楚나라의 장교莊蹻와 진秦나라 도척盜跖같은 대도大盜보다 꼭 가난했다고 할 수 없다. 그러므로 자식으로서는 효도요, 신하로서는 충성이요, 친구로서는 신뢰이다. 재물에 청렴하고 여색에 삼가하여 사람을 다치게 하고 물건을 해치는 일에 이르지 않는다. 우리 유교의 가르침은 이와 같을 뿐이다. 다시 또 무슨 천당·지옥이 있겠는가?

그렇다면 인간의 선·악이 끝내 보답없이 끝나고 말 것인가? 이것을 옛 성인들은 일찌기 상세하게 말해본 적이 없었다. 아마도 천기를 너무 드러낼까 봐 마침내 인간의 행위만을 계도했을 뿐이다.

무릇 천지가 만물을 낳고 변화시키는 까닭은 오직 이理와 수數때문이다. 필연적인 것을 이理라 하고, 우연적인 것을 수數라고 한다. 이理·수數는 병행 하면서도 서로를 제어한다. 그래서 공자는 이렇게 말했다. "하늘이 나에게 덕을 부여했으므로 광匡땅의 사람들이 나를 어떻게 해치겠는가?" 이것은 이理가 수數를 반드시 제어한다는 뜻이다. 안연이 죽자 공자가 곡을 하고 비통해하면서 말했다. "하늘이 나를 버렸구나." 이것은 수數가 이理를 제어하기도 한다는 뜻이다.

그러므로 군자가 복을 얻는 것은 정상이지만, 얻지 못하는 것은 비정상이다. 소인이 화를 얻는 것은 정상이지만, 얻지 못하는 것은 비정상이다.

요즈음 사람들은 비정상을 보고서 마침내 정상을 물리치고 의심을 한다. 그러나 진실로 성인처럼 인간사를 극진히 할 수 있는 사람이 아니면 천天을 언급할 수 없다. 그것은 아마도 자기 자신의 수양에 아직 부족됨이 있기 때문일 것이다. 그러므로 종신토록 전전긍긍하고 두려워하여 감히 제멋대로 하지 못하고 화·복이 닥치면 미리 헤아릴 겨를이 없을 뿐이다.

그렇다면 하늘은 어찌하여 어둡고 무지하게 사람의 선악을 방임하고 다스리지 않은 채 버려두는 것일까? 이것이 바로 내가 평소 한마디 말로써 요로에 있는 군자들에게 알려주어 담당하고 있는 일의 중요성을 알도록 하고자 했던 것이다.

무릇 하늘은 인간에게 존엄하게 임하고 신명으로 비추며, 주거나 빼앗는 것을 의도하되 이치에 어긋난 것을 좇지 않도록 하려고 한다. 그러나 다만 입과 혀, 손과 발이 없기 때문에 인간을 견

책하고 벌주는 일은 그 형세상 왕이 되는 자들의 떠받듦을 기다려 시행하지 않을 수 없다.

예를 들면 맹자가 말한 내용과 같다. 즉 "국인들이 모두 어질다고 한 뒤에야 등용하고, 국인들이 모두 죽여야 된다고 한 뒤에야 죽여야 한다." 상과 벌, 승진과 배척을 문득 천하 공동의 심정에 합당하도록 잘 받들어 시행하는 자는 탕왕이나 무왕이 되고, 잘 받들어 시행하지 못하는 자는 걸왕이나 주왕처럼 된다. 걸과 주는 망했고 탕과 무는 흥했으니 하늘을 두고 무지하다고 말한다면 안될 일이다.

그러므로 나는 일찍부터 천당과 지옥이 다른 곳에 있지 않고 바로 내 마음에 있다고 여겼다. 내 마음은 바로 인심人心이며 인심人心은 바로 천하공동의 마음이다. 형벌과 상은 반드시 여기에 기준을 두고 취하여 결정한다면 거의 들어맞을 것이다.

〈신혼불산神魂不散〉 제사第四

공자는 말했다. "삶도 알지 못하거늘 어찌 죽음을 알 수 있겠는가?" 죽고 사는 연고도 큰 것이어서 처음을 들어 끝을 보이고, 있음을 들어 없음을 보였으니 말 한마디로 다 표현했다고 할 수 있다.

무릇 인간이 태어나서 형체가 갖추어지면 신혼神魂도 이를 따라서 존재한다. 죽어서 형체가 흩어지면 신혼도 이를 따라서 없

● 海鶴李沂의 思想과 文學 —┊…

어진다. 그것을 등불에 비유하자면 기름과 심지는 형체이고, 빛은 신혼이라고 할 수 있다. 어떻게 기름과 심지를 제거하고 불빛만을 남겨둘 수 있겠는가?

세상에서 강하고 씩씩하며 용기있는 선비가 제명대로 못살고 죽을 때는 남아있던 기운이 맺혀 있다가 얼른 흩어지지 않을 수 있다. 그것은 『좌씨전』에 기록된 백유伯有·팽생彭生같은 사람에게서 혹 그런 경우가 있다. 그래서 형장이나 전쟁터에서는 간혹 통곡하며 우는 소리와 요사스런 모습이 있으니 이것이 그 증거가 된다. 흩어지는 것이 비록 완급의 차이는 있지만 반드시 없어지게 된다. 여태껏 남아서 없어지지 않는 것은 없었다.

지금 천주교는 그렇지 않다고 말한다. 인간이 모태에 있을 때 천주가 신혼을 부여하므로 형체에 의지하지 않고서도 생겨나며, 형체를 따르지 않고서도 없어진다고 한다. 즉 죽은 뒤에 보상될 수 있는 여지로 여기고 있다.

오호라! 이것이야말로 삶도 아직 모르면서 어찌 죽음을 알 수 있는가?에 해당되는 말이다. 만약 그대에게 인간의 신혼이 형체에 붙지 않느냐고 여기는가? 라고 묻는다면 그대는 반드시 대답하기를 형체에 붙는다고 할 것이다. 또 질문하기를 그렇다면 형체가 여기에 있지 않고 어디에 머무는가? 라고 한다면 그대는 반드시 대답하기를 근원이 하늘로 귀착 된다고 할 것이다. 마치 『시경』에서 말하는 문왕이 위에 있고 3후가 하늘에 있다고 하는 유형과 같다고 할 것이다. 또 질문하기를 그렇다면 주周나라의 자손들이 문왕과 3후를 하늘 위에서 보았는가? 라고 하면 그대는 반드시 대답하기를 이理가 존재하면 보이지 않을 수 없으나 그것을 무無라고 일컫는다고 할 것이다. 그렇다면 신혼은 이理에 매여 있고 기氣에 매이지 않은가? 라고 질문한다면 반드시 대답하기를 기氣에 매여 있다고 할 것이다. 그렇다면 기氣도 형체를 도외시하고서 자립할 수 있는가? 라고 질문할 때 나는 아마도 그대의 입이 여기서 고갈될 것으로 본다.

무릇 천지가 만물에 천성을 베푼 것이 일기一氣가 아님이 없다. 지나간 것과 다가오는 것을 서로 살아가게 하는 짓을 그치지 않는다. 그래서 오늘의 기氣가 이미 어제의 기氣가 아니고, 내일의 기氣도 오늘의 기氣가 아니다. 만물에 부여하는 것도 마찬가지다 진실로 죽은 재는 태울 수 없고, 시들어 버린 나무를 윤택하게 할 수 없다. 반드시 새로이 태어나는 만물이 있어야 저절로 드러난다. 그것은 신혼이 형체에 대해서도 마찬가지이다. 죽어서 가령 남은 기氣가 아직 흩어지지 않은 것이 있으면, 또 물物에 붙지 않을 수 없으므로 백유伯有가 창에 붙어 있고, 팽생彭生이 돼지에 붙었던 것이다.

초목의 다름과 토석土石의 조짐도 여기에 속하지 않음이 없다. 그리고 문왕과 3후가 만약 아직도 존재한다면 아마도 여기서 벗어날 수 없을 것이다. 그래서 성인이 예禮를 제정하였다. 처음에 죽으면 옷을 들고 혼을 돌아오라고 부른다. 장례를 치르고 나면 신주를 세우고 문안을 드리며 높은 데로 잡고 올라 멀리 바라보면서 마치 장차 돌아오는 것처럼 대한다. 그러므로 사당에서 그 지위에 있는 자는 슬퍼하면서 마치 문왕을 다시 뵙는 듯이 할 따름이다.

불씨佛氏는 어떤 견해가 있는가? 기氣가 물物에 붙지 않으면 스스로 드러낼 수 없으므로 마침내 윤회탁생설輪回托生說을 만들었다. 그러나 인간이 변하여 짐승이나 고기가 될 수 없고, 짐승이나 고기가 변하여 나무나 꽃이 될 수 없음을 몰랐다. 그것은 물과 물이 거처를 달리하고 동물과 식물이 소속을 달리하기 때문이다. 천주교가 불교를 비난한 것이 바로 이것이다. 그런데 신혼이 흩어지지 않으면 도리어 엄습하여 그것을 취하려 하는 것은 어째서인가? 이것을 아니라고 해도 사람을 속이거나 세상을 속일 수는 없을 것이다.

성인이 사람을 가르칠 때는 반드시 지혜가 미치고 실천이 가능한 것으로써만 한다. 그러므로 색色을 지나치게 낭비하여 정精을 손상시키지 않으며 음식을 마음대로 하여 백魄을 손상시키지 않는다. 정精이 왕성하면 신神이 보전되고, 백魄이 강해지면 혼魂이 안정된다. 이것이 바로 수명을 보전하는 방법이다. 이와 같을 따름이다. 일찍이 도덕에 어긋나는 말로써 백성을 어리석게 해보려고 한 적이 없다. 이제 어떤 사람이 허공을 가리키며 말하기를 "나는 귀신을 보았다."고 하면 그 사람은 미치광이가 아니면 반드시 사기꾼일 것이다. 호사가는 그래도 혹 그것을 믿으려 하니 정말 한탄할 일이다.

〈이어혹인易於惑人〉 제오第五

천주교가 쉽게 사람을 미혹하게 하는 것은 무엇 때문인가? 그것은 부귀안락의 설교로 사람을 유혹하기 때문이다. 인간이 이 세상에 태어나 귀와 눈, 팔과 다리가 얽매여 있지 않음이 없으며 부귀와 안락, 이 네가지도 정말로 바라는 대로 얻을 수는 없다. 만약 얻을 수 있다면 그것은 칼과 창을 밀치고 끓는 물과 불을 부딪쳐서 만에 하나 요행으로 되는 것이다. 정욕情欲이 있는 곳에는 생사가 선택할 여지가 없다.

이 세상에 홀아비와 홀어미가 이미 의지할 바를 잃어 버리고, 입고 먹을 것이 결핍되며, 매번 바람과 비를 만나는 저녁, 눈과 서리를 만나는 아침을 당하여 띠풀 집에서 등불을 붙이다가 그림자를 돌아보고 길게 탄식을 하며 생각한다. "내가 평소 큰 죄악을 지은 것도 없는데 어찌 이다지도 곤궁한 지경에 이르렸는가? 차라리 갑자기 죽어서 모르면 그만일텐데" 또 스스로 이렇게 생각한다. "남의 궁핍과 달통을 생각해 보면 역시 각자 때가 있는데, 나의 장래라고 해서 한번이라도 펼 날이 없을지 어떻게 알겠는가? 이미 죽지 못했다면 잠시 장래를 기다려 보는 것도 괜찮다."

운명과 관상에 관해서 말을 잘하는 자가 있다고 소문을 들으면 재물과 비단을 끌고 가서 그를 방문하며, 풍수에 능숙한 자가 있다고 들으면 그 조상의 무덤을 파내기도 한다. 그리고 또 찾으러 다니다가 마침내 부처를 받들고 귀신을 섬기는 지경에 이르러 못할 짓이 없게 된다. 생전에 얻지 못하면 죽어서라도 얻기를 바라며, 자신이 얻지 못하면 자손이라도 얻기를 바란다. 그래서 그 마음속으로 하루라도 잊지 못한다.

천주교는 바로 이렇게 오래도록 얽힌 심정을 이용하여 얼핏 움직이는 기미를 타고서 그들을 유혹하며 이렇게 말한다. "진실로 우리 계율을 받아들여 우리의 주문을 외울 수 있다면 부귀안락의 복을 살아서 혹 누리지 못한다 해도 죽어서라도 반드시 얻을 수 있을 것이다."

듣는 사람으로 하여금 그 새로움을 좋게 여기고 그 아름다움을 좋아하여 휩쓸리지 않음이 없게끔 한다. 또 그 말을 따라도 후회하지 않게끔 말한다. 그래서 그 종교에 입교하는 사람의 대부분이 단순하고 몽매하며 형편이 외롭고 가난한 자로서 원래 악한 짓을 할 수 없는 부녀자나 어린이들 뿐이다. 그렇기 때문에 어찌 일찍이 총명하고 단정하며 도리를 담론하여 의義를 실행할 수 있는 신도가 있다고 생각할 수 있겠는가? 또 어찌 일찍이 힘세고 강하여 제멋대로 포악하며, 마을에서 제멋대로 행동하면서 잘못을 저지를 수 있는 신도가 있었겠는가?

돌아보면 지금 세상에는 부귀안락한 자는 적고 궁곤한 자는 많으며, 총명하고 단정한 자는 적고 몽매한 자는 많으며, 힘세고 강하며 제멋대로 포악한 자는 적고 외롭고 가난한 자는 많다. 그렇다면 어찌 신속히 그들을 서로 인도하여 돌아가도록 하지 않을 수 있는가?

심하도다 인간의 정욕情欲은 끝이 없어 제어할 수 없음이여! 계손씨季孫氏가 석곽石槨을 만들려다 3년이 되도록 완성하지 못했다. 공자가 그것을 비웃었으니 그 이유는 살아서 보존을 찾지 않고 죽어서 보존되기를 시도했기 때문이다. 지금 천주교를 신봉하는 자들도 어찌 석곽을 만드는 행위와 다를 것이 있겠는가? 나는 그것이 헛수고일 것임을 알겠노라.

〈천주가금天主可禁〉 제육第六

천주교는 금지시켜야 되는가? 말하자면 그래야 한다. 외국에서 들어 온 것이기 때문인가? 말하자면 그렇지 않다. 순왕舜王도 제풍諸馮 동이東夷에서 태어난 사람이고, 문왕文王도 기주岐周 서이四夷에서 태어난 사람이다. 그러나 사람들이 아직껏 오랑캐 사람이라는 이유로 순왕이나 문왕을 폄하해 본 적이 없었던 것은 도가 보존되었기 때문일 것이다.

하물며 지금 서양인의 전기와 여러 도구들이 지극히 정교하여 천하에 모범이 되었다. 그래서 우리들이 근래 입고 먹고 사용하는 물건들이 서양으로부터 온 것이 또한 많다. 그런데 유독 천주교에 대해서 금지할 수 있는 것은 어찌 다른 뜻이 있어서이겠는가? 그것은 도道가 아닌 것으로써 도道를 어지럽히기 때문일 것이다.

아하! 슬프다. 성인이 일어나지 않고 육경六經이 쇠미해져 백가百家의 말이 비록 선왕의 가르침과 반드시 합치되지는 않는다. 그런데 맹자는 오직 양주와 묵적에 대해서만 어버이와 임금을 무시한다는 이유로 그들을 질책했다. 이것은 아마도 그 말폐가 반드시 이런 지경에 이를까 봐 그러한 것이며 그들 스스로가 그런 짓을 직접 실행했다고 말한 것은 아니었다. 그런데도 오히려 그들과 거리를 두기 위해 남은 힘을 남겨두지 않을 정도였다. 하물며 부모도 임금도 무시하는 길을 스스로 실천하는 자들에 대해서는 오죽하겠는가?

내가 일을 살핀 이래로 수십년 동안 천주교 금지를 위반한 자에 대해서 엄벌하지 않은 적이 없었다. 그래서 그들을 죽음에 처하게 했다. 그러나 시골의 우둔한 백성들 가운데 자주 몸은 도끼에 상하면서도 입은 성경 주문을 외우며 끝내 그만두지를 않았다. 이것은 그 마음 속으로 뭔가 있을까 의심하면서도 이득을 기대하기 때문이다.

지금 금을 캐는 자들이 산과 계곡을 건너 광석에 구멍을 내어 그것을 뚫는 공력을 사전에 허비하고, 무너져 내리는 근심이 뒤따르는데도 불구하고 바야흐로 몸을 이끌어 발을 대면서도 위험과 두려움을 모르는 것은 무엇 때문인가? 그것은 금을 소유할 것이라고 헤아리고 금을 얻을 것이라고 기대를 하기 때문이다.

이 때문에 금지가 엄할수록 범하는 것이 더 많아져서 처벌하고 죽이는 짓을 날마다 한다고 해도 얼마 안되어 한낱 교육받지 못한 백성들로 하여금 졸지에 무고한 주살을 당하게 만든다. 그래서 나는 일찍이 생각하기를 금지하지 않는 것이 금지하는 것이다라고 했는데 역시 소견이 꼭 없다고는 할 수 없다.

옛날 서울에 있을 때 서양인이 처음 왔는데 얼굴이 동류가 아니고 의복도 달라서 길거리에 나돌아 다니자 시민들과 골목길의 아이들이 좇아 다니며 구경하러 다녔다. 가는 곳 마다 빙 둘러싸자 비록 관리를 시켜 채찍으로 치며 구경꾼을 몰아 냈지만 끝내 쫓아 버릴 수가 없었다. 몇 년 뒤에는 보통으로 여기고 편안하게 여겨 괴이하게 생각하지 않았다.

지금 천주교도 마찬가지로 그 주장이 5천년 동안에 처음 들어 보는 말이며, 그 책은 3만리나 먼 곳의 번역문이다. 또 더군다나 제조 기술과 부강한 세력을 가지고 충분히 앞서 소리치며 남을 쳐 빼앗을 수 있다. 그러므로 그 종교를 신봉하는 자들은 소유할 것을 헤아리고 획득할 것을 기대하여 마치 금을 캐는 사람들이 백년의 목숨을 한 수銖 무게 밖에 안되는 물건에 거는 행위와 같다.

현재의 대책으로는 차라리 선교사를 맞이하고 입교하는 것을 방임하여 구속을 가하지 않는 것이 낫다. 단지 그들의 성명을 우리의 호구 대장에 수록하고, 그 토지를 우리의 조세 제도로 처리하며, 그 범죄를 오직 우리 관청의 법대로 바로 잡는 것이 낫다. 정말 이렇게만 한다면 불과 3, 4년 뒤에 그들 자제들의 우둔한 자 가운데 영리하게 된 자가 있는지 없는지를 살펴보고, 뒤에 입교한 자가 앞서 입교한 자의 득실을 살펴 본다면, 헤아리고 기대했던 마음이 점차 흩어져 후회하고 되돌아 물러날 것이다.

이렇게 되면 교회당은 절간처럼 되고, 입교자는 중처럼 될 것이다. 오늘날 비록 절과 중이 있어도 왕정王政에 해로운 것이 없고, 민사民事에 손해 됨이 없는 것도 다만 그것을 금지하는 방법을 제대로 터득했기 때문이다.

하물며 천주교는 사람들에게 생전에 잘 닦아서 죽은 뒤 보답을 도모하라고 권면하므로 그 신도가 된 자는 반드시 군君·부父의 근심을 급히 여겨 국가의 환난에 자진하여 참여할 것이다. 그들을 모두 모아서 군대 의무에 충당시켜 무기를 주고 전쟁에 이용한다면 천하의 막강한 군대가 될 것이다. 그러므로 어찌 우리 조정의 내수외양內修外攘의 도구가 여기에 있지 않다고 여기겠는가?

근래 동학東學이라고 불리는 자들이 있는데 호남의 여러 고을 사람들이 몰래 서로 전파시켜 꽤 무리들이 모여들었다. 그러나 사실은 천주교와 마찬가지로 조정에서 금지하기 때문에 감히 드러 내놓고 횡행하지 못하고 그 명칭을 변경했을 뿐이다. 서쪽에서 금지하면 그것을 동쪽으로 변경하고 이쪽에서 금지시키면 저쪽으로 변경한다. 마치 9년간의 홍수를 용기한 흙으로 막으면 하루도 안되어 물이 터져 물에 빠지는 것이 더 많아지는 것에 비유된다.

그러므로 그 형세를 따라 유리하게 그것을 유도하는 것만 같

지 못하다. 이것이 바로 내가 말하는 '금하지 않는 것이 금하는 것이다.'

〈여법인김교사與法人金敎士 보록保祿 서書 부附〉

근래 청려한데 삼가 옥체만강하신지. 나는 그대를 한번 보았을 뿐이다. 단지 안부를 묻고 객지생활을 위로해야 할 뿐이며, 귀찮게 해 드려서는 안될 줄 안다. 그러나 지금 그대가 바다를 건너고 육로를 지나 수 만리나 되는 이곳에 온 것은 다름이 아니라 교리를 밝히고 도道를 펼치기 위해서일 것이다. 진실로 여러 교리를 화합하고 뭇 의혹을 분명히 해소시킬 수 있는 사람이라면 어찌 국민들의 도움을 생각하지 않고 거론할 수 있는가?

나는 비록 불민하지만 일찍부터 책을 읽고 유교를 배워 지금 불혹의 나이가 지났다. 성품은 본래 옛 것을 좋아하고 기이한 것을 좋아해서 비록 황노黃老·형명刑名·음양陰陽·술수術數 등 몇 세기 동안이나 이단으로 치부된 것이라도 반드시 그 책을 구해서 그 이치속에 한마디라도 좋은 것이 있으면 그것 때문에 눈썹을 올리고 눈을 치켜 떠서 기꺼이 안색을 실룩거리며 다른 사람들에게 이렇게 말하곤 했다. "아무개가 이와 같은데도 우리 도道에 무슨 해가 되는가?" 그렇기 때문에 여러 고을의 친구들이 나와 같이 놀면서 모두가 나를 가리켜 선善을 좋아하고 의義를 지향한다고 인정해 준다.

나는 어려서부터 이렇게 들었다. 즉 서양의 나라에 천주교가 있어서 군君·부父를 폄하하고 홀대하며, 인의仁義를 포기하는데, 그것이 우리 땅에 유입된지 수십년이 되었다. 그래서 조정에서 금지법을 만든 것이 너무 엄격하여 범법자는 사형까지 처한다는 내용이다. 그래서 나는 개인적으로 그것을 헤아려 보았다.

육자수陸子壽가 말하기를 동방에 성인이 나와도 이 마음, 이 이치와 같으며, 서방에 성인이 나와도 이 마음, 이 이치와 같다고 했다.

무릇 복희·신농·황제·요·순·우·탕·문·무·주공·공자가 모두 우리 유가에서 성인으로 일컬어지고 으뜸으로 섬겨지는 분들이다. 비록 살았던 시대와 태어난 곳은 다르지만 스스로 실천하고 그 입으로 발언한 것이 천하의 법이 되었고 똑 같은 도道에 부합되었다. 아마도 이 마음, 이 이치를 똑같이 체득했기 때문일 것이다.

가령 서방국에 성인이 없다면 그만이지만 이미 천주교와 같은 입언立言이 세상을 드리웠으니 아마도 반드시 그렇게 배반과 역리가 심하지는 않을 것으로 보인다. 어찌 동서인의 마음과 이치가 서로 다를 것이며 따라서 육자수의 말을 충분히 신뢰할 수 있겠는가? 그러나 우리 조정은 오로지 유교만을 숭상하여 외국의 문물이 들쑥날쑥 그 중간에 끼이는 것을 원하지 않는다.

내가 보기에 서양인의 화학의 기묘함, 산술의 정밀함은 고금을 통해 으뜸이다. 모두 표준으로 받아들일 수 있으므로 그 교리

또한 어찌 우리의 도道에 보탬이 되지 않는다고 볼 수 있겠는가? 다만 산천이 너무 멀어 발자취가 막혀서 한스럽게도 서양인에게 따라가 물어볼 수 없을 따름이었다. 반복해서 생각해 보아도 그 교리를 이해할 수 없는지가 벌써 10여년이나 되었다.

금년 봄에 그대가 오게 되어 나도 개인적으로 기뻐했다. 무릇 구라파와 아세아, 두 지역의 상호 거리가 몇 리이며, 서로 소통되지 못한지가 또 몇 년이었던가? 다행히도 우리 때에 동서양 성인의 도道가 장차 합쳐져 하나로 되려고 한다. 게다가 천주교는 내가 접해 보고자 한 대상이었다. 다만 그럴 기회가 없었다.

옛사람이 말했다. "덕德에는 고정된 스승이 없고, 선善을 위주로 하는 것이 스승이다." 돌아보면 나는 유자의 관을 쓰고, 유자의 복장을 갖춘지가 30년 쯤 되었다. 그러나 나아가도 세상에 등용되지 못했고, 물러나도 자신을 이루어내지 못했다. 스스로 부끄럽고 분하기도 하여 머무를 바를 몰라하던 차에 얼핏 선교사가 서양 국가의 고상한 사람이라고 들었다. 진실로 도외시 당하지 않고 한마디라도 외람되게 가르쳐 준다면 나는 반드시 따라가서 스승으로 섬기려 했다.

지난번 방문하여 인사할 때 실로 가슴속에 연모함이 없는게 아니었다. 그대의 안색이 온화하고 언론은 분명하여 나는 진실로 너무 마음이 기뻐서 차마 바로 인사도 못하고 일어서려다가 다시 앉은지가 몇 차례나 되었다. 또 관사의 책을 빌려주고 정성스럽게 사람을 인도하여 배움을 향하게 하는 뜻을 지니고 있었다. 그래서 돌아와 그 책을 읽다가 닭이 우는 것도 모른 채 날을 지새우려 했다.

그러다가 책을 다 읽기도 전에 그 책 때문에 놀랍고 두려워 전율하다가 스스로 안정할 수 없었다. 마치 열병을 앓는 사람처럼 온 몸이 아프고 땀이 흐른 뒤에야 괜찮았으니 왜 그랬을까? 주역에서는 "성인은 신도神道로써 가르침을 베푼다"고 했고, 전傳에서도 말하기를 "백성은 실행하도록 하게끔 할 수는 있어도 지시 내용을 알게끔 해서는 안된다"고 했다. 이것은 옛 선왕들이 부득이해서 말했을 뿐이다.

진실로 신도神道를 핑계삼아 백성을 우둔하게 하는 천주교와 같이 감히 허공을 가리키며 소리치지는 않았다. 그래서 가르침을 확립하여 집에서는 부父가 있고 나라에는 군君이 있으므로 부父를 비난하면 인仁을 무시한 것이고 군君을 비난하면 의義를 무시한 것이다. 무릇 천하의 머리에 털있고 발에 근육이 있어 사람이라고 불린다면 지친至親과 지존至尊을 모른 채 숭상하지 못함이 없을 것이다.

이제 차마 천주天主라는 두 글자로써 군君·부父위에 올려놓고 그것을 받들어 섬기다가 마침내 지친至親과 지존至尊의 지위를 도리어 경시한다. 이것이 바로 우리 유가로부터 배척을 당하는 이유이고, 군부君父를 폄하해서 인의仁義를 포기하는 것이라고 일컫게 되는 것이다. 대의大義가 이미 무너졌으니 그 나머지는 따질 겨를도 없는 것이다. 그러므로 교리를 받드는 자들이 설사 모두 칠극七克을 두루 알고 십계十戒를 모두 실천한다고 해도 이는 마치 밥을 흘리고 먹으며 국을 흘리고 마시면서도 이빨에 낀 것이 없느냐고 묻는 것과 같다. 그러니 어떻게 이치에 들어 맞을 수 있는가?

그렇다면 그 교리를 만든 자는 아마 절대로 성인이 아니고, 장자·열자와 같이 재주를 믿고 오만한 인물이리라. 스스로 그 말이 지나치게 고대高大한 줄을 모르니 후세에 폐단이 될 것이다. 나는 함부로 헤아리지 못한 채, 문득 교조중에서 토론할 만한 것을 하나씩 축조하여 어려운 문제를 드러내어 그대에게 질문을 하고자 한다. 바라건대 그대는 논쟁을 기대하지 말고 마침내 가르침을 주시라.

무릇 배우는 사람이 도道를 향해 함께 가는 길은 비슷한 것으로서 반드시 동양과 서양의 추세와 산과 계곡의 험하고 평탄함을 익숙하게 알아야 한다. 그러한 뒤에 일어나서 걸어야만이 실패하지 않는다. 그러므로 우리 유학에서도 비록 논쟁의 수고로움으로 많은 낭비를 하면서도 진정한 이치를 찾고자 하였다. 송나라에서는 주자朱子와 육상산陸象山의 변론이오, 우리 조선 조정에서는 호락湖洛 논쟁이었다. 그러나 모두 종신토록 둘로 갈라져 하나로 귀결될 수 없었다.

그래서 나는 마음 속으로 항상 그것을 한스럽게 여겨 이렇게 생각했다. "사람이 변론에 능숙할 때에는 마음을 비우고 의견을 낮추어 물아物我의 사사로움이 그 사이에 끼이지 못하도록 한다면 비록 우연한 잘못이 있다 해도 끝내는 반드시 체득함이 있을 것이다. 그런데도 어찌 어지러움이 이런 지경에 이르렀는가?" 지금 내가 말하는 것도 감히 저항적인 말이나 다투는 기분으로 남을 이기고자 함이 아니다. 만약 한마디 말로써 후진을 가르쳐 인도해 준다면 내가 비록 느리고 우둔하더라도 지게의 지도리처럼 변전하여 소용돌이 치는 물처럼 내달릴 것이다.

또 어찌 알겠는가? 이로 말미암아 교리가 더욱 밝아지고 도道가 더욱 펴져서 그대를 위해 한쪽 팔이 되어주는 도움이 되지 않을지를! 오직 그대가 살펴 판단을 해주시게. 이만 줄임.

일찍이 나그네와 더불어 말하다가 선교사를 언급하게 되어 내가 말했다. 예법에 와서 배운다는 것은 들었지만 가서 가르친다는 것은 듣지 못했다. 옛날의 선비·군자는 비록 감히 그 도道를 스스로 편애하지 못했고, 또 감히 그 자신을 경시하지도 못했음에도 불구하고, 지금 서양인은 교리 전파를 명분으로 삼아 아시아 지역으로 출입하는데 그 의도를 거의 예측할 수 없다. 무릇 일이란 인정에 가깝지 않고서도 천하에 화를 당하지 않은 적은 아직껏 없었다. 그러므로 소순이 왕안석에 비해 견해가 앞선 것도 이 때문이었다.

무릇 선교사가 부모를 포기하고 처자를 버리며 바다를 건너온 행동은 참으로 위험했다. 관사를 설치한 비용도 많이 들었을 것이다. 그런데 오히려 조급하게 교인으로 일삼으려고 하니 이것이 내가 달가워 하지 않는 까닭이다. 내가 달가워 하지 않고, 남들도 달가워 하지 않는다.

나와 남이 기꺼워 하지 않는 것을 기꺼이 하려고 할 때 큰 간사함이 있지 않으면 큰 위험이 있게 될 뿐이다. 재앙이 아직 일어나기 전에는 말도 보탬이 안된다. 그러므로 내가 비록 입을 열지 못해도 아시아 지역의 뱃속 근심이 바로 여기에 있지 않다고 할 수는 없다.

어떤 사람은 공자를 인용하여 천하를 돌아다니며 해결했다고 하는데 그것은 잘못이다. 공자는 성인이라서 꼭 된다고 하는 것도 없고, 꼭 안 된다고 하는 것도 없다. 공자를 한 등급 낮추어도 아직 그렇게 말할 수는 없다. 진실로 여러 선교사의 도의道義와 학식을 살펴보면 그들이 모두 공자와 같은 부류란 말인가?

오호라! 사기를 당한 사람은 무죄이지만 사기를 친 사람은 유죄일 뿐이다. 만약 천주교의 법으로 천주교인을 다스린다면 내가 보기에 천당은 텅 비고 지옥은 가득 차게 될 것이다.

〈답법인김교사答法人金敎士 보록保祿 서書 부附〉

지난번 편지 한 통으로 고명하신 그대에게 결례를 범했으니 죄를 알아 처분을 기다린지 이제 벌써 달을 넘겼다. 보내주신 가르침을 받들어 보니 정중하게 알려 주고 공갈로써 이어 갔다. 편지를 읽다가 반도 못되어 부끄러움과 두려움이 한꺼번에 도달하여 어금니가 깨물어지고 혓바닥이 오그라드는 것조차 깨닫지 못했다. 마땅히 다시는 말해서 안 될 것이지만 그 가운데서 다시 하지 않을 수 없는 말 때문에 대략 한 두가지 거론했으니 그대가 잘 살펴 보기 바란다.

내가 쓴 편지에서 왕노릇 할만한 자가 일어나지 않았다는 말은 옛 글 가운데 있는 말이다. 왕王이라는 글자는 거성去聲으로 읽어야 하며 천하에 왕노릇한다고 할 때의 왕자王字의 뜻과 같다. 왕이라는 뜻의 왕자王字가 아니다. 음의音義가 다르고, 용례도 다르다. 그대는 이것이 허물이라고 고집하여 불경스럽다고 했으나 그것은 우리 유가의 문자에 익숙하지 못했기 때문에 그렇게 여긴 것이다.

비록 충분히 변론하기 부족하다고 해서 위세로 사람을 겁주고 입에 재갈을 물리려고 한다면야 별 수 없지만 호의는 아니다. 나는 잘 모르긴 하되 그대가 이곳으로 온 이유가 사람을 겁주기 위해서인가? 아니면 사람을 가르쳐주기 위해서인가?

만약 겁주기 위해서라면 서방국가의 강대함이 천하에 막강한데 더구나 나같은 궁핍한 고을의 썩은 유학자는 감히 위·아래로 맞설 수 없을 따름이니 살펴주시게. 만약 사람을 가르쳐주기 위해서라면 단지 그 이치를 명확히 하고 그 의지를 개방하여 마땅히 선善으로 함께 귀결되도록 해야 할 것이다. 그런데 말 한마디가 거슬린다고 해서 하늘과 땅 사이에 가만히 놓아 두려고 하지 않아서는 안된다.

나는 들으니, 천주天主는 지극히 어질어 범인凡人이 잘못이 있으면 그 스스로 새로워지기를 허락하고 죽을 죄에 대해서도 개전하지 않은 이후라야 다스린다고 한다. 내말이 과연 선하지 못하면 나로 하여금 내 몸이 죽는 날에 지옥에 응당 회부되어 벌로 보응되기를 기다리게 하라. 그러면 아마도 그대가 조치할 것인지 안할 것인지를 따지는 수고를 하지 않아도 될 것이다. 그대는 내가 의문을 제기한 것에 대하여 조리있게 보여주지 않고 단지 고성과 허대한 말로 성안을 시끌벅적하게 했다. 칠극七克에서 분함을 극복한 공부는 미진함이 있는 듯하다. 나의 주먹은 비록 작지만 혀는 매우 길기 때문에 그대는 한번 편안히 앉아서 들어주어 나로 하여금 말을 다 마치도록 해주게.

무릇 서구와 아시아 등 5대주의 언어·문자는 비록 다르지만 의리義理는 하나이므로 진실로 당신처럼 이렇게 와서 깨우쳐주는 자가 있는 법이다. 그러나 그대가 말하는 천주天主는 천제天帝를 두고 하는 말인가? 천제합일天帝合一에 관해서는 지난번 편지에 이미 모두 말했는데도 그대는 아직도 천주를 천지만물을 창조한 것으로 알고 있다. 천주와 천天은 두 개의 물체이므로 실로 내가 알 수 있는 바가 아니다.

보내온 편지에는 또 천주天主는 무시無始하여 자유自有한다고 했는데 있다는 것은 시작이라는 뜻이다. 천지개벽 이래로 수 천만년 동안에 처음을 알지 못한다라고 한다면 말이 되지만 처음이 없다고 한다면 안된다. 이것은 불씨佛氏의 종무지설宗無之說과 같은 취향이라는 사실을 피할 수 없으므로 그대는 한번 더

숙고하기를 바란다.

또 보내온 편지에 천주가 아래의 인간들을 불쌍히 여기는 마음이 미치지 않게 되어 직접 스스로 강생했다고 했다. 나는 알수 없다. 그 강생降生했다는 날짜와 형체・면목이 하늘을 닮았는가? 사람을 닮았는가? 세상에는 간혹 마귀가 있어서 사람에게 의지하여 스스로 천제天帝라고 일컫고 인간의 사생과 화복을 지시하여 말하는 경우가 있다. 그대가 말하는 것이 바로 이런 괴물은 아닌가? 만약에 과연 강생하여 사람이 되었다면 이것은 사람이지 천주가 아닐 것이다.

일찍이 듣건대 서방 국가에는 사람으로서 천주가 있다고 한다. 아마도 도덕・신명神明이 천주와 더불어 다를 것이 없다는데, 보내준 편지에도 모세 성인이 경건히 목욕 재계하고 천주의 10계명을 받아 만민에게 펴서 알렸다고 했다. 그렇다면 이는 모세교이지 천주교가 아니다.

우리 유가에서 요・순・우・탕・문・무・주공・공자 등 여러 성인의 도덕・신명도 천天과 더불어 꼭 같지만 오히려 천天이라고 말하지 않고 요・순・우・탕・문・무・주공・공자라고 말하는 이유는 대개 인간으로 인간을 가르쳐서 쉽게 알고 쉽게 실행하게끔 하기 위한 것이다. 그대가 한번 나의 지난번 편지를 가지고 다시 자세하게 보게.

보내준 편지에 또 춘추시대 손무孫武・오기吳起이래 역대로 불씨佛氏가 존숭되고 과장되었다고 말했는데 이것은 가소로운 말이다. 무릇 한漢나라 명제明帝 때 처음으로 불씨를 맞이하여 중국에 들어와 제齊·양梁·진陳·수隋·당唐 사이에 받들어 섬기지 않은 적이 없었다. 지금의 사찰들이 천하에 두루 차 있는 것을 보면 불씨를 성인이라고 일컫는 것은 당연한 일인데도 당신의 종교에서는 그것을 비난하여 배척하니 무엇 때문인가?

오호라! 당신의 종교가 서방국가에서 유행된 것에 대해서 내가 알지 못하면 그만이다. 그러나 우리 동방 사람들에게 있어서 몸에는 유교의 행동이 배어있고, 입은 유교의 말을 하여 뿌리가 깊고 몸체가 견고하여 지금까지 4천여년이 되었다. 또 예악문물이 찬란하게 구비되어 있으니 진실로 당신의 종교에 기댈 필요가 없다.

그대가 비록 이것을 개조하여 바꿔 놓으려고 하지만, 끝내 실행되지 못하고 한낱 마음과 힘을 허비할 것이다. 마찬가지로 나의 설득도 그대로 하여금 전환시킬 수 없을 것이다. 그러므로 그대가 이곳에 머무는 것도 앞으로 1년이다. 바라건대 그곳으로 와서 배우는 자들을 살펴 보시게. 아마도 모두가 어리석은 남녀로서 일년 열 두달 날짜가 크고 작음이 있는지도 모를 것이다.

지금 그 신도들이 이 지경이고 종교의 도리道理도 이 지경이면서도 함부로 우리 동방의 언어를 인용하여 천주라고 호칭하며 그 교리를 증거삼으려 하니 이 또한 잘못이다. 그대만이 유독 듣지 못했는가? 우리 동방의 말에 사람으로서 인륜·기강을 벗어나고 풍속·교화를 손상시키는 자를 보면 바로 천주교를 배운 사람이라고 지목한다는 것을. 말이 이 지경에 까지 이르렀는데도 스스로 저촉하고 있으니 그대에게도 장차 무슨 죄가 더해질런지 모르겠다. 경전에 이르기를 "오직 군자라야 극진한 말을 수용할 수 있다"고 했다. 내가 말을 극진히 하여 꺼리끼지 않은 것은 아직도 그대를 군자로서 대접했기 때문이다.

그러나 보내온 편지에는 나를 꾸짖어 사람을 대할 줄 모른다고 했는데, 스스로 돌아보아도 실로 마음에 달가워 하지 않을 게 없다.

근래 날씨가 매우 차가워졌다. 바라건대 그대는 도道를 위하여 자중자애하기를. 이만 줄임.

부록附錄 II

〈답영남유자이기서答嶺南儒者李沂書〉[※]

대도大道는 세상에 용납되기 어려우며 지덕至德은 세속에 합치되지 않는다. 성스런 가르침이 처음 흥기할 때 마다 악을 달가워하고 선을 질투하는 무리, 사특함에 익숙한 무리, 정대함을 훼손하는 부류들이 자주 걷잡을 수 없이 퍼져 독이 되고 해가 되는 것은 형세상 으레 그런 것이다. 그러나 도道가 무슨 손상을 받겠는가?

근래 개화가 된 이후로 덕화가 들려오고 그릇된 폐단이 점점 식어간다. 그러나 대체적으로 보자면 아직도 몽매하고 꽉 막혀서 고질이 되고, 어두워 깨닫지 못하며, 어리석어 돌아보지 못하는 자가 많다.

영남의 유학자 이기李沂가 《이증理證》을 보고서 큰 도와 깊은 의미를 알지도 못하고 의심할 것도 없는 단서를 떠들며 의심하고, 하자도 없는 곳에서 하자를 찾고 있다. 자기 멋대로 말하고

※ 李沂는 湖南儒者인데 그가 당시 대구에 머물고 있었기 때문에 로베르가 그를 嶺南儒者라고 불렀다.

海鶴李沂의 思想과 文學

430

풀이하여 훼손하고 배척한 것을 4편으로 만들어 편지를 써서 비난했는데 〈천주명목天主名目〉, 〈불경부모不敬父母〉, 〈천당지옥天堂地獄〉, 〈신혼불산神魂不散〉이 그것이다.

대개 그 논설이, 글재주는 뛰어났으나 도리어 미혹스럽고, 말은 공교하게 하려고 하였으나 도리어 졸렬하였다. 이 사람은 도대체 누구인가? 비록 평범한 도리라도 그렇게 얕은 식견으로는 감히 강변할 수 없는 법이거늘, 하물며 지극히 크고 지극히 깊은 천주의 도리에 있어서는 오죽하겠는가?

이것이 바로 여름 벌레는 얼음을 말할 수 없고, 우물안의 개구리는 함께 하늘을 얘기할 수 없다는 경우이다. 가련하도다. 저 오활한 유학자의 논설은 심하게 꾸짖을 것도 못되지만 이제 내가 변론하는 것은 이러한 무리들의 지껄임을 위한 것이 아니라, 다른 사람들에게 핑계댈까 봐 두렵기 때문이다. 이에 몇 편을 지어 논설하여 아래에 쓰고자 한다.

〈천주명목天主名目〉

유자는 이렇게 말했다. 천주의 명칭은 고서에 있지 않다. 『성교이증聖教理證』에서 이미 천주는 하늘도 땅도 사람도 귀신도 아니며, 형체와 모습도 없다고 했다. 그렇다면 그 명칭을 저절로 말할 수 없고, 그 교리를 가르쳐 줄 수 없다. 그것을 이름지을 수 있고, 그것을 깨우쳐 일러 줄 수 있는 사람이 반드시 있다면 그것은 공·맹의 무리인가? 아니면 황黃·노老의 부류인가?

나는 이렇게 대답한다. 천주의 명칭과 유가에서 일컫는 주재主宰·상제上帝가, 글자는 다르지만 뜻은 같다. 대개 천주는 진실로 이름짓기가 어렵고, 또 일컫지 않을 수도 없으므로 만물 가운데 오직 천天이 크고, 만가지 명칭 가운데 오직 주主가 존중되는 것이기 때문에 그 지대至大와 지존至尊의 뜻을 취하여 천주라고 일컬은 것이다.

문자文字로 말한다면 전傳에는 비록 관용적인 언어는 없으나, 해석해 보면 하늘을 우러러 원통을 호소하는 자들이 천주를 일컫지 않음이 없다. 이는 어리석은 남자건 어리석은 여자건 간에 모두 부르는 것이다. 그 관용적인 언어를 취하여 알기 쉽게 부르고자 '천주'라고 한다. 그러니 어찌 꼭 공자, 맹자의 무리가 이름짓고 일러 준 뒤에야 비로소 천주가 있다고 알 수 있는가? 이기 당신은 정말로 제齊나라 사람처럼 견문이 좁고 비루한 사람이다. 공자, 맹자 위에 다시 공자, 맹자가 있다는 것을 모르는가? 하필이면 고서에 없다는 것에 구애되어 당시 사람들이 부르는 것을 따르지 않는가?

유자는 이렇게 말했다. 우리 유가에서 천天을 말하고 제帝를 말하는데, 체형體形으로써 말할 때 천天이라고 하고, 주재主宰로써 말할 때 제帝라고 한다. 제帝가 천天이고, 천天이 제帝인 것은 비유하자면 인신人身이 형체形體이고 심성心性이 주재主宰로서 인신人身과 심성心性이 합해서 한 인간이 된다. 지금 천지 밖에서 별도로 천지를 창조한 천주를 구하는 것은 마치 사람의 신체 밖에서 별도로 사람의 신체를 만든 심성을 구하는 것과 같다. 나는 아마도 그것을 구하는 것이 더 어렵다고 본다. 우리 유자들이 위로는 복희·신농 이래의 여러 성인을 헤아려 으뜸으로 여기는데 어찌 천지가 아직 생겨나기 이전의 형체도 모양도 없는 천주를 미리 추단하여 종주로 삼을 수 있겠는가?

나는 이렇게 대답한다. 이는 바로 천주가 만물을 창조한 본말과 사람의 영혼의 내력을 모르기 때문에 이러한 혼란스런 설명이 있게 된 것이다. 천지가 아직 있기 이전에는 오직 유일하게 지극히 신령스러운 자가 있어서 천지 만물을 창조하여 천지가 비로소 있게 되었다.

지금 어찌 천지가 아직 생겨나기 이전의 유일한 천주를 종주로 삼을 수 있는가? 라고 말하는 것은 그 얼마나 몰지각한 일인가? 또한 천天은 천天이요, 제帝는 제帝이며, 천天은 주재主宰가 만든 한 물체에 불과하며 제帝도 만물을 조화시킨 대주大主이다. 지금 주재主宰와 형천形天이 합하여 제帝가 된 것을 비유하여 마치 인신人身과 심성心性이 합하여 인간이 된다고 말한 것은 어불성설이며 또 얼마나 우둔한가? 국왕에게 비유하자면 대궐은 천天과 같고, 국왕은 제帝와 같은데 사람이 만약 대궐을 왕으로 여기고 절하고 공경한다면 미친 사람이 아닌가?

또한 몸은 몸이요, 영혼은 영혼이며, 몸은 부모가 낳아 준 것이고, 영혼은 천주가 부여한 것이므로 천명天命을 일컬어 성性이라고 했다. 설사 당신의 말과 같다고 해도 신身과 심성心性은 저절로 합쳐서 인간이 되고 명령하는 자는 없는가? 천天과 주재主宰가 함께 합쳐서 제帝가 되어 형체도 있고 처음도 있는가?

또 말하기를 천지의 밖에 별도로 한 천주天主가 없다고 하니 당신이 말하는 주主는 하늘인가? 땅인가? 하늘과 땅은 영靈도 없고 심心도 없는 물체이다. 물체로써 주인을 삼는 것과 해와 달에 절하고 흙과 나무를 공경하는 유형은 무엇이 다른가?

남이 지닌 마음을 내가 헤아린다는 말이 있다. 만약 이 말이 주主가 없다고 생각한 것이라면 양심을 속이기 어렵고, 주主에게 심心이 없다고 생각한 것이라면 사욕이 제멋대로 부려질 것이다. 그래서 심心이 없는 천지를 주인으로 삼아 양심을 위로하고, 이미 죽은 선유先儒로써 종주를 삼아 그 사욕을 제멋대로 하는구나. 아! 인간 목숨의 생사를 전횡할 수 있는 자는 누구인가? 인간사의 복과 재앙을 통제할 수 있는 자는 누구인가?

우러러 살펴보고 굽어 살펴보면 하늘과 땅으로써 뒤덮고 실어주며, 해와 달로써 비춰주며, 오곡백과로써 낳고 길러주며, 초목한 그루와 금수 한 마리까지도 우리 인간에게 공급해 주지 않는 것이 없다. 한번 묻노니 천하의 사람 가운데 천주의 사물에 기대지 않고서 하루라도 보전될 수 있는 자는 누구인가? 감히 천주의 명령을 도피하고서도 백 년을 누릴 수 있는 자는 누구인가? 생각하고 또 생각할지어다.

유자는 이렇게 말했다. 《이징理徵》의 첫머리에 천주가 강생한 연도를 기재하였다. 이미 천주는 처음이 없다고 했으니 강생한 자는 처음이 없는 천주가 아니다. 처음이 없는 자도 강생한 천주가 아니다. 그래서 두 천주가 있는 셈이다. 감히 묻노니 교리를 받드는 자는 어느 천주를 따를 것인가?

나는 이렇게 대답한다. 이것은 바로 천주 성리性理의 개괄을 듣지 못했기 때문에 이러한 질문을 하게 된다. 천지간에 한 주인이 있는 것은 마치 나라에 한 왕이 있고, 집안에 한 가장이 있는 것과 같다. 그런데 한 천지에 어찌 두 천주가 있겠는가?

물을 살피는데 방법이 있는데 그것은 반드시 그 근원을 살펴야 하며, 도道를 논하는데 이치가 있는데 그것은 반드시 그 뿌리를 논해야 한다. 강생의 주인을 인식하기 위해서는 먼저 반드시 천주의 성리性理를 논해야만이 아마 핵심을 체득할 수 있을 것이다. 다만 생각하건대 그 이치가 미묘하고 그 뜻이 심원하여 인간의 총명으로 미칠 수 있는 것이 아니다. 진실로 천주가 묵묵히 깨우쳐 주지 않는다면 그 심중을 누군들 만분의 일이라도 엿볼수 있겠는가?

지금 성경에 기록된 것을 가지고 살핀다면 천주는 처음도 끝도없고, 전지전능하며 유일무이하다. 그러나 성부聖父, 성자聖子, 성신聖神 세 분의 구분이 있는데 세 분이 모두 지극히 신비하고 활발하여 털끝만큼도 서로 다르지 않다. 천주의 일성일체一性一体의 안에 포함되어 먼저 하나가 있고 뒤에 둘이 있는 것이 아니다. 또한 먼저 성부가 있고 뒤에 성자가 있는 것도 아니다. 성신과 더불어 갖추어져 저절로 처음이 없다. 소유하는 것도 같고 확립한 것도 같은 하나의 천주이다. 몸은 비록 하나이지만 위치가 셋이고, 위치가 셋이지만 몸은 하나이다.

옛날에 어떤 사람이 현자에게 물었다. 무엇을 일컬어 하나이면서 셋이고, 셋이면서 하나라고 말하는가? 현자는 대답했다. 어려운 질문이다. 사물의 크고 귀한 것은 도리어 말할 것도 없고, 개미나 벌레처럼 지극히 미천한 것 조차도 그 성리性理를 질문하면 그대는 어떻게 대답할 것인가? 아마 반드시 이렇게 대답할 것이다. 알 수 없다. 사람의 천견으로는 아직도 미물의 성性을 투시할 수 없다. 하물며 양이 없고 한계가 없으며 지극히 신령스럽고 지극히 심오한 천주의 성리性理는 말할 것이 있겠는가?

이렇게 추론해 보면 인간의 작은 지혜로는 진실로 풀이할 수 없으니 도리어 천주의 지극한 성실 밑에서 승복하지 않을 수 없다.

처음 만물을 창초할 때에 먼저 천당을 만들고 무수한 천신天神을 배출하였다. 천신 가운데 3분의 1이 명령을 어길 것을 미리 알고 마귀와 천사로 만들어 신의 지위에서 축출했다. 또한 복을 소통시키고, 선을 소통시키기 위해서 이 세계를 만들어 1남 1녀를 낳았다. 그 육신은 비록 금수와 같지만 영혼은 도리어 천신과 같다. 육신이 발동하면 금수의 욕심이 있고, 영혼이 발동하면 성인의 품성을 가진다. 금수같은 육신은 삶과 죽음이 있으나 천신과 같은 영혼은 죽음과 소멸도 없다.

선하면 천당으로 상을 주고, 악하면 지옥으로 벌을 준다. 이것이 바로 천지 대군大君이 만민을 통솔하는 권한이다. 애석하다. 원조原祖가 불행히도 명령을 어겨 천주의 총애를 잃어 버리고 끝내 마귀의 노릇을 하여 지존의 주主를 범했으므로 무한한 벌을 받는 것도 마땅하다. 한 사람의 원조가 제대로 감당을 못했음으로 만세 자손을 벌받게 하여 그 죄를 답습함을 면할 수 없게 되었다. 마치 대대로 노예가 되고 군대에나 충당되는 꼴이 되었다. 그러므로 성경에 이런 말이 있다. "갓난아이가 이 땅에 떨어지면 죄인이 아닌 것이 없다."

이 때문에 양심이 쉽게 상실되고 본성이 회복되기 어렵다. 선을 좋아하면서도 선을 하려 하지 않고, 악을 싫어하면서도 악한 짓을 즐긴다. 아! 천주가 인간을 낳은 본의는 선과 복을 소통시키고자 한 것인데도, 도리어 죄와 재앙이 쌓였으니 이것이 어찌 천주의 지극한 뜻이겠는가? 천주는 우리 인간의 대군주일 뿐만이 아니라, 우리 인간의 대부모이기도 하다.

공정한 정의로써 한다면 용서함이 없이 모두 벌주어도 괜찮으나 인仁을 손상시킨다. 애정으로써 한다면 벌줌이 없이 모두 용서해도 되지만 의義를 손상시킨다. 양쪽의 어려움 가운데서도 오직 하나의 좋은 방법이 있으니 위치가 천주와 같은 사람으로써 그 벌을 대신 감당케 한다면 공과 벌이 서로 일컬어져 비로소 세상을 속죄할 수 있다.

그러나 어떻게 천주와 같은 지위가 있겠는가? 아하! 원조가 명령을 거슬린 뒤에 온 세상의 만민이 모두 지옥에 빠져 거의 갓난 아이가 우물속으로 들어 가려는 것 같아서 천주의 인자함으로 는 차마 앉아서 볼 수 없고 건져주지 않을 수 없었다. 그래서 성 자聖子 한 분이 인성人性을 결합하여 세상에 내려와 사람이 되었 다. 중국의 달력으로 고찰해 보면 서한西漢 애제哀帝 원수元壽 2 년 경신년이다. 고경古經과 신경新經에서 일컫는 구세주 예수이 다. 주성主性으로 보면 참으로 천주이고 인성人性으로 보면 참으 로 인간이다. 바로 인간이면서 천주이고, 천주이면서 인간이다.

주성主性이 인성人性에 합해지는 것을 비유해보면 태양빛이 인 간을 비추는 것과 같다. 태양이 스스로 내려와서 인간을 비추는 것이 아니라 비추는 것은 태양의 빛이다. 태양의 본체는 저절로 그곳에 있다. 그러므로 태양과 빛은 하나이면서 둘이고, 둘이면 서 하나이다.

예수의 천주성天主性이 없는 부분에서는 스스로 내려와 인간 과 합치고 인성人性을 취하여 스스로 합하여 인간이 된다. 이것 으로 추론하여 이미 두 개의 태양이 아니라는 것을 알았으면 천 주도 둘이 아니라는 것을 알았을 것이다.

〈불경부조不敬父祖〉

유자는 말했다. 천주교가 조상을 공경하지 않는 것도 그 학설 이 있는가? 천주교에서는 말하기를 나를 낳은 사람은 부모요,

부모를 낳은 사람은 조상이요, 조상을 낳은 사람은 천주이므로 천주를 공경하면 부모를 공경하는 것이며, 천주를 공경하지 않으면 부모를 공경하지 않는 것이라고 한다. 아! 이것은 장차 천하로 하여금 인륜을 제거하고 금수로 나아가게 할 뿐이다. 진실로 천주의 입장에서 대중을 살피면 모두 직계 손자, 손녀로서 친소구별을 할 수 없는데도 혼인하여 자식을 낳는 것을 면할 수 없다. 그러므로 거의 부자간에 암컷을 공유하고 남매간에 근친상간 하는 꼴에 가깝다.

일찍이 듣자니 서양인은 남녀가 구별이 없어서 커튼안에서 벌어지는 일은 무죄라고 한다. 이러한 말이 깨우쳐 주는 것이 있다. 우리 유교가 여러 가르침보다도 뛰어나 천하를 통하고 만고를 뻗쳐서도 바뀔 수 없는 것은 친소의 구별이 있기 때문이다.

또한 사람이 조상을 제사 지낼 때 꼭 술과 고기로써 하는 것은, 조상이 그것을 자실 수 있다고 생각해서가 아니다. 비록 자시지 못한다고 해도 우리 마음에 오히려 자시기를 바라는 것이다. 이것은 진실로 죽은 이 섬기기를 산 사람 섬기듯이 하라는 의미일 뿐이다. 만약 조상이 병들어 자실 생각을 하지 않는다고 해서 쇠약함을 핑계대어 진지 올리는 것을 시도해 보지도 않을 것인가? 어찌 그런 시도를 고쳐서 우리 유교를 따를 생각을 하지 않는가?

나는 이렇게 대답한다. 이 무슨 말인가? 그대가 말한 인륜을 저버리고 금수로 나아간다는 것은, 부자 자매가 간음을 한다는 등의 환난이 실제로 생각해 보면 천주를 공경하여 모두가 자녀가 되어 친소의 구분을 없애는 등의 폐단으로부터 비롯되었다는 것인가?

천주를 공경하는 문제로써 말하기로 한다면 제帝, 천天이라고 말하는 것도 천주天主와 글자만 다르지 뜻은 같다는 것은 앞서 말한 바와 같다. 『서경』에 이르기를 "천天이 백성을 내려 주셨다"고 했고, 『시경』에 이르기를 "상제上帝를 밝게 섬겨라"고 했다. 천天을 공경하고 두려워 하라는 말이 4서 5경에서도 여러 번 나왔다. 이것은 바로 공자·맹자의 가르침이 아닌가? 그대만이 거기에 배치되고 거스르며 더럽고 패역한 말로써 앞에서와 같이 헐뜯고 있으니 천주의 죄인일 뿐만이 아니라, 또한 공·맹의 죄인이기도 하다.

모두가 자녀가 된다는 것으로써 시비를 따지기로 한다면, 자하가 말하기를 "사해四海의 안에 있는 사람이 모두 형제이다"고 했으니, 이 말은 상제上帝가 내려주신 것으로 형제 아닌게 없다는 뜻이 아니겠는가? 만약 4해 안에 있는 형제를 한 집안의 형제에 비유하여 간음의 죄목으로 억지로 몰아간다면, 오늘날 세상의 어리석은 남녀들이 옛날부터 내려오는 열녀, 의사를 잠시 버려두어도 아마 이러한 비방을 사절하지 못할 것이다.

천주를 공경하면 그것은 부모를 공경하는 것이고, 천주를 공경하지 않으면 부모를 공경하지 않는 것이다. 누가 이를 틀렸다고 말할 수 있겠는가? 비유해 보자면 신하가 그 임금을 공경하지 않으면 그 부모를 공경하지 않는 것과 마찬가지다. 군부일체君父一體이고 충효일치忠孝一致이기 때문에 그 임금을 공경하면서도 그 부모를 공경하지 않는 자는 아직 없었다. 그렇다면 천주를 공경하고서도 부모를 공경하지 않는 자가 어찌 있겠는가? 비록 공자, 맹자가 다시 태어난다고 해도 반드시 나의 말을 따를 것이다.

친소의 구별이 없다는 것으로 따졌는데, 이것이 과연 천하를 통틀고 만고를 뻗쳐서도 바뀌지 않는 대도大道인가? 유도儒道의 위대함이 여기에 그쳐도 충분하다는 것을 알만하다. 친소의 구별을 유도의 사람들은 배우지 않고서도 능숙하고, 힘쓰지 않고서도 능숙한지는 비록 잘 모르겠다. 그러나 친한 이를 가까이 하고 소원한 이를 멀리하는 것이야말로 사람이라면 누군들 그러하지 않겠는가? 다만 친소 가운데서도 두루 사랑하고 그 바름을 잃지 않는 것이다. 설혹 친소의 구분이 없어도 어찌 남녀간의 구별이 없는 일과 커튼 안의 일이 무죄인 경우에까지 이르겠는가?

아! 그 도道의 참과 참 아님을 살피고자 한다면 먼저 그 도道의 실제 징험을 살펴야 한다. 사람의 선과 선하지 않음을 살피고자 한다면 먼저 그 사람의 실제 행동을 살펴야 한다. 명분과 징험이 부합되면 참된 도라고 말할 수 있고, 말과 실제가 상응되면 선한 사람이라고 말할 수 있다.

천주의 10계명 가운데 제4계에서 부모를 효도하고 공경하라고 했고, 제6계에서 사특하고 음란한 짓을 말라고 했다. 이것은 비단 집 밖에서 범하지 말라는 것일 뿐 아니라, 처와 첩도 오히려 함께 거느릴 수 없다는 것이다. 지금 나라를 통틀어 천주교의 교우가 수만 명이나 된다. 한 번 묻겠는데 계율을 수양한 사람 가운데 한번이라도 이 계율을 범한 자가 있는가? 그대는 꼭 불가능한 것에서 찾으려 했지만 불효한 자가 누구이며, 음행한 자가 누구인가?

소위 유자의 관복을 착용하고, 유자의 언행을 일삼는 사람은 과연 음행하지 않는가? 또 모두가 지극히 효도를 하는가? 어찌 감히 대담하게도 흔쾌히 말하는가?

또 제사 지내는 문제로써 말해보자.

자손이 정성을 다해 선조를 위하는 것을 가상하지 않다고 말하는 것은 아니다. 『성교聖敎』에서 허가하지 않는 이유는 허위虛僞, 참람僭濫, 혼잡混雜한 예禮 때문이지 술과 음식을 낭비하기 때문에 이것을 폐지하라는 것이 아니다. 어버이를 위하는 예절은 오직 『성교聖敎』만이 진실하여 거짓이 없고, 지극히 정대하여 사악함이 없는 가르침이다. 그러므로 유가의 그 같은 예절을 사용하지 않는다.

무엇을 허위라고 하는가? 인간이 세상을 떠나면 육신은 흙으로 돌아간다. 선한 사람의 영혼은 천당으로 보상하고, 악한 사람의 영혼은 지옥으로 벌준다. 두 방향의 처리가 크게 확정되어 영원토록 인간세상으로 돌아올 수 없다. 자손이 헛된 위폐를 설치하여 헛된 절을 하더라도 부모가 알 수 없다. 그러므로 허위라고 하는 것이다.

무엇을 참람이라고 하는가? 백 가지 예법 가운데 오직 제사는 독존적으로서 만물의 위에서 오직 독존만을 주인으로 삼는다. 독존의 주인이 아니면 독존의 예를 감당할 수 없다. 그러므로 참람이라고 한다.

무엇을 혼잡이라고 하는가? 소위 마귀라는 것은 본래는 천신天神으로서 벌을 받아 쫓겨난 것이다. 간혹 빚어놓은 상징물에 의탁하거나 죽은 사람을 빌려서 요사함을 일으키고 재앙을 만드는 것들이 바로 이러한 귀신이 아닌게 없다. 사람이 만약 덕을 닦고 공을 세워 장차 이 귀신이 놓친 천복을 받으려고 하면 사람의 선행을 질투하여 몰래 유혹하여 곤궁에 빠뜨린다. 그리고서 함께 지옥으로 돌아가려고 한다. 만약 인지할 수 있는 천주나 마귀가 아니라면 사특함을 버리고 정도正道로 나아가는 사람도 그 피해를 설마 피할 수 있겠는가? 이 마귀는 지극히 교묘하여 남의 제사에 올라 탔을 때 옆에서 대신 흠향하여 임한듯이 있는듯이 한다. 그렇게 되면 명분은 비록 조상을 위한다고 하지만 실제는 마귀를 섬기는 것이다. 마귀를 섬기는 사람이 어찌 주인을 섬길 수 있으며 또한 장차 어디로 돌아갈 것인가? 『성교聖教』에서 절대 금지한 이유는 이것일 따름이다. 그러므로 혼잡이라고 말한 것이다.

『성교聖教』에서 가까운 이를 흠향케 하는 방법은 그렇지 않다. 명령을 따르고 공양하며, 생전에 섬기는 예절은 유교와 다르지 않지만 죽은 이를 섬기는 예절은 유교와 같지 않다. 대개 부모가 살아 계실 때는 꼭 진선盡善하게 해드리지는 못한다. 혹시 작은 죄라도 있을 때 속죄를 보충하지 못하면 반드시 연옥으로 돌아가 그 죄의 경중에 따라서 몇 달 몇 일 동안 그 죄를 달구어 그 결핍된 것을 보충한다. 그런 뒤에야 승천할 수 있다. 그러므로 부모가 운명을 한 뒤에 각처의 교우들에게 부고를 하여 천주에게 기도해 줄 것을 요청한다. 이것은 망자의 영혼이 신속히 승천하게끔 하고자 하는 것이다. 가까이 사는 교우가 운명 전후에 상가에 함께 모여 주야로 경건하게 기도하고 치상과 안장 등을 지극히 엄정하게 하여 혹시라도 잡된 것이 끼여들지 못하게 한다.

자손들은 어버이를 위해 찬송과 기도하기를 조석으로 그만두지 않으며 종신토록 게을리 하지 않는다. 어찌 다만 3년 뿐이겠는가? 부모를 위해 계획하는 사람이라면 무익한 제사를 지낼 것인가? 도움이 되는 기도를 할 것인가? 나는 바라건대 그대가 진실로 1푼이라도 어버이를 사랑하는 마음이 있다면 어찌 성교聖敎를 따라서 사람으로서 해야 될 사람의 도리를 다하지 않는가? 도리어 날더러 유교를 따를 것을 바란다니 이것이야말로 진실로 양반의 가문에 도끼를 휘두르는 짓이로구나! 어찌 이다지도 가소롭기 그지 없는가?

〈천당지옥 天堂地獄〉

유자는 이렇게 말했다.

천당지옥이 과연 있는가? 없는가? 정말로 충분히 변별할 수 없다. 설사 있더라도 세상의 가르침에 보탬이 없다. 보통 사람들은 그 부형들이 선을 행하여 명예를 누리며, 악을 행하여 형벌을 받는 것을 보게 된다. 그런데도 오히려 선을 등지고 악을 지향하여 더 이상 헤아려 선택하지 않는다. 그 이유는 마음이 사물에 부려지기 때문일 뿐이다. 눈앞의 일도 돌아볼 수 없거늘, 하물며 백년 뒤의 형신도 없는 상태에서의 고통과 쾌락을 생각하여 그것을 위해 권선징악을 할 수 있겠는가?

나는 이렇게 답변한다.

그대는 이미 천지에 주재主宰가 있음을 알지 못하면서 어찌 천주에 천당, 지옥이 있음을 알겠는가? 세주世主로써 말하자면, 비록 요·순같은 임금도 상벌이 아니면 임금 노릇을 할 수 없었을 것이다. 그런데 하물며 천지 대군大君으로서 만물을 통제하는 권한을 갖고서도 상벌을 주는 곳이 없겠는가?

천하의 일은 떳떳한 이치밖으로 벗어나는 것이 없다. 이치가 없는 곳은 비록 보아도 믿을 수 없다. 이치가 있는 곳은 비록 보이지 않아도 믿을 수 있다. 인간이 비록 천당지옥을 보지 못해도 이치로 상고해 보면 반드시 있음을 알게 된다. 만약에 천주가 없으면 그만이지만, 이미 천주가 있다면 선함에 복을 내리고 악함에 재앙을 주는 것이 마땅한가? 아닌가? 천주가 이러한 사물을 갖추고서 인간을 낳았으니 이것은 아마도 선을 소통시키고 복을 소통시키려는 뜻일 것이다.

만약 인간의 선악을 방임하고 인간의 생사를 방치하며 막연하고 몽매하여 더 이상 상관하지 않는다면 상벌이 없을 것이다. 그렇게 되면 인간을 낳은 의미는 과연 어디에 있겠는가? 비록 세상의 우둔한 왕이라고 하더라도 백성을 다스리는 도道가 이와 같아서는 안된다. 하물며 지극히 영명하고 조화가 무궁한 천주는 말할 것이 있겠는가? 필경 상벌이 주어지는 것은 없어지지 않는다. 이미 금세에 있지 않으면 반드시 죽은 뒤에라도 있을 것은 분명하다. 어째서 금세에 있지 않은가? 상이란 끝까지 따져도 기껏 부귀에 불과하며 벌이란 끝까지 따져도 한번 죽이는 데 불과한 한계가 있다. 세상의 복은 한계가 있으므로 가령 사람마다 모두 선하면 어떻게 사람마다 부귀하게 해 줄 것인가? 한 사람을 죽인 자는 한번 죽이는데, 수천 수백 사람을 죽인 자는 어떻게 수천 수백 번을 죽일 수 있는가?

금세今世는 백 년도 못되어 마치 일장춘몽처럼 지나가서 바로 전쟁터나 과거 시험장과 같다. 전쟁에서 승리하면 상벌을 따질 수 있고, 시험이 끝나면 우열을 결정할 수 있다. 인간이 처세를 하면서 간혹 처음에 선하다가 나중에 악하고, 어제는 잘못했지만 오늘은 옳아서 선악이 무상하고 상벌이 호환된다. 그래서 그 분분하게 되는 것을 이루 다 말할 수 없다.

또한 충신, 의사중의 살신성인한 자에 대한 상은 어디서 베풀어 주겠는가? 그대가 말한 선을 행하면 명예를 받고, 악을 행하면 형벌에 걸린다는 것을 틀렸다라고 말하는 것은 아니다. 그러나 군자의 불행과 소인의 행복도 많다. 이것이 어찌 상벌의 공정함이 될 수 있는가?

또한 세상의 명예와 형벌은 헛된 이름에 불과하며 잠시의 고통일 뿐이다. 이것이 어찌 큰 덕과 큰 악에 대한 보답이 되기에 충분하겠는가? 어떤 사람은 선을 하면 그 여파로 경사가 있고 악을 하면 그 여파로 재앙이 있다고 말한다. 그러나 세상의 선인과 악인 가운데 보답이 이어지지 않는 것도 많다.

그러면 장차 어떻게 보상을 해야 하는가? 인간이 인간으로 되어 금수와 다른 이유는 영혼이 있기 때문이다. 영혼은 천신天神과 같아서 죽거나 없어지지 않는다. 공이 비록 높고 위에 있어도 헤아릴 수 없는 큰 복이 있다면 공과 상이 상호 조화될 수 있다. 죄가 비록 극렬하고 아래가 되지만 끝없는 고통이 있다면 죄와 벌이 상응된다. 그렇게 된 뒤에라야 상벌이 지극히 공정하고 선악에 유감이 없게 된다. 또한 인간이, 지엄한 천주가 있고 지극히 공정한 상벌이 있음을 알게 된 뒤에야 선을 짓는 기초가 있게 된다. 그대가 말한 세교世教에 보탬이 안된다는 것은 얼마나 무지한가?

유자는 이렇게 말했다.

저 불씨佛氏는 이 천당지옥설을 빌려 우민들을 속여 불공에 바치는 도구를 찾아 취하는데, 천주는 무엇 때문에 뒤따라 가면서도 꾸짖어 소리치는가? 나는 이 때문에 천주교가 불씨의 창을 잡고 불씨의 방으로 들어가 도리어 불씨를 공격하는 것이라고 의심한다.

나는 이렇게 대답한다.

천당지옥은 백성들이 생기기 이전에 천주가 설치한 것이다. 불교 조종인 석가모니는 천지를 만든지 3천 년 뒤, 중국 달력으로 계산하면 주周 나라 소왕昭王 말년에 태어났다. 부처가 있기 이전에 천당지옥과 상벌의 권한이 누구의 손에 있었는가? 어찌 감히 별도로 문호를 세워 온 세상을 속이면서 공적空寂 등의 설을 인용하고 있으니 사람이라면 누가 믿겠는가?

그리고 천당지옥설을 참람하게 훔쳐다가 윤회육도설輪廻六度說(度는 道의 오기 : 역자 주)을 섞어 이것을 만들었으니 속이는 방법이 얼마나 깊고 치밀한가? 요·순의 형법이 바뀔 수 없는 것은 어찌 전적으로 걸·주의 조정에 시행되지 않았기 때문이겠는가? 문·무의 경전이 폐지될 수 없는 것도 일찌기 유·려의 역사에 사용하지 않아서 그랬겠는가? 봉황도 날고, 박쥐도 난다. 똑같은 점은 난다는 것이다. 그러나 어떻게 날으는 것이 같다고 해서 종류도 같다고 말할 수 있는가? 이것은 진실로 꺼릴 것도 못되지만 변별하기에도 달갑지 않은 것이다.

유자는 이렇게 말했다.

군자가 선을 하는 것은 바라는 것이 있어서가 아니다. 악을 하지 않는 것은 두려워서 그러한 것이 아니다. 다만 도리상 당연히 해야 하기 때문이다. 만약 정의롭다면 비록 죽음과 치욕을 당해도 사양하지 않으며, 정의가 아니라면 비록 이익을 얻을 수 있다고 해도 자처하지 않는다. 자식은 효도를, 신하는 충성을, 벗은 신뢰를 지녀야 한다. 재물에 청렴하며, 색을 삼가하여, 남을 손상시키고, 물건에 해가 되는 데에 이르지 않도록 하는 마음을 지닐 뿐이다. 우리 유가의 가르침은 이와 같을 따름이다. 또 무슨 천당지옥이 있겠는가?

나는 이렇게 대답한다.

유가의 가르침이 좋기는 좋다. 그러나 나는 그것이 명분만 있고 실질이 없을까 두렵다. 바랄 것 없이 선을 하고, 두려울 것 없이 악을 하지 않는다고 말했다. 그러나 비록 큰 덕을 지녔다고 일컬어진 사람 일지라도 오히려 지나치게 겸손한 말을 했다. 맹자는 "장수와 단명은 다른게 아니다. 몸을 닦아서 그것을 기다린다"고 했으니 이 역시 바라는 것이 있지 않은가? 증자는 "10일 동안 바라보고, 열 손가락으로 가리키니 얼마나 엄숙한가?"라고 말했으니 이 또한 두려워 하는 것이 있지 않은가? 군자가 바라지 않는 것은 오직 분수에 맞지 않는 이익과 녹봉이다. 군자가 두려워 하지 않는 것은 오직 허망하지 않는 죽음과 치욕일 뿐이다.

또한 세상의 복이 비록 귀하다고 하지만 백 년을 못넘기며, 고통이 비록 무겁다고 하나 한 때를 지나치지 못한다. 얻었어도 기쁘게 못되고, 잃었어도 슬프게 못된다. 천당의 복은 세상의 복과 비교할 수 없고, 지옥의 고통은 세상의 고통과 비할 바가 아니다. 복은 이미 무한하고 고통 또한 무진하다. 한번 정해지면 다시 바꿀 수 없으니 이것이 무슨 이해관계이겠는가? 모르겠다마는 군자는 또 무슨 뜻으로 바라지도 않고 두려워 하지도 않는단 말인가? 칭찬과 상으로 선을 권장하고 형벌로 악을 응징함은 천하를 통틀고 만고를 뻗치도록 바뀌지 않을 대경大經, 대법大法이다. 진실로 그대의 말과 같다면 천하는 장차 무위無爲로 교화되고 다스려질 것이다. 어찌 상벌을 사용할 필요가 있겠는가? 이미 지엄하고 지극히 공정한 상벌이 있음을 알고, 또 죽지도 않고 없어지지도 않는 영혼이 있음을 알았을 것이다. 그렇다면 항상 생각하고 끊임없이 두려워 하며 근신하고 염려하여도 오히려 허물이 없음을 보전하기 어렵다. 하물며 바라지도 않고 두려워 하지도 않으면서 저절로 선하게 되고 저절로 악하지 않을 자가 과연 누구이겠는가? 단지 그러한 말을 들었을 뿐, 아직 그러한 사람을 보지 못했다.

유자는 이렇게 말했다.

천지가 만물을 낳고 변화시키는 것은 오직 이理와 수數 때문이다. 필연적인 것을 이理라고 하고, 우연적인 것을 수數라고 한다. 이理·수數는 병행하면서도 서로를 제어할 수 있다. 그래서 공자는 이렇게 말했다. "하늘이 나에게 덕을 부여했으므로 광匡땅의 사람들이 나를 어떻게 해치겠는가?" 이것은 이理가 수數를 반드시 제어함을 말해준 것이다. 안연이 죽자 공자가 곡을 하고 비통해 하면서 말했다. "하늘이 나를 버렸구나!" 이것은 수數가 이理를 반드시 제어함을 말해주는 것이다.

그러므로 군자가 복을 얻는 것은 정상이지만, 얻지 못하는 것은 비정상이다. 소인이 화를 얻는 것은 정상이지만, 얻지 못하는 것은 비정상이다. 진실로 성인이 아니면 하늘을 말할 수 없고, 화복의 도래를 미리 헤아릴 수 없다. 그렇다면 하늘은 어찌하여 어둡고 무지하게 인간의 선악을 방임하고 다스리지 않은 채 버려 두는 것인가? 이것이 바로 내가 평소 한마디 말로써 요로에 있는 군자들에게 알려 담당하고 있는 일의 중요성을 알게끔 하기를 원한 것이다.

하늘은 인간에게 존엄하게 임하고, 신명으로 비추며 주거나 빼앗을 것을 의도하되, 이치상 어긋난 것을 따르지 않게 한다.

그러나 단지 입과 혀, 손과 발이 없어서 꾸짖고 벌을 주려면 형편상 왕의 떠받듦을 기다려 시행하지 않을 수 없다. 잘 떠받들어 시행한 왕으로는 탕, 무가 있고, 잘 받들어 시행하지 못한 왕으로는 걸, 주가 있다. 탕, 무의 흥함과 걸, 주의 망함을 두고서도 하늘이 알지 못했다고 한다면 안될 말이다. 그러므로 나는 천당지옥은 다른 데 있지 않고 바로 내 마음에 있을 뿐이라고 생각한다.

나는 이렇게 대답한다.

그대는 이미 천天과 제帝를 말했고, 또 만물을 변화, 생성시키는 것은 오직 이理와 수数일 뿐이라고 했다. 그렇다면 만물을 창조한 주재의 호칭을 끝내 하나로 귀결시키지 못하고 있는가? 그래서 『시경』, 『서경』에서 일컫는 제帝, 천天에 잠시 의존하지 않을 수밖에 없는가?

공자가 "하늘이 나에게 덕을 주셨으니 광匡땅의 사람들이 나를 어찌 하겠는가?"라고 한 말은 과연 이理를 가리켜서 한 말인가? 아니면 하늘을 우러러 기대한 것인가? 그 의미는 아마도 하늘이 이미 나를 낳아 주셨으니, 나의 목숨은 광땅의 사람들에게 달려 있지 않고, 반드시 천주에게 달려 있다는 것이 아니겠는가?

또 통곡하며 말하기를 "하늘이 나를 버리셨구나"라고 한 것은 과연 하늘을 부르짖으며 통곡을 한 것인가? 아니면 수數를 가리키면서 울부짖은 것인가?

인간의 생사가 만약 이理와 수數에 귀착된다면 반드시 주인이 없는 것이리라.

무엇을 일컬어 인명재천人命在天이라고 하는가? 그대의 경문 해석은 곡학曲學이라고 할 만하다. 소인도 세상에서 한두 번쯤은 작은 선을 한다. 천주는 지극히 공정하여 작은 선이라도 보답하지 않음이 없으므로 일단 이 세상의 복으로 보상해 준다. 그러나 그 악을 순전히 보전하여 장차 무궁한 벌을 받도록 한다. 군자가 처세할 때도 한 두번의 작은 죄를 짓는다. 천주는 지극히 정의로워 작은 죄라도 벌주지 않음이 없으므로 세상의 고통으로 속죄하게 한다. 그러나 그 선을 보전하여 장차 무궁한 복을 누리게 한다. 그러므로 이 세상에서 소인이 간혹 복을 얻기도 하고 군자가 화를 많이 당하기도 한다. 오직 참된 상과 참된 벌은 반드시 죽은 뒤에 있게 된다. 인간의 선악을 어찌 천주가 막연하게 방치하고 못들은 척 하겠는가?

입과 혀, 손과 발이 없어서 꾸짖을 수 없기 때문에 형편상 장차 군자를 기다려 받들어 시행토록 한다고 그대는 말했는데, 그대의 소견이 이와 같으니 내가 비록 격언으로라도 말해 준다면 바로 우이독경牛耳讀經이다. 진실로 이 때문에 그대를 불쌍히 여긴다. 어찌 전능하신 천주가 입과 혀를 낭비하고 손과 발을 수고롭게 하면서 꾸짖는단 말인가?

단지 아래로 백성을 내려주고 임금을 만들어주며 군대를 만들어 주었을 뿐만 아니다. 천주는 우리 인간에게 돌보아 주는 것이 임금에게 그치지 않고, 은혜를 베푸는 것이 어버이에게 그치지 않는다. 해와 달이 비추는 밝음, 비와 이슬이 적시는 윤택함을 내릴 때 어찌 단지 귀를 끌어 당기고 얼굴을 맞대면서 명령하겠는가? 또 가뭄과 홍수의 재앙을 내리고 군대 일로써 경계를 보여주는 것을 어찌 꼭 손을 흔들고 발을 굴러 하겠는가?

그대는, 군자가 받들어 시행하는 것을 기다려 선과 불선을 살피고, 상을 주거나 주지 않을 뿐이라고 말했다. 그렇다면 온 나라 사람들이 선악을 숨기면 어떻게 다 살펴서 상을 주고 벌을 줄 것인가? 이러한 것은 진실로 꼭 임금에게 일임하여 그로 하여금 다스리게 할 필요가 없다.

지극히 크고 지극히 넓은 것이 도리이기에 일일이 변론하기가 어렵다. 이같은 논지는 『성교聖敎』, 『성전聖傳』에 대부분 기재되어 있다. 그대가 만약 도道에 뜻을 두고 있다면 다시 『성교聖敎』,

『성전聖傳』을 보면 마치 구름과 안개를 걷고 푸른 하늘을 보는 것과 같을 것이다. 이것이 나의 바람이고, 이것이 그대의 행운이 될 것이다.

〈신혼불산神魂不散〉

유자는 이렇게 말했다.

공자는 "삶도 알지 못하면서 어찌 죽음을 알 것인가? 처음을 들어 끝을 알고 있음을 들어 없음을 보인다."고 했으니 한마디로 다 말했다고 할 수 있다. 무릇 인간이 태어나서 형체가 갖추어지면 신혼神魂도 따라서 존재하게 된다. 형체가 해체되면 신혼도 따라서 없어진다. 등불로 비유하자면 기름과 심지는 형체이고, 빛은 신혼이다. 어떻게 기름과 심지를 버리고서도 빛이 남을 수 있는가?

세상의 용기가 강한 자는 제 명에 죽지 못하면 남아 있는 기氣가 응결 되어 얼른 흩어지지 않는다. 예를들면 백유伯有, 팽성彭性같은 사람에게 그런 것이 있었기 때문에 형장과 전장에 자주 통곡하는 소리와 요괴의 형상이 그것을 증명한다. 비록 흩어지는 것이 늦고 빠름이 있으나 반드시 다 없어지게 마련이다.

시험삼아 묻기를 형체가 있지 않으면 신혼은 장차 어디에 있는가? 라고 한다면, 반드시 대답하기를 근원을 하늘로 귀착시킬 것이다. 만약 문왕과 삼후三后가 하늘에 있다면 주나라 후손들 가운데 문왕과 3후를 하늘에서 본 사람이 있는가? 또 묻기를 신혼이 이理에 연계되었는가? 기氣에 연계되었는가? 라고 한다면, 반드시 대답하기를 기氣에 연계되었다고 할 것이다. 그렇다면 기氣가 형체를 도외시 하면서도 자립할 수 있는가? 나는 아마도 그대의 입이 여기서 막힐 것으로 생각한다.

무릇 천지가 만물에 품성을 베푼 것이 일기一氣가 아닌 것이 없다. 오늘의 기氣가 이미 어제의 기氣가 아니고, 내일의 기氣는 오늘의 기氣가 아니다. 만물에 부여하는 것도 마찬가지다. 진실로 죽은 재는 태울 수 없고, 시들어 버린 나무를 윤택하게 할 수는 없다. 반드시 물物을 낳아 저절로 드러나기를 기다려야 한다. 신혼이 형체에 대해서도 마찬가지다. 가령 죽어서 남은 기氣가 아직 흩어지지 않은 것이 있으면 또 사물에 붙어 있지 않을 수 없다. 그러므로 백유가 창에 붙어 있었고 팽생이 돼지에 붙어 있었다. 문왕, 3후도 아마 여기에서 빗어나지 못했을 것이다.

나는 이렇게 대답한다.

영혼의 사정은 이미 앞에서 간략히 언급했다. 조금이라도 지각이 있는 사람은 더 이상의 변론을 필요로 하지 않고서도 스스로 헤아려 체득할 수 있다. 그러나 신혼神魂의 있고 없음과 보존되고 흩어짐이 인간에게 가장 긴요하고도 매우 중요하게 연관되므로 그것을 변론하고 또 변론하지 않을 수 없으니 번거로움을 사양하지 않겠다.

공자는 "삶도 알지 못하는데 어찌 죽음을 알 수 있겠는가?" 라고 했다. 이말은 바로 "안다는 것을 안다고 하고 모르는 것을 모른다"는 뜻이다. 공자가 "어찌 나를 속이겠는가?" 라고 한 것은 과연 인간이 생겨나는 내력을 모르기 때문에 인간의 죽음이 어떠한 것인지를 모른다는 뜻일 따름이다.

그대가 말한 '처음을 들어 끝을 보고, 있음을 들어 없음을 본다'는 것은 무엇을 말함인가? 만약에 그대의 말대로라면 삶의 처음을 들면 그 죽음의 끝을 알 수 있고, 사물의 형체 있음을 들면 그 이치의 형체 없음을 추론할 수 있다. 마찬가지로 인간의 태어남이 천주로부터 비롯됨을 안다면 인간의 죽음도 끝내 천주에게로 돌아감을 반드시 알 수 있으며, 만약 유형의 만물을 본다면 무형의 조물주를 알 수 있다는 말이 된다. 그대가 운운한 것은 바로 교묘하게 하려다가 도리어 졸렬하게 되어버린 것이 아닌가?

대개 인간의 영혼은 바로 천주가 나에게 부여한 것이므로 지혜롭고 능력이 있다. 하물며 천신天神은 시비와 선악에 밝으며, 호오애락에 통달한다. 항상 살아있는 명령을 전수받고, 자주적인 권한을 지니고서 천주와 더불어 감응할 수 있고, 만물의 이치를 관통하여 재제宰制할 수 있다. 그래서 천군天君은 태연한데도 백체百體가 명령을 따른다. 육신은 영혼에 전적으로 의지하여 생겨나고, 영혼은 육신에 의지하지 않고 생겨난다. 그래서 영혼이 떠나면 몸이 죽는다.

어찌 기름과 심지, 그리고 밝은 불빛에 비교할 수 있겠는가? 만약 이것을 인혼人魂에 비유한다면 불은 영혼이고 기름 심지는 육체일 수밖에 없다. 불이 제거되면 몸체는 빛이 없어진다. 이와 마찬가지로 영혼이 없어지면 신체도 죽는 것이 이치다. 그러나 불은 본래 영靈이 없는 물체이다. 심지에 의존하면 빛이 발하고, 심지에 의존하지 않으면 빛이 흩어진다. 인간의 혼은 영靈이 있고 우매함이 없으며 자립하는 신체神體이다.

천신과 마귀는 비록 동류가 아니지만 신神이라는 점은 같다. 신에게 죽음이 있다는 것을 어찌 들어본 적이 있는가? 백유, 팽생과 같은 일에 있어서 그대는 두 사람의 혼이 응결되어 아직 흩어지지 않았으므로 그러한 이상이 나타났다고 여기는가? 정말로 애들 소견이로구나! 억울하게 죽고 참혹하게 죽은 자가 지금이나 예나 어찌 한정이 있겠는가? 그런데도 어찌 유독 그 두 사람의 혼魂만이 이러한 기괴한 모습을 보이는가? 또한 형장과 전장에서 처량하게 우는 소리는 마귀가 이름을 빌려 사람을 유혹하는 것이다.

인간이 죽으면 천당으로 올라가기도 하고 지옥으로 떨어지기도 한다. 두 곳의 거리가 만 겹이나 되어 끝이 없으므로 다시는 인간 세상에 모습을 나타낼 수 없다. 그래서 사람들은 단지 한 번 떠나 소식이 없는 것을 보고서 모두가 말하기를 혼이 흩어졌다고 한다.

아하! 슬프다. 주周나라 자손중에 어떻게 문왕文王, 삼후三后를 본 사람이 있겠는가? 라고 그대가 말했는데, 미혹스럽구나 이 말이여 ! 인간의 육체적인 눈으로는 단지 유형의 물체만을 볼 뿐이고 무형의 물체는 볼 수 없다. 문왕文王, 삼후三后가 비록 참으로 하늘에 있다고 해도 그 자손들이 유형의 눈으로써 어떻게 무형의 혼魂을 볼 수 있겠는가? 만약 그 자손들을 승천하게끔 한다면 신의 눈으로 신의 형체를 볼 수 있을 것이니 무엇을 의심할게 있는가?

그대가 말하기를 만물에 베풀고 부여한 것이 일기一氣가 아닌게 없으며 오늘의 기氣는 어제의 기氣가 아니라고 했다. 그렇다면 기氣에도 어제는 낡고 오늘은 새로우며, 아침에 있다가 저녁에 없어지는 이치가 있는가? 기氣는 바로 천주가 베푼 사원행四元行 가운데 하나이다. 천지의 안에 꽉 차서 오르고 내리며, 조화시켜 만물을 길이 성장시키는 것이다. 스스로 만물을 안배한 뒤로는 항구적으로 존재하고 행하며, 쉬지 않고 주리지 않는다. 만약 이 기氣를 받아서 혼이 된다고 한다면 금수도 이 기氣를 받아서 생겨난다. 그렇다면 개의 본성이 소의 본성과 같고, 소의 본성이 사람의 본성과 같은가? 성性이 혼魂이고 혼魂이 성性이다. 혼은 온 세상 사람의 일정한 말이고 일정한 도이다. 혼魂이라는 글자는 비록 유교 경전에 개관되지 못했지만 인간의 혼이 있고 없음이 성性을 대신함은 말할 필요도 없는 사실인데 어찌 그것조차 모르는가?

천명지성天命之性이라고도 하고, 천부지성天賦之性이라고도 하며, 또 하늘이 나에게 부여한 것이 인의지성仁義之性이라고도 하는데, 이것이 어찌 성性을 혼魂이라고 일컫는 것이 아니겠는가?

생명을 지니는 모든 무리는 기氣를 필요로 해서 태어나지 않음이 없다. 그러나 오직 인간만은 혼魂으로써 생명으로 삼고, 기氣로써 생명을 삼지 않는다. 인간의 호흡은 오로지 외기外氣를 사용하여 내부를 소통한다. 그러므로 반드시 들여 마시기를 먼저 하고 내뿜는 것을 나중에 한다. 기대어 호흡을 하는 것은 기氣이지만, 호흡하게 하는 것은 혼魂이다.

사람 중에는 간혹 반 시간 쯤 기氣가 막혔다가 다시 호흡이 소통되는 경우가 있다. 기氣가 비록 끊겼어도 혼魂은 떠나지 않았기 때문에 끊겼다가 다시 생겨난 것이다. 기氣가 막히고 통하는 것으로써 인간의 사생을 결정하지는 않는다. 오직 혼이 떠나고 머무르는 것으로써 인간의 사생을 말한다.

그대는 이미 성性과 기氣의 구분도 모르면서 어찌 함께 천하 대도大道를 논할 수 있겠는가? 가령 그대의 말과 같다면 이미 무심한 천지로 주主를 삼고, 또 쉽게 흩어져 떠다니는 기氣로써 혼魂을 삼게 된다. 한마디로 단정하여 말하자면 주主도 없고 혼魂도 없다는 뜻이다. 이미 주主도 없고 혼魂도 없으면 선을 권장할 수 없고, 악을 응징할 수도 없다. 그래서 만고토록 패륜의 자식과 역모의 신하와 극악무도한 대죄인이 살아서도 흔쾌하고 죽어서도 흔쾌하게 될 것이다.

애닯도다! 어진이와 군자가 가난을 달갑게 여기고 고통을 받으며 종신토록 부지런히 사는 것을 장차 무엇으로 위로할 것인가?

한심하다! 이미 더할나위 없이 엄숙하고도 존귀한 대주大主, 죽지도 않고 없어지지도 않는 영혼, 지극히 공정하고도 정의로운 상벌이 있어서, 선명하여 기댈만 하고, 분명하고 믿을만 하다는 것을 들었을 것이다. 그러면서도 아직도 몽매하고 답답하게 스스로 구원할 생각을 하지 않으니 이것은 참으로 무슨 마음인가?

얼마지 않아서 무덤가의 나무는 말년을 재촉하고, 늦지 않아 온갖 사념이 쓸쓸하게 겨우 유지되다가 별안간 회상하여 경계를 넘어서면 바로 일장춘몽인 것이다. 이 때가 되어 비록 후회하고 한탄해도 어떻게 이르를 수 있겠는가? 생각하고 또 생각할지어다.

부록附錄 III

법인法人 근사謹謝
〈이석사李碩士 여헌하旅軒下〉

옥체만강하신지! 프랑스인이 그대와 얼굴을 서로 알게된 지가 얼마되지 않았으나 지난번 보내준 편지는 마침 유력하느라 바빠서 보지 못한 것을 한스럽게 여기고 있다가 이제서야 겨우 펴서 보니 그대의 식견은 다른 사람이 미칠 수 없었다.

그러나 예의의 나라에서 태어나고 성인의 문하에서 유학하여 마음이 바르고 몸이 닦여졌다면 언어와 문자 사이에 반드시 인의예지仁義禮智가 드러나야 한다. 그런데도 성교聖教 도리道理가 어떤 것인지를 모르면서 자기가 바라지 않던 것이라고 해서 편지 글에다 이처럼 함부로 꾸짖으니, 모르긴 해도 동방의 군자로서 사람을 대하는 방법이 과연 이런 것인가? 인의仁義의 소재가 과연 이런 것인가? 예지禮智의 소재가 과연 이런 것인가?

고약한 무리의 더러운 말과 악습은 차라리 괴이한 것이지만,

선비의 말이 글을 급박하게 하고 용기를 거스린다는 것을 아직 들어보지 못했다. 요, 순의 경經과 공자의 전傳이 오직 그대에게는 사사로이 쓰이는 문자가 되어버렸는가?

그대에게 있어서는 다른 나라의 글이 되고, 서양인에게 있어서는 다른 나라의 글이 되지 않으리란 법이 있는가? 세상의 남자로 태어나서 홀로 깊은 방에 앉아 있다가 이제 세상에 유력하였다. 다른 나라와 더불어 서로 관련을 맺으면 글과 말이 반드시 그 나라에서 사용하는 것을 따를 수밖에 없음은 이치상 당연한 일이다. 나의 책 가운데 『이증理證』은 교리의 대경大經이 아니고 다른 나라 사람들과 말을 소통시키고 가르쳐 바로잡기 위한 기록에 불과하다.

그래서 요, 순, 공자, 맹자가 의義를 피력한 학설을 인용하여 보는 사람으로 하여금 그 뜻을 쉽게 알게끔 하고자 한 것이다. 결코 우리의 교리를 유도儒道의 뜻에 결부시키고자 한 것은 아니다. 그러니 이것이 무슨 손상됨이 있겠는가? 옛날 서방 국가의 성현의 의론 가운데 이것을 말한 자가 누구인가? 그대는 이와 반대로 "반드시 성인이 아니다"라고 말을 했으니, 이것은 지금을 기준으로 옛날을 비판하고, 옛 성인을 희롱한 것이다.

그대는 우물안 개구리처럼 소견이 좁은 식견으로 만고에 탁월한 마음을 일으켜 온 세상을 안중에도 두지 않으니 방약무인하다. 그리하여 그대의 모순을 유지한 채 도끼같은 혀를 까불대며 서양인을 공격하고 찍는다. 마음에 오래도록 거리낌이 없으며 도리어 임금을 핍박하고 그 도道를 업신여기니 이것은 무슨 마음인가? 아! 이런 사람이 하늘과 땅 사이에 어찌 감히 이같이 커다란 불경스러운 말을 꺼내는가? 이 지경에 이르면 사람된 도리로서는 심신이 저절로 두려워 궁핍한 말로 돌아갈 것이다. 그러나 그대는 지방의 일개 선비의 작은 주먹으로 간교한 꾀나 키워서 모든 서양을 배척하려고 하는 것 같은데 장차 어떠한 꾀가 있을른지 모르겠다. 그렇다면 어찌 그대로 내버려 두는 마음을 지닐 수 있겠는가? 혜량하길 바란다. 나는 익숙하지 못한 문자로써 대강 말하노니 살펴주길 바란다.

〈약사略辭〉

아! 하늘아래 땅위의 우주 만물 가운데 수많은 나라의 왕과 수많은 신하·백성이 있다. 이러한 수많은 왕과 백성이 함께 알고 있는 것도 유일천주唯一天主이며, 함께 추존하는 것도 유일천주이며, 함께 공경하는 것도 유일천주이며, 함께 제사지내는 것도 유일천주이며, 함께 따르는 것도 유일천주이며, 함께 섬기는 것도 유일천주이며, 함께 두려워 하는 것도 유일 천주이다.

천주가 어진 사람에게 명령을 내려 왕으로 삼고, 스승으로 삼아 그 나라를 보전한다. 묵묵히 사람의 마음을 비춰 언어를 구별하고, 글을 다르게 하여 그 지역을 구분하였다. 그래서 각국의 사람들이 서로 소통할 일이 있으면 그 나라 언어문자로써 하게 된다. 말은 비록 다르지만 말의 이치는 같고 글자는 비록 다르지만 글의 이치는 같기 때문이다. 이것도 천하가 다 아는 사실이다. 서양인이 이전에 그대의 경전문자를 사용했다고 해서 그대가 이 때문에 꾸짖고 욕함이 막심하다. 그러나 지금에 또 『성교聖敎』의 내력을 다음에 대략 열거하겠다. 아! 이것은 천하의 사람들이 모두 알고 있다.

천주는 바로 시작도 없이 저절로 있게 되었다. 지존至尊하여 상대가 없다. 전지전능전선全知全能全善하고 복락福樂이 완전히 구비되었으며 잘 낳고 잘 베푸는 대주재大主宰이다. 그러므로 복락福樂을 소통하고자 하여 먼저 천지만물을 만들고, 다음으로 남녀 인간을 낳아 만물을 사용하는 권한을 위임하였다. 인간은 영명하여 불멸한 영혼을 가지고 육신을 주관한다. 형상이 있으므로 쉽게 무너지는 육신을 지녀 영혼에게 부려진다. 영혼은 하늘의 덕을 흠향하고 돌보아 주리지 않고, 육신은 세상의 만물을 기다려 길러져 주림이 없다.

또 천주는 계명戒命으로 그 본성을 인각印刻하고 조서를 내려 장래 상벌의 취지를 보유하고 있다. 뒤를 이어 선지식과 대성인이 대대로 서로 잇따라 천주의 묵계를 받아 그 백성에게 포고했다. 그리고 경經에 기재하여 후세에 드리웠다. 그래서 모세 성인이 경건하게 목욕재계하고 천주의 10계를 받아 만민에게 공포하여 알렸으니 그 본성을 비추고 닦아서 스스로 맑게 할 수 있었다.

또 천주는 아래에 미치지 않음을 민망히 여긴 나머지 자신이 직접 강생하여 선한 말을 드러내고 교훈을 통솔하여서 커다란 은혜를 구원하였다. 덕성을 도야하고 황제를 교화하여 천주로부터 명령을 받아 대대로 전하여 천하를 다스리게 했다. 가르친 일은 천지개벽 이래로 역사에 기록이 끊기지 않아서 고경古經, 신경新經에서 명백히 고증할 수 있다. 지금 집집마다 암송하고 연주할 만큼 책이 많이 쌓였다. 또 그것을 분명히 입증할 유적도 있어서 털끝만큼의 어그러짐도 없는 단서가 된다.

우리 구라파에는 천주교 성당이 조야에 두루 꽉 찼고, 성교聖敎 외에는 별다른 종교가 없다는 것은 천하의 사람들이 다 아는 사실이다.

귀국의 군자 중에는 구라파 국경에 들어와 분명히 보고 정확히 아는 자가 없다. 생각해 보니 그대도 두세 번밖에 못들었을 것이 분명하다. 중국을 가지고 말을 한다면 춘추시대 손무孫武·오기吳起나 삼국시대 손권孫權의 시대에 이르러 쇠로 만든 십자가를 얻었다. 또 당나라 정관貞觀 9년 태종황제는 손님을 맞는 예로써 선교사를 영입하여 궁궐에서 도道를 듣고 난 뒤, 진실되고 바름을 깊이 알아서 특별히 전교傳敎를 내렸다. 그래서 성교聖敎가 크게 행해져 조정에서부터 재야에 이르기까지 교당을 세우고 비석을 세워 큰 제사를 창설하였다. 당시 위징, 방현령, 곽자의 같은 큰 현인들이 받들어 섬기고 독실히 시행하였다. 그 나머지도 이루 다 헤아릴 수 없다.

역대 왕조의 황제가 포상한 것도 종종 현명한 신하가 받들어 섬기며 부지런했다는 것으로부터 유래되었다. 그 나머지 크고 작은 여러 나라도 이에 상응되게 하였다. 이것도 천하의 사람들이 다 알고 있는 것이다.

귀국의 유생들에 있어서는 공자·맹자의 유교를 암송하고 본받으며, 의관을 착용하는 것도 중화와 비슷하게 된 지가 이미 몇 백년이나 된다. 생각해보니 우리 성교聖敎가 들어온 지 겨우 백여 년이다. 당시 앞장서 받들은 사람들 중에는 조정에서 명망있는 신하도 많다. 시골의 가장 뛰어난 선비 중에도 시간이 오래되지 않았는데 사람이 적지 않았다. 신유사옥을 당한 뒤에도 교인의 숫자는 이전보다 두배가 되었다. 또 기해사옥을 당한 뒤에도 더욱 많아졌다. 그리고 계속해서 병인사옥을 당해서 손상된 인명의 숫자가 매우 많았다.

우리 나라의 천주교 본부에서는 이 일에 참견하지 않았다. 수많은 신하와 서민이 무고하게 살륙을 당했음에도 불구하고 천주를 등지지 않고 나라의 왕을 원망하지 않았다. 하나가 죽으면 열이 나아가고, 백이 죽으면 천이 들고 일어났으니 왜 그러했겠는가? 모두 다 천주의 명령과 시행인 것이다. 천주의 명령과 시행을 어쩌겠는가? 누가 그렇게 시켜서 그랬겠는가?

성교聖敎의 10계명에는 권면하는 명령도 있고 금지하는 명령도 있다. 천주를 흠모하고, 부모에 효도하고, 왕에게 충성하고, 윗사람을 공경하고, 스승을 존중하여, 미쁘고 사랑하며 화목하게 하는 것은 권면하는 명령에 속한다. 허튼 맹세나 망언과 망상을 하지말고, 남을 상하게 하지말고, 도둑질을 하지 말라는 것은 금지하는 명령에 속한다.

또 칠극七克의 공부가 있다. 교만을 극복하고, 인색을 극복하고, 음란을 극복하고, 분노를 극복하고, 탐욕을 극복하고, 질투를 극복하고, 태만을 극복하는 것이다. 인, 의, 예, 지, 효, 제, 충, 신도 여기에 포괄된다. 절차가 분명하고 조리가 헝클어지지 않아서 온갖 행실에 모자랄 것이 없다. 사람이 극복하여 지키고 넘어서지 않아서 처음의 본성을 회복한다면 금세의 근심과 어려움도 죽은 뒤에 보상될 것이다. 천하의 현명한 자와 통달한 인사가 끝까지 그 이치를 헤아리고 허실을 살펴 징험하며, 독실하게 믿어서 의심하지 않으며, 차라리 죽을지언정 후회하지 않는 것, 바로 이것이다.

지금 우리들이 교황의 명령을 받아 죽음을 무릅쓰고 직책에 분주하여 비록 도끼가 앞에 있고 가마솥이 뒤에 있어 죽더라도 한결같이 그것을 두려워 하지 않는다. 대개 인간이 이 세상에 태어나서 죽음으로써 삶을 보답하고 살신성인함은 분수에 속하는 일이다.

천주가 나를 낳아 보살피고 나를 보존하며 우리를 통제하여 천하의 왕과 백성의 공적인 대군부大君父가 되었다. 그러므로 대군부를 위해 생명이 어찌 아깝겠는가? 부모가 나를 낳고 나를 돌보아 은혜가 커서 하늘과 같다. 그러므로 부모를 위해 생명이 어찌 아깝겠는가? 그러므로 천주를 공경하지 않으면 바로 조상을 공경하지 않는 것이라고 말하면서 이것은 위로부터 아래로 도달하는 뜻이라고 한다면 맞는 말이다. 그러나 조상을 공경하지 않으면 바로 하늘을 공경하지 않는 것이라고 말하면서 이것은 가까이로부터 먼 곳으로 미친다고 한다면 틀린 말이다. 그대가 여기에 대해서 바르지 못하다고 꾸짖는 것이 이렇게 심하니 선비다운 풍모가 아니다.

무릇 천하의 현인들이 모두 상제上帝의 신하인데, 요, 순, 공자, 맹자는 아시아 지역의 대성인이다. 온 천하에서 남겨 전해지는 문자를 취하여 쓰고 있으니 무슨 잘못이 있겠는가?

또 그대는 말하기를 고서에도 없는데 지금 갑자기 천주天主라는 두 글자를 거기에 보탰다고 했다. 각국의 언어문자는 서로 다르고 사물의 명칭도 이에 따라 다르지만 그 의미는 같다. 천天을 말하고 제帝를 말하고 태극무극太極無極을 말하는 자를 보지 못했는가? 또 동방 국가의 방언으로 천주를 부르는 말을 듣지 못했는가?

또 국왕의 호칭에 그것을 비유해 보면 국군國君이라고도 하고 인군人君이라고도 하고 군왕君王이라고도 하고 주상主上이라고도 하고 전하殿下라고도 하고 당녕當寧이라고 한다. 이것이 바로 호칭은 달라도 의미는 같은 것 아닌가?

그래서 모든 나라의 사람들이 그 나라의 말로 천주라고 호칭한다. 천주의 호칭은 각자 달라도 의미는 같다. 서쪽에서 동쪽까지 많은 나라 가운데 어느 한 나라도 성교聖敎를 갖고 있지 않은 나라는 없다. 삼부三部의 사이에 수 많은 왕과 백성이 공통적으로 알고 존경하고 제사하고 순응하고 섬기고 두려워하는 것이 유일천주가 아니겠는가? 그러나 그대만이 유독 "지금 갑자기 천주라는 두 글자를 보탰다"고 하니 억지로 얽어서 뒤집어 놓고 궁색하게 꾸짖고 있으니 그 마음을 알만하다. 비록 날마다 요로에 훼방을 일삼아도 만고토록 뻗친 대도大道를 손상시킬 수 없다. 때마다 고성으로 찬양해도 성교聖敎에 털끝만큼도 보탬이 될 수 없다. 그렇다면 그 나머지 혼란스런 논박은 모두가 천성을 스스로 덮어 버리고 명덕明德을 밝히지 못하여 보아도 보이지 않고, 들어도 들리지 않는다. 천리의 오류가 생기는 정도가 아니라 만부당한 이치다. 말마다 모두 잘못되고 서구인이 어떠한 지역 사람인지 조차도 모르고 있다. 좋은 약은 토해 버리고 짐새의 독은 좋아한다고 말할만 하니 어찌 모두가 이치에 들어맞을 수 있겠는가?

그대는 또 이렇게 말했다. "지금 돌아보니 왕이 될만한 자가 일어나지 않아 우리 도道가 쇠미하였다. 여기에 이르자 외래 종교가 무례한 짓을 범한다" 그대의 유도가 쇠미함과 쇠미하지 않음에 대해서 나는 비록 그러한 것을 자세히 알지 못하지만, 왕노릇을 할 수 있는 자가 일어 났는지 일어나지 않았는지에 대해서는 내가 이미 목격하고 들었다. 그리고 우리 서양인은 모두 귀국의 왕의 얼굴을 보고 왕의 말을 들었다. 귀국의 왕에 대해서 그대만이 보고 듣지 못했다. 우리들은 늘 말했다. "조선 국왕은 하늘을 계승한 자태가 보인다. 지금 위에 있으면서 개화의 문을 활짝 열고 도탑고 덕스러우며 부드럽고 원대하였다. 여러나라, 온 세계가 기쁘고 진득하게 여겨 이미 태평함에 이르렀다."

지금 그대의 편지를 보았는데, 아! 이것이 도대체 무슨 말인가? 이것은 대낮에 허튼 소리가 아닌가? 그대가 동방 국가의 사람인가? 나라에 그 왕이 없어서인가? 부도덕한 마음이 있어서인가? 옛말에 충신을 효도의 가문에서 구한다고 했다. 이 한마디 말을 헤아려 보면 이것이 충성인가? 효도인가? 반드시 크게 불경스런 마음이 있어서 그럴 것이다.

그렇다면 금수에 나아가 금수를 받아들이는 패륜과 치욕이며, 부모와 자식, 자매간에 간음한다고 말한 더러운 입으로 군부君父를 폄하하고 박대하며 인의仁義를 끊어 버리는 저주이다. 이것이 바로 어찌 그대의 본래 행실을 남에게 토해내는 짓이 아니겠는가? 그대는 아직도 눈으로 당장 볼 수 있는 왕조차 모르면서 어찌 볼 수 없는 천주를 알겠는가? 이미 천주와 왕자王者를 알지 못했으니 그대가 장차 어디를 가겠는가?

내가 이제 이를 거론한 이유는 비록 인의仁義를 손상시키고 잘 들어맞지 않는 마음에서 나온 것이다. 그렇지만 이미 몇마디 말로써 술에 취한 것을 각성시키고, 스스로 잘못한 사람에 대해서는 장차 조정에 알려 그 사실을 상세하게 캐려고 한다. 그런 뒤에야 의심스런 생각이 얼음 녹듯이 할 수 있고, 다시는 이같이 눈을 더럽히는 편지를 받지 않을 수 있기 때문일 따름이다.

附
錄
——⋮

색인

ㄱ

가각苛刻·구체
　　拘滯 231,
　　232
가의賈誼 172
각전角田 89
간정지죄干政之罪
　　355
갑신정변 357
갑오개혁 92, 146,
　　161
갑오농민전쟁 13,
　　34, 37, 49,
　　72, 75, 82,
　　92, 270,
　　275, 386
강덕剛德 202, 207
강동희姜東曦 46,
　　47, 48, 51,
　　52, 53
강명剛明 239, 250
강생降生 99, 102,
　　103, 137,
　　399, 425
강탄降誕 137
개방설開放說 90
개혁改革 주창기主
　　唱期 33,
　　37
개화파開化派 23
걸주桀紂 115, 119
결부제結負制 85,
　　86
겸선천하兼善天下
　　192
겸애사상兼愛思想
　　131, 172,
　　181
겸애설兼愛說 35,
　　43, 167
겸애주의兼愛主義
　　168
경무법頃畝法 85,
　　90
경부조敬父祖 107

경세방도經世方道
　　285
경세방책經世方策
　　263
경세의식經世意識
　　14, 26, 42,
　　72, 77, 82,
　　361, 377
경조敬祖 211
경조흥방敬祖興邦
　　211
경천敬天 107
경천주敬天主 107
경천지도敬天之道
　　108
계사 185
계손씨季孫氏 129,
　　412
계연수桂延壽 43,
　　51, 52, 53,
　　54, 55, 56,
　　389
고구려정통론 190
고성固城 35, 69,
　　70
고성固城 이씨李氏
　　69
고성이씨固城李氏
　　70, 384
고종高宗 40, 41,
　　289, 291,
　　292, 303,
　　357, 358,
　　384, 387,
　　389
곡전曲田 86
公館 40
공덕公德 164, 190
공맹유교 36, 143,
　　168, 173,
　　180, 181,
　　193, 378
공맹유교孔孟儒教
　　177, 179,
　　185
공세公稅 86, 87,
　　88
공심公心 172
공의公義 103,
　　239, 253

공자 114, 121,
　　122, 125,
　　129, 147,
　　185, 189,
　　217, 219,
　　320, 327,
　　335, 397,
　　405, 406,
　　412, 417,
　　422, 425,
　　430, 438,
　　439, 448,
　　450, 452,
　　453, 460,
　　464, 466
공전제公田制 85,
　　88
과거지학科擧之學
　　34, 35, 36,
　　68, 70, 384
과명관록科名官祿
　　163
관제官制 144
관창觀漲 37
광해군 370
굉달박편宏達博辯·
　　탁락강개卓
　　犖慷慨 230
교육구국정신教育
　　救國精神
　　35, 42, 162
교육종지教育宗旨
　　42, 163
구례 37, 38, 49,
　　73, 260,
　　386
구·소 232
구월산九月山 200
구전求錢 40
구지법九地法 199,
　　200
구천句踐 201, 204
구현求賢 40
구황 280
국립일치 157
국문흥기 157
국어 236
국제國制 144,
　　188, 296
국조전고國朝典故

　　36, 71
국학이습 157
국한문國漢文 논쟁
　　157, 328
국한문잡조시國漢
　　文雜組詩
　　159, 383
국한문혼용 155,
　　156, 157,
　　158, 159,
　　373
국한문 혼용문제
　　155
국한문혼용체 361,
　　383
군진郡賑 75
군진이수群賑二首
　　37
궁원난득窮遠難得
　　333
궁즉통窮則通 196
귀독오서歸讀吾書
　　48, 56, 61,
　　393
귀독오서재歸讀吾
　　書齋 47
귀독오서집歸讀吾
　　書集 37,
　　45, 47, 49,
　　56
귀독오서집자서歸
　　讀吾書集自
　　敍 47
금강 333
금강경金剛經 193
금강조사金剛祖師
　　189, 192,
　　193
금압정책禁壓政策
　　93, 134
급무팔제의急務八
　　制議 38,
　　39, 144,
　　166, 387
기氣 78, 79, 80,
　　121, 123,
　　126, 127,
　　138, 214,
　　232, 233,
　　331, 340,

396, 408,
409, 452,
453, 456,
457
기백岐伯 148, 262
기백岐伯·편작扁
鵲 262
기우록杞憂錄
322, 328
기우록인杞憂錄引
38
기자 189
기자조선箕子朝鮮
189
기정진奇正鎭 149
기태완奇泰完 28
김개남金介南 37,
73, 386
김보록金保祿 93,
394
김봉학전金奉學傳
350, 353
김상기金庠基 27,
46
김용변金容變 27
김택영 230, 388

ㄴ

나인영羅寅永 42,
43, 176,
354, 388,
389
나철羅喆 176,
303, 307,
316
낙서洛書 189
낙수洛水 189
난륜亂倫 137
난옹蘭翁 46
남대南臺·산림山
林 353
남명南冥 333
남악거사南嶽居士
35
남악산 273
남이南離 200
남전 227
내세주의來世主義
118, 120,

138
내수방책內修方策
144
내수외양內修外攘
34, 37, 38,
92, 134,
144, 379,
415
내수외양책內修外
攘策 25,
34, 73, 377,
379
노소남북老少南北
160
노장학老莊學 36,
241
論日人所求陳荒地
40
뇌연정중건기雷淵亭
重建記 62,
333

ㄷ

다산茶山 84, 90,
233, 275
단군檀君 43, 57,
141, 148,
175, 179,
183, 185,
186, 187,
192, 201,
202, 211,
216, 220,
291, 292,
378, 389
단군강령삼장檀君
綱領三章
43
단군교檀君敎 43,
57, 176,
315, 378,
389
단군교포명식檀君
敎布明式
57, 316
단군·기자 148
단군세기檀君世紀
182
단군조선 151

단군조선사 182
단발령 295
단학강령檀學綱
領 57, 163,
176, 389
단학회檀學會 43,
57, 211,
389
단학회檀學會 삼대
강령三大綱
領 211
달성達城 283
달성루 265
달성부達城府 394
답영남유자이기서
答嶺南儒者
李沂書 46,
50, 95, 428
답이군강제서答李
君康濟書
42
답황운경答黃雲卿
37
당唐 343, 426
당장경唐藏京 186,
199, 200
대각문인臺閣文人
324
대마도 308, 309,
357
대명의리관 152
대명의리설大明義
理說 151
대명의존大明依存
151
대배달민족사大倍
達民族史
51
대원군大院君 355
대전大傳 99, 398
대조영大祚榮 189,
190
대종교大倧敎 43,
175, 176,
304, 382
대학신민해大學新
民解 42
대한매일신보大韓
每日申報
41

대한자강회 41,
389
대한자강회보 389
대한자강회월보大
韓自强會月
報 41, 46,
49, 361
대한자활협회大韓
自活協會
42, 389
도교道敎 191
도덕경道德經 186
도문일치道文一致
233
도창법倒倉法 75
도척盜跖 217, 404
독황성보讀皇城報
40
동도서기론東道西
器論 130
동도서기파 379
동명왕東明王 189,
190
동몽선습童蒙先習
35, 68
동학군 34, 37
동학혁명파東學革
命派 23,
379
두락제斗落制 85
두보 247

ㄹ

로베르(A. Rebort
15, 36, 37,
48, 50, 93,
94, 95, 100,
101, 102,
103, 104,
109, 110,
111, 116,
117, 118,
119, 120,
125, 126,
127, 135,
136

■ㅁ

마관馬關 296
마관조약馬關條約 356
마장전馬駔傳 336
만경萬項 35, 246
만덕산萬德山 234, 330
만월대滿月臺 348, 349
만주점령론 145
말갈족 190
망척법網尺法 86
매천 236
맥수지탄麥秀之歎 307, 315
멸국신법滅國新法 149
모병・훈련 250
무군무부無君無父 131, 140
무부무군無父無君 105, 130, 131, 393
무시자유無始自有 136
무신론無神論 138
무왕武王 189, 190, 406
무차별無差別 평등 정신平等精神 108
무한무량지천주無限無量之天主 97
묵자墨子 35, 43, 108, 131, 132, 143, 167, 168, 169, 170, 171, 172, 173, 181, 378, 380, 395
묵자사상 25, 210
문무적서文武嫡庶 160
문무지교文武之敎 226
문왕文王 123,

126, 130, 261, 267, 407, 408, 409, 412, 452, 453, 455
문화적文化的 배외주의자排外主義者 28
민권설 188
민무창비民無倉費, 국무조폐國無漕幣 88
민영환閔泳煥 305
민족개조론 203
민족 갱생사업 203
민족종교사상民族宗敎思想 28, 163, 175, 183, 378

■ㅂ

박변기려 237
박한진朴翰鎭 234
반계수록磻溪隨錄 36, 71
반봉건・근대화 24
반상班常 160
반제・자주독립 24
반천주교논쟁 216
발휘조국 163
방례초본邦禮草本 36, 71, 384
방전方田 86, 89
배일운동排日運動 39
백낙천白樂天 266
백락伯樂 70
백악춘사白岳春史 362
백증伯曾 35, 236, 237
백형규白亨奎 52
범장氾章 182
벽파론闢破論 35, 143, 378, 380
벽파사상 42, 146,

159, 163, 167
변통사상變通思想 196
변화원리變化原理 195, 219, 381
병력지술兵歷之術 36
보림사寶林寺 339, 340
보안회保安會 39, 145
보유론적補儒論的 적응주의適應主義 139
보육保育 165
복서卜筮 36, 71
복선화악福善禍惡 113, 115, 117, 118, 136, 137, 202, 216, 217, 220, 290, 291, 321, 343, 357, 368, 379
복선화음福善禍淫 117
본국방언本國方言 159
봉간逢干 113
봉교수계奉敎守戒 136
봉래산 249
봉성 236
북감北坎 200
북벌론北伐論 151
북부여기北扶餘記 182
분세의식憤世意識 253, 258, 259, 362
불경부모不敬父母 429
불경부조不敬父祖 105, 106, 109, 135, 140, 210,

211, 213, 396, 400, 436
불교佛敎 99, 111, 118, 123, 131, 133, 136, 138, 140, 141, 191, 193, 204, 394, 409, 446
불교영향설 138
불금시금不禁是禁 129, 132, 134
불기공이공지不期工而工至 229
불기방달不羈放達 377
붕우지도朋友之道 335
비류沸流 190
비시지시非詩之詩 230
비파행琵琶行 266

■ㅅ

사기史記 359
사대주의事大主義 151
사마천 226
사민四民 161
사서삼경四書三經 35
사세私稅 86, 87, 88
사승관계師承關係 71, 377
사씨史氏 232, 363
사이四夷 130
사전賜田 85, 89
산수정山水亭 322
산해경山海經 72, 385
삼만론三滿論 40
삼성기三聖記 182
삼위三位 102, 103
삼위일체三位一體

103, 206
삼위일체론三位一體論 102, 104, 137
삼육법三育法 163
삼일신고三一神誥 182
삼종교육三種教育 164
삼학사三學士 151
삼호사三虎詞 39
상무商務 개척비開拓費 91
상문주의尙文主義 146
상서尙書 189
상일본황제소上日本皇帝疏 40, 41, 63
상전常田 90
생수사보生守死報 136
서거정徐居正 324
서경書經 106, 109, 402, 438, 449
서기백西箕伯 348
서기옥徐其玉 228
석가釋迦 118, 192, 193, 394
석가모니 446
석곽石槨 129, 412
선비鮮卑 192
선여집爇餘集 46, 48, 49
성性 78, 79, 126, 127, 396, 431, 434, 456, 457
성교이증聖教理證 95, 123, 139, 399, 429
성리性理 433, 434
성리학 71, 129, 131
성자聖子 102, 103, 104, 137, 433,

436
성체性體 102
세교世教 116, 118, 120, 136, 137, 200, 219, 220, 403, 445
세제개혁 83, 276
소강少康 201
소설小說·이어俚語 229
소청疏廳 39
소하蕭何 345
송나라 359
송도松都 348
송병선宋秉璿 149, 352, 353, 364
송시열宋時烈 151, 352
송학宋學 36, 42, 76, 171, 172
수數 99, 114, 196, 199, 200, 206, 219, 220, 221, 333
수구파 24
수우론守愚論 324
수제리數制理 114
순舜 130, 217, 349
순역順逆 199
순純·익翼 353
시경詩經 106, 109, 123, 226, 227, 228, 402, 407, 438, 449
시무時務 26, 149, 150, 159, 163, 234, 237, 377
시무중시時務重視 72, 82
시무중시사상時務重視思想

154
시무책時務策 262, 334
시변時變 77, 80, 81, 82, 194, 196, 257, 382
시변대응 273
시변중시時變重視 193, 194
시변중시사상時變重視思想 82
시비훼예是非毀譽 339
시원적始原的 입장 78
시일야방성대곡是日夜放聲大哭 301
시전사詩前社 230, 388
식양息壤 134
신금언속금언新禽言續禽言 229
신두선申斗善 333
신리神理 81, 185
신본주의神本主義 138
신본주의적神本主義的 입장 107
신어新語 37, 46, 49, 386
신종추원愼終追遠 108
신혼불산神魂不散 210, 213, 406, 429, 452
신혼정백神魂精魄 191, 215
신후담愼後聃 112
실학實學 25, 36, 67, 68, 70, 72, 76, 196, 377, 379, 384
심양강 266

십계명十誡命 110, 137
십계칙十戒則 165
십오일저진도十五日抵珍島 42

ㅇ

아사달阿斯達 200
아산牙山 38
악비 360
악비岳飛 359
안동부주서판임관육등安東府主敍判任官六等 38
안창호 203
안함로安含老 182
안회顏回 320
알라 192, 193
애국계몽운동 34, 40, 41, 143, 180, 286, 377, 389
애국계몽운동기愛國啓蒙運動期 33, 39
애자愛子 40
애친愛親 40
야뢰보夜雷報 46, 49
양계초梁啓超 168, 188
양구국陽九局 199
양기養氣 79, 80, 233
양기론養氣論 36
양기론養氣論·문기론文氣論 233
양묵楊墨 105, 130, 140
양백규梁伯圭 231, 328, 329, 330, 388
양웅 247
양의兩儀 99, 398
양인계출量人計出 90
양전量田 86

양전론量田論 27
양전사업 250
양전사업量田事業 38
양주사상楊朱思想 171
양지아문양무위원量地衙門量務委員 38
양호羊祜 332
어윤중魚允中 38
여김보록서與金保祿書 95
여김의장가진與金議長嘉鎭 38
여박군재춘서與朴君載春書 36
여박외부제순與朴外部齊純 38
여세추이與世推移 80, 195
여신의장기선與申議長箕善 38
여이군부도재與李軍部道宰 38, 40
여이승지건창與李承旨建昌 37
여이의장용태與李議長容泰 38, 40
여일본대사이등박문與日本大使伊藤博文 40, 41
여조참정병직與趙參政秉稷 38
여지興地 72
여황성신문사장남궁군억與皇城新聞社長南宮君檍 38
역수가易水歌 226,

227
연암燕巖 336
염라대왕설 136
염래廉來 113, 404
영혼불멸설靈魂不滅說 121, 122, 123, 124, 125, 136, 137, 138, 140, 213
영혼세계靈魂世界 120
예학禮學 108
오강烏江 204
오기호吳基鎬 42, 303, 307, 388, 389
옥제 290, 292
옥중문일아화의獄中聞日俄和議 42
왕건 349
왕백대王伯大 327
왕부래신往腐來新 80
왕사찬王師贊 38
외귀畏鬼 40
외민畏民 40
요堯 186, 217, 349
요순堯舜 118
용勇 82, 209
용중시사상勇重視思想 209
우禹 189
우공 271, 272
우두법牛痘法 149
運 200
운運 156, 219, 220
운명론運命論 81, 197, 200, 215, 220, 321, 329
원동중元仲董 182
원명元命 213, 214, 215
원명元命·화명化命 213,

214
원불교圓佛敎 176
원수元壽 104, 399, 436
원전圓田 90
원죄설原罪說 137
월계정기月溪亭記 62, 333
위국제잔爲國除殘 359
위수 266
위정척사파衛正斥邪派 23
유歟 335
유력기遊歷期 33, 36, 75, 83, 381
유미流靡·질탕佚蕩 231, 232
유병만柳炳萬 72
유소시有巢氏 195
유숙 365, 367
유신론有神論 138
유연 227
유위지사有爲之士 72
유자후柳子厚 229, 236
유학 377, 379, 395, 399, 400, 420
유형원柳馨遠 71
유환당留還堂 325
유환당기留還堂記 325
육경六經 227, 231, 232, 233, 234, 235, 413
육경·백가·시무 234
육예 164
윤인 365
윤인尹認 370
윤회설輪廻說 124, 136
윤회탁생지설輪廻托生之說 124

원불교圓佛敎 ... 을사오적乙巳五賊 42, 145, 176, 286, 304, 307, 315, 353, 355, 359, 360, 372, 389
을사오적참간장乙巳五賊斬奸狀 307
을사조약 39, 143, 144, 145, 146, 286, 300, 301, 304, 305, 307, 347, 348, 353, 354, 355, 362, 370
음덕陰德 190
음양陰陽 36, 71, 199, 200, 416
음양론 214
음양陰陽 십팔국十八局 200
의리관義理觀 162, 207, 382
의책擬策 46, 48, 262
이건창李建昌 37, 48, 236
이건초李建初 293
이괄李适 69
이기理氣 78
이기론理氣論 77
이기불상리理氣不相離 78
이기이원론理氣二元論 78
이남규李南珪 38
이동해李東海 359, 360
이등박문伊藤博文 299, 303, 356
이릉李陵 314, 315
이맥李陌 55, 182
이병정李秉鼎 348

이사李斯 343, 345

이석사李碩士 여헌하旅軒下 95, 459

이理·수數 220

이승만 50

이암李嵒 53, 55, 182

이理와 수數 114, 220, 404, 448, 449, 450

이완용 303

이유립李裕笠 51, 52, 53, 54, 55, 56, 57, 58

이윤伊尹 189, 219

이은문학吏隱文學 324

이이첨李爾瞻 370

이일현李日顯 47

이정직李定稷 49, 229, 236, 338

이제夷齊 113

이제수理制數 114

이조묵李祖默 348

이조묵전李祖默傳 37, 348

이증理證 428, 460

이지용李址鎔 296

이하영李夏榮 296, 388

이학理學 71

이항로 355

이형오李馨五 48, 228

인근시상진봉서因近侍上奏奉書 40

인리人理 81

인본주의人本主義 138

인성론人性論 77, 78

인순고식因循姑息 34, 74

일부벽파론一斧劈

破論 42, 143, 145, 155, 352, 366, 389

일패론日覇論 40

임술민란 75

임창순任昌淳 27, 50

임학용任學鏞 70

입권立權 40

입전立傳 347, 348, 349, 352, 355, 358, 361

입지立志 40

입헌공화제 188

입헌군주제 188

ㅈ

자강회보自強會報 292

자강회월보自強會月報 159

자객열전 359

자로변자路辨 37

자신회自新會 42, 145, 304, 307, 389

자신회취지서自新會趣旨書 307, 389

自眞贊 388

자최복齊衰服 106, 401

자치독립 163

자하子夏 109, 438

자현장自現狀 42, 307, 389

잡세제雜稅制 144

장가長歌 41, 187

장곡천호도長谷川好道 303

장수長壽 119, 217, 325, 447

장자莊子 76, 325, 328, 381, 420

장지연 301, 389

재곡梓谷 35, 69, 70, 321

재곡자서梓谷自序 36, 324

전봉준全琫準 37, 72, 73, 272

전봉천全鳳天 52, 54

전부田賦 282

전선제銓選制 144

전제田制 71, 144

전제망언田制妄言 38, 71, 83, 84, 91, 262, 276, 387

전제주의專制主義 150

정경현鄭景鉉 27

정교증주태백속경訂校增註太白續經 51, 52, 53, 54, 55, 56, 57

정만조 314

정약용丁若鏞 71

정위새 271, 272

정인보鄭寅普 46, 47

정자程子 98, 397

정전井田 89

정전론井田論 84

정전제井田制 89

정주학程朱學 149

제가諸家 191

제가齊家 212

제대한강역고후題大韓疆域考後 38

제물론齊物論 328

제물사상齊物思想 381

제생탄諸生歎 40, 311

제요帝堯 195

제이형오십매후題李馨五十梅後 37

제이형오십매후서題李馨五十梅後序 338

조고 345

조국정신상실祖國精神喪失 153, 154, 159

조병세趙秉世 306

조양보朝陽報 42, 46, 49, 389

조어자설釣魚者說 36

조일강화도조약 356

존왕상무 163

종무지설宗無之說 99, 136, 424

좌전 236

주기론主氣論 80, 213

주나라 123, 226, 452

주역周易 80, 185, 196, 381, 419

주재자 291, 292

죽우당기竹友堂記 36

준승準繩 235

중력中曆 104

중오中五 194

중유만덕산기重游萬德山記 330

증산교甑山敎 176

증송촌옹지진贈松村雄之進 61, 297

증양백규서贈梁伯圭序 328

증자曾子 119, 212, 447

증주진교태백경增註眞敎太白經 43, 51, 53, 54, 55, 56, 57, 63

지리地理 36, 71, 367

지리산 260

지방제地方制 144

지부복궐지부복궐持斧伏闕 355

지인至人 185

진晉 332, 335, 343

진秦 343, 404

진교眞教 176, 180, 183, 187, 188, 191, 192, 193, 194, 198, 202, 204, 206, 207, 211, 378, 382

진교태백경眞教太白經 46, 47, 315, 321, 333, 350

진군眞君 186, 188, 189, 192, 200, 201, 204, 215, 216

진도珍島 42, 145, 307, 309, 310, 312, 389

진안鎭安 36, 246, 368

진안현鎭安縣 75

진인眞人 185

진인사대천명盡人事待天命 81, 197, 221, 332

진전陳田 90

진퇴용장進退用藏 322

진회秦檜 315, 359, 360

진휼 278, 280, 281, 282

질재質齋 35, 48

질재고質齋稿 37, 46, 48, 49, 50

질재기質齋記 37, 48

ㅊ

차관조약 83

참간장斬奸狀 354

참전계경參佺戒經 182

참성대신 303

참최복斬衰服 106, 401

창강 김택영 230

척사파斥邪派 93, 130, 379

척화斥和 151

천天 98, 101, 106, 109, 187, 188, 208, 213, 220, 396, 397, 401, 405, 424, 425, 430, 431, 432, 438, 449, 466

천강하민天降下民 109

천기 404

천기天機 113, 229

천기天氣 256, 341

천당지옥天堂地獄 112, 116, 119, 120, 121, 135, 210, 216, 396, 403, 429, 442, 446, 447, 449

천당지옥설天堂地獄說 111, 113, 116, 118, 119, 120, 136, 137, 138, 140, 216, 220, 445, 446

천도天道 256, 328, 329, 330

천도교天道教 176

천문天文 35, 71

천보산天寶山 55

천부경天符經 182

천생증민天生蒸民, 유물유칙惟物有則 106

천서유전天敍有典, 칙아오전勅我五典 106

천성천명 241

천자문千字文 35

천제天帝 97, 98, 109, 186, 256, 424, 425

천조天祖 186

천주교天主教 25, 28, 34, 36, 57, 76, 94, 96, 97, 98, 99, 100, 102, 105, 107, 108, 109, 110, 111, 112, 113, 116, 118, 121, 122, 123, 125, 127, 128, 129, 130, 131, 132, 133, 134, 135, 136, 139, 140, 168, 178, 179, 180, 181, 209, 210, 211, 213, 216, 288, 291, 377, 378, 379, 399, 400, 403, 407, 409, 410, 411, 412, 413, 414, 415, 417, 418, 419, 422, 425, 426, 436, 440, 445, 463, 464

천주명목天主名目 396, 429

천주명칭天主名稱 136

천주육변天主六辨 28, 37, 46, 48, 50, 56, 57, 95, 168, 171, 178, 186, 193, 210, 213, 214, 215, 217, 218, 219, 220, 288, 333, 386, 393

천지음양 80, 196

천지창조설 135, 210

천하공동의 마음 406

천하공동지심天下公同之心 115

천형天刑 325

철성鐵城 70

청육이소請六移疏 40

체용體用 78

체육體育·덕육德育·지육智育 163

최백영崔栢榮 234

최상의崔相宜 322, 323, 324

최익현崔益鉉 149, 355, 356, 357, 358, 364

취운정翠雲亭 57, 316, 389

취지서趣旨書 42

치본지술治本之術 85, 88

치세治世 256

치표지술治標之術 85

친소구별親疏區別

106, 437
친소구분親疏區分
137
친소무별親疏無別
108
친소의 구별 110
친소의 변별 401
친소親疏의 차등적
用差等適用
108
칠서七書 68

ㅌ

타잠 232
탁지부度支部 88
탁지부대신度支部
大臣 37
탕무湯武 115
태공망太公望 여상
呂尙 266
태극太極 99, 398
태극무극太極無極
466
태극학보 362
태백경太白經 147,
175, 176,
177, 181,
182, 183,
187, 188,
213, 215,
216, 218,
311
태백산 333
태백속경太白續經
52, 54
태백일사太白逸史
55, 182
태백진경太白眞經
51, 52
태백진훈太白眞訓
53, 54, 55,
56, 182,
188, 350
태소씨太素氏 51,
55, 57, 187,
188, 194
태소암太素庵 55
태육胎育 165
태인泰仁 339

토지공개념 88
통감절요通鑑節要
35, 68
통척화의痛斥和議
355

ㅍ

패주貝州 37, 48
팽월彭越 343, 345
편전박후偏全薄厚
232
평리원平理院 307,
389
포오츠머드 309
포오츠머드 조약
39, 388
포육哺育 165
포의신세布衣身世
263
표훈원表勳院 306
풍운風韻 235

ㅎ

학문學問 성숙기成
熟期 33,
35
학비학문學非學文
42, 328
학제學制 144, 166
한漢 343, 399,
426
한국분할론 145
한국분할통치론 38
한규설 303
한문타파 155,
158, 367,
378
한문폐지 155,
156, 383
한서漢書 359
한신韓信 343, 345
한연석韓延錫 28
한·유 232
한·유·구·소
231
한일의정서 39,
296, 357,
388

한정론限田論 84
항우項羽 204
해교자海嬌子 325,
326, 327
해학유고海鶴遺稿
45, 46, 47,
48, 49, 51,
53, 56, 59
해학전서海鶴全書
45
행로난行路難 37,
76, 254,
269, 270
행촌杏村 53, 52,
55, 56, 182
향시鄕試 35, 68
허무공적虛無空寂
136, 394
허문무실虛文無實
153, 154,
159, 365,
367
헌원軒轅 148
현산峴山 234, 332
현해탄 315
형경 226, 227
형오馨五 339, 340
형체形體 98, 101,
112, 121,
122, 123,
124, 136,
213, 231,
396, 397,
403, 406,
407, 408,
425, 429,
430, 431,
432, 452,
453, 454,
456
형체形體·주재主
宰 98
호검好儉 40
호고병好古病 145
호남삼재湖南三才
236
호남학보湖南學報
42, 49, 146,
389
호남학회湖南學會

42
호남학회월보湖南
學會月報
46
호역제戶役制 144
호전弧田 89
호치好侈 40
홍범洪範 186, 189
홍익사서弘益四書
182
화명化命 192,
213, 214,
215
화엄사 49, 229,
324
환곡제도 277, 280
환단고기桓檀古記
182
황극皇極 194
황노학黃老學 149
황무지개발권 39
황무지 개척권 145
황무지 개혁 388
황성신문 301
荒地第一疏~四疏
40
황현黃玹 37, 38,
49, 168,
229, 235,
236, 386,
387, 388
회계산會稽山 204
회교回敎 193
효산자曉山子 35,
51, 55
후려侯閭 189, 192
훼탈최마毁脫衰麻
41, 388
흑산도 355
희공喜公 40
희사喜私 40

부록 附錄

附錄 目次
부록 목차

質齋稿
질재고
············· 3

答嶺南儒者李沂書
답영남유자이기서
············· 4 3

法人謹謝 李碩士 旅軒下
법인근사 이석사 여헌하
············· 7 3

海鶴遺稿 增註眞敎太白經
해학유고 증주진교태백경
············· 8 7

해학 이기 海鶴 李沂의 사상과 문학

質

齋

稿

天主六辨 并引

湖南李 沂著

雄駟似克峯

尖巧處又

髓賴小倉夫

于自道則定

曰學字有不道

孟子嘗以知言自居然今有人焉曰我將背父而叛君

聞者莫不驚而疑之孟子豈謂是哉夫自戰國以來道

術多端其公私是非之辨雖不見於一時而或見於十

百年之後如楊氏為我墨氏無愛其始近於仁義而其

終至於無父無君則惟孟子必察乎此使詖淫邪遁之

辭不得行於天下後世故以知言自居而不辭也余至

大卯之明年三月法教士金保祿來住于府治之南山

5

設館聚徒從學者頗多余嘗一詣其舍且取其書再三
覆迅乃知其法則佛氏之流裔也蓋西國之教惟佛氏
最先而其所宗則釋迦耳肢行之幾百年虛無空寂之
說竟不足以動世故於是乎巧慧之萌思得一物可以
壓倒釋迦而未有因也相與構誣造天主之名而大
呼於眾曰釋迦雖賢聖亦猶天主之臣也與其宗其臣
無寧宗其主故一唱百和鈎引而索薜之今已半天下
而不復有言佛氏者矣肤移桃接華果雖化為而本根
猶存故其泰教宇戒生修死報之論即與佛氏相似而
稍卹發相耳以是而抗顏強詞欲與吾儒爭衡其遁蔡

所也不亦宜乎孟子謂能言距楊墨老、月二乂行七八

佛氏之行火於楊墨天主之號炎於佛氏而吾歲以操數

寸之管折萬里之鋒自知其力亦不敵炎或曰今西人

以汽艇電車橫行諸土而況此教士則　朝廷之所傳

送州府之所檀頒者也而子以一布衣起而觸其怒吾

恐子身具不保而駚堂子言之得行雍余曰不肢凡論

教者但當視理之真安不當較勢之強弱苟不問道以

之何如而遍以威悔相加則吾頭可斷吾腹可剖而吾

心不可眠矣吾之君子得其位則思行其道不得其位

則思修其解此豈以中西而有間乎哉竊料教士之來

中貢祭

其非以行道則將以修辦耳可復任一已之見而摘天
下之口邪故余於天主名目不敬父祖天堂地獄諸不
延人情者不得不辨而至其譏世之談命說相及奉老
君文昌等神則吾有辯焉。

天主名目第一

天主之稱古書無有也惟其無有也故能使人贊觀妙
聽而顧一求之也今其說曰天主者非天非地非理非
道非氣非性非人物乃造天地神人萬物之大
主又曰天主乃無形無像之神體非形目所得見如有
形像而可見則已限于形像不得為無限無量之天主、

於是雜引經傳以自附於吾儒言天言帝之義而冀逃
其責狀其責之起竟由於是此君子所以審慎乎立言
之際也夫天主既非人神且無形像則必不能自道其
名亦不能自喻其教而不免有一人於斯立其名而
命之耳愚未知其命之之人是堯舜周孔之徒歟抑黃
老申韓之類歟今以其書觀之意必非聖人何也為其
不知理一而分殊故也凡吾儒之言天言帝者固非一
二可舉然程子慮夫人之不曉而轉生異說故釋之以
其形體謂之天主宰謂之帝〇即天也天即帝也譬如
人身是形體心性是主宰而人身心性并而成一人耳

9

今於天地之外別求一造天地之帝則是猶於人身之
外別求一造人身之心性也吾恐求之愈勤而得之愈
難古人所謂差以毫釐繆以千里者未始不在於此耳
且如道之大原出於天則為吾儒者皆能開口便說矣
肰猶斷自伏羲神農以下六經所載諸聖人而為宗者
以其近而易知信而易行也豈可逆推天地未生之前
非人非神無形無像之一天而宗之哉若是而乃謂
吾儒之教總由人立不能盡舉盡美凡人之本分及其
終向未經詳示而不自知天主亦出乎非聖人之人之
命之而其所指本分也終向也却在於非與無之間也

不得已則再覈其說而於天主譬言諸教目之二百六
萬皆起於是肰試以一算置之于地雖病目之人亦知
其有也而謂天主無形像可見何哉大傳曰易有太極
是生兩儀解之者云太極猶一也方是時而天地尚未
分其一圓之體勢圍已具矣故自有而有者吾儒之教
也自無而有者老佛之說也在老佛則斥之在天主則
進之吾不知當世君子之將何以處此也儵疑前者聖
教理證書言亦西教中辨論大文字也其卷首載天主降
生之年其書作於今甲申而西天主降生一千八百八
十四年自甲申以上溯得漢哀帝元壽二年庚
申耶穌以是歲生何見既而又述天主無始之語肰則

降生者、非無始之天主也。無始者、亦非降生之天主也。

于畤乎。有兩天主矣。敢問使奉教者其將從何天主耶。

胡言亂語率至於靲口之录而刺于之旨則冝其喙之

窮且苦矣。余嘗謂天主教有不幸。亦何也。顧今玉者、

不作吾道衰微致此外敎敢来相干。仁人志士莫不長

视太息以為不幸之甚厭。但其辯理不近破露極多不

足以取信於人而鯤匹决婦之稍有知覽者亦不許聽

從之此猶為幸焉。昔荀卿者非相篇論者謂其區吾儒

之尊而與必術辯則非徒自失體颔而已且使此董長

其悍傲之習也。故余於斯亦有所不敢盡言者云。

澤謂

九佳

12

不敬父祖第二

天主教之不敬父祖、其亦有說歟、曰生我者父母也、生

父母者祖宗也、生祖宗者天主也、故其敬天主、即是敬

父祖、不敬天主、即是不敬父祖、嗚呼此将使天下去人

倫而就禽獸耳、何忍以為是邪、雖楊墨氏無父無君之

人、亦未敢邊出此狂妄之言也、苟自天主而視衆人俱

繫子女無復親疏可別、而猶不兔於皆聖生息則不義

近乎父子衆庶之而兄妹相奸者乎、嘗聞西人男女無别、

帷薄無罪窺恕此說有以啟之耳、夫吾儒之能長於諸

教通天下亘萬古而不可易者、以其有親疏之辨也、故

父死則斬衰之祖死齊衰而至於無服此門內
之親疏也朋友死則一哭之死人死則不哭之乎而至
於無情此門外之親疏也凡人以一身而處萬事必思
以和之筋力以行之其內外殺莫不有自然之道而
無待乎安排故必稱天而羕之若詩所謂天生蒸民有
物有則書所謂天叙有典勑我五典是也肰惟自人而
視天常曰其敬父祖即是敬天不敬父祖即是不敬天
而已未常有倒詞遊說如西人者耳一言之失竟至毆
人而納諸禽獸之域可不痛惜哉且夫人之祭父祖必
以酒肉者非謂其父祖飲食之也父祖雖不能飲食

14

之而吾心則猶欲其飲食此固事死如事生之心

事存之義耳故禮曰安知神之所饗亦以主人有齊敬

之心也若以父祖之不餒而并吾心而廢置之脘有其

父祖病疼滿而不思飲食亦將仕其疫之不試以進之

邪苟如是則西人之謂人子者恐亦不安于心也惡

改圖以從吾儒乎吾當以敬天之道告之

天堂地獄第三

天堂地獄吾不知其果有邪其果無邪其有無固不足

辯設使有之而無補於世教則亦已明矣人見其父

己為善而夕言子名譽言為惡而多罹刑辟而惟或肯善

向惡不後有所計擇者以其心後於物故其苟如是也則眼前事且顧不得而況能念百歲之後無形之身之其苦其樂而為之勸懲也哉嗚呼後佛氏者盖嘗借此以為難惑愚氓取齋供之具而天主胡齋乎鍾起而唱聲嗷此吾朮以規其樣佛氏之伐而八佛氏之室以攻佛氏者也（如地獄佛氏以閻王始之天主以傲神語之吾恐閻王未必不微神而今反謀之可笑）夫君子之為吾非有所希也其不為惡非有所畏也但便梱道理之當行而已然若其義也則雖遺殺辱樂辭其義也則雖獲利枏不居達千之死未必不壽於齋未夷齊之餓未必不富於䜣驕哉以子則孝以臣則

16

忠以朋友則信廉於財慎於色而不及於傷人害物也

事吾儒之教如是而已復何有於天堂地獄也然則人

之善惡其終無報而止耶此古之聖人未嘗詳言之恐

其太露天機而遂啓人為耳夫天地之所以生化萬物

者惟理與數而以其必然者謂之理以其或然者謂之

數理數并行亦能相制故孔子曰天生德於予匡人其如

予何是揩其理之必制數也顏淵死子哭之慟曰天

喪予是揩其數之或制理也是以君子之得福固常也

而其不得則非常也小人之得禍固常也而其不得則非

常也今人見其非常而遂并其常而疑之欤岂非聖人

蒙 儆 苦

之能盡人者、則不可以言天、恐吾之自修、有未足也、

故終身兢惕不敢縱肆而至其禍福之來、則不暇逆料焉

耳、然則天豈冥然無知而任人之善惡不之治而止邪、

此吾平生願以一言告諸當塗君子、使知其擔夯之

重者也、夫天之於人、尊嚴以臨之、神明以照之、意所予

奪理無從違、朕但末有口舌手足而能譴責誅討人也、

則其勢不得不待乎君人者之奉而行焉、如孟子所謂

國人皆曰賢、朕後用之、皆曰可殺、朕後殺之、賞罰黜陟、

動合於天下公同之心、其善奉行者為湯為武、不吾奉

行者為桀為紂、桀紂之亡、湯武之興、謂天不知、則不可

矣故余嘗以爲天堂地獄不在於他而在於吾心吾心

即人心也人心即天下公同之心也其刑其賞必於此

取決焉則庶幾近矣

神魂不散 第四

孔子曰未知生焉知死先生之故亦大矣而舉始以見

終舉有以見無是可謂一言而盡也夫人之生而形軆

具則神魂亦隨以存其死而形軆解則神魂亦隨以沒

譬之燈火油炷其形軆也光明其神魂也寧有去其油

炷而獨留其光明者乎世之強壯勇毅之士死不得其

命則餘氣擁結愈不能散若左氏所記伯有彭生者亦

或有之故刑市戰塲之間往〻有哭泣之聲妖恠之狀

此可徵矣其散雖有遲速而必期於盡而已未嘗有存

而不没者也今天主教則不然謂人在母胎時天主賦

以神魂不賴形體而生亦不隨形體而滅以為死後賞

報之地嗚呼是所謂未知生焉知死者耳試問足下以

人之神魂寫不附於形體邪必曰附於形體也形則

體不在此將何居邪必曰歸原於天如詩所謂文王在

上三后在天之類也然則周之子孫有見文王三后於

天上者邪必曰理之所存不可以不見而謂之無也然

則神魂是繫於理而不繫於氣邪必曰是繫於氣也然

20

則氣亦有能外形體而自立者邪，吾恐足下之口於是
竭矣。天地之所以寘施萬類者莫非一氣也徃過来
續相生不息，今日之氣已非昨日之氣明日之氣又非
今日之氣，其賦於物也亦狀固不能燃死灰而潤枯木
必待生物而自見，如神魂之於形體也，及其死而敲有
餘氣之未散者，又不得不附於物，故伯有附於彭生
附於萇草木之興土石之祥，無非此屬，而文王三后若
其尚在則恐亦不能免焉，是以聖人必為制體始死則
執衣而呼復，而既矣則立主而請安攀高望逺若將返也。
故清廟之際凡在位者愀然如復見文王者是耳。佛氏

21

有見乎氣之不附於物則不能自見而遂造輪迴托生
之說朕不知人之不可轉而為禽魚禽魚之不可轉而
為樹卉以其水陸與處而動植不同屬也天主教之識
之是矣至於神魂不散則猶龍蛻而取之何也非此亦無
以欺人兩誣世耳聖人之教人必以其知之所及其行
之所能故曰無淇色而殞精也解惢飲食而傷魄也精
威則神全魄強魄安此其保有壽命之道也如是而
已未嘗以不經之言愚用其民耳令有人指空而語曰
我見愿其非病狂則必欺誣也好事者猶或信之甚可
歎也

22

而不湯
蕖墩住

天生教之易於感人何也以其有富貴安樂之說而誘
之故耳人生斯世耳目手足莫非繫累而冨貴安樂四
物者固所願欲而不可得也如其可得也則雖䲡刀戟
撞湯火而微幸於萬一者情欲所在死生不暇擇此世
之獨夫寡婦既失依賴又乏衣食每遇風雨之夕雪霜
之晨荒燈茅屋顧影長歎以為吾平生未嘗作大罪惡
而何窮若至此耶不如溘然死而無知也已而又自惟
念人之窮通亦各有時安知吾之他日不有一發耶既
不能死則佇俟其來可也聞有能談命說相者則橋持

財幣而往扣之聞有能風水者則發掘其父祖塚墓而

又往求之以至於奉佛事神疲所不辭而冀其不獲乎

生則必獲乎死不獲乎身則必獲乎子孫其心蓋未厭

一日焉於是天主教囙其父屈之情柔其下動之機、

以謗之曰茍能受吾之戒而愉吾之呪則其富貴安樂

之福生或不享而死必有得也使聞之者莫不嘉其新

悦其美而靡肰徙之不悔矣故八其教者舉皆性氣昏

瞞勢力單寒本不能為惡而如婦人孺子辈耳何嘗有

聰明豈弟談論道理能以為義者乎又何嘗有豪強縱

暴横行閭里能以凌非者乎顧今天下富貴安樂者必

而窮苦者多聰明豈弟者少而奢侈者多則　者矣　強縱暴之

少而單寒者多則安得不駸駸然相引而歸之我甚矣、

人之情欲無窮不可以制也季孫氏為石槨三年而不

成孔子笑之為其不求儉於生而圖存於死也今之奉

天主教者亦何異乎為石槨邪吾見其徒勞也已、

天主可禁第六

天主教可禁歟曰可以其從外國而來故歟曰否舜生

於諸馮東夷之人也文王生於岐周西夷之人也狀人

未嘗有以夷人而斥舜文者蓋其道之所存其況今西

人之電汽諸器概其精巧可以為法於天下而吾輩近

日服食應用之物，自泰西來者亦西　而獨於天主教則
曰可禁者豈有他哉恐其以非道而亂道也嗚呼聖人
不作六經裏廢諸子百家之言雖未必盡合乎先王之
教而孟子惟於楊墨以無父無君責之者蓋慮其末流
之弊必至于此非謂其身親行之也朕猶距之不遺餘
力而況其以無父無君之道身親行之者邪自吾皇事
以來數十年之間天主教之禁未嘗不嚴犯之者則必
置諸死狀山澤愚魯之民徒徒身伏斧鑕而口誦經呪
竟不可遏止者此其心猶疑於有而期於得丹今夫米
金者之涉崖谷穴礦石椎鑿之功實於其前積壁之患

26

隨於其後而方且懾身沛足不知危懼何也亦以有金

謔疑而得金為期故也是以禁之愈嚴犯之愈多刑殺

錐日尋而徒使不教之民橫被無辜之誅故余嘗以為

不禁是禁云者亦未必無見焉耳昔在京城時西人初

觀之所在成圍錐使吏卒鞭笞驅逐之而終不肯去至

來者頗不類披服亦異其出行衢路則市人街見隨而

於數年之後則視以為常恬然不怪也今天主教亦狀

其說則五十年前聞之辭也其書則三萬里譯翻之文

也又況有製造之術富強之勢皆足以先聲奪人故秦

其教者冀不誤於有期於得而如朱金者之以百歲之

命、當一銖之物也需今之計莫若任其逃師八學而不
加拘柵其姓名則倨以吾户口之帳汲也其倉主則倨
以吾租賦之制治之其犯罪則倨以吾官府之法繩之
荀如是而不過三數年之後其子弟之愚者視慧者惡
有無後者梜先者之得失疑期之心漸次解散悔悟退
歸於是則見其教館即一佛寺也學徒即一僧尼也
今雖有佛寺僧尼而無所害於王政無所損於民事者
亦以得其禁也之道耳況天主教勸人生修以圖死報
則滿其徒者之能惹君父之憂而赴國家之難也可恋
取以充之軍丁撮之戈亦用之戰伐則此天下莫強之

兵也又安知我　朝廷內修外攘之具不在乎是邪近

歲有獅為東學者湖南諸郡之人潛相傳習頗有徒黨，

朕其實乃天主教而以　朝家之所禁不敢顯行而姑

其名稱耳禁於西則竅以之束禁於此則竅以之彼譬

猶九年之水以息壞塞之潰決無日階溺无多故不如

因其勢而利導之此吾所謂不禁是禁者也。

與法人金教士　保嚴　書附・

近日頻屬決惟道體棋重懽於足下一面之交耳浬

當問寒喧慰羈旅而已不當更有所煩讀也朕今足下

過海度陸數萬里而至此者非他將欲以明教而宣道

也、苟有可以化合諸説曉解衆惑者則豈不忠國人之
助而釋之乎僕雖不敏亦嘗讀書學儒敎夲已踰不惑
此年矣性素嗜古而好奇雖黃老刑名陰陽術數世此
所謂異端者亦必取其書而求其理必所在如有一言
之善則又為此揚眉目喜動顏色而告諸人曰某也
如是於吾道何害故九州里友朋之與僕游者皆許僕
以樂善嚮義也僕少時聞恭西之國有天主敎者篤薄
君父棄絕仁義其流入於我土亦敎十年而朝家之
設禁甚嚴犯者至死故僕私自疑之陞于壽有言東
方有聖人出亦同此心此理,西方有聖人出亦同此心

此理夫伏羲神農黃帝堯舜禹湯文武周公孔子是也

吾儒家所稱聖人而宗事之者也雖生不同時起亦殊

鄉肤其行牟其身發牟其口而可以為天下法則無不

符合於一揆者盖以此必此理之同得故耳使西國而

無聖人則已既有如天主教之立言垂世則恐未必反

背倒道若晃必甚也嘗東西人之心必理互相不同以

而陸子壽之言亦未足深信邪柳我朝家專尚儒教

不欲以外國之物參差其間也吾觀西人化學之妙算

術之精冠絕古今皆可取準則又安知其教之不有補

於吾道者邪但山川修遠足跡阻滯恨不能往從其人

31

而問必也反覆惓惓不得其說者巳十有餘年于兹矣夫

全春足下之來也僕又私目喜之夫歐亞兩土以相距

有幾何里而其不相通又幾何年也幸而及我時束而

聖必道若將合以為一而況天主教吾所願見而不得

昔也古人云德無常師主善為師顧吾冠儒冠而服儒

服者殆三十年進則無用於世退則無成於身自愧且

惠莫知所止而似聞教士朝兩國之高人也首不見外

而以一言辱教則吾必從而師之矣異日必踵門請拜

實非舞蹈于懷也而足下顏顏和忻言論坦明僕固巳

心悅不忍便辭欲起復坐至於數再而又以館書相借

憒憒然有導人醫學之意故歸而讀之不覺鷄鳴而天
且白矣然書未終卷而又為之影懼戰栗不能自安如
病熱者之通身汗出而後已何也易曰聖人以神道設
教傳亦曰百姓可使而不可使知此乃古先正不得已
之謂也固未敢挾神道而愚百姓若天主教之指空喝
虛耳故其立教也家則有父國則有君非父無仁非君
無義亡天下之頂髮旣肉踊而為人則無不知其至親
至尊而莫敢尚焉今忽以天主二字加諸君父之上而
奉事必遂使至親至尊之位反致輕損此其所以見黜
於吾儒而至謂之賤薄君父棄絕仁義者也大義諒然

33

則其餘有不殷論故全奉教者幾皆陸篇七克行盡十

戒是猶放飯流歠而問無齒決何足輯哉厭則為其

教者恐必非聖人而不過如莊列子必恃才傲物不自

知其言之過於高大而為獎後世耳僕安不量已輒取

教條中可議蕭逐一發難而以求質於足下足下幸無

斬其邁古而卒賜之教也夫學者之於道亦與行路相

似必熟諳其東西之趨向山谿之險夷然後起步弓可

以無失也故難在吾儒亦多費詞辭之帶而求真正之

理於宋則有朱陸之辨於戒　朝則有湖洛之論皆皆

終身憍貳不躬故一故僕心常恨之心為人躭於辯論

之際、虛心降意不以物我之私置諸其間、則始雖齟齬、

終必有得也、而何至紛紜若是、今僕之所云之、亦非

敢抗辭爭氣以求勝於人耳、若以一言提撕則僕雖遲愚、

即轉如戶樞而趨如湍水矣、又安知不因是而教益以

明道益以宣、而爲足下一臂之助、那惟延下栽庶不湔

嘗與客詰及於教士、余曰模糊來學不聞往教古之

士君子雖不敢自慶其道亦不敢自輕其斗令兩人

之以傳教爲名此入亞洲者其意殆不可測凡事不

近人情而能不爲天下禍者未之有也故縷洵之於

王安石其能兒見亦以此耳夫教士之棄其父母捐

其妻子駕海之行誠危矣設罷之賞亦多矣而猶且汲
汲然以教人為事者此吾之所不肯為也以之所和雖
為亦以人之所不肯為也其情為吾與人之所不肯為
者非有大奸則必有大隱耳禍既未作言亦無補故
余雖不得聞啄狀亞洲心腹之憂亦必不在於是矣
或者妄引孔子轍環天下而辭之非也孔子聖人耳
無可無不可下孔子一等則未可以語此誠觀諸教
士之道義也學識也其皆孔子一輩人所鳴呼見歟
者猶辨辜而欸之者誠有罪也若以天主教之法治
天主教之人告見天堂虛而地獄滿矣

向嘗以一書貽犯高明知罪俟命今已踰月矣及奉來
諭告之以丁寧繼之以恐喝讀之未半憫恩并至不覺
牙關開而舌本縮宜不敢復言而但其中有不可不復
者故略舉一二以冀足下之回照耳僕書所云王者不
作卽古文中讀而王字讀以去聲如王天下之王非如
君王之王音義不同補用亦殊而足下執此為答諭之
不敢是固不聞於吾儒文字故以致如此雖不足多辯
然其以咸勢刼人箝制其口則已非好意矣愚未知足
下之來其將以刼人邪抑將以教人邪如將以刼人也
則西國之強大天下莫當焉而況僕以窮鄉僻儒其不

37

戢頡頑亦已審矣，如將教人也，則但當明其理，而開其
志，期與同歸於善而已，不當以一言見忤遂不欲違之
覆載間耳。吾聞天主至仁，凡人有過，許其自新至死不
悅，而後治之，使僕言果未善，則身沒之日，亦應付之地
獄，備受罰報，而恐不勞足下之置不置也，足下於僕之
所疑不為示，而直以高聲大詬哄動城府，其於七克
克念之工，似有所未盡者矣，僕之拳雖小，而舌則甚長。
足下試安坐而聽之，使之畢其說也。夫歐邏諸洲之言
語文字雖殊，而義理則一，誠有如來諭者，然足下所謂
天主是措天帝而言歟，天帝合一之意，前書已悉矣。而

38

足下猶以天主為造天地萬物之大主、則天主與天遲

成二物、實非僕之所能曉也。求諭又言天主無始自有、

有卽始耳、自開闢以來幾千萬年、謂不知其始、則可謂

無其始則不可。此與佛氏宗無之說、未免同趣。足下幸

夏息之求諭。又言天主悶下之不及、親自降生、吾未知

其降生之日、形體面目、其類天邪、其類人邪、世或有魔

鬼憑依於人、自號天帝、而指誑人之死生禍福者。足下

所云、無乃是物乎、如果降生而為人、則是人也、非天主

也。嘗聞西國有人、而天主者、蓋以其道德神明與天主

無異、而求論亦謂梅瑟聖人、虔誠齊沐受天主十戒市

曉萬民然則此乃梅瑟之教而非天主之教也如吾儒
之所稱堯舜禹湯文武周公孔子諸聖人其道德神明
亦與天一者也然猶不曰天而曰堯舜禹湯文武周公
孔子者蓋欲以人教人使其易知而易行耳延下試取
僕前書而再加詳釋此來謝又言自孫吳以來歷代崇
襃而李張之此尤可笑也夫漢明帝治近佛氏入中國
而齊梁陳隋唐之間莫不奉事見今梵宮法宇徧滿天
下宜乎謂之聖人而貴教之又譏斥其非何也嗚呼貴
教之行于西國則吾不知已至於我東之人身服儒行
口道儒言根深而體固于今四千有餘年禮樂文物粲

然具備固無待於貴。教奚足下雖欲改措而易置終
恐不行而徒費心力亦猶吾說必不能使足下轉回耳
故足下之居此亦將一年矣請觀其來而學者類皆愚
夫愚儒不辨十二月必有大小者也今其人徒也如是
道理也文如是而妄引我東方言呼天主者以證其說
斯亦過矣足下獨不聞我東方言之見人有干犯倫記
敗傷風化者則輒指以為天主學者乎言之至此自潢
觸撞不知足下又將以何罪加之也傳曰惟君子能愛
盡言冗僕之所盡言不諱者猶以君子待足下也而來
論乃責僕為不善待人自顧無有實不甘心耳比來日

41

寒，轉甚惟足下爲道珍重，不備。

答嶺南儒者李沂書

答嶺南儒者李沂書

大道難容於世、至德不合於俗、每於聖教之初、輒怙惡拒正之

徒、習邪毀正之類、往往揭撅、在此毒害、勢固然矣、道何傷焉、

近自開化之後、聲教相聞、謗讟漸息、然管見猶眼、受誣於

瘋實然無覺、頑然不顧者多矣、嶺南儒者李沂、沉耽禪學、

一書不達大道奧義、唱疑於無疑之端、覓死於無滅之死、自

言自解、以毀以斥、為書四篇、而議之一曰天主名目、一曰不敬父母、

一曰天堂地獄、一曰神魂不散、聚其為說也、文雖勝而理不當、

巧而反拙、此何人斯、雖尋常道理、以若淺陋之見、猶不能

辨、而況至大至奧之天主道理乎、正是夏虫不可語冰、井

與談天可憐、他過儒之說、不堪深責、而不容不辨論非

饒舌恐為別人藉口於是采逸篇論辨書之于左

天主名目

儒者曰天主之稱古書無有聖教理證書既曰天主非天非地

非人非鬼無形無像則不能自道其名自論其教必有證之

諭之之人是孔孟之徒歟抑黃老之類歟

余曰天主之稱與儒家所稱主宰上帝字異而義同蓋天主

固難為名亦不可無稱而萬物之中惟天為大萬名之中惟主

為尊故取其至大至尊之義稱之以天主也以文字言之於傳雖

無以常言解之則仰天而呼寃者無不稱天主此即愚夫愚

婦之所共稱者也取其常言易曉而稱之曰天主豈必孔孟之

徒名之諭之然後始知有天主乎子試齊人也不知孔孟之上

46

又有孔孟乎、何必拘於古書所尊為導時人耶稱先王□□□

儒者曰吾儒之言天言帝者、以體形謂天以主宰謂帝之即

天也天即帝也譬之人身是形軀心性是主宰而人身心性所

以成一人今於天地之外、別求一造天地之天主、是猶於人身之外

別求一造人身之心性、吾恐求之愈難、吾儒斷自伏羲神農

以下諸聖人而為宗、豈可逆推天地未生前無形無像之天主

為宗乎、

余曰此乃不識天主造物原委及人魂之來歷、故有此混淆之

說也、未有天地之前、惟有一至靈至神者始造天地萬物而天地

始有矣、今曰豈可以天地未生前一天主為宗云者、荷其誤於談□、

且天自天帝自帝也、天不過主宰所造之一物、帝乃為造化萬□、

物之大主今曰主宰與形天合以為帝譬猶人身與心性異以

為人云者語不成說又何愚也譬於國王大閩如天國王如帝

人若以閩為王拜之敬之則非狂人乎且身自身魂自魂也身

是父母所生魂是天主所賦乃天命之謂性也設如子言則身

與心性自合為人而無命者乎天與主宰共合為帝而有形

有始者半又曰天地之外別無一天主可謂主者天乎地乎天

地無靈無心之物也以物為主與拜日月敬土木之類何異哉

人之有心余忖度之若謂無主則良心難誣謂主無心則私慾

可縱所以心無心之天地為主慰其良心以已已之先儒為宗肆

其私慾嗟乎能專人命之生死者誰也能制人事之福福者

誰也仰觀俯察天地以覆載之日月以照明之五穀百果以生

48

養之，一草一木一禽獸，無不為吾人所需。試問天下何人不賴天主之物，而能保一日者，誰也敢逃天主之命，而能尊百年者，誰也思之哉，思之哉。

儒者曰，理徵書首載天主降生之年，既曰天主無始，則降生者，非無始天主也，無始者亦非降生天主也。于是乎有兩天主乎。

敢問奉教者，從何天主乎。

余曰，此乃不聞天主性理之大際，故有此問也，天地之有一主，猶國之有一王，家之有一長，一天地豈有二天主乎，觀水有法必

觀其源，論道有理，必論其本，欲識降生之主，必先論天主性理，然後庶可約得第念其理徵妙，其旨深遠，非人聰明所能及，苟非天主默牖其衷，誰能窺其萬一乎，今以聖經所載觀之。

49

天主無始無終全能全知惟一無二然有聖父聖子聖神三位

之分三位皆至神活潑毫無異同包含於天主一性一體之内

非先有一而後有二亦非先有父而後有子與神俱自無始同

有同立之一天主也體雖一而位三位雖三而體一在昔一人有問

於賢者曰何謂一而三三而一也賢者荅曰難言也物之大而貴者

猶勿論最其至微至賤之如蟻一蟲問厥性理則子何以荅之必

曰不知人之淺見猶不能透微出之為性而況無量無限至靈

至奧之天主性理乎由此推之人之小智固不能釋猶不得不承

服於天主至誠之下矣厥初造物之始先造天堂出無數天神預

知天神中三分一犯命為魔為補黜神之位且欲通其福通其

善造此世界生一男一女肉身雖如禽獸靈魂還同天神肝

發的有禽獸之慾魂旺發的有聖人之品卽如禽獸亦有

免魂如天神不兆不滅善則賞以天堂惡則罰以地獄此乃天

地大君統御萬民之權也惜乎原祖不幸方命仍失主寵終

為魔役既犯至尊之主宜受無限之罰一人原祖不兆□□□

罰萬世子孫未免傳襲厥罪如世之為奴充軍故墮輕重

曰赤地墮地無非罪人由此而良心易失本性難復好善而不

欲為善惡之而反樂為惡嗟乎天主生人本意乃欲通□□題

福而反為罪孽之數是豈天主之至意哉天主非特吾人之

大君主亦為吾人之大父母以公義則全罰無赦可也而惟於

仁以愛情則全赦無罰可也而傷於義兩難之中惟有一種

好道理蓋位等天主之人替當其罰則切罰相徇始可贖世

黙安有等天主之位者乎蓋乎原祖乎命之後普世萬民皆陷
地獄殆若赤子入井天主之仁慈不忍坐視不容不挈子是乎聖
子一位締合人性降世為人以中曆考之乃西漢哀帝元壽二
年庚申即古經新經所稱救世主耶穌也以主性則真是主也
以人性則真是人也正是人而主之而人也主性之合于人性譬
如太陽光射子人非太陽自下射人所射者太陽之光也太陽
之元體自在其虛則太陽與光一五三二而一也耶穌之天主
性無所不在不非自降而合人取人性而自合為人以此推之所
知非二太陽則亦知非二天主也

不敬父祖

儒者曰天主教之不敬父祖其亦有說歟曰生我者父母也

生父母者、祖宗也、生祖宗者天主也、故其敬天主即是敬父母

也、不敬天主即是不敬父母、嗚乎、此將使天下吿人倫而就禽

獸耳、苟自天主而視眾人、則俱係子女、無復親疎可別、而擋

不免於婚娶生息、則不幾近乎父子聚麀、兄妹相奸者乎、聞

西人男女無別、帷簿無罪、竊以此說有啓耳、吾儒之能長者

諸教通天下亘萬古不可易者、以其有親疎之辨也、且人之

祭父祖必以酒肉者、非謂其父祖能飲食之也、節不飲食吾心

則猶欲其飲食也、此固事死如事生之義、耳、既有其父祖病

痞滿而不思飲食、亦將進之耶、益匡醫欲圖

以從吾儒乎、

余曰是何說也、子琇謂吿人倫就禽獸、父子兄妹奸淫為惡、

究實由於恭敬天主俱為子女無分親疎等奚乎以恭敬天主。

言之曰帝曰天與天主之稱字異義同上既言之書曰天降下

民詩曰昭事上帝且敬天畏天之說多出於四書五經此非孔孟

之教歟子獨背馳橫走以污衊悖逆等說毀之如右非徒天

主之罪人抑亦孔孟之罪人也以俱為子女言之子夏曰四海

之內皆兄弟也此非上帝所降無非兄弟者乎若以四海內兄弟

此之一室內兄弟而勒驅奸溺之科則今世愚夫愚婦姑舉古

來烈人義士恐不得辭此謗矣其敬天主即是敬父母不敬天主

即是不敬父母夫誰曰不可譬之人臣不敬其君即是不敬其父

君父一體忠孝一致未有敬其君而不敬其父者則焉有敬天主

而不敬父母者乎雖孔孟復生必從吾言矣以無分親疎言之是

54

果通天下亘萬古不易之天道乎可知儒道之大此而足矣觀

踈之別雖不識儒道之人不學而能不勉而能親之踈之人孰

不然但於親踈之中博愛而不失其正誠或親踈無分差至於

男女無別帷簿無罪乎噫欲觀其道之真不真先觀其道

之實驗欲觀其人之善不善先觀其人之實行名驗相符則

可謂真道言實相應則可謂善人天主十誡第四曰孝字敬父

母第六曰無行邪淫非徒房外不犯妻妾猶不敢并率于今

通國教內友不下數萬試問修誠之人有一犯此誡者乎子必兆

之不得不孝者誰也行淫者何人盯謂冠儒服儒言儒行儒者

其果不淫乎亦皆至孝乎字爲取大膽說快乎且以察吾言之

子孫之致誠爲先非曰不嘉聖教之不許者爲其愛□□□□□

混雜之禮非為酒食之費而廢此為親之節也惟聖教真

實無偽至正無邪之教故不用此禮也何謂虛偽人之去世也

肉身帰于土善者之魂賞以天堂惡者之魂罰以地獄兩虛大

定永不還世子孫之設虛位而行虛拜父母之所不知故曰虛

偽也何謂借溫百禮之中惟奈獨尊萬有之上惟主獨尊

非獨尊之主不能當獨尊之禮故曰借溫何謂混雜也所

謂魔鬼本以天神受罰役關者也或托塑像或借凶人興妖

作孽者無非此鬼人若修德立功將受此鬼所失天福則妬

人行善陰謀潛阻必欲同帰于地獄如非認主知魔去邪就

正之人難道免得彼害此魔極巧柬人祭杷之時從傍代享

如臨如在則名雖為先實是事魔事魔之人豈能事主亦

將安憮哉以聖教之切禁焉救之

道不朕順命也供養也事生之節與儒教無異但事死之

節與儒教不同蓋父母生時未必盡善或有微罪未及補

贖則必歸煉獄隨其罪之輕重幾月幾日煉其罪補其缺

然後可以升天故父母終命後通計於各處教友請以祈禱

於天主欲使亡靈速~升天近居教友終命前後齊會于喪

家晝夜虔禱治喪與安葬等節極其嚴正無或挟雜其

子孫則為親誦禱朝夕不廢終身不怠是持三年而已哉為

父母計者寧欲無益之祭祀乎寧欲有助之祈禱乎吾願子

苟有一分愛親之心盡從聖教以盡人之所以為人之道哉較

我願從儒教者是誠美羹於班門者也豈不可笑之甚哉

儒者曰天堂地獄其果有耶無耶固無足辨設使有之無補於

世教凡人見其父兄為善而多享名譽為惡而多罹刑辟猶省

善向惡不復有可討擇者以其役於物故耳眼前之事顧且

不得而況念百年之後無形身之苦樂而為之勸懲我

余曰子既不識天地之有主宰焉知天主之有堂獄以世主言之

雖堯舜之君不以賞罰不可以為君況以天地大君有宰制萬

類之權而無賞罰之昕乎天下事無出常理之外理之所無

雖見而不可信理之所有雖不見而可信人雖不見天堂地獄

以理考之可知其必有美如無天主則已既有天主則福善禍

溢宜乎否乎天主之備此物而生此人也蓋為通其善通其福

之義設或任人之善惡置人之生死而實矇矓更不相關則

無賞罰則生人之義果安我在雖世之暗主治民之道猶不當

若是况至靈至明造化無窮之主宰畢竟賞罰在所不已

而既不在於今世則必在於身後者明矣何為不在今世論賞

之柄則不過一富貴論罰之柄則不過一戮世福有限假使人之

皆善焉得人之而富貴之殺一人者一戮而償其命殺千百又

者焉得千百其斃乎今世不出百年如過一夢便是戰場也

試場必戰勝而賞罰可論試畢而優劣可定人之處世也

或始善而終惡昨非而今是善惡無常賞罰互換將采勝

其紛紜矣且忠臣義士之殺身而成仁者賞安所施乎所

謂為善而受名譽為惡而罹刑辟非曰不可而君子已不幸

小人之得福者,亦多矣,此何足為賞罰之公乎?且世之名譽
刑辟不過虛名也,暫苦也,又何足為大德大惡之報乎?或曰:
善有餘慶,惡有餘殃,然世之善人惡人,無嗣者亦多,其將
報之如何?人之所以為人,而異於禽獸者,以其有靈魂也,魂
如天神之不死滅,功雖高而上有無量之福,則功實必稱,罪雖
極而下有無盡之苦,則罪罰相應,夫照後賞罰至公,善惡無
憾,且人知有至嚴之主,有至公之賞罰,照後作善有甚笑
子所謂無補於世教者,何其無知也,
儒者曰:彼佛氏者,借此堂微之說,誑感愚民索取齎快之具,
而天主胡為乎,踵起而鳴聲歟?吾所以疑揉佛氏戎入佛氏
室,友攻佛氏者也。

60

余曰天堂地獄於生民之先天主之所布置者也佛祖釋伽牟尼

生乎造成天地三千年之後以中曆計之周昭王末年也有佛之

前堂獄賞罰權在誰手渠敢剏立門戶欲誑一世而全用空

寂之等說則人孰信之于以借竊天堂地獄之論雜以輪迴反復

之說為此可欺之方何足深究堯舜刑法之不可易者豈全

不行於桀紂之朝文武經典之不可廢者亦嘗不用於幽厲之

史乎鳳凰亦飛蝙蝠亦飛是飛也豈可以飛同而謂之類

同乎此固不足嫌而不屑辯者也

儒者曰君子之為善無所希其不為惡無所畏但觀道理之

可富行而已若其義也則雖遭戮辱而不辭其非義也則雖

獲利祿而不居以子則孝以臣則忠以友則信處乎財慎乎色

不及於傷人害物之心吾儒之教如是而已復何有乎天堂地

獄也哉

余曰儒之為教善則善矣吾恐有其名而無其實曰無昉

希而為善無昉畏而不為惡雖稱大德之人猶謂過謙之辭

孟子曰祓壽不貳修身以俟之此非有昉希乎曾子曰什目昉

視十手昉指其嚴乎此非有昉畏乎君子之昉不希惟非分

之利祿昉不畏惟無妄之裁辱且世福雖貴不出百年世苦

雖重無過一時得不足喜失不足悲至於天堂之福非世福

可比地獄之苦非世苦可比福既無限苦且無盡一定之後更

不移易是何等利害廢又何等關係廢未知君子抑何意而

不希不畏廢慶賞以勸善刑罰以懲惡通天下亘萬古不易

之大經大法誠如子言則天下將無爲而化無爲而治矣高用賞

罰爲武既知有至嚴至公之賞罰又知有不免不滅之靈魂

念茲之乾之惕之戒慎恐懼猶難保其無咎況不畏而自

然爲善自照不爲惡果誰也只聞其言而未見其人也

儒者曰天地之生化萬物者惟理與數以其必照者謂之理武

照者謂之數理數并行亦能相制故孔子曰天生德於予匡

人其如予何是指其理之必制數也顏淵死子哭之慟曰天喪

予是指其數之或制理也君子之得福固常也而其不得則

非常也小人之得禍固常也而其不得則非常也苟非聖人

石可以言天至其禍福之来不可逆料然則天堂冥照無知而

任人之善惡不之治而止耶此吾平生願以一言告諸富貴君子

使知其擔夯之重者也天之於人尊嚴以臨之神明以鑒之慮

所夯奪理無從遠甦但未有口舌手延而能謹責辣討則

其勢不得不待乎君人者之奉而行為其善奉行者為湯

武不善奉行者為桀紂湯武之與桀紂之上觀天未知剛不

可矣故予謂天堂地獄不在於他而在於吾心云耳

余曰子既曰天曰帝又曰化生萬物惟理與數照則造物主宰

之稱終未歸一□□□□貳矣還得不姑張持請可稱者晉帝
乎

曰天則如世之曰王曰國用孔子曰天生德於予匡人其如予何此

果指理而道之乎抑果仰天而待之乎其意也不曰天既生義我欲

之命不係於匹人而必係于溪者乎哭之慟曰天喪予是果

天而哭之乎抑武指數而哭之乎人之生死豈得謂之盡理盡數

則必無主之者矣何謂人命在天乎子之觧經可謂曲學矣小

人在世亦有二三微善天主至公靡善不報以世福償之純其惡

而將受無窮之罰君子處世亦有二三微罪天主至義靡罪不罰

故以世苦贖之全其善而將享無窮之福所以在世而小人或有

得福君子亦多得禍惟真賞真罰必在身後矣人之善惡豈天

主實照置之不聞乎其曰無口舌手足不能譴責誅討則勢將

待乎君人者而奉行焉子之盱見如此余雖以格言告之便是牛

耳誦經誠為之悶朕安有全能之天主費口舌勞手足而責之

討之乎非特降下民作之君作之師天主之於吾人其眷顧也不

止於其恩施也不止於親日月之脈明兩露之潤澤其昭

耳提而面命旱潦之降災兵役之示警何必手搖而足蹈

至若君人之奉行，視其善不善，亦將賞不賞而已，舉國人民
之隱善隱惡，何能盡察而賞之罰之乎，此固不必一任君令而
使之治之至大至廣者道理也，姑難一一辨論，此論多載於聖
教聖傳子若有志於道，更覽聖教聖傳，則正如撥雲霧
而睹青天，是余之望，是子之幸也夫。

神魂不散

儒者曰孔子謂不知生，焉知死，姑以知終，焉有以見無，是
可謂一言而盡也夫，人之生形體具，則神魂亦隨以存，形體
鮮，則神魂亦隨以泯，譬之燈火油炷，形體也，光明神魂也，寧
有去其油炷，而獨留光明者乎，世之強勇者，死不得其命，則
餘氣擁結，意不能散，如伯有彭生者或有之，故刑市戰塲之

間往也有哭泣之聲妖怪之狀可懼矣夷鮮有散之遲速必期於

盡試問形體不在則魂將何居必曰歸藏於天上者乎如文王在上

右在天照則周之子孫有見文王三后於天上者乎文王神魂

繫於理乎繫於氣乎必曰繫於氣然則氣亦有能飛散纏

而自立者乎吾恐足下之口於是乎謁矣夫天地之可以氣流

萬類者莫非一氣今日之氣已非昨日之氣明日之氣又非今日

之氣其賦於物也亦既固不能燃死灰而潤枯木必待生物而

自見如神魂之於形體也及其苑而設有餘氣之未散者又不

得不附於物故伯有附於戈亶生附於宗文王三后恐亦弶能免

焉

余曰靈魂事情上既略言之稍有知覺者不待更舞自可曉

得黙神魂之有無存散係是為人之最緊要大關繫矣烏乎不辨

之又辨不辭其煩矣孔子曰未知生焉知死者正是知之為知之不

知為不知者也孔子欺予哉果不知人之生之来歷故不知人之

死之如何耳子謂舉始見終舉有見無者何謂也若舉其

生之始則可知其死之終若舉其物远有形可推其理之無欵若知

人之生始自天主則必知人之死終帰天主若見有形之常物可知

無形之造物主子所云之無乃欵乎及批乎盖犬之靈魂乃禽之所

賦予我者其知其能怳如天神明於是非善惡達於好惡懷樂

受常生之命有自主之權能與天主而感應能通萬理洞燭

乃以天君恭照百體從令肉身全頼靈魂而生靈魂不頼肉身

而生故魂離則身死豈油烬光明可比哉若以此譬之人魂則环

得不火為魂油炷為體火去則體無光似是魂去身死之理然火本無

靈之物依炷則光發不依炷則光散人魂則有靈無昧自立之神體也

與天神魔鬼雖非同類神則一也何嘗聞神有死乎散乎至如伯

有彭生事子以為兩人之魂凝而未散怵此異狀云乎真昧謔兒

童之見也枉暴死者今古何限而奚獨兩人之魂示此怖舉地

且刑市戰塲之間啾啾唧唧者無非魔鬼借名惑人也人死則或

升或下兩處相隔萬劫無終更不得現形於人世故入只見其一

去無消息皆曰魂散嗚乎哀哉其曰周之子孫豈有見文王三后

之在天者乎迷哉此言也人之形目但見有形之萬不能見無形

之體文王三后雖真在天其子孫以有形之目安能見無形之

魂乎若使其子孫亦能升天可以神目見神體有何難哉其目

禀施萬物、莫非一氣。今日之氣非昨日之氣云氣亦有昨故令新

朝有夕無之理乎氣乃天主所布四元行中一件也亢塞乎天地

之內升降調化長養萬物者也自安排萬物之後、恒存竹不

息不餒也若受此氣而為魂則禽獸亦受此氣而生滅則犬

之性猶牛之性牛之性猶人之性乎性即是性魂之即是性魂莫普

世人之常言常道者而魂一字雖不屢見於儒經豈不知合魂

有無而置之勿論乎或曰天命之性或曰天賦之性又曰天之所以賦

與我者仁義之性也此豈非以性謂魂者乎凡含生之類無不需

氣而生然惟人以魂為命不以氣為命人之呼吸專用外氣而

通內故必先吸後呼賴以呼吸者氣也使之呼吸者魂也人或有

氣塞半晌而復通呼吸者氣雖範而魂不離故範而復生不以

氣之通塞定人之死生惟以魂之去畱謂人之存沒字既不知性

與氣之分何足與論於天下大道乎設如子言則既以無心之天

地為主且以易散之浮氣為魂蔽一言曰無主無魂既無主無魂

則善無可勸惡無可懲萬古悖子逆臣極惡大罪之人可謂生

得快死得快哀此仁人君子甘貪受苦終身孜孜者將何以慰之

乎嗟乎既聞有莫嚴莫尊之大主不免不滅之靈魂至公至義

之賞罰豈可撓節可信而尚此曚照默不欲自殺者是誠

何心不幾何而墓木相催柰榆非晚萬念蕭索一縷奄忽回想

過境便是一塲春夢此時雖悔嗟何及矣思之哉思之哉

法人　謹謝

李碩士　旅軒下

73

謹詢閒者

經體藏旺法人之杖座下有面分者目亦戲矣 淺

向有封書而適因游歷之怱恨未及見而今繞

按靚則座下之識見非人所能及然生於禮義之

方遊於聖人之門心正身修則其言語文字之

間必著其仁義我禮智也而始未知聖教道理之

如何以已之不欲即於書字之上似是真顏不知

東方士子待人之法果如是乎仁義所在果如是

宇禮智所在抑如是乎菁徒之污言惡習窃或毛

怙士文之辭迫文悖勇而未聞唐虞之經鄒魯之

傳於座下獨為私用之文字承其於座下為他國

之書其於西人以為他國之書也、生世男子、獨必深

屢則已遊於世也、與他國相問則書與言必隨其方

之所用、理亦固然也、吾書秩中理蘊非教之大經不遇

與他國之人通言指路之說也、故引用堯舜孔孟之

因義之說、欲使觀者易知其呈我非敢使吾教付於

儒道之意也、此何有傷乎、古有西方有聖之論、言

此者其誰、座下反是曰、必非聖人也、此以今非古戲

慢古聖也、此庭下以坐井窺管之識、座卓出萬古之冒

空一世傍若無人、自至於執子之矛盾而籤尋吾咎、攻

研西人心長無憚、倒通其君反巍其道、此何心也憶斯

人也、在於覆載之間、安敢出若是大不敬之說也、至於

斯為人之道心身自懍歸於多言而已然座下以下鄉一
士之小拳卯耳听謀欲作諸詳則恐不知將有何如之
謀者也世則豈有仍置之心燦詬之寫今以不留文字累
辭希　照

器辭

吁一天之下一地之上三神之間弟物之象有許芝國君
有許多臣民如是許多君民所共知者惟一
天主也所共尊者惟一天主也所共敬者惟一天主也所共
祭者惟一天主也所共順者惟一天主也所共事者惟一
天主所共畏者惟一天主也天主授命賢哲作之君作之
師以之保其國默照人心別其言異書以為辯其域是以

各國之有事相通、則各以其國之言語文字也、而言雖
別矣、語理則同、書雖異矣、文理則同故也、此亦天下之所
共知者也、西人雖以前用貴鈔文字、座下由是以責辱
莫甚焉、今茲又用畧擧聖教之來歷於左矣、噫、天下
人之所共知此、

天主乃是無始自有至尊無對全能全智全善福樂
全備好生好施之大主宰者也、故故通其福樂、先造天地
萬物、次生人類男女、任以用萬物之權、其為人也、有靈明不
滅之魂以主於肉身有形像焉、懷之身以役於靈魂、
欲天德而養以不餧肉身領世物而育以勿飢者也、而又
天主戒命、印刻其性、諭以將来有賞罰之吉緒、后先知

大聖世□相繼受天主默啟布諭厥民、仍記載經以垂後世、

梅瑟聖人慶誠齋沐受天主十戒布曉萬民照其本性克

修自淑又天主憫下之不及親自降生以表樣美善言、統率教

訓以救贖隆恩陶鑄德性教化皇帝受命于天主代已

相傳治天下教中東務自天地闢關以來史不絕書古經

新經班上可考至今家誦戶繇汗牛充棟又有明證之

蹟毫秀弁錯之端惟我毗羅部中天主聖堂遍滿朝

駭聖教之外別多許他教此天下令之所共知者也貴國君子

忘有入境明見的知竊惟座下聞不一再三必矣以中國言之

追至孫吳年間得鐵十字唐貞觀九年、

大宗皇帝以賓禮迎入教士同道禁闢隙知真正特令

傳教於是乎聖教大行自朝至野達堂立碑詔設大

祭當時大賢如魏徵房玄齡郭子儀奉事篤行其

餘難以勝數歷朝　皇帝褒賞種□由來明賢奉

事教、其餘大小諸國亦為響應此亦天下之人而共知

着也至於

貴國儒生誦法鄒魯之聖而殿衣冠侔擬中華者

既至幾百年世而惟我聖教之末今縫百有餘年矣

當時首奉者或在朝廷名登之臣亦多鄉邑楚翹之

士而不久人不少當辛酉之舉其後教人侶於前而

又當邑庠公舉其後蓋多亥而繼當丙寅之舉偽損人命

其數多人吾邦教司名希為中□天其許多臣庶無辜

蒙戮、不背天主、不怨國君、一死十進、百死千觔、何敌、

郁是天主之命之行也、其奈天主之命行何、若逊天命、

孰使之肤也耶、聖教十戒中、有勸命有禁命也、而欽

崇天主孝父母忠君王敬官長尊師傅任恤睦婣即

在勸命之内也、而毋虚禁妄言妄思、毋傷人毋偷盗即

在禁命之内也、而又有七克之工克傲克悋克淫克忿

克饕克妬克怠、是也、仁義禮智孝悌忠信包括遠

裹節次分明、條理不紊、其於百行、無所歉缺者也、

今之桥妙克存勿越、復其初性、則可作今世之忠良、乃聖

身後之賞報矣、天下之朝賢達士窮推其理、按驗虚

實、篤信務竭、寧死勿悔者是也、今吾等受教宜

之命。當死奔職。雖谷銶在前。鼎鑊在後。一向不畏之

也。蓋人生斯世。報生我之死。發身成仁。分內之事也。

天主生養我。保存我。宰制我。為天下君民之大君父為

其大君父生命何惜。父毋生我養我憨大為天為其父

其君父生命何惜。國君保我治我為臣民之父為

毋生命何惜。則不敬天主即是不敬父祖云。為

自上達下可也。不敬父祖。即是不敬天云。而

可也。塵下栓斯以不經詭責若是其甚。非士子之風

也。兀天下之賢人皆上帝之臣。而竞舜孔孟即亞爾之

大聖也。在栓一天之下。取用其遺傳之文字。有何咎哉。又

曰。栓古書多有而今君以天主二字。加韽云。各國言語

文字相殊、名物稱謂、亦不同其義則一也、不見言天言
帝言太極、務極者乎、又不聞東國方言、呼天主之訛乎。以
且譬言諸國王之稱、或曰國君曰人君曰王曰主上曰發下。山真非
曰當字是乎、殊而義同者乎、故萬國之人皆以其邦之
言、呼之天主而天主之稱、雖各自不同、其義則一也、自
西徂東、許夕其國、無一國不有聖教之邦、茲豈非三
部之間、許夕君民乎共知之尊之敬之祭之順之事之
畏之者、惟一天主也歟、然則子獨曰今忽加天主二字強
措及虔至於窮詭、可知其心矣、雖曰上當塗誇餙不
能損亘萬古之大道、時上高聲讚揚、誇可補秋一毫
於聖教世、測其餘胡亂駁論、無非自掩天性不明明

83

德視不見聽不聞不應千里之語而萬不當之理也言已

俱失不知歐人於何如之域而可謂吐良藥而嗜烱毒者

也嘗盡廢已掛齒也我座下又言顧令不作吾道衰微
王者

致此外教相干云貴道之衰與不衰吾雖未詳其盛衰者

之作與不作言已目擊耳聞而吾西國之人皆見貴國主

之面聞王之言至於貴國王子已見聞矣吾人常言曰

朝鮮國王以天縱之姿見今在上洞開化臆敦德柔遠諸

國寧賓遜已韓已已至太平矣今見座下之書噫是何訛

也是非白晝虛謊之說耶子沭東國之人與圖務其君

而況嫩有不道之心而跌歟若語云求忠於孝門矢探此一

言則是忠嫩孝嫩必有大不敬之心而跌也此則乾禽獸

納禽獸之悖辱父子兄妹慝奸之汚隊敗薄君父棄絕仁義
之則敗豈非咈子之本行自世於他人也歟座下尚不智今
昕暗之主者豈識其所不睹之天主也既不知天主與王者
子將安之吾今舉此雖傷仁害義我出乎不獲已以數
語提醒其醉涸於自過之人而將欲告於朝著辭承
其實然後可以疑惑氷釋而不更受若足汚睛之書
云耳

海鶴遺稿

增註眞教太白經

文

增註真教太白經　　大素氏著

　　　　　　　　　　　曉山子註

上篇一

　第一章

天地一而道生陰陽分而道離
一謂太極也分謂兩儀也言天下之道本同而支殊
地

能有而不能無仙是也能無而不能有佛是也能無而又

能有吾道是也

仙鍊現身故曰能有而不能無佛修來世故曰能無而

不能有吾道既鍊現身且修來世故曰能有而又能無

蓋真教之長術諸家若以其有神化法也

古之至人入水眾沈入火不藝此無他惟執一故有

水火者後天有形之物也一若先天無形之身也以有

形如不能窅無形故聖人既解此理則其於處水火豈

無其術哉

夫道一而己故也若一於君孝者一於親敬者一於師是

為人道之極

忠孝敬三字非貳心人之所能到也

是以天下之數自二以上或相或無惟一則無所不存

有物則天有數有數則必有一其自二至千萬皆一之

餘也

狀吾所謂一者非孤立也乃衆共也頭目肢體合而為一

身夫婦兄弟合而為一家君臣使民合而為一國

數始於一已涵千萬之意是并千萬而成一也至於其

身其家其國莫不有此理矣

故國若大家也身若小國也惟能治身者亦能治國矣

國以君為君家以父為君身以心為君理同故治亦同也

第二章

人之出也神魂受諸天精魄受諸地故骹參三才而達萬化

氣之輕清者為神魂而屬天重濁者為精魄而屬地故曰人身小天地也

思慮正則神魂得其養食飲調則精魄得其養養之既至是謂元命

神魂賴然思慮精魄先於食飲以是故无者不得謂之

元命也

雨露能發榮而不能發灰爐霜雪能殺物而不能殺松柏

元命若貧賤不能傷疾苦不能喜

元命者成於人者也化命若成於天者也然未有不由

元命而能致化命矣故君子所以自養為貴也

凡人皆得元命惟聖人乃得化命化命若化生而為死化

死而為生循環不息

化命之理微妙難知雖以孔子之聖亦所罕言夫人之

神說與精魄合為則生離為則死此不易之道也仙家

謀養精魄以住神說夫精魄強神說弱而竟不免於併

93

家說卷神逆以附精魄於神說強精魄弱而亦不免矣

故神說精魄又須交養而後乃得至於化命化命者如

黃河之水伏流而復出亘古不斷此可與知者道不可

與不知者言也

故真君有言吾五百歲而一化或降於東或降於西或降

於君或降於師以詔斯民

真君天祖檀君也五百歲天地成數也說見下文

雀蛤一藏一化狄岑百歲一化龜鶴千歲一化草木禽魚

猶從而況人乎

化令非獨在人亦自在物者其期不同而理則同也

94

第三章

夫求學道必先立志求立志必先修誠誠之所到天亦感
為

立志所以定趣向也修誠所以行事一也學道而無此
兩者非吾所知也

持身不嚴非誠也交友不信非誠也言語不實非誠也職
事不勤非誠也動作不謹非誠也

吾道非有異事唯學者多從持身交友言語職事動作
之外而求之是不知道者也於此五事能盡心焉則道
在其中矣

95

是以虎不噬孝子狗不咬仁人誠之動物蓋有如此者

虎狗至愚而猶有感於仁孝況為人者乎

鬼神愛其德而不愛其物故飲食雖豐非其類則祖鬼不

饗幣帛雖厚非其義則天神不受

鬼饗其類神受其義此孔子所謂鬼神之為德其盛矣

若也

吾聞善事所事者雖有歡慶必念在茲雖有禍患亦念在

茲及其成道禍患自去歡慶自來

人於事三時不可以外物動心一念之差百敗俱至戒

哉哉哉

此無他也人於憂樂易以動心心動則志分而誠不一故

也

憂樂二者果能相忘則安徒而不誠我

第四章

時為天之所以助成功也故雖善農者不能耕稼於冬

善賈者不能售衆於夏

人之少學蓋欲長行於茲苟不遇時使自取敗故此又繼

言之也

無其時而妄作者之罪也有其時而不作亦言之罪也

妄作與不作其失時一也

是以將耕稼者必備田器售粟者必備戈矛

學不學在我行不行在時苟以不行而不學則是并田

器戈矛而去之者也

真君有言吾種穀于東南地待熟于西北風此時之不可

速也

東南春夏也西北秋冬也耕穫之時人所共知然人所

共知之中別有補托之意此真君喫緊為人處也

人不小忍必有大失吾所謂忍非自居於不為也言堅其

操而俟其機

人無耐苦之力亦無享樂之日如句踐忍於會稽終成

霸功項羽不忍烏江自作殺身其賢愚果何如哉

第五章

人知真君之為真君不知吾心之來為真君安得不自勉
哉

人將有一心心既有一君君者主宰之謂也故古人以
心為天君蓋由是耳

義利之戰于胷中也義勝而利強義寡而利衆苟不得真
君之助則必敗而已矣

義利二者不能相容每至於爭真君助義而不助利然
苟非求助者亦不得助也

99

昔少康用四十年之力卒以復夏勾踐用二十年之力卒
以復越其亦難矣乎
此以復國喻復性也少康為寒浞所逐逃居舟家有田
一成有卒一旅凡四十年而復夏勾踐為吳所敗退保
會稽此聚十年教訓十年凡二十年而復越夫此二君
之備嘗艱苦不曾挫抑是得真君之助者也
如求復其性非經二十四十之難不可也用力之久神明
還其舍
　心亦曰神明舍以其天君之所宅故也
　真君有言吾即汝心汝心不信吾不在為汝心不潔吾不

居高

此真君所以啟求道者之心也吾即汝心一句其仁愛

之意切至之辭真可以令人感發 六經諸子未有道此

者也

嗟呼吾君在此為其臣民者將欲何適

君之躬在臣民亦從心之所在肢軀必從此天下不易

之義也

　第六章

吾道何道也其君子之道歟抑君子入焉其小人之道歟

抑小人入焉

道有君子有小人學者求道之初必視其所趨者是賢

是愚則庶乎無失矣

君子小人亦不難辨君子之行公而正小人之行秘而邪

故道不同則牽不成

君小判為二道各以類從故孔子曰道不同不相為謀

則雖聖人莫英之何也

同道之人雖在千里之氣相求而聲相應天下歸于一矣

人天愛同道固其常情也故先王設教之義不過驅民

於同道之地而已也

累絲不可爲束蒿不可折牽成之謂也

天下之勢強大出於羣弱小出於不羣羣者即立家立

國之道也

妻子和而一家姣族黨和而鄉里安官民和而國朝安

和者求羣之術也安者得羣之欲也

第七章

人能自富就能自羣之富強在我而已

人之生也尤具知覺運動之性此天明以使之自富自

強也而若安於惰怠独於放縱竟超貧弱之地若是失

其性也

四民各修其職無相侵越天下乃治

103

四民士農工商也先王制民之天有四者皆以專一技能
而為共同此活禮樂刑政亦從此出是謂極盛之治也
人雖飢甚使之食犬彘之食則必勃然怒矣此之謂志也
音之所以與犬彘殊者獨其志耳
故能棄人之國不能棄人之志志之所在國亦存焉
民可以德化不可以力服力服者雖屈於一時而必伸
於百年也
今夫食不義之食者何以異於犬彘之食也
人而無志即一犬彘也孟子義重食輕之論亦此意也
吉子躬不細也故得有其田地妻必織也故得有其布帛

104

此自富自族之道也言得有者不棄於人而求不見棄
於人也

不耕不織而衣食於人者偷盜之類也

耕織一職也言人俗有此職也

王者以治國為耕織百官以供職為耕織講織之善惡民

之去就係為故堯舜曰吾君桀紂曰吾賊

堯舜桀紂之食於民則一也而為君為賊則不同得識

失職之間相去遠矣

國者民有也非君有也故君雖易姓國不易地吾得以衣

於斯食於斯

105

君國之別蓋有如此者而專制以來其義不明致民塗

炭故大素民特以一言相告與近世民權之説相為表

裏也

是以不國之民謂之野蠻無國之民謂之俘虜

野蠻畜牧遷徙無定居者故曰不國俘虜戰時掠賣為

奴隸者故曰無國二者胥不得謂國民則國不可以無

民民亦不可以無國於斯著矣

第八章

夫人之所以異於禽獸者以其有教也

孟子曰夫人逸居而無教則近於禽獸故凡吾之得免

孟子曰夫人逸居而無教則近於禽獸故凡吾之得免

為禽獸者皆先王鼓教之力也

音道之高千仞也之遠萬里也不可一步而輒到故其學

必自卑近始

升高自早行遠自近其為學之次第如此也

教有二途曰人理也神理也盡人理而至神理此其序也

人神之理本無二致但攄其先後之序而曰有二途也

人理何謂也凡吾日用事物之類是也

日用事物之間皆有至理存焉不可以早近而忽之也

昔食於邊豆今食於簋瓦昔衣於皮毛今衣於布帛苟非

時宜君子不取也

107

蒙昧作而籩豆廢布帛作而皮廢服食之用日趨簡

便此聖人隨時制宜之道也

真君有言吾之所知者現身時代也見今而不見古見新

而不見舊此悠久之道也

昔有巢氏構木為巢帝堯茅茨土堦然使有巢氏生於

帝堯之時則亦應茅茨土堦帝堯生於有巢氏之時亦則

應構木為巢此真君所謂現身時代也居今行今在新

行新聖人與世推移若其斯之謂手

今斗之穀不啻繼昨年之穀明年之絲不啻繼今年之絲

則其如飢寒何

有新穀故可以繼吾食有新絲故可以繼吾衣此皆勉

人去舊就新之意也

往者日窮来者日新故能悠久也

大衆聖人如往窮来新之語一句而道破天地陰陽真

妙之理實千古一人而已也

得養生者猶能童顏而見齒況得大道者乎

此因言人理而推及神理也

第九章

夫至人者風雲運其氣日月發其光雷霆咸其聲

至人謂得神理者也

是故不動而行不察而明不嚴而威

至人之德存神過化有非常情所可測度然孔子亦謂

大人者與天地合其德與日月合其明與四時合其序

與鬼神合其吉凶而較諸此章略相彷彿則聖人豈欺

我者哉

用之于民則安用之于國則天強用之于兵則必勝

苟有其體則必有其用也

果有之乎合天得見矣

此又以可見不可見之辭贊歎之耳

第一章

天下之物其具覺性者莫不有欲而人為甚為

人為物靈其覺性最大而欲亦最多且禽獸則只有食

色之欲而人則無有義理之欲故易於施教也

是以善教者必導之去私欲而就公欲

私欲食色也公欲義理也

食色也德義迅乹重就輕賢不肖於是辨焉

心與物交欲乃生為故雖賢者未乃無食色之欲而猶

不敢背義理不肖者未乃無義理之欲而猶不及衡食

色此其所以異也

第二章

聖人之愛物均也其殺禽魚焚草木者以養人為重也
此承上章食色義理輕重之論而推廣其意也
聖人之愛人均也其誅盜賊戮橫暴者以存善為重也
人亦一物也而物之中尤愛人為善亦一人也而人之
中尤愛善為聖人大公之意此可見矣
真君有言為天下者與十利不如除一害信哉
一害既除十利而十利不能敵一害如人氣血肌膚素
彊健全而一邪之入輒作痂根良醫則不加補養天先
將健全而一邪之入輒作痂根良醫則不加補養天先

112

次下為天下岢亦猶是故曰與利不如除害也

故雖極治之世不得廢刑

先王制刑蓋出於不得已則其不得廢亦可知也

第三章

福善禍婬天之理也狀徵諸國家則夹驗徵諸一人則未不驗

堯舜之興桀紂之亡此徵諸國家者也盜蹠之壽孔顏之厄此徵諸一人者也

今以一人之禍福責于天若非知道者也

天乃天下之天非一人之天故亦有天下之責而無一

善國之惡人惡國之善人其不見容一也

此一人之禍福所由也

故君子不求獨善其身而求兼善天下

聖人視天下如一身治亂興衰動關其心伊尹有納溝

之恥仲尼有轍環之苦其所以憂世憫人者果何如哉

第四章

人非生而有貴賤賢者自貴愚者自賤

先王之時未有民族等級但貴其賢賤其愚而已故人

皆自勉於善而淳風美俗蔚有可觀此其君不勞而天

下治者也

降及中古世族之法作而篡奪之習生焉
自秦漢專制之治貴者世為貴族賤者世為賤族且以
氣勢互相陵轢天理人紀可謂滅盡矣
是以三者之治天下狂乎均其勢而已
天下之禍常起於不均此三者之所憂也大素氏均勢
一論已啟近世人民平等之權真聖人哉

第五章

天之生聰智所以身代天行口代天言以命其人也
此聖言君教道統所由傳也

115

檀君與尭并立皆聖人也此天地樞盛之會也

檀君即天帝苗一世化身也為我東人物之祖故曰天祖也

不絿而民信不眾而民服宜乎天下之稱東方君子國也

使一國之人皆為君子需時德化之盛可見矣

唐藏京之居西土文化大行一團歸之

唐藏京亦稱九地師愚按地志以唐藏京為檀君故都

之地與此不同盖檀君之後子孫寢微而唐藏京骸以

師法教民維持世道故遂用其人而名其地如美國華

盛頓俄國聖彼得之類耳

116

民不得以為君君不得以為臣此師道之始也

古人待師之禮如此也

箕子既陳洪範于周武率返故都不忘本也

箕子之東未必非偶育也此其真君所謂或降於東或

降於西者果有天命也

洪範之道東矢中國學者莫之窺也

今尚書所載洪範一篇不過是箕子進書時舉其編次

之意而已實非原書也

俟聞吾金剛祖師也少不婚娶游歷天下北過鮮甲授法

於烏老生西涉身篤授法於釋迦止　即今印度身音消身篤

117

侠間母黎氏居于東海之濱嘗夢吞太陽而生祖師既

長入金剛山修道故亦稱金剛祖師也

道之得其傳難矣哉今之回佛學之未至者也

人之識見不同成就亦殊烏老之學衰而為回教釋迦

之學衰而為佛教皆非吾道之真詮也今佛書有金剛

經豈其侠閭所傳耶

東明之避沸流非求其為君而民自從之安得辭也

逃其位而自來天之所興不可力過也

武足以拓地交足以興學子孫十數世皆食其功也

西拒漢人北併韓鞨地方數千里歷年七百餘莫非東

明之功也

今且五百年言愈微而道愈散吾不敢不懼也

是大素氏以道統自居也

吾修而不食後世子孫无有王者興

既有所修必有所食不在於身則在於子孫其後大祚

榮克復舊疆補霸東北與李唐掌衡享國三百年此其

驗也

第六章

道之行其亦有敷歟

數者在天曰運在人曰命夫道之關於世教甚大太須

運興命會而後乃得行也

真君有言吾道三世必施九世必著

道德經云道生一一生三三生九九生萬物則三九者

即萬一之中數也

于是時也天下無法相剥而衣相殺而食嗚呼其窮矣

數之符在天亦不能制焉愚亦知此一劫當在何時歟

得道則生不得道則死死生之地安得不勉哉

民不窮則不變變則不極則不通

窮則變變則通此古今常理也

凡吾子孫之離其哭而享其福者能有幾人

今我天祖之子孫略可二十萬雖有一視之情而難救

自敗之人故其言辭懇惻如此

第七章

天一生水地六成之天二生火地七成之天三生木地八

成之天四生金地九成之天五生土地十成之

此承上章論及天地生成之數也

五行鈑而萬物作焉

萬物雖多其別惟五詳見洪範正傳

五十者其成數也天下之數過五與十則飛變而一故也

天地之數五十有五洪範之數四十有五兩併而析衷

之得五十故曰成數也

十周而得五百為人之一世也八十一周而得四萬五百

為天之一世也

人之五百歲當天之一世人之四萬五百歲當天之八

十一世此天人脩短之殊也

天之一世人之八十一世相與終始也

吾道之行經八十一聖人而後其數乃盡矣

第八章

古之君子非好富貴也好富貴而得行其仁也非惡貪賤

也惡貪賤而不踐其義也

仁謂能施與能施與富貴者之所易也義謂不詔屈不

詔屈貧賤者之所難也

吾當行其仁賤具義而已至於富貴貧賤與我適相遇者

也

仁義在我者也富貴貧賤在天者也但當修其在我者

而待其在天者也

第九章

德乾為大耻為大也

吾道大重剛德耻者剛德之基也

人之無耻奴隷而安焉牛馬而安焉

被人驅使而不知善惡則是失其性者也

以是而欲與之遠道者名曰襲天

道與天一故襲道則是襲天也天之生人何嘗使之為

奴隸牛馬也道之教人又何嘗使之為奴隸牛馬也然

而為奴隸牛馬者非其性也言襲者其斤之辭

下篇

第一章

晝夜相代而歲得成其序治亂相承而人得成其功

晝夜治亂即天地自然之數也

雖聖人不能使無夜亦不能使無亂故當火燭若所以禦

夜此當民力若所以禦亂也

雖不能使無夜無亂而使有禦夜禦亂之備則此治出

於聖人者也

第二章

剛明之人吾知之矣剛者不撓於其妻明者不蔽於其子

自此章至於四章既論夫婦父子君臣之道今人於妻子情易溺而義難舒故欲見剛明之人則必察其所行可也

其身不正而能為法乎妻子者未之有也

我不法道則妻子亦不法我故大學亦言欲齊其家者先修其身也

第三章

今有父者就不欲人之敬也有子者就不欲人之愛也聖人教人常因其情而啟之今人雖不懈其父而欲人之敬雖不愛其子而欲人之愛何也錮已則暗責人則

明也因其所明諭其所暗故其言易於入人也

然此非強求而得之得之有道莫若自我先施焉

人能自敬其父則人亦敬之自愛其子則人亦愛之

愛敬行于鄉里可以治天下

聖人治天下之道不外乎愛敬二字此曾子所謂不出

家而成教於國者也

第四章

民之服事其君者以其君之服事國家

民與君皆有服事者此相報之道也

天之立君猶君之立百官百官有罪則君治之君有罪則

天治之

君為天之臣百官為君之臣有罪而受治一也然此義

在秦漢專制之世人所不敢道而大素氏獨盡言不諱

豈其向驪專制之政未盍如中國歟

故湯武豈單云稱天命

第五章

湯之伐桀武王之伐紂皆天意而非湯武之意也

鳥獸不可與同羣寮狄不可與同和非其類也

古者聖人於物則別鳥獸於人則別寮狄盖種族不同

忘意共殊故耳

如知其非類天知其為類兄弟朋友安得不相愛

世或有不愛其類而愛非類若此皇天之所以誅也

第六章

耳目吾有也然此時此非吾有也

人之一身以心為君耳目為佐使君不在則佐使安不

用也

聲至不聞色至不見者當求諸心不求諸耳目

不聞不見心之過而非耳目之過也

是以心得其耳目而耳目不得其心也天得其地而地不

得其天也

得焉不得兼之間大小尊卑各有所當推而至於夫得

業婦而婦不得兼夫父得焉子而子不得兼父君得

臣而臣不得焉君亦可知矣

第七章

作之者志也成之者才力也

作始也成終也無志則事不得始無才力則事不得終

人患無志不患無才力蓋志一則力率力專則才出

古語云有志者事竟成試以近日火輪機器觀之西人

亦人耳其才豈獨孳耶不過用數十年之志數十年之

力而致此也

不勧而學者勇知俱足故也勒之而學者勇足知不足故

第八章

也

此承上章言知勇學者之所不須也然與其知勇不得

兼備寧勇足而知不足蓋知屬於才而勇屬於志力也

勇足而知不足者其知日進知足而不足者其知日退

志力盛則其才日增志力衰則其才日損驗之可見也

吾道勇而已矣

天下之事守失於爵而況學道者乎

第九章

131

真君有言天生一一生三三生九九者萬物之母也

今於篇終特論聖人所以行變化者皆出於洪範一九

之法也自天生一至三止九道德經亦有此語盖祖述

术真君也

甲子之數六十其用五十有四九周而得四百八十六戌

亥之制神驚兒駭

十干十二支相配而成六十此其體也去甲不用而皆

以戌起此其用也故取九周之成數以五百歲為一世

也

順逆應手陰陽禍福應乎善惡至矣哉

冬至後陽局順行夏至後陰局逆行而其善惡之情禍

福之機於是見矣

九地師受之曰吾夜半起北極日中起南極一日而歷十

八萬里以監視其民

夜半喻冬至日中喻夏至也一日喻歲也萬里喻陰

陽局也盖陽九局始于北坎而終于南離陰九局始于

南離而終于北坎一歲尼經十八局甘所以示民吉兇

趨避之道耳○按九地師即唐藏京得九地法故稱之

也海西阿斯達山是其所居而今九月山也盖九地以

方言轉而為阿斯達阿斯達又以漢文譯而為九月也

133

今孫武子書有藏兵九地之文疑卽指此法也

皇極中居符使四出及其復命功罪施焉

皇極謂中五猶君位也符使謂直符直使猶奉命官也

待其歸報論其臧否此聖人所以用權中而治天下者

也

奇者所以制敵也用兵之要止是而已

奇三奇也本註自註大奏此云甲主以乙丙丁為三奇丙主

以丁戊己為三奇是也

三門不闔八風不動吾無如之何也

三門開休生三門也八風立分至八節也出叉來門行

134

无御時是乃達摩切通神化之道也非此則雖聖人亦
不能有為也

文聖其兩家一孫乎吾道得以不絕

本註云初真君書成以其副藏之金龜而沉諸海曰之

東之西任汝昕止獲此者為聖人焉至洛水見而收之

是為洛書一傳得伊尹再傳得箕子箕子即真君第三

世化身故謂兩家一孫也

五行叙於一兩儀奇起為福極次於九而言句若為

儀奇六儀三奇也吉句五福六極也言箕子編書之意

蓋如此也

故後子文聖者有述而無作
箕子之書明備無餘故自金剛祖師以来皆述而不作
也